**Das Buch**

Die Kindheit auf dem Gelände einer riesigen Psychiatrie und das Austauschjahr in Amerika liegen hinter ihm, der gerade zwanzig gewordene Erzähler bereitet sich auf den Antritt des Zivildienstes vor, als das Unerwartete geschieht: Er wird auf der Schauspielschule in München angenommen und zieht in die großbürgerliche Villa seiner Großeltern in Nymphenburg.

Seine Großmutter ist eine schillernde Diva und selbst ehemalige Schauspielerin, sein Großvater emeritierter Professor der Philosophie, eine strenge und ehrwürdige Erscheinung. Ihre Tage sind durch abenteuerliche Rituale strukturiert, bei denen Alkohol eine nicht unwesentliche Rolle spielt. Unter ihrem Einfluss wird der Erzähler zum Wanderer zwischen den Welten.

Tagsüber an der Schauspielschule systematisch in seine Einzelteile zerlegt, ertränkt er abends seine Verwirrung auf dem opulenten Sofa in Rotwein und anderen Getränken. Aus dem Kontrast zwischen großelterlichem Irrsinn und ausbildungsbedingtem Ich-Zerfall entstehen die ihn völlig überfordernden Ereignisse. Zugleich entgeht ihm nicht, dass auch die Großeltern gegen eine große Leere ankämpfen, während er auf der Bühne sein Innerstes nach außen kehren soll und dabei fast immer grandios versagt.

**Der Autor**

Joachim Meyerhoff, geboren 1967 in Homburg/Saar, aufgewachsen in Schleswig, ist seit 2005 Ensemblemitglied des Wiener Burgtheaters. In seinem sechsteiligen Zyklus »Alle Toten fliegen hoch« trat er als Erzähler auf die Bühne und wurde zum Theatertreffen 2009 eingeladen. 2007 wurde er zum Schauspieler des Jahres gewählt. Für seinen Debütroman wurde er mit dem Franz-Tumler-Literaturpreis 2011 und dem Förderpreis zum Bremer Literaturpreis ausgezeichnet. Weitere Titel bei Kiepenheuer & Witsch: »Alle Toten fliegen hoch. Amerika«, Roman, 2011, KiWi 1277, 2013, »Wann wird es endlich wieder so, wie es nie war«, Roman, 2013, KiWi 1383, 2015, »Ach, diese Lücke, diese entsetzliche Lücke«, Roman, 2015.

D0595432

KiWi
1543

Joachim Meyerhoff

# Ach, diese Lücke, diese entsetzliche Lücke

## Alle Toten fliegen hoch
## Teil 3

Roman

Kiepenheuer & Witsch

Der Autor dankt dem Deutschen Literaturfonds e. V.
für ein Stipendium, mit dem die Entstehung
dieses Buchs gefördert wurde.

Verlag Kiepenheuer & Witsch, FSC®-N001512

3. Auflage 2017

Umschlaggestaltung: Rudolf Linn, Köln
Umschlagmotiv: © privat
Gesetzt aus der Adobe Garamond
Satz: Buch-Werkstatt GmbH, Bad Aibling
Druck und Bindung: CPI books GmbH, Leck
ISBN 978-3-462-05034-9

*Für Aaron*

*Mit zwanzig wurde ich zu meiner großen Überraschung in*
*München auf einer Schauspielschule angenommen und zog,*
*da ich kein Zimmer fand, bei meinen Großeltern ein. Diese*
*beiden Welten hätten nicht unterschiedlicher sein können.*
*Davon will ich erzählen: von meinen über alles geliebten*
*Großeltern, gemeinsam gefangen in ihrem wunderschönen*
*Haus, und davon, wie es ist, wenn einem gesagt wird: »Du*
*musst lernen, mit den Brustwarzen zu lächeln.«*

## Fünf Etappen

### Erste Etappe: Champagner

Es war schon immer ganz gleich, wann ich meine Großeltern besuchte. Ob ich vier, zehn oder fünfzehn Jahre alt war, spielte keine Rolle, sie blieben immer dieselben.

Die vielen Urlaube, die ich vor meiner Schauspielausbildung bei ihnen verbrachte, verschwimmen in meiner Erinnerung zu einer einzigen, die Jahre vernebelnden Zeitwolke. Was auch daran liegen mag, dass nur selten einzelne hervorstechende Ereignisse den Alltag meiner Großeltern unterbrachen. Ihr Leben selbst war das Ereignis. Jeder einzelne Tag stand für alle Tage und jeder dieser Tage war ein kleines Wunderwerk. Ein von ihnen zelebrierter Parcours, abgesteckt aus Ritual, Disziplin und Skurrilität.

Bis auf den Sonntag, an dem sie in die Kirche gingen oder zu Wanderungen aufbrachen, sahen alle ihre Tage exakt gleich aus. Ich habe mich oft gefragt, ob sie ihre Tage überhaupt jemals anders verbrachten, denn ich habe in all den Jahren nie etwas Unvorhergesehenes mit ihnen erlebt. Vielleicht war es sogar so, dass der zentrale Kern ihres Daseins darin bestand, Überraschungen zu vermeiden, und je älter sie wurden, desto penibler wurden sie in der Abfolge ihrer Handlungen. Ihr wunderschönes Haus in der Nähe des Nymphenburger Parks, das sie nur zwei Mal im Jahr länger verließen – zwei Wochen Lanzarote im Februar, zwei Wochen Dürnberg, ein Luftkurort in den österreichischen Alpen, im Spätsommer –, war der ideale Ort für ihre Zeiteinteilungen und Wege.

Mir fällt kein einziger Gegenstand im Hause meiner Großeltern ein, kein Möbel, keine Schale, kein Untersetzer, kein Teppich, der je den Platz gewechselt hätte. Ja selbst die Schlüssel am Schlüsselbrett hingen stets in derselben Reihenfolge so wie auch die Küchenmesser an der Magnetleiste jahrzehntelang ihre Formation wahrten. Sicher, es kamen im Laufe der Zeit ein paar Dinge dazu. Es wurde ein Platz für sie gesucht, und da blieben sie dann für immer. So als hätte die freie Stelle geduldig auf genau diesen Gegenstand gewartet.

Das Haus war immer blitzeblank-sauber. Da jedoch die Putzfrau, Frau Schuster, immer dieselbe blieb, die Bügelfrau alt und taub wurde, Herr Moser, der ebenfalls betagte Gärtner und Alleskönner, irgendwann nur noch im Schneckentempo den Rasenmäher kreuz und quer durch den Garten schob, schlichen sich Unebenheiten ein, die aber meine Großeltern durch ihr eigenes Noch-Älter-Sein nicht bemerkten. Wollmäuse in den Ecken, heruntergefallene Nüsse, schiefe Bügelfalten, ungemähte Raseninseln. Die Putzfrau wurde vergesslich, ließ überall ihr Zeug liegen und vollbrachte sogar einmal das Kunststück, den Staubsauger ohne ihn auszuschalten in den Schrank zurückzustellen. Stundenlang saugte er dort verzweifelt vor sich hin, bis mein Großvater sagte: »Spinn ich, oder brummt da was?«

Meine Großeltern waren immer sehr gut gekleidet, sehr gepflegt, sahen blendend aus. Sie waren auf fast schon exotische Weise kultiviert. Doch in dieser Kultiviertheit auch ein wenig weltfremd und aus der Zeit gefallen.

Meine Großmutter war Schauspielerin, hatte aber das Theaterspielen schon Mitte der Sechzigerjahre aufgegeben. Zu abgeschmackt sei alles geworden. Dieses Wort benutzte sie gerne, wenn sie über das heutige Theater sprach: abgeschmackt. Dabei hatte sie sich seit Jahren schon nichts mehr angesehen. Und sowenig sie sich, will man ihren Beteuerungen Glauben schenken, jemals auf eine Bühne zurückgesehnt hatte, so sehr war das Theatralische, ja, Dramatische in ihr alltägliches Dasein hinübergerutscht. Selbst wenn sie von den profansten Dingen sprach, verliehen ihre Sprechweise, ihre Kopfhaltung, ihre Gestik dem Gesagten etwas Grandioses. Wobei meine Großmutter nie schrill oder gar operettig wirkte. Nein, ihre gesamte Persönlichkeit tendierte zielsicher in Richtung großes Drama.

Es konnte passieren, dass sie wie von einem tiefen Schmerz durchdrungen den Blick in die Ferne schweifen ließ, so langsam die Arme hob, dass nicht einmal die goldenen Armreife aneinanderklackten, und erst, als sie sicher war, dass alle am Tisch gebannt zu ihr sahen, sagte: »Moooahhhh…«, und dann, nach einer langen, spannungsgeladenen Pause, »der Brie ist ja ein Gedicht heute Abend.« Meine Mutter atmete dann stets enerviert aus. »Mein Gott, bitte, Mutter!« Immer wieder fielen meine Brüder und ich oder auch Gäste auf diese bedeutungsschwangeren Momente herein. Jedes Mal aufs Neue glaubte man, denn sie machte das wirklich hervorragend, es wäre sonst was passiert. Mitten in ein Gespräch hinein rief sie: »Täusch ich mich«, schlug sich die Hand vor den weit geöffneten Mund, verharrte, und dann, mit dunklem Zittertimbre, »oder zieht es hier ein wenig?«

Meine Großmutter hatte kurz nach dem Krieg einen schweren, ja, verhängnisvollen Unfall gehabt, dessen Folgen sich von da an wie ein Parasit in ihrem nur knapp dem Tode entronnenen Leben eingenistet hatten. Geblieben war ihr von dieser Katastrophe ein verkürztes, von Narben verunstaltetes Bein, das viel Aufmerksamkeit brauchte und jeden Morgen massiert und beweglich gehalten werden musste. Sie schloss sich ein, denn bei dieser unter Schmerzen abgehaltenen Bein-Gymnastik durfte niemand in ihrer Nähe sein. Schon als Kind habe ich, wann immer es ging, an der Tür gelauscht und dahinter das Wimmern und Stöhnen der Großmutter vernommen. Den Schmerz aus dem Bein herauszustreichen, ja, herauszuquetschen, schien ein hoffnungsloses Unterfangen zu sein. Ein Leben lang blieb dieses Bein für meine Großmutter ein täglich aufs Neue frisch sprudelnder Schmerzquell, der niemals versiegen sollte.

Wenn man sie fragte, »Wie geht es dir heute Morgen?«, antwortete sie verlässlich, »Sehr gut, mein Lieberling«. »Und wie geht es deinem Bein?« Daraufhin ebenso verlässlich, »Miserabel. Es ist heute schrecklich beleidigt«. Hunderte Male habe ich das gehört und mir sehr seltsam vorgestellt: das beleidigte Bein meiner Großmutter. Dieses jeden Morgen im Geheimen hinter der verschlossenen Tür gequälte Bein zog mich magisch an. Niemand durfte es sehen, kein Arzt und nicht einmal der Großvater. Es war angefüllt mit den schlimmsten Erinnerungen. Erinnerungen, welche meine Großmutter durch einen unverhältnismäßigen Ehrgeiz, eine brutale gegen sich selbst gerichtete Rücksichtslosigkeit beim Massieren auszulöschen versuchte.

Dagegen war die allmorgendliche Gymnastik meines Großvaters, der emeritierter Professor der Philosophie war, eine abstruse Gymnastiksimulation. Er trat mit schlohweißen, von der Nacht aufgestellten Haaren auf den Balkon hinaus. Im Sommer, in Unterhose, sah er aus wie ein vom Heiligen Geist erleuchteter Eremit. Er war überraschend behaart. Nach ein paar tiefen Atemzügen begann er seine Turnvater-Jahn-Gedächtnis-Choreografie. Durch sein hohes Alter waren diese Übungen nur noch Andeutungen der sicherlich einst mit Schwung und Elan geturnten Bewegungen. Auf seinen altersdürren Streichholzbeinen machte er ein paar Minikniebeugen. Ging dabei aber nur Zentimeter in die Knie. Dann legte er sich die Hände in die Hüften und ließ sie sachte kreisen. Wie ein leicht schwuler Gelehrter sah er dabei aus. Ein klappriges Männchen auf dem Balkon mit Morgensonne im Haar. Er streckte die weißen Arme in die Höhe, machte eine Windmühle, und drehte den markanten Kopf hin und her. Manche Übungen waren kaum wahrzunehmen und minutenlang stand er einfach nur da und turnte innerlich.

Dann kam der sichtbare Höhepunkt. Er griff sich mit beiden Händen unter eine Kniekehle und zog sich das Bein vor die Brust. Er hielt es einen Moment fest, ließ es wieder los, streckte es und legte das Bein seitlich auf dem Balkongitter ab. An seinem schmalen Brustkorb traten die Rippen hervor, sehr langsam ließ er den Kopf in den Nacken sinken, hob die Hände hoch in die Luft, bewegte dazu leicht die Finger. Mit Blick gen Himmel öffnete er den Mund und schien auf eine göttliche Gabe zu warten.

Nach der Anstrengung des Aufstehens, dem ausgiebigen Gurgeln einer geheimnisvollen Gurgellösung und der täglichen Gymnastik duschten beide jeden Morgen in ihren separaten Badezimmern.

In den Bädern meiner Großeltern waren überall Haltegriffe in die Wände gedübelt. Ich habe diese sich ständig verändernden Haltegriffpositionen immer gerne betrachtet, da sie Auskunft gaben über die unterschiedlichen und fortschreitenden Gebrechen meiner Großeltern. Einmal sah ich durch Zufall meinen Großvater morgens im Bad. Nackt. Wie ein uralter grauhaariger Gibbon hangelte er sich von Haltegriff zu Haltegriff.

Hatten die Großeltern den Frühstückstisch erreicht, waren sie bereits völlig erschöpft, sahen aber blendend aus. Immer eine Mischung aus gut gebräunt und rosig. Meine Großmutter trug am Morgen meist rosa Hosenanzüge. Sie liebte Rosa. Das Zimmer, in dem ich schlief, hieß »das rosa Zimmer«. Schon als Kinder wurden wir dort einquartiert. Es war das Zimmer meiner Großmutter. Hierher zog sie sich zurück oder verbrachte halbe Nächte, wenn mein Großvater zu sehr schnarchte oder ihre innere Unruhe sich selbst durch starke Schlafmittel nicht besiegen ließ. Es war ihr rosa Refugium. Die Wände waren rosa. Rosenquarzweintrauben und anderes Rosenquarzobst lagen in einer hauchdünnen Rosenquarzschale. Die Lampenschirme in Zartrosa. Das Bett war stets rosa bezogen. Durch die rosa Stoffjalousie fiel mattrosa Licht auf den altrosa Teppichboden.

Mein Großvater trug schon beim Frühstück helle Anzüge mit Weste und nach dem Haarewaschen, montags und freitags, ein Haarnetz. Die Haushälterin hatte morgens bereits völlig geräuschlos den Tisch gedeckt. Immer, wenn ich aufwachte, war sie schon lange da. Doch bevor sie zu frühstücken anfingen, gab es für beide um Punkt neun ein Glas  Champagner. Dadurch ging es ihnen immer gleich viel besser. Nach dem Frühstück gab es für die Unmengen Tabletten, die sie jeden Morgen aus ihren kleinen Schmuckdosen herausfummelten, noch ein Glas Champagner. Jeder von ihnen schluckte bestimmt fünfzehn Tabletten. Eine ganze Handvoll bunter Pillen. Mein Großvater nahm eine Pille nach der anderen und nach jeder einen winzigen Schluck. Meine Großmutter warf sie sich alle auf einmal in den Mund, trank das ganze Glas auf einen Zug aus, wobei der gewölbte Champagnerkelchrand ihre Zähne Furcht einflößend vergrößerte, und sagte danach gerne: »Die wissen schon, wohin sie sollen.«

Das Frühstück mit ihnen war immer sehr schön. Guter Filterkaffee. So stark hätte er mir sonst nicht geschmeckt, aber hier mochte ich ihn so. Ein Joghurt mit Leinsamen und Sanddornsirup. Getoastete Brötchenscheiben. Nie wären meine Großeltern auf die Idee gekommen, ein Brötchen in zwei Hälften zu schneiden. Die Brötchen wurden wie kleine Brote mit der Brotschneidemaschine in dünne Scheiben geschnitten und getoastet. Es gab nicht viele Dinge, über die meine Großeltern entsetzter sein konnten, als über zu dick geschnittene Brötchen oder Brotscheiben. Mein Großvater hielt sie gegen das Licht. Das war der Test. Man musste den Garten, die Magnolie durch die Brotscheiben sehen können. Auch wenn wir so taten, als würden wir ihr Dünne-Brotscheiben-Essen bewundern, hassten meine Mutter und ich es, und es reizte uns, die Scheiben zu dick zu schneiden. Mein mittlerer Bruder nannte diese Brotscheiben ›Folien‹. Nie war man nach dem Frühstück oder anderen Mahlzeiten bei meinen Großeltern satt. Und mein dicker Vater hatte ihre ganze zelebrierte Esskultur als eine reine Essenssimulation bezeichnet. Wenn er, was sehr selten geschah, von Schleswig nach München mitkam, ging er gleich nach diesem simulierten Essen in das nächstbeste Gasthaus, um, wie er es nannte, richtig zu essen.

Meine Großeltern aßen ihr Leben lang nur selbst gekochte Marmeladen. In der Speisekammer standen Gläser, die so alt waren wie ich. Noch von der bereits verstorbenen Tante Tia eingekocht. Waldhimbeermarmelade von 1967. Diese Speisekammer war gleichermaßen Schatzkammer wie Grabkammer.

Am Neujahrstag aßen meine Großeltern stets Schildkrötensuppe. Als diese verboten wurde, kauften sie in allen ihnen bekannten Feinkostläden die Bestände auf. Einen ganzen Vormittag waren sie mit dem Taxi unterwegs. Ihre Ausbeute waren an die hundert Konserven, womit sie für einige Zeit ausgesorgt haben sollten.

Nach dem Frühstück lasen meine Großeltern Zeitung. Sie bekamen jeden Morgen zwei Süddeutsche Zeitungen, da sie gerne gleichzeitig das Feuilleton lasen und sich permanent gegenseitig auf interessante Stellen hinwiesen. Nach dem Zeitunglesen gingen beide in ihren über alles geliebten Garten. Mit welcher Ausdauer meine Großeltern jeden Tag diesen Garten bestaunten, hatte für mich als Kind etwas Groteskes. Auf ihren Rundgängen verharrten sie vor den immer selben Blüten. »Schau nur Hermann, die Iris!« »Ja, und da, Inge, kommt sogar noch eine Knospe!« »Moahhhh.« Und selbst an den bereits verblühten Sträuchern legten sie stets kleine Gedenkmomente ein. »Weißt du noch, wie herrlich die Zaubernuss geblüht hat dieses Frühjahr, Hermann.« »Sehr zeitig, das Frühjahr kam früh dieses Jahr.« »Die muss der Moser mal wieder schneiden!« Auf der großen Wiese wuchsen oft Walnussbäumchen, da die Eichhörnchen vom Park herüberkamen und hier ihre Beute vergruben oder verloren. »Der Moser muss die Bäumchen rausziehen, sonst haben wir hier bald einen Walnusswald.« Das Herzstück des Gartens war eine mehrstämmige Magnolie. Vier glatte Stämme erhoben sich harmonisch geschwungen bis zum Dach hinauf. Wenn die schon aufgeblühte Magnolie Frost bekam und sich schwarz verfärbte oder gar Schnee auf die offenen Blüten fiel, verzweifelte meine Großmutter, konnte den Garten nicht mehr betreten und schluckte noch eine extra Pille gegen ihren – so nannte sie es selbst – »Magnolienschmerz«.

Der große Gegenspieler der Magnolie war eine wuchernde Glyzinie. Jahrelang hatte sie vor sich hin geschwächelt, dann jedoch mit ihren Wurzeln eine karge Erdschicht durchstoßen, und kletterte plötzlich eines Frühjahrs bis zu den Balkongittern hinauf. Meine Großeltern sprachen von ihr wie von einer unzähmbaren Bestie, nannten sie die ›grüne Hydra‹. Die Wurzeln würden die Kellermauern durchbrechen, und die Ranken seien so stark, dass sie die Gitter vor den Fenstern verbiegen oder sogar ganz vom Haus herunterreißen könnten. Wenn die Glyzinie allerdings blühte, versank die gesamte Gartenseite der Villa unter der Pracht der blau-lila Dolden und sie brachten es Jahr für Jahr nicht übers Herz, sie zu kappen. Ansonsten sorgte Herr Moser für Ordnung im Garten. Alle Mittel waren erlaubt, und in dem unter einer riesigen Hängebuche verborgenen Gartenschuppen gab es kaum einen Behälter, auf dem kein Totenkopf war.

Nach dem Gartenrundgang ging mein Großvater in sein Arbeitszimmer. Trotz seines hohen Alters arbeitete er jeden Tag von zehn bis eins. Als er zu alt zum Arbeiten wurde und immer weniger sehen konnte, ging er trotzdem noch jeden Morgen in dieses Zimmer und saß dann einfach so an seinem Schreibtisch herum. Inmitten seiner riesigen Bibliothek. Auf der einen Seite wandfüllend die philosophischen Bücher, auf der anderen Seite die theologischen. Ein ganzes Regalbord voller Bibeln, Gesangs- und Gebetbücher. Die Porträts von Schelling und Fichte blickten auf ein wurmstichiges Holzkreuz aus dem 15. Jahrhundert. Anklopfen musste man dennoch.

Zog ich wahllos ein Buch aus einem dieser Regale und blätterte es an einer beliebigen Stelle auf, so konnte ich sicher sein, auf seine in einer winzigen Schrift mit gespitztem Bleistift an den Rand geschriebenen Anmerkungen zu stoßen. Hunderte von Büchern, Tausende von Seiten hatte er im Laufe seines Lebens mit Kommentaren versehen. Ich konnte weder so klein schreiben noch so Kleines lesen. Es waren für mich Hieroglyphen einer unsagbar fremden Gedankenwelt. Was mich von früh auf beeindruckte, aber auch belastete, war die unfassbare Disziplin und Konzentrationsfähigkeit, die mir aus diesen zigtausend wie ins Papier geritzten Anmerkungen entgegenflog. Wie konnte ein Mensch nur, fragte ich mich schon als Kind und dann noch verstärkt als Jugendlicher, so akribisch sein. Auf den Bücherrücken stand Kant, Schelling, Kierkegaard oder Fichte, und in den Büchern gab es kaum eine Seite, auf der sich mein Großvater keine Notizen gemacht hatte. Oft quetschte er seine Gedanken auch zwischen die Zeilen. Über ganze Buchseiten legte sich eine zweite handgeschriebene Seite. Sobald der Platz nicht mehr ausreichte, waren Zettel eingelegt. Säuberlich aus nicht mehr gebrauchten Papieren von ihm selbst zurechtgeschnittene Einlegezettel. Sparsamkeit und Gedankenflut.

Ich verstand nichts. Weder die Kommentare noch die Texte selbst. Der Großvater bewegte sich zeit seines Lebens in einer für mich vollkommen unerreichbaren Disziplin- und Ideenwelt. Er war im Vorstand verschiedener Institutionen wie der Katholischen Akademie, der Görres-Gesellschaft, des Deutschen Bildungsrates oder der Fichte-Gesamtausgaben-Kommission.

Seit Jahren, wenn nicht seit Jahrzehnten, schrieb er Artikel zu philosophischen Themen für ein sich von Buchstabe zu Buchstabe dahinschleppendes Staats-Lexikon. Trocken sagte er Sätze wie »Na, das R werde ich wohl nicht mehr erleben« oder »W wie Würde würde ich schon noch gerne machen«. Seine Mitarbeiter waren nicht viel jünger als er, und auf dem langen Weg zum Z verstarb der ein oder andere. Dadurch hatte die Sache einiges an Schwung eingebüßt. Immer seltener wurde das Erreichen eines neuen Buchstabens mit einem extra Glas Champagner gefeiert. »Heute«, sagte dann mein Großvater, »haben wir endlich nach drei Jahren das M abgeschlossen.« »Über was hast du da geschrieben?« »Über Moral und Mäeutik.«


*Zweite Etappe: Weißwein*

Um Punkt eins gab es Mittagessen. Gutes, einfaches Essen. Vorab immer eine Suppe. Im Laufe der Woche machte die Suppe eine sehr spezielle Wandlung durch. Da an jedem Tag der Rest der Suppe vom Vortag in die neue Suppe gemischt wurde, verdoppelte diese sozusagen am zweiten Tag ihr Geschmackserlebnis. Am Dienstag schmeckte die Suppe dann schon dreifach und am Freitag war sie ein hochkomplexes Suppengemisch geworden. Wenn man am Freitag konzentriert in die Suppe hineinschmeckte, konnte man die ganze Woche Revue passieren lassen, und mein Großvater sagte hin und wieder, wenn er von der Freitagssuppe aß: »Diese Woche hatten wir wirklich ausgezeichnete Suppen, Inge!« Samstag gab es dann keine Suppe und am Sonntag wurde das Ganze mit einer klaren Ochsenschwanzsuppe von Neuem begonnen. Zum Hauptgang gab es häufig einen kleinen Salat mit sehr süßem Dressing aus Honig, Limettensaft und Sahne. Immer frisches Gemüse, nie gekocht, immer nur pochiert. Dazu Fisch, gerne Saibling, Wild, Zunge mit heißen Pfirsichen. Nie wären meine Großeltern auf die Idee gekommen, einen Auflauf zu essen. Meine Großmutter verachtete alles, was mit Käse überbacken wurde. Auch Nudeln aßen sie nie. Für uns Kinder war das hart. Pizza und Fischstäbchen waren ihnen unbekannt. Mein Großvater mochte es, wenn auf seinem Teller Ordnung herrschte. Hier der Rosenkohl, da die Kartoffeln, dort der Fisch. Zwischen den einzelnen Zutaten sollte der Teller zu sehen sein. Wenn ich als Kind, bevor ich zu essen begann, das Fleisch kleinsäbelte, dann die Kartoffeln mit der Gabel zermanschte und mit viel Soße zu einem Brei vermengte, sah mich mein Großvater an, als würde ich sein herrlich strukturiertes Gehirn gleich mit zerstampfen. Zum Essen gab es natürlich Wein. Kalten Weißwein. Mein Großvater gab den Weinkenner, kostete den Wein und befand ihn stets für gut. Dabei haben sie nie einen anderen Weißwein zum Mittagessen getrunken als den sogenannten »Ruwer«. Auf dem Etikett war das Weingut abgebildet, in dem man angeblich auch essen konnte. Immer und immer wieder, Hunderte von Mittagessen, befand mein Großvater diesen Wein für gut, und auf das Etikett weisend sagte er jedes Mal aufs Neue: »Hab ich euch eigentlich schon erzählt, dass man dort sehr gut essen kann?« Ich hatte mich von den zwei Gläsern Champagner des Frühstücks recht gut erholt und freute mich stets auf den Weißwein.

Immer gab es einen Nachtisch. Meistens Obst, was wir als Kinder für Betrug gehalten hatten. Obst war definitiv kein Nachtisch. Nach jedem Gang läutete meine Großmutter ein kleines Glöckchen und die Haushälterin kam herein. Mir war das immer peinlich, mich so bedienen zu lassen. Die Haushälterin war, und das blieb auf ewig ein Rätsel, immer barfuß. Doch darüber konnten meine Großeltern herzlich lachen. So etwas war ihnen vollkommen egal. Und doch hatten es die Haushälterin und die anderen in die Jahre gekommenen Angestellten nicht leicht. Nicht, dass meine Großmutter unfreundlich gewesen wäre, nein, im Gegenteil, sie war sogar ausnehmend höflich. Doch in dieser Höflichkeit war eine perfide Herablassung versteckt und allein ihre Schönheit war eine Verunsicherung für alle im Hause Tätigen.

Das dreckige Geschirr musste von der Haushälterin, bevor es in die Spülmaschine eingeräumt wurde, gründlich vorgewaschen werden. Im Grunde war das Geschirr schon sauber, wenn es nach einem exakt einzuhaltenden System in die Spülmaschine einsortiert wurde. Während dieses Vorwaschens saß meine Großmutter in der Küche und sah mit ihren blitzenden, im Alter wieder vollkommen scharf gewordenen Augen auf Missgeschicke lauernd der sich mühenden Haushälterin zu. Wenn dann zwangsläufig etwas herunterfiel und zerbrach, rief sie mit ihrer vormals berufsbedingt, jetzt immer noch kräftigen Stimme »Mooahhhhh!«, lächelte freundlich und sagte: »Nicht schlimm, nicht schlimm, sehr alt, sehr wertvoll, aber nicht schlimm.« Auch bemerkte sie gerne, wenn mir beim Frühstück durch ihren prüfenden Blick das Ei vom Löffel auf den Boden glitt: »Wirf ruhig weg – ach, hast schon.«

Stets geriet man unter den beobachtenden Blicken meiner Großeltern in eine unangenehme Anspannung. Auch die Gäste, die häufig kamen, wurden davon ergriffen. Ich habe sechzigjährige ehemalige Studenten meines Großvaters gesehen, mittlerweile selbst habilitierte Philosophieprofessoren, die kerzengerade wie Klippschüler auf der Sesselkante saßen und sich mit zitternden Fingern eine einzelne Erdnuss nahmen, die mein Großvater trotz aller Hinweise meiner Großmutter unbeirrt »Kameruner« nannte.

In der Küche gab es in der Wand ein kleines Bullauge, nicht größer als der Boden einer Flasche, durch das man die Besucher vor dem Haupteingang beobachten konnte. Viele Male sah ich von hier, wie Gäste nicht einfach den Weg auf das Haus zugingen und dann, sobald sie es erreichten, klingelten, sondern vor der Tür, den Finger schon auf dem Klingelknopf, innehielten. Es war offensichtlich, dass diesen erstarrten Besuchern klar wurde, dass sie sich mit dem Eintreten in das großelterliche Haus für die nächsten Stunden deren Welt unterzuordnen hatten. Ehepaare trafen letzte Abmachungen, Frauen zogen ihren Spiegel aus der Handtasche oder zupften ihren Männern Haare von der Mantelschulter. Dann nickten sie sich zu, holten tief Luft und drückten den Klingelknopf. So laut wie die Schulglocke in einer Erich-Kästner-Verfilmung bimmelte es los. Es war sogar vorgekommen, dass eine ehemalige Schauspielschülerin meiner Großmutter den Finger wieder vom Klingelknopf zurückzog, einen Moment kopfschüttelnd dastand, sich kurz umsah und heilfroh den Rückzug antrat.

Je älter sie wurde, desto häufiger geschah es, dass auch meiner Großmutter Dinge herunterfielen, sie etwas auf dem Tisch umstieß und zerbrach. Da wurde sie still vor Zorn und schüttelte über sich selbst den Kopf. So als wäre ihre Ungeschicklichkeit ein Unheil offenbarendes Zeichen.

Herr Moser war durch dieses fast tägliche Zerschlagen von Geschirr zu einer Koryphäe im Kleben von Scherben geworden. Stunden verbrachte er am Küchentisch meiner Großeltern mit den zum Teil winzigen Bruchstücken und seinem hochgepriesenen Sekundenkleber. Sekundenkleber wurde sein Ein und Alles. Sekundenkleber war die Revolution, der Quantensprung. Ja selbst feinstes, in kleinste Teile zersplittertes Nymphenburger Porzellan setzte Herr Moser wieder zusammen. Die Scherben von irreparabel zertrümmertem Geschirr sammelte er in einer Schachtel. Und tatsächlich gelang es ihm, eine nicht mehr lieferbare Suppenschüssel aus diesem Scherbenhaufen aus unterschiedlichsten Gefäßen – Tellern, Tassen und Schüsseln – zusammenzukleben und auferstehen zu lassen. Meine Großmutter machte: »Moooahhhhh«, denn Moooahhhhh konnte auch höchste

Anerkennung bedeuten, und stellte die Suppenschüssel weit hinten in den Schrank.

Wenn ich nach dem Essen in die unumstößliche Mittagsstunde verabschiedet wurde, konnte ich oft nur noch eine halbe Seite lesen. Das Essen und der Wein zu völlig ungewohnter Zeit bewirkten, dass ich in einen tiefen Schlaf fiel und geweckt werden musste. Fast immer hatte ich dann Kopfweh und nahm mir aus dem überquellenden Medizinschrank ein Aspirin. Auch da gab es, ähnlich wie in der Speisekammer, Medikamente, die dreißig Jahre und älter waren. Mein Großvater hielt die Verfallsdaten auf Medikamenten für einen Trick der Pharmaindustrie. Genauso wie die Schildkrötensuppe horteten meine Großeltern Medikamente, an die sie glaubten, die aber schon lange vom Markt genommen worden waren.

Mit zwölf oder dreizehn hatte ich mehrere Hühneraugen an meiner rechten Fußsohle und zeigte sie meiner Großmutter. Schon der übertrieben kräftige Zugriff der immer aufs Penibelste gepflegten Großmutterhände hätte mir eine Warnung sein sollen. Sie packte meinen Fuß, studierte ihn genau, drückte jedes Hühnerauge mit dem Daumen, und selbst als ich vor Schmerz aufjaulte, kannte sie kein Mitleid.

»Oh mein armer Lieberling, ich glaub, da hab ich was für dich.« Sie stand auf und kam mit einer nach Alchemie aussehenden winzigen Phiole wieder. »Du wirst sehen. Das wirkt wahre Wunder.«

»Ist das denn überhaupt noch gut? Woher hast du das? Soll ich das schlucken?«

»Ach was, schlucken, das kommt direkt drauf.«

Wieder nahm sie meinen Fuß und hielt ihn mit aller Großmutterkraft fest. Wie in einem Schraubstock war er eingespannt und auf ihrer gebräunten Hand traten energisch die

Sehnen hervor. Der Verschluss des Fläschchens entpuppte sich als Pipette, mit der sie ein paar Tropfen einer grünlichen Flüssigkeit aufzog. Sie packte meinen Fuß noch stärker, was ich nur so deuten konnte, dass sie genau wusste, es würde jetzt schlimm für mich werden. Ich versuchte ihn wegzuziehen, mich zu befreien. Es folgte einer der Momente, in denen meine Großmutter sich verwandelte, blitzartig von der eleganten Grande Dame zur bösen Zauberin wurde. »Na, wirst du wohl stillhalten! Du Bursche, du!«, fauchte sie mich unverwandt an. Ich erstarrte. Sie riss sich meinen Fußballen ganz nah vor ihr Gesicht und träufelte mir die Tinktur auf die Hühneraugen. Im ersten Moment spürte ich nichts. Aber ich hörte etwas. Ein leises Zischen, so als ob man auf eine heiße Herdplatte spuckt. Es roch nach verbranntem Haar und angekokelten Fingernägeln. Ihr Gesicht hatte sich schon wieder in das teilnahmsvolle, wunderschön ebenmäßige Großmutterantlitz verwandelt. »Bravo, mein Lieberling, bravissimo. Das hätten wir geschafft. Du bist ja ein immens tapferer Kerl!«

In den ersten Stunden nach dieser Behandlung bekam ich aus meinem Turnschuh keine allzu beunruhigenden Schmerzbotschaften. Doch später am Abend schaffte ich es kaum die Treppe zum rosa Zimmer hinauf. Ich zog behutsam den Schuh aus. Sah die Socke. Sie war genau an den Hühneraugen-Stellen weggeätzt. Vier kreisrunde Löcher. Ich streifte sie ab und bog meinen Fuß herum. Da, wo früher mal die Hühneraugen gewesen waren, hatte ich jetzt schwärzlich verschrumpelte Kuhlen. Ich legte meine Fingerspitze auf eine der Stellen. Weich gab das verschmurgelte Fleisch nach. In den nächsten Tagen konnte ich kaum auftreten, doch dann, nach und nach, schlossen sich die ekelhaften Mulden wieder mit frischem rosafarbenen Fleisch und die Hühneraugen kamen nie wieder.

Es ist keine Übertreibung festzustellen, dass meine Großeltern geradezu besessen waren von der Vielzahl ihrer Medikamente. Mein Vater, der Kinder- und Jugendpsychiater war, versuchte ihnen klarzumachen, dass die meisten ihrer Pillen überflüssig, ja, gefährlich seien, doch die Person ihres Vertrauens war eine uralte verschreibungsfreudige Ärztin.

Mein Großvater nahm, wenn er eine Erkältung bekam, sofort ein Antibiotikum, aber nur eine einzige Tablette. Davon, dass man Antibiotika zu Ende nehmen müsse, wollte er nichts wissen. Er sagte: »Was soll denn das heißen, ›zu Ende nehmen‹? Ich nehme ja auch nicht Aspirin ›zu Ende‹.«

Die nachmittäglichen Ruhestunden von zwei bis fünf Uhr zogen sich unendlich zäh dahin. Teilnahmslos hockte die Zeit im Haus der Großeltern in den Ecken herum, als wären diese drei Stunden apathische Insassen einer Anstalt. Hundertachtzig sedierte Minuten. Als Kind konnte man in diesen drei Stunden verloren gehen. Absolute Ruhe im Haus war das oberste Gebot. Ich war zum Stillsein verdammt und spielte in Strumpfhosen und grauen Rollkragenpullovern sterbenslangweilige, selbst erfundene Spiele. Ich frisierte mit dem Kamm die Fransen der Teppiche oder versuchte zwischen den Stuhlbeinen hindurch eine Orange durchs Zimmer zur gegenüberliegenden Wand zu rollen. Oder ich erfand Fernsehwerbung. Dafür stellte ich mich vor den Spiegel im Flur, nahm mir irgendeinen Gegenstand und pries ihn zum Verkauf an: »Sehen Sie diesen Regenschirm. Unser neuestes Modell. Er hat eine feingearbeitete Schnappmechanik. Ich spann ihn mal auf. Sehen Sie diesen großen Schirm und die feinen Speichen. Die sind aus Titan. Der Stoff ist kein Stoff. Es ist Fischhaut. Wasserdichte Fischhaut mit Titanspeichen. Dieser Holzgriff ist nicht aus gewöhnlichem Holz. Es ist versteinertes Holz, sogenanntes fossiles Holz. Diese Griffe werden handgemeißelt aus fossilem Holz mit Titanspeichen verschraubt und mit Fischhaut bezogen. Ein einzigartiger Schirm.« Egal wie unsinnig. Jede Minute wurde ein niederzuringender Gegner. Achtsam wie ein Bombenentschärfer ruckelte ich die zu unberechenbaren Quietschern neigende untere Büfettschublade heraus, in der meine Großeltern ihre Süßigkeiten deponierten. Köstliche Schweizer Schokoladen, ekelhafte kandierte Früchte und brandgefährliche Pralinen, in die ich oft hineinbiss und dann zum Klo rennen musste, da sich irgendein widerlicher alkoholischer Brei in meinen Mund ergossen hatte.

Wenn ich Glück hatte, rettete mich meine Mutter, brach ihre Mittagsstunde vorzeitig ab, kam zu mir und fragte leise: »Wollen wir in den Park?« Ich nickte und wälzte mich dann, sobald wir im Freien waren, völlig entfesselt in der Wiese oder drosch mit schweren Ästen auf Bäume ein. Rannte und rannte, bis ich wieder in meiner eigenen Zeitrechnung angekommen war.

An solchen Sommer- oder gleißenden Schneetagen wurde die sich endlos dahinziehende Stunde nach dem Mittagsschlaf bis zum Sechs-Uhr-Whisky von meiner Großmutter mit einem ordentlichen Schuss Rum in den Tee überbrückt oder sie zählte sich Unmengen abstruser Heiltropfen in die Daumenmulde. Es kam vor, dass meiner Großmutter dieses Tropfenzählen nicht schnell genug ging, sich die Essenz zierte und provokant langsam am Glasfläschchenrand zitterte, sodass sie plötzlich, mit den Zähnen den Plastikeinsatz herausbiss, auf den Couchtisch spuckte und einen kräftigen Schluck direkt aus der Flasche nahm. »Metavirulent«, »Meditonsin« oder »Esberitox« hießen diese als Gesundheitstropfen getarnten Nachmittagsschnäpse. Meine Großmutter hatte Flaschen in einer Größe, die ich nie in einer Apotheke zu sehen bekam, und dennoch kam sie nicht länger als zwei, drei Tage damit aus. Krank wurden meine Großeltern selten und sicher waren die vielen Alkoholika ein Grund für ihre Widerstandskraft. Bakterien, Viren und sonstige Erreger hatten es schwer, durch die hochprozentige Luft, die meine Großeltern umgab, bis zu ihnen vorzudringen. Ich stellte mir einen wild entschlossenen Virenstamm vor, der meiner Großmutter von der Haushälterin entgegengeniest wurde, sie wie ein Jagdgeschwader anflog, doch dann gebremst und von beißendem Alkoholatem unschädlich gemacht, betäubt abstürzte.

## Dritte Etappe: Whisky

Spätestens um kurz vor sechs wurde ich durch Rufe wie »Lieberling, es ist so weit« geweckt. Denn um sechs gab es Whisky. Dieser Sechs-Uhr-Whisky war der Beginn des Abends. Schon ab fünf sahen meine Großeltern ständig auf die Uhr. Oft zählte mein Großvater die letzten zehn Sekunden vor sechs laut rückwärts. »Zehn, neun, acht, sieben ... und so weiter«, und rief laut, »ah, Punkt sechs.« Dann öffnete er die Flasche und jeder bekam einen Whisky. Sie tranken ihn mit viel Wasser und ohne Eis. Es war nie ein besonders guter Whisky, weder rauchig noch torfig noch erdig, aber er schmeckte mir. Nirgendwo sonst trank ich Whisky, bei meinen Großeltern sehnte ich mich nach ihm genauso sehr wie sie. Zum Whisky rauchte meine Großmutter ihre erste Zigarette, Dunhill Menthol. Der Zigarettenrauch, der mir zu Kopf steigende Whisky schienen den Duft der Blumen zu intensivieren, denn die großen Vasen waren stets voller Blumen, sommers wie winters. Meistens Lilien, aber auch gerne Levkojen oder Pfingstrosen. Die von meiner Großmutter sorgfältig drapierten Blumen steckten mit intensivem Geruch ihre Duft-Territorien ab. Ging man den weiten Weg von der Küche durch die von meinen Großeltern so genannte Pantry, durch das Esszimmer bis ins Wohnzimmer, kam man an vier Vasen vorbei und durchschritt vier Duftschleusen. Der Lilienduft war eine regelrechte Wand, eine anästhesierende Wolke, die ich immer mehr durcheilte als genoss, die Rosen dagegen ließen mich langsamer gehen und tief einatmen. Um diese Duftwaben herum gruppierten sich jede Menge anderer Gerüche. Es gab keinen einzigen Ort im Haus meiner Großeltern, der nicht unverkennbar roch. Die unangefochtene Regentin der Düfte war aber meine Großmutter selbst, die sich, ein Leben lang mit »Shalimar« einparfümiert, in das tägliche Duftgefecht stürzte. Ich liebte diese »schwangere Flasche«, wie ich sie als Kind einmal tituliert hatte, diesen geriffelten Flacon mit dem rauen Glasstöpsel. Mit Schwung drehte meine Großmutter jeden Morgen die Flasche auf den Kopf und wieder zurück, zog den Stöpsel und stempelte sich selbst hinter den Ohren und auf den Hals, als wäre sie die wertvollste Briefmarke der Welt. Vor ihr gingen selbst die Lilien in die Knie. Hatte meine Großmutter die Lilienduftinsel durchschritten, roch es danach minutenlang nur noch nach ihr. Die Blumen zogen unterwürfig ihre Duftfühler ein und warteten auf das Verfliegen der Shalimar-Schleppe. Ging man hinter meiner Großmutter vom Keller durchs Erd- und Obergeschoss bis hinauf auf den Dachboden, roch man nur sie. Wenn es, was sehr selten vorkam, im Haus nach Essen stank, sich beispielsweise der furzartige Geruch von Blumenkohl aus der Küche herausgewagt hatte, gelang es meiner Großmutter mit ihrem Duft mühelos, Schneisen in den Gestank zu schlagen. Und tatsächlich konnte ich sie finden, ohne nach ihr zu rufen.

Noch heute gehe ich auf Flughäfen im Duty-free-Shop zu »Guerlain«, nehme mir einen Flacon »Shalimar« und lasse den Großmuttergeist aus der Flasche. Ein magischer Moment und so verwirrend, dass ich immer wieder aufs Neue darüber staune, dass sie beim Augenaufschlagen nicht direkt vor mir steht. Wenn ich durch Zufall diesem Duft begegne, in einem Fahrstuhl oder in der Menschentraube an der Garderobe eines Theaters, kommt es mir so vor, als wäre die so Einparfümierte eine Diebin, eine, die den Großmutterduft gestohlen hat und unbefugt benutzt. Der Shalimarduft gehört nur ihr allein. Gemeinsam mit den Blumen, dem Whisky, einer speziell spitz riechenden Käsecrackersorte und den Dunhill-Mentholschwaden verdickte das schwere Shalimarparfüm die Wohnzimmerluft. Im Laufe des Abends verdichteten sich die Gerüche zu einem gleichermaßen den Geist anregenden wie betäubenden, den Magen leicht schnürenden Gesamterlebnis.

Bis zu den Acht-Uhr-Nachrichten, die sie in einer mich jedes Mal aufs Neue fassungslos machenden Lautstärke hörten, trank man zwei oder sogar drei große Whiskys. Auch wenn ich mir eigentlich nicht vorstellen kann, dass sie schon immer in dieser Wahnsinnslautstärke Nachrichten gehört haben, erinnere ich mich nicht daran, mit ihnen jemals bei erträglich eingestelltem Pegel vor dem Fernseher gesessen zu haben. Um kurz vor acht wurde eine Uhr eingeblendet und die letzten fünf Sekunden mit einem speziellen Ticken unterlegt. Allein schon dieses Ticken ließ mich den Kopf an die Rücklehne des Sessels drücken. Denn nun wusste ich, gleich würden dem Gong der Satz »Hier ist das erste deutsche Fernsehen mit der Tagesschau« und die Tagesschaufanfare folgen. Die Fanfare brach in das sonst mit Stille erfüllte Wohnzimmer der Großeltern wie eine Steinlawine herein. Es geschah nicht selten, dass mein Großvater, direkt nachdem der Tagesschausprecher mit dem Verlesen der ersten Nachricht begonnen hatte und mir schon die Ohren dröhnten, rief: »Was ist denn da los?« Erleichtert dachte ich, dass es selbst ihm viel zu laut sei, er aber brüllte: »Ich versteh kein

Wort«, und drehte den Ton bis zum Anschlag hoch. Wie meine sonst sensible, ja, übersensible Großmutter das aushielt, war mir ein Rätsel. Denn der Grund für den Lautstärkenirrsinn war ganz eindeutig die Schwerhörigkeit des Großvaters. Dieser großelterliche Folterfernseher brüllte mir meine frühsten TV-Erinnerungen in tiefergelegene Gehirnschichten hinein. Die Entführung der israelischen Sportler bei den Sommerspielen 1972. Diese Erinnerung wurde allerdings nicht nur durch den schreienden Fernseher unauslöschlich in mich hineinversenkt. Unvergesslich bedrohlich, aber für einen Fünfjährigen auch durchaus faszinierend, waren die direkt über dem Haus im Tiefflug dahinrotierenden Hubschrauber auf dem Weg zum Olympiastadion.

*Vierte Etappe: Rotwein*

Nie aßen meine Großeltern ihr Abendbrot am Esstisch. Immer wurden die am späten Nachmittag von der Haushälterin schon vorbereiteten Teller und Schälchen voller Köstlichkeiten auf die geschwungene Marmorplatte des Sofatisches gestellt. Auch beim Abendbrot spielte mein Großvater wieder den Weinkenner. Dabei tranken sie all die Jahre immer die gleichen zwei Weine. Sangre de toro oder Merlot. Und dann wurde sich unterhalten. Sich beim Rotwein zu unterhalten, war für meine Großeltern das Schönste. Diese Gespräche waren sehr besonders. Wenn sie den richtigen Grad von Trunkenheit und Angeregtheit erreicht hatten, liefen sie zu Hochform auf.

Wir redeten über Bücher, Theater und über große Themen wie Freiheit. Mein Großvater hatte viel über den Begriff der Freiheit geschrieben, und hin und wieder versuchte er sogar, uns in einfachen Worten an seinen Gedanken teilhaben zu lassen.

Meine Großmutter rezitierte ihre Lieblingsdichter, immer wieder Paul Celan, Nelly Sachs oder Matthias Claudius. Natürlich auswendig. »Bitte Inge, würdest du so gut sein und uns den Claudius vortragen?« Er sah sie voller Liebe an, verlangte höflich, wie ein scheuer Bewunderer, nach ihrer Kunst. Aber sie ließ sich gerne bitten. »Um Gottes willen, nein, das kommt überhaupt nicht infrage. Das kann ich doch schon lange nicht mehr!« »Bitte, Inge, du machst das so wundervoll.« »Moooahhhhh, was ihr nur immer alle von mir wollt.« »Wenn du nicht willst, dann natürlich nicht. Niemand wird zu Claudius gezwungen.« »Herrschaftszeiten, also gut.« Toll war nicht nur, wie sie rezitierte, sondern auch, dass sie ihre Haltung nicht weiter veränderte. Sie blieb locker zurückgelehnt in ihrem Sessel sitzen, links die Zigarettenspitze, rechts das Weinglas schwenkend: »Der Mensch.« Schon das hatte gesessen. Kurz gesprochen, scharf. Ganz klar: Es ging um uns. Hier saßen wir, Menschen, nichts weiter. Das hatte sie alleine mit dem Titel geschafft. Man ahnte, dass der Mensch in diesem Gedicht etwas sehr Fragiles und Bedrohtes sein würde. Die erste Strophe ging sie sachlich an, unterkühlt geradezu, um sich dann von Zeile zu Zeile überraschend zu steigern:

»Schläft, wachet, wächst und zehret, trägt braun und graues Haar«, sie wurde lauter, intensiver, »und alles dieses währet ...«, nun drohte sie uns, mit metallener Klarheit las sie uns die Leviten, »wenn's hoch kommt, achtzig Jahr.« Das »hoch kommt« hatte sie hell platzen lassen und war dann bei »achtzig Jahr« stimmlich in schwarze bittere Tiefe abgeglitten. Die letzten beiden Zeilen waren dunkel geraunte Prophezeiungen. »Dann legt er sich zu seinen Vätern nieder, und er kömmt nimmer wieder.« Wobei sie das ö von »kömmt« aus dem Wort herauskatapultierte, wodurch dann doch ein wenig Hoffnung zu keimen schien.

Wenn mein Großvater aufs Klo ging, sagte meine Großmutter, sobald er das Zimmer verlassen hatte, wie schlecht es ihm zurzeit ginge. »Der Hermann, der hat es so schwer. Das geht nicht mehr lange gut. Er ist in einem desolaten Zustand.« Wenn dann allerdings meine Großmutter hinausging, sagte mein Großvater genau das Gleiche über sie. »Die Inge kann nicht mehr. Es wird alles zu viel für sie. Ihr Bein will einfach nicht mehr! Ich rechne mit dem Schlimmsten.« So gegen elf waren sie dann schon recht angetrunken. Aber lange nicht so betrunken wie ich. Ich vertrug viel weniger als sie.

Meine Großmutter litt oft unter den Bevormundungen ihres Mannes. In alkoholisiertem Zustand fing er jeden Satz mit Nein an und maßregelte sie dann ohne Unterlass. »Hermann, möchtest du noch etwas Rotwein?« »Nein! Halb voll.« Oder: »Hermann, schmeckt dir heute der Appenzeller?« »Nein! Ganz ausgezeichnet.« Sie war aber nicht wehrlos. Er sagte: »Mach langsam. Vorsicht, Inge, mit deinem kurzen Bein.« Sie sagte: »Herrschaftszeiten, jetzt lass mich doch einfach in Ruhe.« Der Umgangston konnte sich rapide ändern. Schlagartig. Meine Großmutter forderte: »Hermann, hör auf zu trinken. Du redest nur noch Quatsch.« Er sagte: »Inge, du bist zum Kotzen.« Dabei hatten wir noch vor einer Viertelstunde über die Erkenntnis durch Verzweiflung oder die Offenbarung Gottes durch Leid bei Kierkegaard philosophiert.

Meine Großeltern hörten jeden Abend Musik. Sie hatten nur wenige Platten, die durch ihr Immer-und-immer-wieder-Hören arg mitgenommen waren. Es begann eines ihrer abstrusesten Rituale, dem sie, egal, was um sie herum geschah, die Treue hielten. Sie zündeten Kerzen an und legten sich gemeinsam auf eine große Kaschmirdecke auf den Boden. Da lagen sie dann, wie Tote, die sich selbst aufgebahrt hatten. Das taten sie auch, wenn Besuch da war, sagten: »Lasst euch nicht stören, aber wir hören jetzt unsere Musik!«

Bestimmte Platten blieben immer an denselben Stellen hängen, und es dauerte lange, bis sie es merkten. Niemand wagte es, die in der Rille verhakte Nadel zu befreien. Sie dösten. Lagen auf dem Boden, hielten sich an den Händen, und die Gäste saßen da und sahen ihnen beim Musikhören zu.

Beide verabscheuten Wagner, auch Mozart wurde eher selten aufgelegt. Gerne hörten sie Benjamin Britten, Bachkantaten und viel Schubert, aber ein Lied mochten sie besonders: *Solvejgs Lied* aus *Peer Gynt* von Edward Grieg. Hunderte Male knisterte es aus den als großartig gepriesenen, aber nur mittelmäßigen Boxen heraus. Es endet mit den Zeilen: »Dieselbe Sonne wärmt uns, egal an welchem Ort, egal an welchem Ort. Und bist du schon im Himmel, so treffen wir uns dort, so treffen wir uns dort.«


## *Fünfte Etappe: Cointreau*

Das Ende des Abends kam in Sicht, wenn mein Großvater rief: »Jetzt gibt es Cointreau!« Dieser pappsüße Orangenlikör gab mir dann stets endgültig den Rest. Mein Großvater torkelte auf die Terrasse, um frische Luft zu atmen. Er brauchte immer viel Luft, da er nur noch einen Lungenflügel hatte. Der andere war durch einen Pneumothorax stillgelegt worden. Während des Krieges hatte er, um nicht an die Front zu müssen, ein Nierenleiden simuliert und sich im Krankenhaus mit Tuberkulose infiziert, wodurch er dann tatsächlich gerettet war.

Gegen den Weinstein füllte meine Großmutter über Nacht Wasser in die Rotweingläser. Ich half ihr aufzuräumen. Sie hatte dann ihre Haare schon offen und war wieder seltsam nüchtern. Sie weckte meinen Großvater, der bei Wind und Wetter auf der Terrasse einschlief. Ich habe ihn auch leicht eingeschneit dort schlafen gesehen. Verabschiedet wurde sich unterhalb der Treppe mit einem Kuss. Mein Großvater wurde mit zunehmendem Alter ein gefürchteter Küsser. Hatte er früher jeden Körperkontakt eher gemieden und leicht ruppig absolviert, wurde er im Alter sehnsuchtsvoller. Er nahm mein Gesicht in seine von Altersflecken übersäten Hände, zog mich mit seinen knochigen, erstaunlich dünnen Fingern zu sich und küsste mich lange auf den Mund. Dabei schloss er seine Augen. Meine Mutter hat dieser Gutenachtkuss immer mit tiefem Ekel erfüllt. An einem Abend, an dem er noch ein bisschen mehr getrunken hatte als sonst, spürte ich sogar für einen Moment seine Zunge zwischen meinen Lippen.

Wenn ich mich zu meiner Großmutter hinunterbeugte, zuckte sie stets ein wenig zusammen. Sie küsste nie zurück, ließ mich nur flüchtig mit meinem Mund ihre glatten Wangen streifen.

Da sie beide – mal mehr, mal weniger – nur noch mühsam laufen konnten, hatten sie sich einen Treppenlift einbauen lassen. Jeden Abend wollten sie einander den Vortritt lassen. Hatten sie sich geeinigt, schwebten sie würdevoll winkend davon. In sanftem Schwung die lange Treppe hoch. Volltrunkene alte Engel.

Kurz nach dieser Himmelfahrt ging auch ich ins Bett. Völlig besoffen. Es gab Abende, an denen ich so betrunken war, dass auch ich die Treppe nicht anders als mit dem Treppenlift hochgekommen bin.

Das rosa bezogene Bett war zu kurz. Ich träumte schwachsinniges Zeug, schlief schlecht, die großen Füße baumelten im Dunkel. In solchen Nächten vermisste ich die Schreie der Patienten, die ich während meiner gesamten Kindheit im Kinderzimmer liegend gehört hatte, da unser Haus auf dem Gelände einer riesigen Psychiatrie stand. Das Patientengebrüll hatte mich immer beruhigt und wohlig einschlafen lassen. Das Haus der Großeltern jedoch versank in bleierner Villenviertel-Stille, die sich mit der klammen, über die verwitterte Mauer herüberwabernden Parkstille zu einer mich beklemmenden Grabesruhe vermischte.

Wenn ich rotweinverwirrt aufwachte, hörte ich meinen Puls im daunengeblähten Kopfkissen klopfen. Bei einer bestimmten Windrichtung mischte sich unter das Pochen meines Herzens ein dumpfes Schlagen, welches angeblich von einem weit entfernten Rangierbahnhof herüberhallte. Wie nachtaktive Tiere trauten sich die metallischen Töne erst nach Einbruch der Dunkelheit heraus und krochen im Schutze der Nacht bis in die herrschaftlichen Schlafzimmer hinein. Es klang, als schlüge tief im Bauch eines havarierten und leer geräumten Schiffes jemand erschöpft gegen die rostigen Wände. Dort würden, hatte mir mein mittlerer Bruder vor vielen Jahren weisgemacht, in gigantischen Hallen heimlich Panzer zusammengebaut.

Ich wälzte mich hin und her, allein im riesigen Frachtraum der Nacht. Diese Töne, fast schon wie Einbildungen, beflügelten meine Fantasie. Ich sah ausgehungerte Gestalten vor mir, die, ihre Kräfte übersteigend, an Kurbeln drehten, oder dadurch, dass sie sich trotz ihrer Schwäche in eisernen Hamsterrädern vorwärtsschleppten, eine futuristisch anmutende Nachtmaschine betrieben, vielleicht sogar das Getriebe der ganzen Welt warteten.

Am nächsten Morgen, Punkt halb acht klopfte meine Großmutter an meine Tür, um mich zu wecken. Sie sah wie immer blendend aus, duftete nach »Shalimar«. Auch mein Großvater sah zu mir herein, frisch wie nach drei Wochen Urlaub in den Bergen. Nie sah man ihnen an, dass sie so viel tranken. Doch ich war wie krank. Todkrank.

Und dann ging alles wieder von vorne los. Oft hörte ich, während ich meinen Kopf kaum vom rosa bezogenen Kopfkissen hochbekam, wie unten die barfüßige Haushälterin schon wieder den Korken aus der Champagnerflasche knallte. Nie war ich so zerrüttet wie nach ein paar Tagen bei meinen Großeltern.

# Will denn die Uhr nicht ruhen

Im Münchner Krankenhaus rechts der Isar gab es eine Kinderabteilung mit einem eigenen Schwimmbad, einem sogenannten Rehabilitationsbecken. Es war mir gelungen, die dortige, sehr begehrte Zivildienststelle zu ergattern, und ich war durchaus der Meinung, dass ich mich ausgezeichnet für diesen Posten eignete, denn jahrelang hatte ich Kindern Schwimmunterricht gegeben und mehrere Trainerscheine gemacht. Meine Aufgabe würde es sein, bei guter Bezahlung, als eine Art therapeutischer Bademeister mit den Kindern ihre Übungen durchzuführen. Ein Zimmer brauchte ich mir nicht zu suchen, da ich in einem Schwesternwohnheim untergebracht werden würde. Dieser Aspekt erregte mich. Schwesternwohnheim klang fantastisch. Und so stellte ich mir mein Münchner Leben, das auch ein Neubeginn nach einer alles andere als glorreich verlaufenen norddeutschen Schullaufbahn sein sollte, vor: aufwachen und räkeln im Schwesternwohnheim. In Badelatschen, kurzer Hose und engem T-Shirt, alles blütenweiß, zum Schwimmbad rüberschlendern. Hinter meinem Rücken Schwesterngetuschel. Gemütlich in meinem verglasten Bademeisterkabuff Zeitung lesen, Kaffee trinken und auf die versehrten Kinder warten. In einer knapp sitzenden Badehose in das Becken gleiten, um mit den wahrscheinlich anfänglich noch ängstlichen, dann aber sicherlich Vertrauen fassenden Jungen und Mädchen ihre Wassergymnastik zu machen und ihre erst kürzlich gebrochenen Arme oder Beine sachte im heilenden Nass hin und her zu schwenken. Am Nachmittag ein Schläfchen im Wohnheim, dann Kuchen essen und, dies würde sicherlich auch zu meinen Pflichten gehören, mit den Ärzten über die Fälle des Tages fachsimpeln. Vielleicht allerdings auch Handtücher waschen und die Duschen und Umkleidekabinen wischen. Alle meine Tätigkeiten stellte ich mir in einem verlangsamten, extrem lässigen Tempo vor. Des Nachts hoffte ich auf leise in der Dunkelheit geöffnete Türen, auf Barfußhuschen über den Gang, auf abgestreifte Kittel, schwesterliche Nächstenliebe und Wildheit, die sich am Tag hinter Sachlichkeit verstecken würde. Das entwickelte sich zu einer regelrecht wahnhaften Dauersehnsucht. Immer wieder stellte ich mir vor, wie ich in großer Runde, vielleicht in der Krankenhauskantine, einer bildhübschen Schwester am Tisch gegenübersitzen würde und nur wir zwei wüssten, was wir in der letzten Nacht alles voneinander gesehen hatten. Und dann so tun, als ob nichts gewesen wäre, belanglos plaudern, doch in ihren Augen, weit hinten, ein nur mir geltender, geheim gehaltener Glanz, der mir sagt: »Wann wird es endlich wieder Nacht? Ich hab zwar Dienst, kann es aber kaum erwarten!« So stellte ich mir mein süßes Zivildienstleben vor: als eine Mischung aus barmherzigem Samariter in Badelatschen und feurigem Casanova im Schwesternwohnheim.

Ich war durch den noch nicht lange zurückliegenden Unfalltod meines mittleren Bruders komplett aus der Bahn geworfen worden. Mein Leben war bis zu diesem Verlust ein stabiles und angenehmes gewesen. Eine verlässlich zugefrorene Fläche, auf der ich gutbürgerlich herangewachsen und wohlbehütet Schlittschuh gelaufen war. Doch jetzt knirschte und taute es gewaltig unter mir. Eine unberechenbare Traurigkeit hatte mich ergriffen und brachte Bewegung in die Tektonik meiner einst so soliden Tage. Ich glitt auf dünnem Eis dahin, doch immer öfter blieb ich unvermittelt stehen, da mich eine Verzagtheit ergriff, die mir den Atem nahm und jeden weiteren Schritt sinnlos zu machen schien. Aber genau dieses Stehenbleiben war gefährlich. Ich musste stets in Bewegung bleiben, um nicht einzubrechen. Auch quälten mich Zukunftssorgen, da ich nicht die leiseste Ahnung hatte, was ich werden wollte.

Die Zivildienststelle in München schien da genau das Richtige zu sein. Zeitaufschub und Kur zugleich, denn eigentlich war ich der Rekonvaleszent, war ich derjenige, der sich im Krankenhaus rechts der Isar Heilung versprach und der sich nach sterilem weißem Frieden sehnte.

Der Unfalltod meines Bruders hatte mich während eines einjährigen USA-Aufenthalts ereilt. Wie eine Guillotine war er in meine heile Welt gefallen, hatte das Davor und das Danach in zwei Teile zerhackt, zwei Teile, die nicht mehr im Entferntesten zusammenpassen wollten. Mit der gleichen Wucht, mit der das Auto, in dem mein Bruder gesessen hatte, unter den Laster gekracht war, wurde ich, weit weg in Wyoming, aus einer vertrauten Welt in eine unbekannte, kaputte geschleudert. Übrig blieb: ein Ich vor dem Unfall und ein Puzzle-Ich danach. Und dann war da auch noch die Einschläferung unseres Hundes, eines Landseers. Ein großer verträumter Hund, der meine ganze Kindheit und Jugend begleitet hatte. Den ich festhielt, während er die Spritze bekam. In dessen kreatürlichem Tod mir sich wie nie zuvor Vergänglichkeit offenbart hatte. Auch das ließ mich nicht mehr los. Ich war umstellt und belagert von Todesgedanken. Dazu die Sorge um meine Mutter, meinen Vater und meinen übrig gebliebenen Bruder. Der Verlust meines mittleren Bruders hatte meine Eltern einander nähergebracht, doch ich war sicher, diese auf Verzweiflung gegründete Zuneigung würde nicht lange halten.

Die Zivildienststelle in München war ein Geschenk des Himmels: eine Fluchtmöglichkeit heraus aus der norddeutschen Heimatstadt. Flucht vor dem Mitleid in den Augen dieser Jeder-kennt-jeden-Welt. Flucht vor dem Friedhof mit dem Marmorkreuz des Bruders und den vier spießigen Tannen dahinter. Wie soll man es mit neunzehn ertragen, vor dem Grab des Bruders zu stehen, an einem Tag den weinenden Vater und an einem anderen die weinende Mutter zu trösten, und jedes Mal aufs Neue von einem Schock ereilt zu werden, wenn sich für einen Augenblick die Erkenntnis offenbart, dass dieser geliebte Mensch da tatsächlich unter der Erde liegt und nie mehr wieder herauskommen wird. Ich war erschüttert von der Gnadenlosigkeit des archaischen Aktes des Verscharrens, erschüttert von der unumstößlichen Grausamkeit, meinen Bruder in einer Kiste unter der Erde zu wissen. Alles religiöse oder philosophische Geplänkel wurde durch die konkrete Vorstellung des vertrauten Körpers, keine zwei Meter unter den erbärmlichen Stiefmütterchen, pulverisiert.

Oft wurde ich überwältigt von diesen Bildern: Der Bruder ist in der nassen Erde gefangen und braucht meine Hilfe. Ich konnte nicht anders. Ich musste mir vorstellen, wie eingepfercht er dalag. Für mich war er kein Begrabener, er war ein Verschütteter, und ich hätte ihn so gerne gerettet. Meinen Bruder in Frieden ruhen zu lassen überstieg meine Kräfte. Ich wollte ihn bei mir haben. Da war es fast eine Erleichterung, als ich irgendwann begriff, dass mein Schmerz nur dadurch zu bändigen, ein eigenes Leben nur dadurch wieder möglich sein würde, dass ich mich diesem Sog nicht weiter aussetzte. Ich musste weg aus dieser Stadt, deren Herzstück das Grab meines Bruders geworden war. Nie zuvor hatte ich meine Umgebung mit einer derart sezierenden Klarheit gesehen. Der Tod hatte nicht etwa seinen sanften Schleier über meine zerbrochene Welt geworfen, die Trauer betäubte mich nicht, nein, der Verlust peitschte meine Fantasie auf, schärfte meine Wahrnehmung. Wie mit einem bösartigen Skalpell schälte der Schmerz alles Unwesentliche vom Wesentlichen. War ich den Menschen früher immer wohlwollend und mit Offenheit begegnet, genügte mir jetzt schon ein Blick, um ihre hilflos kaschierte Verlorenheit zu durchschauen. Auch wenn sie sich selbst für glücklich hielten, mir kam diese kleinstädtische Zufriedenheit tödlich vor. Je heiterer und pragmatischer sie alle taten, desto desolater erschienen sie mir. Doch mich überforderte mein durch die Trauer schonungslos gewordener Blick und ich erkannte, dass ich dieser Hellsichtigkeit entfliehen, die Glasklarheit meiner Gedanken schleunigst verlassen musste, um so etwas wie Weltvertrauen und Wohlbehagen wiederzuerlangen. Ich wollte kein Leben, in dem mein Schmerz rücksichtslos jeden Winkel ausleuchtet, ich wollte jugendlichen Leichtsinn. Ganz vage verspürte ich eine in mir keimende Bösartigkeit, eine Verbitterung allem Lebendigen gegenüber. Doch ich sehnte mich nach Naivität. Sosehr in meinem Inneren Gedanken um Verlust und Sinnlosigkeit kreisten, so sehr gab ich mich nach außen weiterhin heiter und unerschütterlich. Ich war durch den Tod des geliebten Bruders, durch die drohende Trennung der Eltern zu einer Fata Morgana geworden, zu einer verheißungsvoll flimmernden Oase: Aber da war nichts. Mein Optimismus war eine optische Täuschung und jeder, der mir zu nahe käme, da war ich mir sicher, würde das augenblicklich durchschauen. Ich war komplett durch den Wind und wusste nicht wohin mit mir.

Hauptsache weg. Zwei Möglichkeiten taten sich auf. Zum einen die Zivildienststelle und zum anderen die Schauspielschule. Beides in München. Tausend Kilometer entfernt vom Grab des Bruders. Das schien mir eine gute Distanz. Die Aufnahmeprüfung an der Schule hatte noch gar nicht stattgefunden, da kam schon die Zusage des Krankenhauses rechts der Isar. Ich war unendlich froh.

Die nächsten Monate blieb ich noch in Schleswig. Ich machte viel Sport, kaufte mir ein Hantel-Set, hatte mir ein sanftes Lächeln angewöhnt und ein Gedankenmantra ins Hirn gepflanzt: »München, ich komme!«

Ich wurde ein Meister darin, Zuversicht vorzutäuschen, und durch diese permanenten Täuschungsmanöver stellte sich tatsächlich so etwas wie Zuversicht in mir ein. Es war ein autosuggestiver Trick. Es war wie mit dem Fuß aufzustampfen, um sich daran zu erinnern, wie es ist, wütend zu werden. Mein Kummer, das nahm ich mir für München vor, würde mein norddeutsches Geheimnis bleiben und sollte im Schwesternwohnheim ganz allmählich abklingen und heilen. Ich wollte wieder so werden, wie ich mich jetzt schon gab: unerschütterlich lebensfroh.

Doch dann kam alles ganz anders. Ich nahm an der Aufnahmeprüfung der Schauspielschule teil. Die Motive, mich dort beworben zu haben, waren mir selbst nicht ganz klar. Vielleicht wollte ich einen Weg einschlagen, der außerhalb all dessen lag, was ich mir zutraute, vielleicht wollte ich etwas versuchen, das das genaue Gegenteil von dem war, was in Betracht kam. Völlig fremd war mir das Theater nicht, da ich in ein paar Stücken der Theater AG an der Schule sogar mit einigem Erfolg mitgewirkt hatte. Ich war aber alles andere als vom Theater infiziert. Ich war ein Sportler, hatte in meinem Leben kein einziges Theaterstück freiwillig gelesen, und die wenigen Male, die ich im Theater gewesen war, hatten mich zu Tode gelangweilt. Dennoch machte ich mich auf den Weg nach München. Ich sagte mir: Selbst wenn sie mich auslachen und nach einem Satz kopfschüttelnd unterbrechen, was soll mir schon passieren. Die Zivildienststelle habe ich ja sicher. Das ist es, was ich machen will.

Schlecht vorbereitet fuhr ich zur Aufnahmeprüfung. Drei Rollen sollte man vorspielen. Ich wusste nicht, was ich nehmen sollte. Meine Großmutter hatte mir »Dantons Tod« von Georg Büchner empfohlen. Mit dem gelben Reclam-Heftchen in der Hand war ich in Schleswig herumgelaufen und hatte mühsam den Text gelernt. Was beim Vorsprechen geschah, ist mir bis heute ein Rätsel.

In einem abgedunkelten Raum wurde ich routiniert empfangen. Ich war einer von Hunderten. »Herzlich willkommen. Welche drei Rollen hast du uns mitgebracht?« »Oh das tut mir leid, aber das hab ich nicht hinbekommen. Ich hab nur eine Rolle geschafft.« »Nur eine Rolle? Warum?« »Drei waren mir zu viel. Ich bin nicht so gut im Auswendiglernen.« Ich war zu meiner Überraschung völlig furchtlos. Ich sagte: »Besser eine gut als drei scheiße!« Die Prüfer hinter ihren Tischen grinsten. »Und welche eine Rolle haben wir die Ehre erleben zu dürfen?« »Danton von Büchner.« »Warum gerade die?« »Hat mir jemand empfohlen.« »Hat dir das Stück gefallen?« »Ging so.« »Aha. Brauchst du irgendwas?« »Einen Stuhl.« Ich zog meinen Pullover aus. Darunter hatte ich ein Bundeswehr-T-Shirt meines Bruders an. Ich hoffte, es würde mich beschützen. Ich nahm Platz. Die Scheinwerfer waren mir zu grell. Ich drehte mich seitlich weg und saß nun so da, als würde ich in einem Zugabteil an den Prüfern vorbeifahren. »Ich mach die Stelle kurz vor der Hinrichtung.« »Nimm dir so viel Zeit, wie du brauchst!« »Danke.«

Ich wartete einen Augenblick, obwohl ich nicht genau wusste, worauf. Es war schön still um mich herum, und die Prüfer guckten freundlich. Ich sah auf den Boden, sah die abgeschabten Bretter und fing zu sprechen an: »Will denn die Uhr nicht ruhen? Mit jedem Picken schiebt sie die Wände enger um mich, bis sie so eng sind wie ein Sarg. Ich las einmal als Kind so 'ne Geschichte. Die Haare standen mir zu Berge. Ja als Kind. Das war der Mühe wert. Mich groß zu füttern und mich warm zu halten. Nichts als Arbeit für den Totengräber.« Ich machte eine Pause, da ich damit rechnete, unterbrochen zu werden. Ich wollte zuvorkommend sein und den Prüfern eine gute Gelegenheit geben, die Sache vorzeitig zu beenden. Durch diese kleine Abschweifung verlor ich den Faden und wusste nicht mehr, wie es weiterging. Aber seltsamerweise beunruhigte mich das nicht im Geringsten. Ich saß da, in der lichterfüllten Stille, und genoss den Abgrund, der sich vor mir auftat. Früher oder später würde es mir schon einfallen. In Gedanken fing ich wieder von vorne an, kam erneut zu der Stelle und diesmal hatte ich den Text parat. »Es ist mir, als röch ich schon. Komm mein lieber Leib, ich will mir die Nase zuhalten und mir einbilden, du seist ein Frauenzimmer ....«, ich stockte und musste ein wenig lachen. Das Wort »Frauenzimmer« kam mir in diesem Augenblick so absurd vor, so altmodisch. Ich grinste und wiederholte es. »Ein Frauenzimmer, das vom Tanzen stinkt und schwitzt, und dir Artigkeiten sagen.« Das mit den Artigkeiten begriff ich nicht, hatte ich noch nie begriffen. Was würde der denn da sagen, überlegte ich. Durch diesen Nebengedanken plumpste ich erneut in ein Loch und brauchte eine gefühlte Ewigkeit, um aus ihm heraus zurück in den Text zu krabbeln. Abermals erfüllte mich eine herrliche Ruhe. »Morgen bist du eine leere Bouteille, der Wein daraus ist ausgetrunken.« Das war für mich der schwerste Satz im gesamten Monolog. Ich hatte eine Heidenangst vor der Aussprache des französischen Wortes »Bouteille«. Immer wieder hatte ich es mit einem Mitschüler geübt. Ich nuschelte mich leiser werdend darüber hinweg und kurvte schlingernd in die Zeilen-Zielgerade ein. »Das sind glückliche Leute, die sich noch besaufen können. Ich aber, ich gehe nüchtern zu Bett.« Ich hatte was verdreht, egal. »Doch hätte ich anders sterben mögen, so ganz mühelos, so wie ein Stern fällt ...« Ich stockte, wiederholte tonlos mit den Lippen das Wort »mühelos«. Ich dachte an meinen Bruder. Hatte er einen mühelosen Tod gehabt? War er so unmittelbar, wie ich mir das vorstellte, durch den Aufprall des Wagens getötet worden? Oder hatte es doch Momente von Panik, Schmerz und Todesangst gegeben? Ich versuchte weiterzusprechen, aber es ging nicht. Ich konzentrierte mich darauf, das aufgesprungene Fenster in mein Unglück wieder zuzudrücken. Plötzlich bekam ich Angst. Das hatte mir gerade noch gefehlt, vor diesen fremden Leuten einen meiner Weinkrämpfe zu bekommen. Andererseits spürte ich, wie geballt die Aufmerksamkeit den Raum erfüllte. Überall um mich herum schwebten mikroskopisch kleine Staubpartikel im Scheinwerferlicht und ihre Schwerelosigkeit hatte etwas Beglückendes. Vorsichtig sprach ich weiter, balancierte über das Seil meiner niedergehaltenen Trauer hinweg, bewegte mich behutsam von Wort zu Wort. »So – wie – ein Ton – sich selbst – aushaucht, sich selbst – totküsst ...«, wieder irgendwas falsch, »wie ein – Lichtstrahl in klaren – Fluten sich begräbt.« Ich dachte nicht mehr im Geringsten an den Inhalt, benutzte die Wörter nur noch dazu, sie gleich Sandsäcken, einen nach dem anderen, auf die mögliche Bruchstelle im Deich zu werfen. Silbe für Silbe wuchtete ich sie heraus. So, dachte ich, ein Satz noch, ein letzter Satz noch, dann ist es geschafft. Es blieb mir nichts anderes übrig, als grotesk langsam zu sprechen. »Wie schim – mernde – Tränen sind die Sterne in die Nacht ge – sprengt. Es – muss – ein – großer – Jam – mer- …« Wieder stockte ich, mein Atem fing zu flattern an und ein leichtes Frösteln durchzitterte meine Muskeln. Das könnte knapp werden, dachte ich. Die Bedeutung der letzten Worte peinigte mich. Bestimmt hundertmal hatte ich diesen Satz geübt, ihn gebogen, gedehnt, mal so, mal so gesprochen. Doch jetzt verstand ich ihn plötzlich. »Es muss ein großer Jam-mer in dem …« Es ging einfach nicht mehr. Würde ich noch ein einziges Wort sagen, würde etwas geschehen, das hier absolut nicht hingehörte, das niemanden etwas anging. Ich atmete mehrmals tief ein, sah auf und lächelte. Es war mir peinlich, wie viel Zeit ich mir genommen hatte. »Das war's.«

Und da tat ich etwas, das mich im Nachhinein noch oft ärgern sollte. Ich sah in die mich aufmerksam betrachtenden Gesichter der Prüfer und flüsterte: »Entschuldigung, bitte.« »Wofür denn?« Ich überlegte. »Na dafür, dass das so lange gedauert hat. So richtig gut kann ich den Text irgendwie doch noch nicht.« »Du hast dir halt die Zeit genommen, die du gebraucht hast.« »Na ja, ich könnte es bestimmt beim nächsten Mal schneller.« Alle lachten. »Und du hast wirklich keine zweite Rolle?« »Nee, tut mir leid.« »Gehst du mal kurz raus, wir rufen dich gleich wieder rein.«

Ich ging auf den Flur hinaus und wartete. Voller Interesse beobachtete ich die nervös auf und ab gehenden Prüflinge und die deutlich von ihnen zu unterscheidenden, bereits aufgenommenen Schauspielschüler, die sich betont selbstbewusst durch ihre Schule bewegten. Die einen waren sichtbar, die anderen neigten zur Unsichtbarkeit. Als ich diesen Unterschied bemerkte, dachte ich, hier könntest du vielleicht ein Gesicht bekommen und nicht nur dieses vage Augen-Nase-Mund, ein richtiges Gesicht. Nicht diese Allerweltsrübe, nein, einen unverwechselbaren Charakterkopf.

Ich wurde wieder hereingerufen. »Setz dich doch!« »Mach ich.« »Also, uns hat dein Danton sehr gut gefallen und wir finden es schade, dass du keine anderen Rollen mitgebracht hast. Nur aufgrund einer einzigen Rolle ist das schwer für uns, dich zu beurteilen.« Die Frau, die zu mir sprach, war füllig, sympathisch, mit warmherzig hüpfenden Pausbäckchen. »Trotzdem wollen wir dich nicht einfach so gehen lassen. Wärst du zu einer kleinen Improvisation bereit?« »Na klar!« Ich hatte keinerlei Vorstellung davon, was auf mich zukommen könnte. »Das hier ist Sabrina. Sie ist in der Abschlussklasse.« Eine junge Frau trat aus dem Hintergrund hervor. Wo kommt die denn her, dachte ich, war die eben auch schon da? Hat die mir etwa zugesehen? Ich hätte kein Wort herausgebracht. Sabrina hatte glatt-schwarzes Haar und einen schnurgeraden Kleopatra-Pony. Dunkel umschminkte Augen und eine eindrucksvolle Hakennase. Sie trug ein kirschrotes Hemd mit harlekingroßen stoffüberzogenen Knöpfen und eine weite Flanell-Bundfaltenhose. Alles passte unglaublich gut zusammen. Sie war nicht wirklich schön, aber markant und unübersehbar prall vor Selbstvertrauen. »Also, setz dich bitte wieder auf deinen Stuhl. Wir haben Sabrina eine Aufgabe gegeben und ihr schaut mal, was sich daraus entwickelt.« Ich nahm Platz. Sabrina verließ den Raum, kam jedoch schon kurz darauf wieder hereingestürmt und knallte die Tür hinter sich zu. Wutentbrannt schoss sie, ein blendend aussehender Torpedo, auf mich zu und schrie mich an. »Ich weiß alles. Mein Gott, was bist du denn für ein Arsch? Wie kannst du mir so etwas antun? Ich dachte, du liebst mich.« Sie stellte sich vor mich und brüllte. »Wie lange geht das schon?« Mir verschlug es die Sprache. Sie schüttelte mich an den Schultern und ich roch ihr Shampoo, das aus den wild fliegenden Haaren herausduftete. Sie gefiel mir gut. »Sag schon, wie konntest du mir das nur antun? Wir sind doch so glücklich.« Sie wurde leiser, eindringlicher: »Bitte, bitte, erkläre es mir.« Ich sah sie gebannt an, zuckte mit den Schultern, mir fiel nichts ein. Sie sackte vor mir zusammen und vergrub ihren Kopf in meinem Schoß. Ich erstarrte. Sie sprang auf und fing erneut zu schreien an. »Wir sind jetzt seit vier Jahren zusammen und du hockst einfach nur da und glotzt mich an. Du elender Arsch. Wie lange geht das schon? Sag was, los sag endlich was!« Etwas an dieser sogenannten Improvisation peinigte mich. Mir fiel einfach nichts ein. Ich war völlig perplex, überwältigt von dieser eindrucksvollen Frau, die um mich herumwirbelte. Nie zuvor war ich mit so einer Glut konfrontiert worden, war mir eine so hochkarätige Aufmerksamkeit zuteilgeworden. »Du gibst es also zu?« Sie trat mit dem Fuß gegen meinen Stuhl. »He? He? Du gibst es also zu?« Tritt, Tritt, Tritt. »Na los! Mieser Lügenarsch, gib es zu. Mein Gott, jetzt sag endlich was!« Sie umkreiste mich und trat von allen Seiten gegen die Stuhlbeine. Mir war die Lust vergangen. Das penetrante Geschrei und Getrete ärgerten mich. Doch sie war immer noch nicht fertig mit mir. »Deine Feigheit ekelt mich an«, zischte sie und spuckte vor mir auf den Boden. Ihre Spucke schillerte silbrig im Scheinwerferlicht. Und da reichte es mir. Ich stand auf, stellte mich vor sie, sah sie an und sagte: »Tschüss!«, drehte mich um und ging aus dem Zimmer. Fertig.

Na, das war es dann wohl, war ich mir sicher. Kurz darauf wurde ich wieder reingeholt. Sabrina atmete schwer und sah mich abfällig, ja, angewidert an. »Also, das war jetzt nicht so ganz das, was wir uns vorgestellt haben. Sabrina hat wirklich ihr Bestes gegeben, dich da mal ein bisschen aus der Reserve zu locken, da hätte schon mehr kommen können. Wie war es für dich?« »Hm, keine Ahnung. Irgendwie hat sie mich genervt.« Sabrina schnaufte verächtlich und zupfte ihren Brettpony in Linie. »Gut, also weitere Rollen hast du ja nicht.

46

Aber dein Danton, der hat uns sehr beeindruckt. Alles klar, danke fürs Herkommen. Du kennst ja den Termin, wenn wir die Teilnehmer der nächsten Runde bekannt geben.«

Niemals hätte ich damit gerechnet, wieder eingeladen zu werden, und doch trat genau das ein. Nur eine Woche später musste ich wieder nach München, diesmal mit zwei Rollen, und wieder sprach ich Danton vor. Allerdings wesentlich schneller und ohne einen einzigen Textaussetzer. Ich fand es besser so, flüssiger, und war heilfroh, dass der weggesperrte Kummer nicht herauswollte und sich durch hohes Tempo hatte überrumpeln lassen. Aber die Kommission, die mittlerweile auf sechs Prüfer angewachsen war, schüttelte wie einstudiert die Köpfe. »Warum bist du denn so durch den Text gerattert?« »Entschuldigung.« »So, und deine zweite Rolle, was ist die?« »Hab ich nicht. Entschuldigung.« »Wieso das denn nicht?« »Irgendwie nicht geschafft.« »Willst du wirklich Schauspieler werden?« »Weiß ich ehrlich gesagt nicht. Ich hab eine tolle Zivildienststelle bekommen. Da fang ich bald an.« »Was würdest du machen, wenn wir dich nehmen?« »Tut mir leid, aber keine Ahnung. Also, da hab ich mit Kindern zu tun, die schreckliche Unfälle hatten. Ich bekomme sogar ein Zimmer im Schwesternwohnheim.«

Schlussendlich wurde ich angenommen, was mich vor ein riesiges Problem stellte, doch nach tagelangen inneren Kämpfen entschied ich mich gegen das Schwesternwohnheim und für die Schauspielschule. Die vielen todunglücklichen Gesichter derer, die es nicht geschafft hatten, und die mir von allen Seiten signalisierte Begeisterung über meine Aufnahme stimmten mich um. Zu sagen, »Ich hab viel mehr Lust auf Schwesternwohnheim«, wäre als aberwitzige Verirrung oder bloße Koketterie missverstanden worden. Letztlich habe ich meine Entscheidung lange nicht bereut. Denn der

Zivildienst in einem Krankenhaus, hatte ich mir eingestehen müssen, diente vielleicht doch nur der Grundsteinlegung für eine Arztlaufbahn. Mein Vater war Arzt, mein Bruder war durch den Unfall aus seinem Medizinstudium herausgerissen worden. Arzt, so dachte ich, ist der Beruf, durch den ich den beiden immer nah sein könnte. Um den Vater zu trösten, würde ich als lebendiger Stellvertreter meines toten Bruders in seine medizinischen Fußstapfen treten. Gleichzeitig ahnte ich jedoch, dass ich einen eigenen Weg brauchen würde, dass der Arztberuf als Ehrung und Wahrung des Gestorbenen möglicherweise genau der falsche sein würde. Nie hätte ich es geschafft, aus dem Schatten des hochgebildeten Vaters und des blitzgescheiten Bruders herauszutreten. Doch noch heute löst das Wort »Schwesternwohnheim« in mir weit mehr Neugierde aus als das Wort »Schauspielschule«, und es war ein immenser Kraftaufwand, den Tanker, der schon frohgemut Kurs auf den Zivildienst genommen hatte, wieder einzubremsen, um hundertachtzig Grad zu wenden und auf die Schauspielschule zusteuern zu lassen. Kurzzeitig hatte ich noch die rettende Idee, beide Welten auf das Angenehmste miteinander zu verschmelzen. Schlafen im Schwesternwohnheim mit allem Drum und Dran und tagsüber Ausbildung in der, wie sie hieß, »Otto-Falckenberg-Schule«. Doch ein einziger Anruf im Krankenhaus rechts der Isar machte diese verheißungsvolle Variante zunichte. Ich machte mir Gedanken darüber, ob es möglicherweise in einer Schauspielschule ähnlich zügellos zuginge, wie ich mir das im Schwesternwohnheim vorstellte. Vielleicht war ja sogar die Schauspielschule der noch weit bessere Ort, um wenigstens einen Zipfel der erotischen Vorstellungen, die mich umtrieben, endlich in die Finger zu bekommen. Obwohl Schauspielschülerinnen wie diese selbstbewusste Sabrina-Furie eher Unbehagen in mir auslösten.

Ich machte mich in München auf die Suche nach einem Zimmer. Studierte die Zeitungen nach Wohnungsanzeigen und stand mit fünfundzwanzig Mitbewerbern in einer Fünfundzwanzig-Quadratmeter-Wohnung, deren Miete mir monatlich noch 63 Mark zum Essen übrig lassen würde. Da boten mir meine Großeltern an, für die ersten Wochen bei ihnen zu wohnen. »Wenn du erst mal in München bist, Lieberling, dann wirst du bestimmt etwas finden. Solange sollst du uns herzlich willkommen sein.«

So musste ich mich von meinen Schwesternwohnheim-Fantastereien genauso verabschieden wie von meinem Wunschtraum, zum ersten Mal eine eigene Wohnung zu haben. Während der gesamten nächsten drei Jahre wohnte ich bei ihnen und die Zeit mit meinen Großeltern war vielleicht sogar intensiver und prägender für mich als die Ausbildung selbst. Drei Jahre lang sollten diese beiden komplett verschiedenen Welten mein Leben bestimmen. Einerseits die Schauspielschule, die mich mit aller Macht nach vorne trieb, in eine ungewisse Zukunft stieß, und andererseits die durch und durch bekannte Welt der Großeltern, die gesättigt mit Vergangenheit, in ihrem wundervollen Haus in Nymphenburg verlässlich wie zwei wertvolle Uhren vor sich hin tickten. An dem einen Ort würde jeder Tag ein Füllhorn an Überforderungen, Chaos und Unberechenbarkeit über mir ausschütten und an dem anderen Ort würde alles Ritual, gediegene Stille und Verlässlichkeit sein. Vielleicht, dachte ich, ist die wie in Stein gemeißelte Zweisamkeit der Großeltern genau das Richtige für mich angesichts der drohenden Trennung der Eltern.

Ein mulmiges Gefühl bescherte mir allerdings die Tatsache, dass meine Großmutter an ebendieser Schauspielschule, an der ich die Aufnahme geschafft hatte, selbst jahrelang als Lehrerin unterrichtet hatte. Ich selbst hatte bei meiner Prüfung nichts von dieser großmütterlichen Verbindung offenbart, wollte ich doch dadurch nicht in irgendeiner Weise bevorzugt werden. Und doch ist es leider nicht ganz auszuschließen, dass meine Großmutter zum Telefonhörer gegriffen haben könnte, um mir durch einen vertraulichen Hinweis einen kleinen Vorteil zu verschaffen. Einerseits würde diese Art der Selbstermächtigung durchaus zu ihr passen, andererseits hielt sie meine Idee, Schauspieler zu werden, für eine ganz und gar unsinnige. Sie selbst hatte vor vielen Jahren das ihr mehr und mehr verhasste Theaterspielen aufgegeben. Vor ihrer letzten Premiere hatte sie eine Angstattacke bekommen und sich im Keller versteckt. Erst nachdem mein Großvater eine Stunde lang mit ihr behutsam wie mit einem Selbstmörder auf dem Brückengeländer gesprochen hatte, war sie ins Theater gefahren. Danach drehte sie nur hin und wieder noch und gab Schauspielunterricht.

Nie habe ich sie danach gefragt, ob sie sich damals für mich eingesetzt hat, da mich die Vorstellung, ich wäre nur dank meiner Großmutter aufgenommen worden, bis heute ängstigt.

## Post und Plastik

Das erste Ereignis im Haus meiner Großeltern, an das ich mich erinnere, kam von oben. Ich war ungefähr vier Jahre alt und saß im kleinen Vorflur direkt hinter der Haustür auf einer kratzigen Fußmatte. Ich hörte ein Geräusch, sah hinauf, der Briefkastenschlitz öffnete sich, eine Scheibe Licht fiel hinein, wie ein goldgebackener Toast, blendete mich, und direkt auf mein Gesicht segelte eine Unmenge von Post hinunter. Ich duckte mich. Doch ein zweiter Schwall Briefe, darunter auch dickere, landete zum Teil schmerzhaft auf meinem Hinterkopf. Überall um mich herum lagen kleine Umschläge, größere, gefaltete Prospekte und Postkarten. In diesem Moment kam es mir so vor, als würde durch den Schlitz nicht nur einfach etwas hineingeworfen, sondern als fütterte jemand die Villa durch dieses goldklappende Maul hindurch mit einer ordentlichen Portion Papier und ich wäre ein Bauchbewohner des riesigen Hauses.

Ich saß auf dem Sisalteppich und griff nach der auf mich herniedergeregneten Post. Ich ordnete sie zu einem Stapel und versuchte aufzustehen, doch es waren zu viele Briefe, sodass sie mir, sobald ich mich bewegte, aus den Händen rutschten. Ich klemmte mir die Prospekte unter die Achseln, griff nach den Umschlägen, presste sie mit den Ellenbogen an meinen Körper, hielt in jeder Hand mehrere Briefe und rannte, so gut ich konnte, los. Ich rief durch den Flur: »Großmutter, Großmutter, die Post ist da!« Da fiel schon der erste Brief herunter und da der nächste. Ich versuchte, den fallenden Brief mit der anderen Hand zu erwischen, aber dadurch entglitt mir ein größerer Umschlag. Ich klemmte mir einen Brief unters Kinn, vier oder fünf andere hinter den Hosenbund, wieder andere presste ich mit den Unterarmen an die Hüften. Ich verteilte die Post auf alle möglichen Körperstellen, mit denen ich zupacken, einklemmen oder festhalten konnte. So machte ich mich an den Aufstieg der Treppe. Doch die Briefe wollten einfach nicht bei mir bleiben. Ich spürte ihr Rutschen, das Entgleiten, und schon wieder segelte einer unter meinem Ellenbogen heraus. Erneut rief ich: »Großmutter, Großmutter, die Post ist da, die Post ist da. Warte, ich bring sie dir.« Allein schon dadurch, dass ich das Wort »Großmutter« rief, machte ich ihr eine Freude. Denn das hatte sie mir von Anfang an eingeschärft: »Das merke dir gut, mein Lieberling. Wenn überhaupt, bin ich die Großmutter. Oma kommt nicht infrage. Omas sind alt und hässlich und krumm und klein. Schau mich an. Das bin ich doch alles nicht, nicht wahr? Ich bin die Großmutter!« Ich steckte mir zwei Briefe in den Mund, versuchte sie nicht mit den Lippen zu berühren, sie nicht vollzusabbern, sondern wie ein schlauer Hund trocken zuzubeißen, und erreichte ihr Zimmer, hoppelte verkrümmt zu ihrer Chaiselongue. Da lag sie, ihr glattes Gesicht strahlte vor Kostbarkeit. Voller Erstaunen sah sie mich an. »Herrschaftszeiten, mein kleiner Lieberling, was machst du denn da?« Ich blieb stehen und versuchte vorsichtig nach einer Postkarte unter meinem Kinn zu greifen, doch wie bei einem Dieb im Witzfilm, der von einem Polizisten auf frischer Tat ertappt und am Schlafittchen geschüttelt wird, fielen nun von überallher, aus jedem meiner Winkel die Briefe, Umschläge und Prospekte heraus. Ich ging zu ihr, und den letzten Brief nahm sie mir wie einem braven Hündchen direkt aus dem Mund. »Die Post, Großmutter, die Post. Ich hab dir die Post gebracht.« Sie legte mir ihre sehr weichen, aber auch eigenartig trockenen Hände auf die Wangen und lachte. Ein Lachen, so laut und dröhnend, als würde man direkt neben einem Gong stehen. Ich roch die unverwechselbare Mischung ihres Atems: Menthol-Zigaretten, Marke »Dunhill«, und »Shalimar«, Marke »Guerlain«, leicht, aber unverkennbar mit einem Hauch dezenten Mundgeruchs vermischt. Wobei ich keinen Mundgeruch im Sinne von Gestank meine, sondern den jedem Menschen eigenen Geruch seines Mundes. »Moooahhhh, du Lieberling«, rief sie. »Das hast du gut gemacht. Die ganze Post hast du mir gebracht. Du verrückter kleiner Kerl. Nein, so was aber auch. Danke, danke, danke!« Mein Gesicht war auf derselben Höhe wie das auf der Chaiselongue mit einer Hand aufgestützte Großmuttergesicht.

Ich platzte fast vor Stolz. »Die ganze Post hast du mir gebracht. Moooahhhh, was bist du für ein großer kleiner Schatz. Und jetzt hilf mir, die Briefe zu sortieren. Wir machen drei Stapel. Einen für den Großvater, einen für mich und das, was wegkann.« Jeden einzelnen Brief hielt ich ihr vor das Gesicht und sie lag da, hatte sich, so wie es ihre Art war, eine weitere Menthol-Dunhill in ihre sehr kurze Zigarettenspitze gesteckt und deutete mit butterweichem Handgelenk auf die Briefe. »Der kann weg!« Leichter Schwenk mit dem Arm, das Klacken der goldenen Armreife. »Stapel eins.« Die Art, wie meine Großmutter sprach, kam mir als Kind immer etwas merkwürdig vor. »Stapel in der Mitte.« Wenn sie sprach, hörte ich, dass Worte aus Buchstaben bestehen. Ich vernahm die Sätze und Worte, aber eben auch einzelne Buchstaben. Das war eigenartig. »Das kann weg.« Da hörte man bei dem Wort »weg« ein weiches, etwas gedehntes »W« und beim »G« gab es in ihrer

Kehle ein von einem filigranen Verschlussmechanismus herausgeschnipstes »K« zu hören. »Das kann wwwwe-k.« Später, darauf hatte mich mein mittlerer Bruder aufmerksam gemacht, hörte ich sie mehrmals ganz deutlich die beiden »T« von Gott sprechen. Sie sagte nicht »Gott«, sondern »Got-t«. Als hätte sie ein heiliges Echo in der Kehle. Was aber ab dem Moment, da meine Brüder und ich es herausgehört hatten, eher so wirkte, als würde etwas mit ihr nicht ganz stimmen. »Großmutter, Großmutter, unten in der Sauna sitzt eine fette Kreuzspinne!« »Oh mein Got-t!« Auch schien sie mehr mit dem Mund zu machen als notwendig. Das war das genaue Gegenteil von meinem ältesten Bruder, der so sprach, dass man im ersten Moment gar nicht wusste, ob er das war. Wie ein langhaariger Bauchredner nuschelte er vor sich hin. Die tiefrot geschminkten Lippen meiner Großmutter setzten aus einzelnen Buchstaben Worte zusammen, schmeckten sie ab und ließen sie als Sätze aus dem Mund gleiten. »Das ist wieder für den ersten Stapel.« Und diese Sätze hatten gleichermaßen Schwere und Leichtigkeit. Ich liebte die Art und Weise, wie sie sprach. Alles hatte Bedeutung und es gab einem das gute Gefühl, dabei sein zu dürfen, wenn sie redete. Am Ende ihrer Sätze blieb etwas in der Schwebe, was dazu führte, dass man dachte, sie sei noch nicht fertig, da käme noch was. Wie Turmspringer federten die Sätze vom Sprungbrett ihrer vitalen Zunge aus dem Mund heraus. Sie ließ sie in die Höhe schnellen, Salti und Schrauben machen, dann aber nicht etwa ins Wasser abstürzen, sondern vielmehr wundersam in der Luft stehen. Wenn sie dann allerdings einen Satz abschloss, wie man das im Schauspielerjargon nennt: auf Punkt sprach, war augenblicklich Sense. »So, ich glaube das hätten wir geschafft, mein Lieberling.« Noch herrlich gesäuselt, doch dann blitzartiger Registerwechsel. »Und jetzt Schluss. Lass die Großmutter noch ein wenig ruhen. Raus mit dir.« Punkt.

Ende der Audienz. Da war ihre Zunge dann plötzlich kurz angebunden, die Lippen bekamen vertikale Kerben und der Satz flog unumstößlich in mein Ohr und schoss die Besuchszeit zu Bruch.

Schon damals schien mir die Menge an Post, die meine Großeltern tagtäglich bekamen, ein eindeutiges Indiz für ihre Stellung in der Welt zu sein, und ich war selbst dabei, als meine Großmutter zu meinem Großvater sagte: »Hermann, du hast Post vom Papst.«

Eine andere frühe Erinnerung an sie ist mit einer radikalen Vorsichtsmaßnahme verbunden, die jedes Mal getroffen wurde, wenn wir sie besuchten. Diese Maßnahme hatte etwas unverhohlen Demütigendes und insbesondere meine Mutter litt unter ihr, da sie eindeutig auf den geringen Zivilisationsgrad ihrer drei Söhne abzielte.

Sobald wir kamen, wurden über mehrere Sitzmöbel maßgefertigte Plastikhüllen gestülpt. Sowohl über drei Sessel am Esstisch wie über die gesamten Polster im Wohnzimmer. Diese Plastikschoner waren alles andere als dezent. Sie waren aus unfassbar dickem Kunststoff, ähnlich massiv wie die Plastikhänger, durch welche Kühlräume in Schlachthäusern abgetrennt werden. Ihre Massivität war auch daran deutlich zu erkennen, dass sie nicht faltbar, in keinster Weise zusammenlegbar waren. Selbst wenn sie nicht über die Stühle und Sofas gestülpt worden waren, fielen sie nicht in sich zusammen. Sie sahen aus wie riesige, von Furcht einflößenden prähistorischen Insekten abgestreifte Larven. Diese Hüllen konnten selbstständig stehen.

Die Gefahr, die von meinen Brüdern und mir für die Möbel ausging, schien immens zu sein. Diese Plastikungetüme wirkten eher so, als wollten meine Großeltern die Sessel, die Ottomane und Stühle, das Sofa vor einer Flutkatastrophe oder dem Einsturz der Decke schützen. Dass sie aber extra zur Abwehr dreier Enkel gefertigt worden waren, hatte etwas von vornherein Entmündigendes. »Wenn ihr wüsstet, wie wertvoll diese Stühle sind, wie einzigartig diese Bezüge. Seid doch froh, da könnt ihr hier so essen wie zu Hause!« Meine Mutter rannte aus dem Zimmer. Die Stühle waren Geschenke vom befreundeten Prinzen aus dem gegenüberliegenden Schloss Nymphenburg. Das Sofa war riesig und mit einem bizarr verschlungenen Holzrahmen umgeben. Oft bin ich als Kind mit der Fingerspitze auf dem Plastik den Verlauf dieser Ornamente entlanggefahren und habe versucht, vom einen geriffelten Schnecken-Schnörkel zum anderen zu gelangen. Es gab mehrere herrlich bequeme Sessel aus den Zwanzigerjahren. Auch sie verschwanden unter dicken Plastikbezügen. Wenn ich in meiner kurzen Hose auf dem Kunststoff saß, klebten die Unterschenkel fest, und wenn ich sie hochhob, gab es jedes Mal ein leises Schmatz-Geräusch. Oder meine Beine begannen zu schwitzen und die Oberschenkel glitschten auf dem Plastik herum. Besonders unangenehm war es, sich der Länge nach auf das Sofa zu legen. Man fand kaum Halt, so spiegelglatt war der Kunststoff. Als würde man auf einem Fisch liegen.

Wenn es dann so weit war – meistens war ich derjenige, der kleckerte – und etwas von der Suppe oder dem Bratensaft auf den Plastikpanzer heruntertropfte, rief meine Großmutter nach der Haushälterin. »Was haben wir für ein Glück, dass wir diese Bezüge haben, moooahhhhh. Steh auf, mein Lieberling. Nein, schau dir das an. Stell dir vor, das wäre jetzt alles auf dem Polster gelandet. Du Armer!« Mit einem einzigen Wischer verschwand der Klecks im Lappen, und ich durfte zurück auf meinen sabbersicheren Idiotenstuhl.

Dadurch, dass die Bezüge im Laufe der Jahre etwas milchig geworden waren, sah man die floralen Muster der

Polster verschwommen wie durch eine Eisschicht auf dem Grund eines zugefrorenen Teiches mit seinen winterlich blassen Pflanzen.

Natürlich hatten meine Großeltern eigentlich vollkommen recht. Meine Brüder und ich waren unzurechnungsfähige Chaoten, und sosehr ich mir auch den Vertrauensbeweis eines ungeschützten Nymphenburger Sessels gewünscht hätte, er wäre von mir vollgesaut worden, daran konnte kein Zweifel bestehen. Mit Plastikbezug dachte ich: Was soll's, ich kann hier essen, wie ich will, ist ja eh egal. Aber ohne Bezug zu essen, hätte eine so große Panik in mir ausgelöst, dass ich sicherlich ebenfalls gescheitert wäre.

Als mein ältester Bruder ein bestimmtes Alter erreicht hatte, zwölf oder dreizehn, sah ihn mein Großvater prüfend an. »Na, wollen wir es heute wagen?« Mein Bruder begriff nicht, worum es ging. »Was denn?« »Würdest du bitte aufstehen?« Mein Bruder erhob sich. Mein Großvater stellte sich hinter den Stuhl, legte die Hände seitlich an die Rückenlehne und schob bedeutsam die Schutzhülle in die Höhe. Es gab ein leichtes Sauggeräusch, fast so, als würde der edle Stoff befreit einatmen, tief Luft holen. Immer höher glitt der Plastikpanzer. Es war wie die feierliche Enthüllung eines Denkmals. Da stand der Stuhl. Und obwohl ja meine Großmutter, mein Großvater, meine Mutter auf exakt den gleichen Stühlen saßen, strahlte der enthüllte Stuhl in anderer Pracht, so als käme er geradewegs aus der Polsterei. »Und nun setz dich!« Mein Bruder nickte, war sich des Ernstes der Ehrung vollauf bewusst. Mit größter Vorsicht nahm er Platz. Mein mittlerer Bruder und ich beobachteten ihn voller Bewunderung. Da sagte meine Großmutter etwas, das ich erst gar nicht begriff. Alle sahen meinen Bruder an, der tatsächlich anders als sonst am Tisch saß, nicht gekrümmt, sondern aufrecht, kerzengerade, die Hände links und rechts, mit geschlossenen Fingern neben dem goldverzierten Teller. Er sah aus wie frisch gekrönt. Und meine Großmutter sagte: »Willkommen!« Hä, dachte ich, was soll das denn jetzt? Willkommen? Wir sind doch schon seit einer Woche hier. Spinnt die? Da begriff ich, dass dieser Willkommensgruß knallhart in Richtung: Willkommen in der Zivilisation ging. Endlich ein Mensch. Jetzt sitzen also nur noch zwei Neandertaler hier an unserer Tafel. Aber wir haben Geduld mit euch. Selbst ihr werdet es eines Tages schaffen, aus den Niederungen eurer Evolutionsstufe herauszukrabbeln.

Damals rechnete ich still vor mich hin, während mein Bruder stilvoll den silbernen Löffel den ganzen Weg vom Teller bis hoch hinauf zu seinem königlichen Haupt durch die Luft balancierte. Wie lange würde es bei mir noch dauern? Drei Jahre für meinen mittleren Bruder, sechs für mich. Das war eine verdammte Ewigkeit! In drei Jahren werde ich dann der letzte kleckernde Steinzeitmensch an diesem Tisch sein. Was für eine Schmach.

Meine Großmutter sah mein verzweifeltes Gesicht. »Ach mein Lieberling, du Armer, glaub mir, es ist besser so. Nicht nur für dich, für uns alle. Du brauchst noch ein paar Jahre!« Mein ältester Bruder triumphierte. »Herrlich bequem, so ein Stuhl ohne Plastik. Wie gut man da sitzt. Danke!« Mein mittlerer Bruder philosophierte darüber, ob es zu verantworten wäre, bei mir schon mit dreizehn Jahren den Schutz zu entfernen. Er plädierte für vierunddreißig. »Ich schwöre es euch!«, dozierte er und wies mit dem Kinn auf mich, »ich kenn den. Früher wird das nichts!« Er sagte das todernst und sogar mein Großvater musste lachen.

## Effi und das Nilpferd

Gleich der erste Tag auf der Otto-Falckenberg-Schule, die Begrüßung des Direktors, die ersten Übungen im voll verspiegelten Ballettsaal, ließen in mir für meine darstellerische Zukunft die allergrößten Zweifel keimen.

Ich war über Nacht mit dem Zug aus dem hohen Norden nach München gekommen. Hatte auf der schmalen Liege im Sechserabteil unruhig geschlafen und immer wieder, sobald der Zug stand, aus dem Fenster gesehen. Ich war zusammen mit einer Vierergruppe im Abteil untergebracht. Zwei Ehepaare, pensionierte Lehrer aus Hamburg. Alle vier hatten die gleiche Frisur. Kurz und grau. Alle vier dünn, ja, drahtig und voller Vorfreude auf ihre Städtereise nach München. Ewig lange raschelten sie mit ihren Stadtplänen herum und drehten sie in der Enge des Abteils hin und her. Sie hatten Unmengen von Proviant mitgenommen und tranken Rotwein aus richtigen Rotweingläsern. »Mensch Helmut, du bist 'ne Wucht!« Helmut hatte irgendeine Vorrichtung in seinem Koffer, eine Polsterung für die Gläser. Von meiner Pritsche ganz oben sah ich unter mir ihre Arme und Hände, die kreisende Flasche. Eigenartig war auch, dass die Frauen tiefere Stimmen hatten als ihre Männer. Gebetsmühlenartig wiederholten sie immer die gleichen Worte: Neue Pinakothek, Alte Pinakothek, Haus der Kunst, Lenbachhaus, Hofbräuhaus, vorfreudiges Isteigentlich-unter-unserer-Würde-machen-wir-aber-trotzdem-Gelächter, Englischer Garten und Schloss Nymphenburg. Ich war kurz davor, mich vornüberzubeugen und zu sagen: »Schloss Nymphenburg ist wirklich sehenswert. Ein traumhafter Park. Meine Großeltern wohnen direkt an der Schlossmauer. Sie haben sogar einen eigenen Schlüssel für eines der Tore.«

Gegen elf machten sie sich bettfertig und schluckten jeder eine Schlaftablette. »Damit wir morgen schön fit sind!« Keine zehn Minuten später lagen sie alle auf dem Rücken, aschfahl wie Vampire, und gaben den Rest der Nacht keinen Muckser mehr von sich. Als ich vorsichtig die Leiter hinabstieg, um auf die Toilette zu gehen, stand ich inmitten dieser vier Schlafleichen. Befremdlicher Anblick. Ich kam mir vor wie in einer Pathologie auf Rädern und es war gar nicht so leicht, dies nicht als ein bedrohliches Vorzeichen zu werten. Als am Morgen die Schaffnerin militärisch die Abteiltür aufstieß und rief: »In zwanzig Minuten sind wir in München!«, da saßen die vier toten Lehrer bereits wieder quicklebendig unten und sagten: Neue Pinakothek, Alte Pinakothek, Lenbachhaus und Haus der Kunst!

Durch einen schmalen Fensterspalt an meinem Kopfende sah ich die Wiesen und Dörfer. Die Balkone von Geranien überwuchert. Da eine Kirche mit einem Zwiebelturm. Das war schon immer eines der sicheren Zeichen, dass die Reise nicht mehr lange dauern würde, und so hatte meine Mutter stets ihre bayerische Heimat begrüßt: »Kinder, schaut schnell raus: ein Zwiebeltürmchen!« Ich dachte oft an sie. Nach der Trennung von meinem Vater war sie nach Italien gegangen, um dort in einem Privatkrankenhaus am Lago Maggiore zu arbeiten. Ich bewunderte sie für diesen Entschluss, doch hörte ich, wenn ich mit ihr telefonierte, wie viel Kraft es sie kostete, guter Dinge zu sein.

Am Münchner Hauptbahnhof suchte ich mir ein Schließfach und stopfte meine prall gefüllte Sporttasche hinein. Ich mochte die Form der Schließfachschlüssel, so klein, so kompakt, irgendwie geheimnisvoll. Wie gerne würde ich einmal so einen Schlüssel auf der Straße finden und dann in einem Hauptbahnhof an den Schließfächern vorbeiwandern, bis ich das richtige gefunden hätte. Den Schlüssel hineinstecken und hoffen, dass er passt, und dann die schwere Eisentüre öffnen.

Ich kaufte mir eine herrlich knusprige Butterbrezel und einen halben Liter Erdbeermilch im Tetrapack. Um elf musste ich in der Schauspielschule sein. Ich suchte mir eine Telefonzelle und rief meine Großeltern an. Jedes Mal, wenn ich das tat, kam ich in einen Gewissenskonflikt, denn es dauerte ewig, bis sie abhoben. Es war kaum auszuhalten, es so lange klingeln zu lassen, und doch wollte ich nicht im letzten Moment auflegen, da sie vielleicht gerade nach dem Hörer griffen. Ich wollte sie aber auch nicht hetzen und sah es nur zu genau vor mir, wie sie sich auf den beschwerlichen Weg zum Telefon machten. Immer wieder log ich, wenn sie mich fragten: »Sag mal, hast du so vor einer halben Stunde angerufen?« Na klar hatte ich das, aber nach fünfundzwanzigmal Tuten hatte mich der Mut verlassen. »Nein, wieso?« »Na, gerade, als ich abheben wollte, hat das Mistding aufgehört zu klingeln. In letzter Zeit rufen andauernd Leute an, die jedes Mal kurz bevor man am Apparat ist auflegen.« Oft war ich das. Unglücklicherweise hatte ihre Nummer fatale Ähnlichkeit mit der einer Gärtnerei. Nur zwei Ziffern waren verdreht, sodass ich meine Großmutter mehrmals am Hörer sagen hörte: »Nein, Herrschaftszeiten, bei uns gibt es keine Kränze!«

Ich wählte ihre Nummer und wartete. Meine Großmutter meldete sich. »Ich bin's.« »Hallo mein Lieberling, bist du schon da?« »Ja, gerade angekommen.« »Hast du gut geschlafen?« »Ach ging so.« »Oh, hattest du ein schlechtes Abteil, über der Achse?« Das war für meine Großeltern eine echte Bedrohung, das Schlafwagenabteil über der Achse. Ich selbst wusste überhaupt nicht, ob es nun über der Achse wirklich lauter war. Mir war das vollkommen egal. »Nein, ich glaub nicht, Großmutter. Eigentlich hab ich gut geschlafen.« »Ach Gott sei Dank, nicht über der Achse.« Sie rief plötzlich so laut, dass ich mir den Hörer vom Ohr wegriss. »Hermann, stell dir vor, er hatte kein Abteil über der Achse.« Von sehr weit entfernt hallte die Stimme meines Großvaters durch die großen Räume in den Hörer. »Gott sei Dank, da hat er aber Glück gehabt.« »Und wann kommst du zu uns, Lieberling?« »Na ja, ich weiß nicht genau, wie lange das heute geht. Um elf ist die Begrüßung. Dann haben wir aber wohl schon Unterricht.« »Unglaublich, unglaublich, moahhhhhhhhh, was das wohl alles wird? Du ein Schauspieler. Got-t im Himmel!« »Ich bin auch gespannt.« »Du Armer, du Armer, na schau es dir erst mal an!«

Das war eine Spezialität meiner Großmutter. Sie hatte Mitleid mit mir, egal was ich unternahm. Seit dem Tod meines Bruders, der auch meine Großeltern schrecklich mitgenommen hatte, war ich in ihren Augen ein im wörtlichen Sinne Leidtragender geworden, und egal was ich erzählte, ich wurde getröstet und bestärkt. Sagte ich zum Beispiel: »Gestern war ich mit ein paar Freunden im Schwimmbad«, antwortete meine Großmutter: »Das ist so tapfer von dir, mein Lieberling.« Dann schrie sie nach hinten ins Haus: »Er war im Schwimmbad!« Mein Großvater rief zurück: »Großartig!«, und sie noch lauter: »Er hat sogar Freunde!«, und dann wieder zu mir mit sanfter Telefonstimme: »Das freut uns wirklich von Herzen!« Vielleicht hatte es auch damit zu tun, dass meine Großmutter in ihrer eigenen schauspielerischen Laufbahn enorm viele Ängste ausgestanden hatte. Schon als ich sie nach meiner bestandenen Aufnahmeprüfung angerufen hatte, brach es halb begeistert, halb entsetzt aus ihr heraus: »Du armes Stück, das ist ja fantastisch!«

Ich stand in der Halle des Hauptbahnhofs und sagte zum Abschied: »Ich komm einfach zu euch, sobald ich fertig bin!« »Ja bitte, wir freuen uns schrecklich auf dich.« »Vielleicht schaffe ich ja sogar den Sechs-Uhr-Whisky!« »Na, den wirst du schon schaffen. Was wollt ihr denn da so lange machen? Also bis später.« »Bis später, Großmutter.« Bevor sie einhängte, hörte ich noch, wie sie meinem Großvater zurief: »Der Arme muss bis sechs dableiben, aber …« Die Verbindung wurde unterbrochen.

Das war schon sehr speziell, dass sie aus jedem Telefonat eine Konferenzschaltung machten. Niemals habe ich erlebt, dass man sie mal einen Moment für sich allein am Telefon hatte. Selbst wenn man Dinge fragte wie: »Sag mal ehrlich, Großvater, wie geht es Großmutter im Moment?«, hörte man ihn, bevor er die Antwort gab, rufen: »Inge, er will wissen, wie es dir geht.« Der Gipfel der Absurdität war erreicht, wenn ich mit meinem Großvater telefonierte und meine Großmutter von weit weg etwas rief, was er falsch an mich weitergab. Ich hörte meine Großmutter rufen: »Hermann, bitte frag ihn doch, ob er noch Kerzen hat!« Und daraufhin sagte mein Großvater zu mir: »Ich soll dir sagen, dass sie noch Schmerzen hat!« Ich antwortete: »Ja, ich glaube oben im Sekretär.« Und mein Großvater nach einer Pause mit leicht besorgter Stimme: »Junge, wovon sprichst du?«

Kurz vor elf erreichte ich das Tor der Schauspielschule. Es war eher ein kurzer Tunnel als ein Tor. Fünf, sechs Meter lang, dunkel. Ich blieb stehen. Jetzt beginnt endlich etwas Neues, dachte ich, und es machte mir Freude, es so bewusst zu denken, den Moment festzuhalten und zu bannen. Du wirst Hunderte Male durch diese Einfahrt gehen. Du hast es wirklich auf diese Schule geschafft. Du weißt zwar nicht genau warum, aber die werden das schon wissen. Vielleicht haben sie etwas in dir gesehen, von dem du selbst noch nichts weißt. Die haben Erfahrung, du nicht! Ich dachte an meinen mittleren Bruder, was er wohl gesagt hätte, welche lustige Gemeinheit ihm wohl dazu eingefallen wäre, dass ich Schauspieler werden würde. »Wow, Wasserkopf goes Hollywood!«, so was in der Art bestimmt.

Ich fing zu flüstern an. »Na los, geh da jetzt rein, das wird schon gut werden. Was soll schon sein? Hm.« Ich zögerte. Morsches Hängebrückengefühl. Doch dann machte ich mich auf den Weg, mit fünf großen Schritten durch die Einfahrt, überquerte den Innenhof und betrat die Schauspielschule.

Keine fünf Minuten später hockte ich zusammen mit den anderen frischgebackenen Schauspielschülern in einem Stuhlhalbkreis dem Direktor gegenüber. Während seiner Willkommensrede, die auf mich gleichermaßen festlich wie bedrohlich wirkte, machte dieser einen seltsam fahrigen Eindruck auf mich. Beim Sprechen lehnte er sich weit nach rechts, dann nach links, nahm sich mehrmals die Uhr ab, beugte sich weit vor und rollte abwechselnd seine Socken hoch und runter.

»Also erst mal herzlich willkommen, also alle natürlich, alle sind hier erst mal herzlich willkommen. Hoffe, ihr habt eine gute Bleibe gefunden und dass ihr euch genauso auf die nächsten Jahre freut wie ich, hoff ich natürlich, klar hoffe ich das, also ich freu mich.« Wieder nahm er seine Uhr ab. »Gretchen Kinski«, er zeigte auf die Frau neben sich, schlug ihr dabei fast die Hand unters Kinn, sodass sie erschrocken zurückzuckte. »Entschuldige, Gretchen, also das ist Gretchen

Kinski. Sie wird euch durch die drei Jahre begleiten, also als Mentorin. So nennt man das ja heutzutage, oder? Mentorin!« Er lachte los, keiner verstand warum, aber alle lachten mit. Superwitz: Mentorin! »Euren Stundenplan bekommt ihr Ende der Woche. Da kriegt ihr den. Also hoffentlich. Müssten wir eigentlich diese Woche noch hinkriegen, dass ihr den Ende der Woche kriegt. Dann lernt ihr auch eure anderen Lehrer kennen. Und die Räume, wo die sind. Damit ihr die auch findet. Also die verstecken sich nicht, hoffentlich nicht!« Wieder große Heiterkeit. »Draußen hängen die Pläne. Wir haben gerade einen Jour fixe eingeführt. Also ich hab den eingeführt. Finde ich wichtig.« Ich wusste nicht, was das war, ein Jour fixe, alle französischen Wörter machten mir Angst. Der Direktor sprach immer schneller. »Untereinander kennt ihr euch ja vielleicht schon von der Aufnahmeprüfung. Das war wirklich eine gute Prüfung diesmal. Ihr seid, so hoffen wir das zumindest, ein guter Jahrgang.« Er fummelte sich seine Uhr ans Handgelenk. »Im Anschluss an die Begrüßung geht's auch gleich schon los mit dem Unterricht. Jetzt geht's dann halt auch gleich schon los. Gretchen hat was mit euch im Ballettsaal vor. Es warten wirklich viele Dinge hier auf euch. Und ich möchte euch etwas ans Herz legen. Wirklich. Denn ich mach den Job hier auch schon ein paar Jahre. Macht euch das bitte klar: Ihr seid freiwillig hier. Wir haben circa vierzig Schüler, mehr nicht, und es gibt knapp über dreißig Lehrer. Stellt euch das mal vor! Und die sind alle toll. Die sind alle für euch da. Wir hatten exakt, äh Björn, wie viele Bewerbungen waren das diesmal, also exakt?« Der Mann neben ihm antwortete todernst: »Neunhunderteinunddreißig!« Es klang wie eine Opferzahl, wie die bei einem furchtbaren Fährunglück zu Tode Gekommenen. »Stellt euch das mal vor: neunhunderteinunddreißig Bewerbungen. Die haben hier alle vorgesprochen. Und wir haben euch neun genommen. Das heißt, wir haben neunhundertdreiundzwanzig, warte mal stimmt das, ja stimmt, neunhundertdreiundzwanzig haben wir nicht genommen. Nee Quatsch, neunhundertzweiundzwanzig haben wir nicht genommen. Die würden alle jetzt gerne so wie ihr hier sitzen, jeder Einzelne von denen. Hinter jedem Stuhl hier, auf dem einer von euch sitzt, stehen also im Grunde über hundert Leute, die da auch gerne sitzen würden. Und ich finde, das ist durchaus etwas, mit dem ihr verantwortlich umgehen solltet. Mit dieser riesigen Schlange hinter jedem von euch. Ich will euch da keinen Druck machen, aber ...«

Mir senkte sich diese Verantwortung mit jedem seiner Sätze schwer wie ein Kettenhemd auf die Schultern. Er warf sich nach vorne und rollte seine linke Socke hoch und runter. Er wand sich beim Sprechen und wenn er lachte, wippte er gegen die Rücklehne. »Ihr neun habt es geschafft. Warum, frag ich mich. Frag ich euch. Weil wir glauben und hoffen, dass ihr diejenigen seid, die unser Angebot wahrnehmen und nutzen werden. Und wenn ihr nach den drei Jahren immer noch so gut seid wie bei der Aufnahmeprüfung, dann haben wir vielleicht nicht alles falsch gemacht. Aber ohne euren Enthusiasmus nützt auch das beste Angebot nichts.« Er sprach einfach immer weiter. Dabei wischte er auf seinem Stuhl mit dem Oberkörper so schnell hin und her wie ein Scheibenwischer im Platzregen.

Viele Monate später sollte er unseren Jahrgang zu sich nach Hause einladen und uns stolz seine wandfüllende Schallplattensammlung präsentieren, ausschließlich mit Jazz. Er legte eine Platte auf und mit einem Schlag, oder richtiger mit dem sanften Aufsetzen der Nadel, machten seine skurrilen Bewegungen Sinn, sie verschmolzen mit der Musik. Er war ein Freejazz-Motoriker und bewegte sich wie ein quirliges atonales Saxofonsolo.

Der Co-Direktor, der die ganze Zeit während der Begrü-ßungsrede ohne eine einzige Regung neben ihm gesessen hatte, war das genaue Gegenteil vom Zappel-Direktor. Ein eindrucksvoller Riesenkerl mit der Ausstrahlung eines Geldtransporters, schmale getönte Augenfenster, rundum gepanzert. Ihn umwehte eine Aura von Einsamkeit und Alkohol. Er fuhr jeden Morgen von seinem hundert Kilometer entfernten Vierkanthof nach München hinein und abends wieder hinaus. Seine Nase hatte die Tendenz, sich mit ihrem Nasendasein nicht zufriedenzugeben, und knollte und wucherte sich aus der ihr zugedachten Form heraus. Aber, wie sich später herausstellen sollte, hatte er ein Faible für das Ungewöhnliche und erlaubte sogar zwei Schülern, Asterix und Obelix einzustudieren. Ein echter Tabubruch in diesen hehren Hallen. Der Direktor wandte sich an seinen Kollegen. »Möchtest du noch etwas sagen, Björn?«

Dieser nickte, sagte aber erst mal gar nichts. Wir alle warteten geduldig und sahen unsicher, aber auch gespannt zu dem vom Bluthochdruck geröteten Riesen hinüber. Auf was wartete der nur? Der Co-Direktor öffnete hörbar die Lippen, feuchter Auftakt, und schloss sie wieder. Der Direktor zappelte neben ihm verstummt vor sich hin. Das kam mir, der ich mich aus vielen Gründen mit Psychiatrie gut auskannte, sehr bekannt vor. Auch ich selbst hatte eine durchaus ansehnliche Karriere in Sachen innerer Unruhe hinter mir. Der Co-Direktor grinste und sah uns der Reihe nach an. Nach einer Ewigkeit sagte er dann doch noch etwas, das mich schwer irritierte. »Ihr wisst hoffentlich alle, dass das erste halbe Jahr nur ein Probehalbjahr ist. Hopp oder top!« Der Direktor sprang beherzt in die Bresche. »Gut, von unserer Seite war es das erst mal. Oder? Ja doch, ich denke, das war's.« Gretchen Kinski stand auf, streckte sich ausgiebig und forderte uns auf, ihr zu folgen. Wir packten unsere

Sachen zusammen und stiegen in den ersten Stock hinauf zum Ballettsaal.

Gretchen Kinski war eine anmutige Erscheinung, sehr präsent und offensichtlich, durch lebenslanges Balletttraining in die Aufrechte gezogen worden. Dass ihr ihre Frisur wichtig war, sah ich sofort. Perfekt geschnittene seidige Stufen, glänzende Mahagoni-Wellen. Diese elastische Frisur verwandelte durch ihr Mitschwingen, Nachschwingen und Ausschwingen jede Kopfdrehung in ein Ereignis. So eine Spannkraft, solchen Haarglanz kannte ich bisher nur aus der Werbung. Ihr Gesicht strahlte so sehr, als hätte jemand in ihr das Licht angeknipst. Sie stand vor einer der Spiegelwände, wodurch ich sie auch von hinten sehen konnte. Sie hatte eine tolle Figur und ihr Alter war schwer zu schätzen.

Sie griff in ihre Hosentaschen, wühlte ein wenig darin herum und streckte uns beide mit zusammengefalteten Zettelchen gefüllten Handflächen entgegen. Im ersten Moment dachte ich, es wäre eine kleine Willkommens-Süßigkeit, für jeden ein Pfefferminz vielleicht, um sich mit frischem Atem für den ersten Bühnenkuss zu präparieren. Doch ihre Erklärung ging leider in eine vollkommen andere Richtung. »Schaut mal alle her, ich hab hier was für euch vorbereitet. Auf den Zetteln in meiner linken Hand stehen die Namen von berühmten Schriftstellern und auf denen in der rechten Hand die von verschiedenen Tieren. Jeder von euch nimmt sich jetzt aus jeder Hand je einen davon. Und dann erkläre ich euch die Aufgabe.«

Sie stand da wie Jesus mit geöffneten Händen und verteilte ihre Zettelspenden an uns Bedürftige. Als ich dran war, lagen in den arg geplünderten Handflächen nur noch jeweils zwei sich ängstlich aneinanderduckende Papierchen.

Ich wollte unbedingt ein gutes Tier ziehen, nichts Niedliches oder Kleines. Keinen Hamster oder Kolibri. Wie einen Kran aus Fleisch und Blut schob ich meine Hand mit griffbereitem Daumen und Zeigefinger über den bei näherer Betrachtung ziemlich verschrumpelten Handflächen von Gretchen Kinski hin und her. Ich werde das Falsche nehmen, dachte ich, egal wie ich mich entscheide. Um mich zum Zuschnappen zu ermuntern, machten ihre beiden Hände plötzlich eine leichte Auf-und-ab-Bewegung und warfen kurz die verbliebenen Lose durcheinander. Ich griff zu – zack – links, zack – rechts, verdrückte mich in eine Ecke des Raumes und setzte mich auf den federnden, von Heerscharen untalentierter Ballettschüler zerdellten Holzfußboden. Plötzlich hing so viel von diesen beiden Zetteln ab. Es war doch der erste Tag, die erste Übung, ein Initiationsritus, ein für die kommenden Wochen, Monate und Jahre richtungweisender Moment. Ein Omen. Mit welchem Schriftsteller, mit welchem Tier würde meine Ausbildung beginnen? Ich war besorgt, meine Zettel auseinanderzufalten, hielt sie in den geschlossenen Händen und sah mir meine in den Spiegeln vervielfältigten Schauspiel-Mitschüler genauer an. Wie sollten diese neun jungen Leute die nächsten drei Jahre miteinander auskommen? Für mich sah das Ganze nach einem kruden Menschenexperiment im Spiegellabyrinth aus.

»Also, dann lest mal vor!« Ein Dicker brummte: »Ich hab Kafka und Eule.« Alle lachten. Ein anderer rief: »Ich hab Thomas Mann und … Uh Uh Uh!« Er schob sich die Zunge hinter die Unterlippe, kratzte sich unter der Achsel und machte Affengeräusche. Eine junge Frau mit Silberblick hatte Hesse und Flamingo, ein unfassbar gut aussehendes groß gewachsenes Mädchen Grass und Känguru, eine etwas schmalzige Type Giraffe und Brecht und eine zerbrechlich wirkende Schülerin Schlange und Kleist. Na, dachte ich, egal wie die Spielregeln auch sein werden, das passt, da kann nichts schiefgehen. Eine bayerische Wuchtbrumme rief laut: »I hoab an Elefant und den Goethe!« Auf meinem einen Zettel stand »Nilpferd« und auf dem anderen »Fontane«.

»Eure Aufgabe ist folgende. Hier ist ein Stapel mit Büchern. Sucht euch bitte euren Autor heraus. Ich habe in jedem Buch eine Passage angestrichen. Lernt die bitte auswendig. Ihr habt die nächsten drei Tage an den Nachmittagen frei, um euch mit eurem Tier und dem Text zu beschäftigen. Am Freitag treffen wir uns dann wieder und spielen uns gegenseitig die sprechenden Tiere vor. Kafka als Eule. Ich freu mich schon drauf. Nehmt das bitte ernst. Genauso wie jedes Tier hat jeder Text sein ureigenes Wesen, versucht das zusammenzubekommen.« Der schmalzige Schönling meldete sich. Gretchen Kinski sah ihn freundlich an. »Alexander, du brauchst dich hier nicht zu melden. Jeder sagt alles, was er mag und wann er mag.« »Ich hab jetzt ja Giraffe und Brecht gezogen. Aber ich finde, das passt nicht so richtig. Brecht war doch viel eher ein Wolf.« »Des is doch gnau da Witz, du Depp, dass des ned passt«, fuhr ihn viel zu laut die Wuchtbrumme an. »Glaubst du, da Grass is a Känguru?« »Nein, nein, das ist schon gut so«, gab ihr die Schauspiellehrerin recht. »Schaut, was das Tier mit dem Text macht, und habt Spaß. Seid mutig! Und natürlich wäre es nicht schlecht, das Buch zu lesen, falls ihr es noch nicht kennen solltet.« Während sie sprach, sah sie die Schülerin mit dem Silberblick an und eine klitzekleine Doppeldeutigkeit huschte über ihr Gesicht. Die junge Frau blickte herausfordernd zurück. Es war nur ein Minimoment, aber aufgeladen und wild. Jeder zog das ihm zugedachte Buch aus dem Stapel, suchte sich ein Plätzchen im Ballettsaal, in den sich einige Sonnenstrahlen verirrt hatten, die nun wie eingesperrt gleißend zwischen den Spiegelflächen hin- und herblitzten, blätterte zur angestrichenen Stelle und begann zu lesen. Mein Text war aus Effi Briest:

»Es steht so, dass ich unendlich unglücklich bin; ich bin gekränkt, schändlich hintergangen, aber trotzdem, ich bin ohne jedes Gefühl von Hass oder gar Durst nach Rache. Und wenn ich mich frage, warum nicht? So kann ich zunächst nichts anderes finden als die Jahre. Man spricht immer von unsühnbarer Schuld; vor Gott ist es gewiss falsch, aber vor den Menschen auch. Ich hätte nie geglaubt, dass die Zeit, rein als Zeit, so wirken könne. Und dann als Zweites: ich liebe meine Frau, ja, seltsam zu sagen, ich liebe Effi noch, und so furchtbar ich alles finde, was geschehen, ich bin so sehr im Bann ihrer Liebenswürdigkeit, eines ihr eigenen heiteren Charmes, dass ich mich, mir selbst zum Trotz, in meinem letzten Herzenswinkel zum Verzeihen geneigt fühle.« Mein erster Eindruck war: langweilig und kompliziert. Ich las erneut und mein zweiter Eindruck war: sterbenslangweilig und hoch kompliziert. Ich war maßlos enttäuscht. Und dann auch noch Nilpferd. So ein dickes, nasses Tier. Ich hatte es ganz klar am schlechtesten erwischt. Fontane hatte ich in der Schule lesen müssen, »Der Stechlin«, ich erinnerte mich an nichts, nur daran, wie der gesamte Deutsch-Leistungskurs von narkoleptischen Anfällen geschüttelt wurde. Mehrmals wurde jemand vom Stromschlag des Einschlafens durchzuckt und erschreckte so die Müden um sich herum. Fontane und Nilpferd. Mein Gott, was für ein Scheiß, dachte ich. Wenn man etwas Unförmig-Nasses mit etwas Gespreizt-Staubtrockenem kreuzt, kann das nur ohne Rückfahrkarte in die Katastrophe führen.

»So ihr Lieben, wir machen jetzt noch eine kleine Kennenlernübung und dann könnt ihr rüber in die Kantine gehen und was essen. Wir treffen uns um zwei genau wieder hier.

Wenn ihr in die Kantine kommt, seht ihr hinten in der Ecke die Tische der Schule. Setzt euch immer nur da hin, nie auf die Plätze der Techniker oder noch verbotener auf die Plätze der Schauspieler. Das Wunderbare an dieser Schule ist ja, dass wir direkte Nachbarn eines der besten Theater sind, die es gibt. Da heißt es Rücksicht nehmen. Aber nicht die auf uns, sondern wir auf die. Also ganz wichtig: Benehmt euch da. Wenn die Schauspieler Pause haben, verhaltet euch bitte, bitte anständig. Die haben gerade schwere Proben und brauchen da ihre Ruhe. So, legt mal eure Bücher beiseite und kommt hier zu mir auf den Boden. Macht es euch bequem.«

Sie setzte sich im Schneidersitz nieder, zog sich mühelos den einen Fuß näher an den Bauch heran wie für einen halben Yogasitz. Es gibt eine bestimmte Form der Gelenkigkeit, die mich schon immer eingeschüchtert hat, da sie mir meine eigene Ungelenkigkeit vorzuwerfen scheint. Und je beiläufiger diese Waffe eingesetzt wird, desto schlimmer. Dieses mühelos herangezogene Bein Gretchen Kinskis, dieses lange geschmeidige Bein, dieses Bein ohne blockierende Sehnen und Muskeln war ein nonverbaler Befehl, ebenso gelenkig werden zu müssen. Es war ein Statement der Biegsamkeit. Wer im chinesischen Staatszirkus anheuert und seinen Fuß nicht hinter den Kopf bekommt, der sollte gleich wieder nach Hause abschwirren. Und ich? Ich konnte mit durchgedrückten Knien mit Müh und Not meine Schienbeine antippen und im Schneidersitz bekam ich spätestens nach fünf Minuten Krämpfe in den Füßen. Ich begriff, dass selbst in einer so alltäglichen Verrichtung wie dem Sitzen ein ungeheures Maß an Gelingen oder Misslingen stecken konnte.

»Wir machen jetzt Folgendes. Die nächste Stunde sagen wir mal gar nichts. Nada! Kein Getuschel, kein Geflüster, nichts. Ich schaue auf die Uhr. Versucht euch in dieser Stunde ein wenig kennenzulernen. Setzt euch, reicht euch die Hände und rutscht so weit auseinander wie es geht, da bekommen wir einen schönen Kreis.« Da saßen wir also: Alexander, Regina, Agnes, Gerrit, Gernot, Veronica, Etienne, Maria, ich und das gelenkige Gretchen. Zusammengestellt oder zusammengewürfelt? War das hier Willkür oder eine durch jahrelange Erfahrung fein aufeinander abgestimmte Auswahl? Anfangs war ich geradezu mürrisch und starrte minutenlang auf das Tanzparkett. Dann hob ich den Blick und sah direkt in die vielleicht schon längere Zeit auf mich gerichteten riesigen Augen Veronicas. Um ihre püppchendünnen Hand- und Fußgelenke trug sie verschiedenfarbige Lederbänder. Schon an der Art, wie sie sich am Morgen vorgestellt, wie sie uns ihren Namen als ein verletzliches Gebilde hingehaucht hatte, offenbarte sie, wie sehr sie vermochte, Wörtern Gewicht zu geben, Silben auf die Goldwaage zu legen. »Ich heiße ... Veronica. Veronica Saalfeld. Ich komme aus Braunschweig und bin gerade neunzehn geworden.« Dabei hatte sie gelächelt und den Kopf geschüttelt. Es hatte ausgesehen, als würde sie zu weinen beginnen. In jeder dieser Informationen schien ein Unglück zu wurzeln. Der Vorname: traurig, der Nachname: todtraurig, der Herkunftsort: eine Bürde, ihr Alter: eine Last. Das verstand ich gut. Auch mir offenbarte sich hin und wieder allein beim Aussprechen meines Namens die Abgründigkeit der ganzen Welt. Ich hatte es schon immer als unangenehm empfunden, einem Blick länger als nur einen kurzen Moment standzuhalten, ich hatte meinen Blick mit anderen Blicken stets nur gekreuzt, hier jedoch schien genau das Gegenteil gewollt zu sein. Hier herrschte ganz klar die Diktatur der uneingeschränkten Offenheit. Veronica sah mich unverwandt an. Ob sie Mitleid mit sich oder mir hatte, war mir nicht ganz klar. Ich senkte den Blick, ich konnte nicht anders, es war ein Reflex, hob ihn aber gleich wieder.

Veronica sah schon nicht mehr zu mir. Chance verpasst. Ich blickte zu Alexander hinüber, der gerade Agnes ansah. Der hat, dachte ich, sicherlich schon eine grandiose Karriere als gymnasialer Theater-AG-Gott hinter sich. Unter dunklen Haarsträhnen glänzten gefühlvoll seine melancholischen Augen. Seine Stimme hatte, das wusste ich bereits, ein ungemein wohlklingendes Timbre, gewürzt mit einer Prise Rauheit. Sein T-Shirt war tief ausgeschnitten und gab den Blick frei auf eine makellose karamellfarbene Brust.

Agnes wirkte viel älter als wir anderen, zielstrebig auf eine leicht langweilige Art und ihre glattblonde Klarheit hatte etwas Unverbindliches. Für mich würde sie bestimmt unerreichbar bleiben. Wie ein hoch oben an einer Regenrinne hängender Eiszapfen. Hin und wieder würde sie eventuell auf mich, der ich zu ihr aufsah, einen kalten Tropfen fallen lassen, aber mehr auch nicht. Sie lächelte mich an, aber als sie sich wegdrehte, fiel ihre professionelle Freundlichkeit den Bruchteil einer Sekunde zu früh in sich zusammen, was mir das sichere Gefühl gab, der letzte Idiot zu sein. Ich fühlte mich unwohl. Wie ein Hausierer klapperte ich ein Gesicht nach dem anderen ab und bettelte um eine kleine Blick-Spende.

Niemals hätte ich es für möglich gehalten, dass sich hinter jedem Gesicht noch ein anderes Gesicht verbirgt und dahinter noch ein drittes oder viertes, sodass ich nie sicher sein konnte, wer mich da eigentlich ansah. Was galt mir und was war nur Teil der Aufgabe? Wenn bei mir zu Hause im Norden ein Mädchen einem länger als drei Sekunden in die Augen sah, war man eigentlich schon zusammen. Ein einziger Blick machte alles klar. Ich versuchte, Maria einen feurigen Blick zuzuwerfen, sie zog nur leicht eine Augenbraue hoch. Sie war angeblich Halbspanierin. Die spanische Hälfte war allerdings nicht zu erkennen. Aber ihr Name klang fantastisch: Maria Fernandes. Schon sehr bald sollte sie in der Schule Riesenverwirrung stiften, da sie sowohl Männern als auch Frauen komplett den Kopf verdrehte. Sie hatte einen bezaubernden Silberblick. Wenn man mit ihr sprach, wusste man nie genau, wo sie hinguckte. Je müder sie wurde, desto mehr schielte sie mit ihrem verrückten Auge in der Gegend herum. Vielleicht war das der Grund, warum alle glaubten, sie würde mit ihnen flirten, denn sie sah immer überall gleichzeitig hin.

Neben ihr saß Etienne. Er kam aus völlig aberwitzigen Verhältnissen, wie er mir bei der Aufnahmeprüfung erzählt hatte. Sein Vater war Kapitän, die Mutter früh gestorben. Wenn überhaupt, war er hin und wieder auf Schiffen rund um den Globus unterrichtet worden. Er kannte die Hafenstädte der Welt. Hatte mir von Prügeleien in Marseille und Drogenrausch in Dakar erzählt. Mein Leben schien mir im Vergleich zu seinem ein wattiertes Geborgenheits-Gefängnis zu sein. Aber, und das sollte für uns alle in den nächsten Jahren eine echte Herausforderung werden, er hatte gewaltig einen an der Waffel.

Ich konnte nicht anders, als zu versuchen, auf die Frauen mit verschiedensten Blickvarianten Eindruck zu machen. Ich probierte alles durch, vom Draufgänger bis zum getretenen Hund. Doch nie gelang es mir, ein Augenpaar länger an mich zu fesseln. Der schöne Alexander hatte mit seiner kakaobraunen Iris Maria gekapert. Seit einer Ewigkeit sahen sich die beiden an, und niemand kam mehr dazwischen. Später würde Gretchen Kinski anmerken: »Na, zwischen euch beiden, da hat ja ordentlich die Luft gebrannt.« Bei mir brannte nichts. Spätestens nach zehn Sekunden musste ich zwanghaft irgendwelche Gesichtsfaxen machen. Ich fing an zu grinsen oder flüchtete mich in verschwörerische Grimassen, die um Verbrüderung buhlten, die heimlich funkten: »Mann, was ist denn das hier für ein Quatsch.« Die wohl auffälligste Schauspielschülerin war die völlig überdrehte, stets zu laute bayerische Wirtshaustochter namens Regina Fischer, mit einem, das hatte ich direkt vor mir auf der Treppe gesehen, fantastischen Po. Sie war abwechselnd bildschön, üppig und verführerisch und eine Sekunde später mürrisch und unförmig, ja geradezu abschreckend hässlich. Ihre Wandlungsfähigkeit war sensationell. Einen Moment lang schien sie sich prächtig zu amüsieren, doch keine zwei Augenkontakte später hatte sie vor Zorn bebende Lippen.

Am schlimmsten war es für mich, wenn ich aus Unachtsamkeit Gretchen Kinskis Blick begegnete. Der erfüllte mich mit Panik. Niemals würde ich ausblenden können, dass da eine Lehrerin saß, jemand, der mich beurteilte. Ich wollte mir viel lieber ihre Frisur ansehen oder ihr heimlich auf die Brüste schauen, die geradezu unnatürlich rund wie die zwei gerecht geteilten Hälften einer Zuckermelone vom hautengen Tanztrikot an ihren biegsamen Körper gedrückt wurden.

Nach einer halben Stunde hatte sich mein Blick meiner Kontrolle entzogen, hüpfte desorientiert von einem zum anderen. Da landete er auf dem großflächigen Gesicht von Gernot, der die Ruhe weg zu haben schien. Im Schneidersitz wirkte er um einiges dicker als im Stehen. Sein Bauch hatte es sich auf seinen Oberschenkeln bequem gemacht. Schon bei der Aufnahmeprüfung hatte er eine beeindruckende Gelassenheit an den Tag gelegt und in den Pausen am helllichten Tag Bier getrunken. Er fuhr Motorrad und hatte eine Wohnung direkt am Rollfeld des Flughafens gefunden. Ein paar Wochen später grillten wir dort und versuchten mit den leeren Bierdosen nach den landenden Flugzeugen zu werfen. Sie waren so nah!

Er sah mich gelassen an, und ich saugte mich wie ein Pilotfisch an seinem entspannten Gesicht fest. Er lächelte, und ich ruhte mich bei ihm aus. Das sollte in den nächsten drei Jahren noch oft der Fall sein.

Die letzte halbe Stunde änderte ich komplett die Strategie und ließ mich in keinerlei weitere Blickduelle mehr verwickeln. Ich beobachtete die anderen dabei, wie sie sich ansahen. Das ging wesentlich besser. Ich klinkte mich komplett aus und wechselte die Perspektive. Vom Probanden zum Reporter. Endlich konnte ich wieder denken. Ich stellte mir eine Deutschlandkarte vor mit neun Linien aus neun Wohnungen, aus neun Ortschaften, die alle hier in diesem Kreis zusammenliefen, und ich musste an die neunhundertzweiundzwanzig denken, die es zu keiner Linie gebracht hatten, die noch immer Punkte waren. Die Zeit verstrich quälend langsam. Ich beobachtete Gerrit. Feingliedrig und langfingrig. Energiegeladen. Alles an ihm war dünn: sein Hals und seine Finger, seine Beine und Arme. Oder schmal: seine Augen und sein Mund. Einen Tag später in der Dusche sollte sich dieses Bild vervollständigen. Alles ungewöhnlich lang und dünn. Er hatte blitzgescheite Augen. Sein ganzer Körper strahlte gewitzte Furchtlosigkeit aus. Alle, die ihn ansahen, mussten lachen. Er spielte ununterbrochen.

Welcher Baustein ich in diesem Männerquintett sein sollte, war mir nicht ganz klar. Die leicht unterbelichtete Sportskanone mit Guter-Laune-Garantie? Obwohl ich mich genauso gab, gefiel mir diese Rolle ganz und gar nicht. Zwischen diesen bemerkenswert unterschiedlichen jungen Männern kam ich mir blass und unscheinbar vor. Mit einem eigenartigen Gedanken vertrieb ich mir die Zeit. Wir würden zu fünft eine Bank überfallen und von jedem von uns würde ein Phantombild angefertigt werden. Keine Frage, ich wäre der Einzige, der unerkannt davonkommen würde. »Und dann war da noch so ein Unscheinbarer dabei, der zwar sehr schnell geflüchtet ist, aber kein Zeuge konnte sich an sein

Gesicht erinnern.« Mein einzig einprägsames Charaktermerkmal schien meine Größe zu sein. Ich überragte sie alle. Eigentlich war ich während meines USA-Aufenthaltes im Basketballteam von meinem Größenkomplex genesen. Doch hier fühlte ich mich mit meiner Länge wieder so unwohl wie eh und je. So als würde mein Kopf im Hochnebel stecken und unten hätten die Charakterköpfe freie Sicht. Es ist auch nie gut, dachte ich, größer zu sein als seine Lehrer. Wer war ich von diesen fünfen? Brummbär, Schlitzohr, Dandy, Straßenköter waren bereits vergeben. Was blieb da noch übrig? Und bei welcher der Schauspielschülerinnen hatte ich Chancen? Zwischen Veronica und Etienne spielte sich ein stummes Drama ab, das mehr und mehr aus dem Ruder zu laufen drohte. Veronica hatte bereits Tränen in den Augen, wandte aber den Blick nicht ab. Etienne hatte den Mund leicht gespitzt und sah aus, als würde er Veronica jeden Moment ins Gesicht spucken. Dieser Kerl konnte einem wirklich Angst machen. Sein eines Ohrläppchen war dreigeteilt, da hatte ihm, wie er später einmal erzählte, in Cuxhaven ein Thailänder die Ohrringe herausgerissen. Und genau dieses Fransenohr zitterte jetzt bedrohlich. Er hatte die Fäuste geballt und nur mit Mühe gelang es ihm, seine Wut zu zügeln.

Gretchen Kinski beugte sich lässig nach vorn und fuhr mit ihrer Hand wie eine Wunderheilerin durch die Luft, zerschnitt die Blicke und trennte die beiden. Plötzlich lachte Regina los, laut und scheppernd, als hätte jemand auf dem Jahrmarkt mit einem Ball alle Büchsen auf einmal abgeräumt. Sie lachte und lachte und wir konnten nicht anders und mussten mitlachen. Sie hatte eine kaputte Reibeisenstimme und war unfassbar laut. Dieser erste Eindruck war allerdings nur ein müder Vorgeschmack auf das, was diese Frau an Temperament noch in der Hinterhand hatte. Nach einer halben Stunde mit ihr war man mit den Nerven fertig.

Ein Sprecherzieher blieb einmal vier Stunden mit ihr zusammen im Aufzug stecken. Sie redete ohne Punkt und Komma, bis er in der engen Kabine einen Hörsturz bekam und danach vom Arzt dringlich dazu aufgefordert wurde, ihre Nähe zu meiden, da sie eine bestimmte Frequenz hätte, die sein Hörspektrum gefährde. So ging es uns allen. Sie war großartig, aber kaum zu ertragen, absolut beeindruckend und dennoch eine Heimsuchung. Nur auf der Bühne würde sie leise und sanft sein können. Reginas Höllengelächter steigerte sich, und wenn ich auch zu Beginn von Herzen mitgemacht und mich johlend vor- und zurückgeworfen hatte, jetzt überholte es mich, hängte mich ab, ich wurde aus dem Lachkarussell herausgeschleudert und sah den anderen zu, wie sie sich amüsierten.

Als Gretchen Kinski rief: »So, die Stunde ist um«, sackten wir zusammen und ließen uns nach hinten sinken. »O. k., das war toll. Bleibt ruhig einen Moment so liegen und schließt die Augen. Ich schreib euch jetzt jedem einen kleinen Zettel. Nichts Weltbewegendes.«

Ich lag da und war heilfroh, dass es vorbei war. Mein Gott, dachte ich, was mach ich hier bloß. Genau jetzt könnte ich herrlich in meinem Schwesternwohnheim-Zimmer liegen und ein bisschen Fernsehen gucken. Nie wieder wollte ich an so einem Spiel teilnehmen. Ich fühlte mich leergeglotzt und durchschaut. Wie nach drei Wochen Zwangsurlaub am FKK-Strand. Auf den Zettel allerdings war ich natürlich schon gespannt. Während wir uns ausruhten, fing plötzlich Etienne damit an, Veronica zu beschimpfen. »Was willst du eigentlich von mir?« Ich drehte mich zu ihm und sah, dass er sein Sweatshirt komplett durchgeschwitzt hatte, auch seine Haare klebten ihm feucht im Gesicht. Veronica rollte sich angeekelt weg. »Lass mich bloß in Ruhe.« Gedeckelt und gedämpft fauchte er sie an: »Mach das nicht noch mal, ja, mich so anzuglotzen.« Veronica war fassungslos. »Das war die Übung, du Idiot!« Er zeigte mit dem Finger auf sie und was er sagte, klang wie ein Fluch: »Mach es nie wieder, verstanden. Schau mich nie wieder so an! Du weißt genau, was ich meine!« Gretchen Kinski hatte sich zu ihm gesetzt. »Komm, komm, jetzt ist gut, Etienne, beruhig dich mal.« Sie überging die brenzlige Situation einfach und verkündete: »Hier sind eure Zettel.« Es sollte sich bewahrheiten, dass das Briefchenschreiben und -zerknüllen eine ihrer Lieblingsbeschäftigungen war. Fast nach jeder Unterrichtseinheit bekam man von ihr schwülstige Haiku-Weisheiten mit auf den Weg. Ich faltete meinen Zettel auseinander: »Draußen ist es interessant, drinnen ist es spannend.«

Ich begriff sofort, was sie meinte. Sie hatte alles gesehen, genau gesehen. Ich fühlte mich gekränkt, seltsam wund, durchleuchtet und ertappt, war aber auch zornig. Alle traten mir hier zu nah, rückten mir auf die Pelle.

»Danke für den tollen Start. Bis gleich!«

Wir machten uns auf den Weg in die Kantine. Alexander legte mir im Treppenhaus die Hand auf die Schulter, fragte mit seiner Latinlover-Stimme: »Und was steht bei dir?« Ich reichte ihm den Zettel. Er grinste und hielt mir seinen vor die Augen: »Jeder Augenblick ist ein Augenblick.« »Mann oh Mann«, sagte ich. »Was für ein Scheiß.« Wir lachten. Gerrit lief an uns vorbei. »Guck, was ich mit diesem Zettel mache. Ich fress den einfach auf. So, weg ist er.«

In der Kantine bestellte ich mir einen Kaiserschmarren. Zu acht setzten wir uns an unseren Tisch. Gernot war nicht dabei, er hatte direkt das Weite gesucht, um, wie er uns mit unbeirrbarer Entschlossenheit informiert hatte, in irgendeiner Kaschemme ein Bier trinken zu gehen. Um uns herum saßen ebenfalls Schauspielschüler, die uns aber nicht beachteten, nicht beachten konnten, so involviert waren sie in ihre hitzigen Debatten. Das gefiel mir, denn meine Sehnsucht danach, von etwas infiziert zu werden, war grenzenlos. Es war erhebend, in dieser Kantine zu sitzen, angekommen zu sein, und wir lachten, selbst Etienne entspannte sich. »Was steht auf deinem Zettel?«, fragte ich ihn. »Sag ich nicht!« Wir insistierten, aber standhaft verriet er es niemandem.

Alle redeten wild durcheinander: »Sag mal, dieser Direktor, der hat aber auch nicht alle beisammen, oder?« »Gretchen Kinski wird mir, das weiß ich jetzt schon, irre auf die Nerven gehen!« »Wie der Typ zappelt.« »Das ist ein Kokser!« »Was?« »Ganz klar!« »Der Direktor der Otto-Falckenberg-Schule ist bestimmt kein Kokser.« »Hast du nicht gesehen, wie der abgegangen ist?« »Ich fand den andern, diesen Björn, voll unheimlich.« »Das ist ein Säufer!« »Oh mein Gott! Ein Säufer und ein Kokser!«

Während wir uns unterhielten, sah ich mich in der Kantine um. Es war erstaunlich, wie unterschiedlich die Gäste waren, die sich hier zum Mittagessen versammelt hatten, und wie sehr sie zu den auf die Tische gestellten Hinweistafeln passten.

Am Tisch der Techniker saßen breitschultrige Kerle in schwarzen und blauen Overalls vor riesigen Portionen. An den Tischen der Schauspieler saß außer einem alten Männchen niemand. Er trug eine Uniformjacke und neben seinem Weißbierglas lag ein blauer Dreispitz auf dem Tisch. Er sah unendlich traurig und verloren aus. Seine Augen, seine Nase, seine Wangen, seine Haare, seine Mundwinkel, alles hing herab. Sein ganzes Gesicht sah aus, als würde es ihm schon bald vor Ermattung vom Kopf tropfen.

An anderen Tischen saßen eindeutig Intellektuelle, vielleicht Dramaturgen oder Regisseure, lasen Zeitung und Bücher, während sie aßen, hatten Brillen und längere Haare. Die nur halb aufgegessenen Portionen hatten sie weit von sich weggeschoben, damit die Zeitungen nicht in die Reste gerieten. Dann gab es noch ein paar Tische, an denen eher unscheinbare Bürogestalten lustlos ihr Essen verzehrten.

Da öffnete sich eine schwere Eisentür mit einem Schild, auf dem »Probe! Bitte absolute Ruhe in den Umläufen!« stand. Heraus trat eine Gruppe von Männern. Alle in abgewetzten, zum Teil vollkommen verschlissenen preußischen Uniformen. Stattliche Kerle mit zotteligen Haaren. Sie hatten dunkle Augenringe, den Teint von Leichen. Einer trug einen Kopfverband. Ein anderer den Arm in der Schlinge, die er aber jetzt, da er sich in der Kantinenschlange anstellte, blitzgeheilt abstreifte. Ich hörte Sätze wie: »Immer dieses Hin und Her.« »Der soll sich jetzt mal entscheiden, ob wir da tot liegen bleiben.« »Hoffentlich gehen wir jetzt mal weiter.« Sie bestellten sich ihr Essen, wurden bevorzugt bedient und setzten sich zu dem traurigen Kerlchen an den Schauspielertisch. Er hob kaum die geröteten Lider. Selbst aus der Nähe konnte ich nicht erkennen, ob ihre Haare echt waren oder ob sie Perücken trugen. Es war ein eindrucksvolles Bild, diese wie gerade vom Schlachtfeld kommenden Männer hier so gesellig und mit gesundem Appetit futtern zu sehen. Da hallte eine Lautsprecherstimme durch den Raum. Augenblicklich wurde es still in der Kantine. Alle lauschten der Durchsage: »Die Probe wird fortgesetzt. Wir wiederholen die vierte Szene. Bitte die Herren Pekny, Boysen, Eberth, Peek, Stange und Schumacher sofort wieder auf die Bühne.« Sauer warfen sie ihre Bestecke in das dampfende Essen. »So ein Scheiß!« Zwei stürzten noch schnell im Stehen ihr Bier runter, sie zogen sich ihre Uniformmäntel an, der eine steckte den Arm wieder in die Schlinge, fluchend und noch kauend verließen sie die Kantine. Wir Schauspielschüler verfolgten das alles gebannt und Gerrit flüsterte: »Ich glaube, ich will doch lieber Lehrer werden.«

Als wir zurück in den Ballettsaal kamen, machte Gretchen Kinski gerade Spagat an der Wand. Einen Fuß auf dem Boden, den anderen hoch oben über ihrem Kopf. Ohne ihre Position aufzugeben, hieß sie uns willkommen. »Ah, da seid ihr ja wieder. Hoffe, es hat geschmeckt.« Gekonnt klappte sie ihr Bein ein und sah uns an. »Wo ist denn Gernot?« Wir zuckten mit den Schultern. »Also eine Sache wollen wir jetzt noch machen und dann gehört der Rest des Tages euch. Wir wollen eine Maschine bauen, und das geht so: Der Erste legt sich in die Mitte und macht eine Bewegung. Immer und immer wieder. Also zum Beispiel winkelt er das Bein an und streckt es wieder aus. So wie der Kolben eines Motors. Dann legt sich der Nächste dazu, wirft beide Arme in die Luft und zieht sie wieder an. Und natürlich müsst ihr nah zueinander. Wir machen das erst mal stumm. Also, wer mag anfangen?«

Etienne trat einen Schritt vor. Er hatte ein breites Kreuz und sein muskulöser Körper strahlte eine ganz andere Kraft aus als meiner, das sah ich deutlich in den Spiegeln. Wie kommt es zu diesem Unterschied, überlegte ich, warum sehen meine Muskeln überflüssig, ja eitel aus und seine notwendig und nach Abenteuer? Es lag eindeutig daran, dass ich mir meine Muskeln mit blubbernden nur halb gefüllten Wasserhanteln im Hobbykeller bei Musik antrainiert hatte und seine ihm auf allen sieben Weltmeeren durch Schwerstarbeit gewachsen waren. Seine Kraft hatte etwas proletarisch Unberechenbares, seine ganze Statur, gedrungen, sprungbereit. Meine Kraft war harmlos, nur für den Sport zu gebrauchen, Ärzte-Söhnchen-Muskeln fürs T-Shirt.

Etienne legte sich auf den Rücken, zog die Beine an und streckte sie wieder. Gerrit kniete sich neben ihn, beugte sich vor, bis sein Gesicht fast Etiennes Bauch berührte, und setzte sich wieder aufrecht hin. Klappte vor und zurück. Es sah obszön aus, und wir alle mussten lachen. Agnes setzte sich auf die andere Seite und streckte jedes Mal ihren Fuß zwischen Gerrit und Etienne, wenn sich eine Lücke ergab. So ging es weiter. Einer nach dem anderen fügte sich mit einer Bewegung in die Maschine ein. Maria lag ganz nah bei mir und jedes Mal, wenn ich mich auf die Seite warf, beugte sie ihren Oberkörper weit zurück und streckte die Arme in die Höhe. Mein Gesicht schnellte direkt vor ihren Bauch, ihr Bauchnabel war keine fünf Zentimeter von meiner Nasenspitze entfernt.

Da hörte ich Gretchen Kinski rufen: »Ah Gernot, du kommst gerade richtig, bau dich in die Maschine ein.« Er legte sich offensichtlich leicht angetrunken hin und tat nichts weiter, als seine eine Hand auf- und zuzumachen. »So, und jetzt gibt jeder noch einen Ton von sich. Veronica bitte.« Sie rief: »Disch.« Bei jedem Heben des Kopfes: Disch, disch, disch. »Jetzt Alexander!« Er rief: »Bahh.« Das klang gut. Disch-Bahh, Disch-Bahh. »Jetzt du, Gerrit!« »Uffff«, als würde Luft aus einem Ventil entweichen. Disch-Bahh-Uff-Disch-Bahh-Uff. »Bleibt im Rhythmus, nicht die Bewegung verlieren! Und jetzt Regina.« Ohrenbetäubend wie ein Maschinengewehr fing sie zu rattern an: »Drrrrrrrrrrrrrr.« »Und jetzt du, Joachim.« Mir fiel nichts ein. »Los, Joachim, dein Geräusch.« Ich wälzte mich hin und her. Im Sekundentakt wogte Marias braun gebrannter Bauch auf mich zu. Überall Berührungen. War das runde Weiche, das gegen meinen Rücken wappte, der üppige Busen von Agnes aus Hannover oder doch nur die Wampe von Gernot aus Gelsenkirchen? »Wir brauchen hier jetzt ganz dringend deinen Maschinensound!« Ich machte das Langweiligste und Naheliegendste von allen Maschinengeräuschen, die es auf der weiten Welt gibt. Ich rief: »Pling.« Disch-Bahh-Uff-Drrrrrrr-Pling. So ging es weiter. Maria bekam einen Ellenbogen an den Hals und schrie: »Aua, Scheiße!« – Gelächter. »Auch nicht schlecht«, rief Gretchen Kinski. »Das passt doch gut!« Je länger wir unsere Bewegungen machten, desto flüssiger wurden sie. Es hatte etwas extrem Beglückendes, sich in dieser Maschine zu befinden, ein Teil von ihr zu sein. Überall um mich herum pumpende Arme und Beine, sich drehende Köpfe, auf und nieder kippende Oberkörper, sich vor- und zurückschiebende Hintern und dazu die Stimmen, die zu einer dynamischen Partitur zusammengewachsen waren: Disch-Bahh-Uff-Drrrrrr-Pling-Tschah-Aua-Scheiße-Wukuwuku-Zzzahhhhh. Eine ungeheure Kraft war in dieser Apparatur, minutenlang stampfte, keuchte und fauchte dieser Motor auf dem Boden des Ballettsaales vor sich hin.

»Ihr macht das großartig, nicht aufhören, jetzt werdet langsam schneller!« Die Maschine zog ihr Tempo an, beschleunigte. Auf Marias Bauch bildeten sich winzige Schweißperlen und ihr verzwirbelter Bauchnabel fing feucht zu glänzen an. Vor, zurück, vor, zurück. Der Nabel und die rhythmischen Bewegungen befeuerten mich und ohne lange nachzudenken tat ich etwas, das eigentlich vollkommen außerhalb meiner draufgängerischen Möglichkeiten lag: Ich streckte meine Zunge heraus so weit ich konnte. Marias Nabel sauste auf mich zu und stülpte sich nass und weich über meine Zungenspitze. Ich sah, wie ihre Bauchmuskeln erzitterten, überrascht kontrahierten. Ich ließ meine Zunge einfach in der Luft und musste nicht lange warten. Wieder und wieder raste ihr glitschiger Nabel heran, wieder und wieder glitt meine Zungenspitze in die kleine salzige Höhle hinein. Doch so »Pling« zu rufen war mir unmöglich. Maria hingegen schrie bei jedem Nabel-Zungen-Kontakt ihr »Aua, Scheiße« heraus. »Bleibt präzise! Los, schneller!« Plötzlich kam es mir so vor, als würden wir mit irrsinniger Dynamik etwas aus dem Boden hervorpumpen oder nicht mehr an einer Stelle verharren, sondern uns alle wie zusammengeschweißt in Bewegung setzen.

Es war erstaunlich, das höher werdende Tempo verband die einzelnen Teile noch stärker. Ich sah Gernot schweißgebadet seine Hand auf- und zumachen, sah Veronicas Gesicht knallrot, aller zelebrierten Sanftmut beraubt, der spitzbübische Gerrit verwandelte sich in ein überhitztes Zahnrad, und die kühle Agnes war heiß gelaufen und kurz vorm Durchbrennen. »Und jetzt noch schneller«, kommandierte Gretchen Kinski so laut sie konnte in den donnernden Maschinenlärm hinein: »Lasst das Ding richtig abheben.« Disch-Bahh-Uff-Drrrrrr-Pling-Tschah-Aua-Scheiße-Wukuwuku-Zzzahhhhh-Disch-Bahh-Uff-Drrrrrr-Pling-Tschah-Aua-Scheiße-Wukuwuku-Zzzahhhhh. Wir gerieten komplett außer Atem, rasten entfesselt dahin. Meine Zunge, deren Heraushängen ich als erschöpftes Hecheln tarnte, schien nach einem unerfüllten Zungenleben endlich ihre Bestimmung gefunden zu haben, flutschte und lutschte an und in Marias Nabel herum. Mit ganzer Kraft rammte sie mir ihren Bauch ins Gesicht und in mein idiotisches »Pling« mischten sich ihre ekstatischen Obertöne. Sie krümmte und wand sich, und ich leckte und leckte. Plötzlich fuhr mir ihre eine Hand ins Gesicht, ihre andere krallte sich an meinen glattrasierten Hinterkopf, und sie presste meinen Kopf gegen ihren Bauch. Das war das Ende. Ein Arm, keine Ahnung welcher es war, geriet ins Räderwerk wie ein Ast in die Speichen, blockierte den Mechanismus, alle Körperteile flogen herum, klatschten gegen- und aufeinander, die Maschine kollabierte und in einem wild atmenden Knäuel blieben wir liegen. Totalschaden. Meine Wange am nassen Bauch Marias, der sich heftig pumpend ein- und ausstülpte. Ich war selig. »Schließt eure Augen und kommt zur Ruhe. Bleibt so liegen und schaut mal, ob die Bewegung noch irgendwo nachklingt.«

Und ob die nachklang! Ich fühlte mich wie nach einer Orgie. Es war irritierend, die Grenzen, wo ich anfing und aufhörte, wo der Nächste anfing und aufhörte, waren verwischt. Keine Ahnung, war das mein Arm? Am liebsten hätte ich für immer so dagelegen. Mit diesem warmen, atmenden Bauch im Gesicht, mein Kopf auf einem Bein herrlich abgestützt, und jemandem, ich wusste nicht wer, der heiß gegen mein Steißbein hechelte. »Es tut mir leid, aber ich muss mal.« Das war Gernot. Vorsichtig löste er sich heraus. Seine Bewegungen brachten Unruhe in den zusammengekrachten Mechanismus und das Wohlgefühl verschwand schlagartig. »Gut, dann löst das jetzt mal auf. Das war ein großartiges, wildes Ungetüm, was ihr da gebaut habt. Für heute machen wir Schluss. Morgen früh lernt ihr einige eurer Lehrer kennen und dann habt ihr Zeit für euer Tier! Danke, bis morgen.«

Wir entknoteten uns, zogen behutsam unsere Gliedmaßen aus dem Körperknäuel, und ich sah zu Maria hinüber. Sie alberte bereits mit Gerrit herum, kicherte: »Hat jemand mein linkes Bein gesehen?« Es fühlte sich eigenartig an, wieder nur für sich zu sein. Ein Einzelteil.

# Die stummen Hunde

Vollkommen erschöpft machte ich mich auf den Weg zu meinen Großeltern. Im Hauptbahnhof holte ich meine Tasche aus dem Schließfach und wanderte die Nymphenburger Straße entlang bis zum Rotkreuzplatz. Hier endeten die mehrstöckigen Bauten und die Villen begannen. Ich erreichte den verkehrsumbrausten Romanplatz, ging vorbei am »Krankenhaus Barmherzige Brüder«, in dem man meinem mittleren Bruder vor Jahren den Blinddarm herausgenommen hatte, hinein in die seit Anbeginn des Erinnerns vertraute Straße der Großeltern. Hier traten aus dem verhallenden Lärm nach und nach die Geräusche hervor. Ich hörte meine Schuhe über den Bürgersteig gehen und die Vögel zwitschern. Auf der rechten Seite die Schlossmauer des Nymphenburger Parks, auf der linken Seite die herrschaftlichen Villen, hin- und hergerissen zwischen sich zeigen und sich abschirmen.

Über viele dieser Häuser kannte ich Geschichten, die mir meine Großeltern erzählt hatten. Da wohnte eine neunzigjährige Witwe mit lila Haaren allein auf vierhundert Quadratmetern. Sie hatte einen schwarzen Porsche, mit dem sie im Schritttempo durch die verkehrsberuhigten Straßen röhrte. Da lebte der Erste Geiger der Münchner Philharmoniker. An Sommermorgen hörte man ihn üben, und es fühlte sich ein wenig so an, als wäre man im Jenseits aufgewacht.

Dort residierte ein schwules Paar mit kitschigen Löwen links und rechts vor dem Eingang. Sonntags gingen sie Hand in Hand in Jankern zum Gottesdienst.

Direkt neben meinen Großeltern gab es einen herrschaftlichen Garten, in dem die stummen Hunde lebten. Schon immer kamen sie, wenn man den Zaun passierte, herangelaufen und steckten ihre Schnauzen durch die Maschen. Sie hatten silbriges Kurzhaar, waren kniehoch, bissig und tatsächlich stumm. Es war eine seltene Hunderasse, deren hervorstechendste Eigenschaft es war, dass sie weder bellen noch jaulen konnte.

Als ich an diesem Nachmittag am Zaun vorbeikam, schossen sie wie gewohnt aus allen Winkeln des herrlichen Gartens hervor und wanden und krümmten sich am Zaun entlang. Vollkommen geräuschlos fletschten sie die Zähne, sabberten, zogen bedrohlich die Nasen kraus und gaben nur hin und wieder ein knapp unter der menschlichen Hörfrequenzgrenze liegendes Piepsen von sich. Oft sah man sie auch mit saftigen Knochen durch den Garten traben, auf der Suche nach einer guten Verbuddelstelle. Stets waren sie das Begrüßungskomitee, bevor ich das Großelternhaus erreichte. Ein Rudel stummer, bissiger Hunde. Besser als diese bemitleidenswerte Rasse hätte keine andere Züchtung in dieses Villenviertel gepasst, in dem Stille das wertvollste Gut war. Schon oft hatte ich mir ausgemalt, wie ein Einbrecher über diesen Zaun klettern und von den stummen Hunden angefallen werden würde. Mucksmäuschenstill würden sie sich auf ihn stürzen und ihn mit spitzen Zähnen innerhalb von Sekunden, ohne dass er auch nur hätte schreien können, bis auf die Knochen abnagen und diese dann im Garten vergraben. Diese Viecher waren die perfekten Verbrecher. Ich mochte es, sie zu ärgern, und hechelte sie an, worauf sie noch gelenkiger wurden und sich vor Zorn im Kreis drehten.

Dann lag das Haus meiner Großeltern vor mir. Alle Fenster, die zur Straße hinausgingen, waren geschmackvoll grün vergittert. Die beiden Kastanien im Vorgarten überragten prächtig das Dach. Dieses war mit sogenannten Biberschwänzen gedeckt, was bei mir, als ich noch ein Kind war und zum ersten Mal davon hörte, dazu führte, meine Großeltern für grauenvolle Tierquäler zu halten. Ich bog in die Einfahrt ein, ging zum Hintereingang und klopfte an die Tür. Nichts. Ich wusste nicht, wie spät es war. Vielleicht waren sie beide noch oben. Ich lief um das Haus herum bis zur großen Eingangstür, klingelte kurz und lauschte. Es dauerte und dauerte, doch dann hörte ich durch den roten Treppenläufer gedämpft meine Großmutter Stufe für Stufe von oben herabsteigen. Kurz wurde die Gardine des Gästeklos neben der Eingangstür beiseitegeschoben, ich vernahm ein freudiges »Mooahhhhhhhh« und den Ruf: »Hermann, er ist schon da! Der Lieberling ist da.« Sie drehte den Schlüssel zweimal herum und öffnete die Tür. Mit viel Schwung warf sie ihre Arme in die Höhe, sah mich mit freudigem Staunen an und rief so, als hätten wir uns jahrelang nicht gesehen, als wäre ich ein Verschollener, der heimkehrt: »Nein, du bist es! Wie ist das denn nur möglich? Du bist da! Was für eine Freude! Junge!«

Wir umarmten uns. Nur flüchtig, denn meine Großmutter war keine Anhängerin allzu großer Nähebezeugungen. Auf sämtlichen Fotos aus meiner Baby- und Kleinkindzeit sieht man deutlich, dass ich ihr nur kurz für die Dauer der Aufnahme angereicht worden war. Durch die flüchtige Berührung ihrer Wange hatte ich schon ihren Duft in der Nase. »Komm rein. Wie, diese Tasche da ist alles, was du dabeihast? Herrschaftszeiten, was für eine Freude, dich zu sehen! Hermann ist noch oben.«

Wir gingen durch den Flur und meine Großmutter stellte

sich am Fuße der Treppe in Position und rief so laut, dass die großen Scheiben der Vitrinen erzitterten: »Herrr-mannnn! Er ist daa-haaa!« Sie trug an diesem Nachmittag einen Missoni-Hausanzug, dessen Muster etwas Psychedelisches hatte und der ihr unfassbar gut stand, dazu die Haare offen. Grau und lang, fielen sie bis tief in den Rücken hinab. Von oben rief mein Großvater: »Ich komm gleich.«

Ich zog meine Schuhe aus und stellte sie in den Flur. Als ich meine Riesenturnschuhe, Größe 46/47 neben den eleganten Schuhen meiner Großeltern sah, überkam mich ein Freak-Gefühl. Mein Großvater hatte Schuhgröße 41, meine Großmutter 37. Neben ihren Schuhen sahen meine aus wie Abnormitäten, wie Sonderanfertigungen aus dem Yeti-Fachgeschäft. Alle ihre Lederschuhe waren herrlich gearbeitet, handgenäht, hell- oder dunkelbraun, immer sauber und poliert. Ein Paar Budapester sah aus, als wäre es kurz zuvor mit schwarzem Lack bepinselt worden, so sehr glänzte es. Meine Schnürsenkel waren ausgefranst, die Schuhkuppen verbeult und die Sohlen lösten sich. Als ich meine abgehalfterten Quadratlatschen in dieser illustren Schuhgesellschaft stehen sah, konnte ich kaum glauben, dass ich in diesem Haus auf längere Zeit wohnen sollte.

Im Wohnzimmer war es wunderbar hell und warm und das erste Kürzerwerden der Tage wurde durch die Größe der Terrassentüren und Fenster gut aufgewogen. Wir setzten uns. Meine Großmutter in ihren Sessel und ich in das tiefe Sofa. Ich liebte diese Räume. An den weißen Wänden hingen keinerlei Bilder. Die Auswahl der Antiquitäten und Möbel aus den Dreißiger- und Fünfzigerjahren war perfekt. Die Mischung aus den Objekten und der Leere um sie herum war fein aufeinander abgestimmt. Wenn sich meine Großeltern in diesem Wohnzimmer aufhielten, kamen sie immer optimal zur Geltung. Die Einrichtung war funktional, ohne kalt zu wirken, aber gleichzeitig von exquisiter Unverwechselbarkeit. Ihre vollkommene Geschmackssicherheit hatte alles um sie herum und auch sie selbst in einer vielstimmigen Harmonie vereint. Nichts wirkte angestrengt oder gar überambitioniert, aber es gab auch keinerlei Willkür oder Zufälle. Nie wäre man auf die Idee gekommen, diese weitläufigen Zimmer als gemütlich zu bezeichnen. Gemütlichkeit war meinen Großeltern fremd. Vor Jahren hatten sie für vierundzwanzig Stunden ein Bild über den offenen Kamin gehängt und es dann kopfschüttelnd wieder abgenommen. »Mein Gott, ein Bild über dem Kamin, was für eine Verirrung«, hatte mein Großvater lachend konstatiert. »Gerade die für Bilder wie geschaffenen Flächen, gerade diese Flächen, die quasi nach einem Bild gieren, eröffnen einem, wenn man ihnen das Bild vorenthält, herrlich freie Räume. Gedankenräume.«

Ich saß meiner Großmutter gegenüber und war, wie immer, wenn ich sie länger nicht gesehen hatte, gebannt von ihrer Schönheit und ihren weit ausholenden Gebärden, die hin und wieder einen Lufthauch zu mir herübergestikulierten. Sie steckte sich eine Zigarette in die Zigarettenspitze und sagte ungefragt »Ja, wir haben es hier sehr, sehr schön«. Plötzlich veränderte sich ihr Ausdruck von elegant zu verwegen. Sie hielt die Zigarettenspitze mit den Zähnen im Mundwinkel fest und knipste mehrmals energisch das goldene Feuerzeug an. Ihr Gesichtsausdruck wurde sachlich, etwas männlich und gierig sog sie an der Zigarette. Doch beim Ausatmen des Rauches war sie schon wieder pure Eleganz. Sie blies den Rauch seitlich an mir vorbei in den Raum. Dunhill-Menthol. Es dauerte lange, bis sich die Schwaden in der stillstehenden Luft des Zimmers verflüchtigten, so angenehm schien es dieser Wolke zu sein, sich hier schwebend aufzuhalten. »Und, mein Lieberling, wie war nun der

erste Tag? Ich sehe es an deinen Augen. Du hast viel erlebt.«
»Na ja, also am Morgen ...« Da legte sie abrupt den Finger
auf den Mund. Ich hielt inne, ohne zu begreifen, warum ich
schweigen sollte. War es wie so oft irgendein besonderer Vogel, den es im Garten zu bestaunen galt? Grünspechtalarm?
Oder schlich sich eine der verhassten Katzen auf Singvogel-
pirsch durch die Rosen? »Was denn?«, flüsterte ich. »Wir
warten lieber, bis Hermann herunterkommt. Sonst musst
du ja alles zweimal erzählen.« Ich nickte. »Geh doch leise hinauf und bring deine Tasche ins rosa Zimmer. Wir sind sehr
gespannt, wie das mit uns wird die nächsten Wochen.« Das
klang nicht gerade begeistert. »Ich werde bestimmt bald etwas Eigenes finden.« »Du hast alle Zeit der Welt. Fast alle.«
Ich stieg die Treppe hinauf und schlich leise, ein von je-
her verinnerlichter Automatismus, am Arbeitszimmer des
Großvaters vorbei. Oft arbeitete er auch am Nachmittag
noch mehrere Stunden. Ich setzte mich auf mein Bett und
wurde schlagartig sterbensmüde: die Nacht im Liegewagen,
die Aufregung in der Schauspielschule, der lange Spaziergang hinaus zu den Großeltern und jetzt die warme Stille
im Haus. Ich sah mich um. Seltsam, dachte ich, es gibt tatsächlich keinen anderen Ort, den ich schon so lange kenne,
ohne dass er sich verändert hätte. Als mich meine Mutter
als Baby im rosa Zimmer herumgetragen hat, sah es schon
genauso aus wie jetzt. Der Großvater hat da schon genauso
an seinem Schreibtisch gesessen und die Großmutter hatte
vielleicht auch schon genau diesen Hosenanzug an. Hier tut
sich in hundert Jahren weniger als in einer Tropfsteinhöhle.

Ich ließ mich rückwärts aufs Bett fallen und sah durch
das Fenster den hochgerühmten Trompetenbaum in voller
Blüte. Ich döste weg und wurde von der glockenhellen, aber
auch glockendröhnenden Großmutterstimme aus dem Tiefschlaf gerissen. »Lieberling, sechs Uhr, Whisky-Zeit.«

Als ich ins Wohnzimmer kam, schenkte mein Großvater gerade ein. »Wasser nimmst du dir selbst. Sei gegrüßt!« Wir stießen an. Herrlich ölig und scharf gab mir der Alkohol wieder Kraft. »Du hast ja eine ganze Stunde geschlafen, ja gibt's denn so was! Mooahhhh. So, und jetzt erzähl mal. Wie war es denn heute? Dein erster Tag auf der Schauspielschule.« Meine Großmutter machte ihre neugierigen Augen. Und so begann ich meine Erzählung. Sie waren wundervoll interessierte Zuhörer und Nachfrager und ihre gewählte Ausdrucksweise, ihre Gabe, eine Unterhaltung als etwas Essenzielles zu begreifen, das Sprechen und Zuhören zu zelebrieren, gab Gesprächen immer etwas Feierliches. Es war nie Geplauder. Das schlechte Gehör meines Großvaters und die jederzeit zu Melodramatik neigende Großmutter machten mir an diesem Abend allerdings ordentlich zu schaffen. Ich sagte: »Und dann mussten wir alle zwei Zettel ziehen. Einen Schriftsteller und ein Tier. Ich habe Fontane und Nilpferd gezogen. Eine Passage aus ›Effi Briest‹. Jetzt muss ich am Freitag versuchen, wie ein Nilpferd ›Effi Briest‹ zu sprechen.« Beide sahen mich fassungslos an, so als würden sie zwar gerne reagieren, aber es schlichtweg nicht können, da sie für das soeben Gehörte keinerlei Koordinatensystem in sich finden konnten. »Wie bitte?«, rief mein Großvater. »Ich muss als Nilpferd ›Effi Briest‹ sprechen!« Mein überdeutliches Formulieren, Verkürzen und Laut-Reden war wie ein Bloßstellen der Worte: nackt und ungeschützt standen sie da. »Was hat er gerade gesagt?«, fragte mein Großvater meine Großmutter, ohne mich aus den Augen zu lassen. »Ich weiß es auch nicht genau. Ich glaube, er muss ein Nilpferd spielen.« »Ein was?« Er hielt sich wie im Märchen die gewölbte Hand ans Ohr. »Ein was, bitte?« »Mein Gott, Hermann, ein Nilpferd! Stimmt doch, oder?« Ich nickte. Mein Großvater sah meine Großmutter an, überlegte einen Moment und fragte: »Warum?« Er sprach dieses

Warum mit geradezu biblischer Schlichtheit. Es klang wie die letzte noch zu stellende Frage. »Warum?«, reichte meine Großmutter die Frage an mich weiter. Da ich kurz innehielt, legte meine Großmutter nach. »Wir wüssten wirklich gerne alle beide langsam mal, warum?« Ich wollte mich nicht blamieren, wollte das, was ich selber absonderlich fand, hier vor ihnen verteidigen. »Es ist, glaube ich, der Versuch, durch das Tier an diesen komplizierten Text heranzukommen.« Meine Großmutter rief meinem Großvater zu: »Er will so an den Text rankommen!« »Als Nilpferd?«, fragte mein Großvater. Meine Großmutter schlug sich die Hände an die Stirn. »Du Armer, wer hat sich denn diesen Humbug ausgedacht?« »Unsere Mentorin. Gretchen Kinski.« »Was bitte, Gretchen Kinski? Die Gymnastiklehrerin?« »Nein, die macht mit uns Improvisationen, gibt auch Rollenunterricht.« »Hermann, stell dir vor, er hat Rollenunterricht bei Gretchen Kinski!« »Was, bei der Gymnastiklehrerin?« »So hab ich es verstanden.« Elementar erschüttert wiederholte sie das Unglaubliche: »Die war doch früher, als ich da noch unterrichtet habe, nichts weiter als eine Gymnastiklehrerin.« »Aha!«, sagte ich ratlos. Mein Großvater wollte es nun ganz genau wissen. »Jetzt erkläre mir das mal bitte: Was hat ›Effi Briest‹ mit einem Nilpferd zu tun?« Ich überlegte lange. »Na, nichts«, sagte ich, »genau das ist ja die Idee.« Mein Großvater lächelte. »Diese Antwort ist für einen Philosophen eine echte Herausforderung!« Meine Großmutter applaudierte ihm, drei kurze angedeutete Beifallsklatscher. Das tat sie andauernd, wenn sie seinen spitzfindigen Äußerungen huldigte. »Ach, du armer, armer Junge! ›Effi Briest‹ mit der Gymnastiklehrerin! Arme Effi!« »Wie bitte?«, mischte sich mein Großvater erneut ein. »Arme Effi, hab ich gesagt.« Mein Großvater schüttelte den Kopf und triumphierte mit: »Armes Nilpferd!« Wir alle drei lachten, und ich schenkte mir noch einen Whisky ein. »Morgen lernen wir unsere Lehrer kennen und dann geh ich in den Zoo und schau mir mal so ein Nilpferd an.« »Früher«, meine Großmutter spülte sich den Whisky durch ihre etwas zu weiß geratenen Schneidezähne, »früher, da hat man auf einer Schauspielschule an Rollen gearbeitet und ist nicht in den Zoo gegangen.« »Rollenarbeit gibt es erst ab dem zweiten Jahr.« »Du lieber Himmel, und was macht ihr denn das ganze erste Jahr?« »Viel Improvisation, Körperarbeit, Workshops, haben sie gesagt, Gesang, Sprecherziehung sicher auch.« »Na, immerhin. Du musst dein Norddeutsch in den Griff bekommen. Es heißt nicht Kese, sondern Kääse und auch nicht Medchen, sondern Määdchen. Leider hör ich so was ja alles. Das ist eine solche Unart von dir, mein Lieberling!«

Meine Großmutter war tief in ihrem Sessel zusammengesunken. Vielleicht war ihr durch meinen Bericht die Zeit, als sie noch als Schauspiellehrerin gearbeitet hatte, wieder in den Sinn gekommen. Das viele Nichtstun in diesem wunderschönen Haus war ihr oft eine Last. Mein Großvater begann davon zu schwärmen, wie er einst »Effi Briest« mit neunzehn auf einer Wanderung durch die Karpaten gelesen hatte. Er hielt inne, überlegte und fragte: »Wie hieß noch mal der Mann von Effi? Von Stetten?« Meine Großmutter drückte sich ruckartig im Sessel nach oben und rief: »Von Stetten? Hermann, ich bitte dich. So einen Unsinn habe ich schon lange nicht mehr gehört! Er hieß doch ... Herrschaftszeiten, wie hieß der noch mal?« Ich hatte keine Ahnung.

Sie dachte nach, sah dabei aus wie jemand, der bedrohliche Stimmen hört. »Wartet mal kurz«, sie musste wegen ihres schmerzenden Beines einen Augenblick verharren, bevor sie das Zimmer verließ. Ich hörte sie die Treppe hochgehen, den unterschiedlichen Klang ihrer Absätze, da das eine Bein nicht so belastbar war wie das andere.

Mein Großvater schüttelte gerührt den Kopf. »Jetzt holt sie das Buch. Es lässt ihr keine Ruhe, etwas nicht zu wissen.« Wir warteten auf die Rückkehr der Großmutter. Wenn sie nicht im Zimmer war, verfiel ich mit meinem Großvater in ein ratloses Schweigen. Ihn beunruhigte das weit weniger als mich. Ich war eingeschüchtert durch sein würdevolles Aussehen, dadurch, dass der Beruf dieses Mannes das Denken an sich war. Nie verließ mich die Sorge, ihn durch Banalitäten zu langweilen, ihn durch meine Leichtgewichtigkeit in seiner Schwergewichtigkeit zu stören. Dann lieber schweigen und sich der Illusion der Ebenbürtigkeit hingeben.

In diesen Momenten wurde deutlich, wie sehr meine Großmutter diejenige war, die die Worte in der Luft hielt, der die Aufgabe zukam, für Lebendigkeit und Leichtigkeit zu sorgen. Das Schweigen meines Großvaters hatte etwas Versteinerndes, als würde mich sein Intellekt mit einer Kruste überziehen.

Meine Großmutter kam mit dem Roman wieder und verkündete: »Innstetten! Baron von Innstetten heißt der.« Und dann schlug sie das Buch mittig auf und las uns ein paar Zeilen vor. Sie machte das großartig: Wurde leise und laut, schneller und langsamer, und alle Bilder erstanden prächtig aus ihrem Vortrag. Am Ende war ich regelrecht ergriffen und landete deshalb umso härter, als mein Großvater sich zu mir vorbeugte und sagte: »Das war doch wirklich toll, oder? Und weißt du was, alles ganz ohne Nilpferd.« Es wurde dann aber noch ein sehr schöner Abend, und wir tranken zu viel und redeten bis Mitternacht.

Und so begann ich denn ein neues Leben: Als erwachsener Enkel im Haus meiner Großeltern und als staunender Anfänger auf der Schauspielschule.

# Die Gurgellösung

Alkohol spielte im Leben meiner mondänen Großeltern eine wichtige, wenn nicht sogar die entscheidende Rolle, und bevor ich bei ihnen einzog, hatte ich gedacht, der alkoholische Einstieg in den Tag sei das allmorgendlich kurz vor dem Frühstück wie ein Lebenselixier getrunkene Glas Champagner. Jahrelang hatten sie morgens Sekt getrunken, doch dann schien ihnen der Sekt das Erreichen ihres hohen Alters nicht mehr recht zu würdigen, und sie schwenkten von einem Tag auf den anderen auf Champagner um. Sie tranken jeder ein Glas vor dem Frühstück und eines danach, nie mehr, und in die Flasche steckten sie einen silbernen Teelöffel hinein, um so das Entweichen der Kohlensäure zu verhindern. Als Kind kam mir diese Methode merkwürdig vor. Wie sollte ein im Flaschenhals herumklappernder Löffel etwas so Feinstoffliches wie Kohlensäure abfangen? Aber es funktionierte. Der Löffel war ein guter Bläschen-Wächter und selbst der letzte Rest sprudelte stets perlend aus der Flasche. Doch dann fand ich heraus, dass ihr alkoholischer Startschuss in den von verschiedensten Getränken strukturierten Tag ein ganz anderer war.

Von einer ebenfalls hochbetagten Drogistin bekamen sie seit Jahren eine von ihr selbst zusammengebraute Gurgellösung. Jeder von ihnen hatte seine eigene Flasche mit handgeschriebenem Etikett. Diese Lösung gurgelten beide direkt nach dem Aufstehen mit erstaunlicher Hingabe. Noch bevor sie auf ihre Toiletten gingen, noch bevor sie duschten, Zähne putzten oder das, was wie ihre Zähne aussah, reinigten, wankten sie schlaftrunken durch ihre flauschig tiefen Bettvorleger in ihre Bäder, um zu gurgeln. Die mit asiatischen Ornamenten, Kirschblüten und kopfüber hängenden Paradiesvögeln verzierten Teppiche waren in der Tat so dick, dass man ein wenig einsank und Fußspuren darauf hinterließ. Während vieler Besuche bei ihnen war ich vom gutturalen Großeltern-Gegurgel geweckt worden. Jeder gurgelte bestimmt zwei, drei Minuten vor sich hin. Mein Großvater eher baritonal ohne große Stimmschwankungen. Meine Großmutter dagegen gurgelte in verschiedenen Tonlagen, und wenn ich frisch erwacht in meinem Bett lag, war es mir immer ein wenig so vorgekommen, als versuche sie, durch diese Gurgel-Koloraturen meinen Großvater durch die Wand hindurch zu animieren, sein stoisches Vor-sich-hin-Gegurgel zu verlassen und mit ihr in ein den Morgen willkommen heißendes Gurgelduett einzustimmen. Doch mein Großvater war unbeirrbar und tuckerte sehr sachlich mit dem ewig selben Gurgel-Außenborder vor sich hin. Dennoch ergänzten sie sich klanglich ideal. Hier die fein auf und ab glucksende, perlende Großmutter-Quelle, da der satt murmelnde Großvater-Strom. Obwohl jeder in seinem eigenen Badezimmer war, jeder vor seinem eigenen Waschbecken stand und in seinen eigenen Spiegel sah oder den Kopf in den Nacken gelegt hatte, stellte ich mir diese Gurgel-Choreografie als eine fein aufeinander abgestimmte Abfolge von Bewegungen vor. Trotz der räumlichen Trennung waren sie Synchron-Gurgler. Auch wenn sie sich nicht direkt unterhielten, bin ich mir sicher, dass jeder von ihnen nach dem Gurgeln wusste, wie das Befinden des anderen war und ob Albträume oder Schlaflosigkeit die Nacht beschattet oder zumindest beeinträchtigt hatten.

Der Garten meiner Großeltern war wegen des unmittelbar auf der anderen Straßenseite beginnenden Nymphenburger Parks ein Vogelparadies. Keine fünfzig Meter Luftlinie vom Haus entfernt lagen Wälder und Wiesen. Und da ja Vögel gerne Luftlinie unterwegs sind, waren sie vielfältige und häufige Gäste. So mischte sich unter das morgendliche Gegurgel das vielstimmige Gezwitscher der Meisen, Amseln, Rotkehlchen und hin und wieder das taktgebende Metronom eines Bunt- oder vielleicht sogar Grünspechts.

Was mich aber am Morgen nach meinem Einzug plötzlich aufhorchen ließ, war, dass das Gurgellied nicht mit einem gemeinsamen Ausspucken beendet wurde. Nach einer sich immer höher hinaufschraubenden, von meinem Großvater sonor grundierten Gurgelkaskade meiner Großmutter brach beider Gurgeln plötzlich jäh ab und Stille erfüllte das Haus. Ich wartete auf das Ausspucken, aber es kam nicht.

Dabei sind Gurgeln und Ausspucken ein unzertrennliches Paar. Dieser Zusammenhang war mir auf einer Reise nach Lissabon klar geworden, wo die Männer den Rotz in der Nase hochziehen und ausspuckten. Allerdings lag zwischen dem grunzenden Hochziehgeräusch und dem Spuckgeräusch oft eine unerträglich lange Pause, in der ich immer dachte: Jetzt spuck schon aus. Die Vorstellung, dass jemand den hochgezogenen Rotz im Mund durch die reizende Stadt Lissabon transportiert, um auf einen passenden Moment zu warten, ekelte mich sehr. Aber leider gab es tatsächlich Männer, die im Bus hochzogen und erst Minuten später, wenn die Bustür aufging, hinausrotzten. Durch diese ekelige Angewohnheit begriff ich allerdings, dass gewisse Geräusche zusammengehören und einander brauchen, um ein Ganzes zu ergeben. Wo also blieb das großelterliche Ausspucken?

Im Großvater-Badezimmer fing unterdessen der elektrische Rasierapparat zu schnurren an. Er benutzte ein uraltes Gerät, das Gewicht einer Handgranate hatte. Von der Großmutter her drangen satte Fleischklopfgeräusche an mein Ohr, deren Sinn sich mir nie ganz erschloss. Ich tippte auf die Durchblutung anregende Klatscher. Es klang aber eigentlich so, als würde sie große Fische gegen die Badezimmerkacheln werfen.

Nachdem ich gehört hatte, wie beide um Trittsicherheit bemüht mit genau gesetzten Schritten die Treppe hinuntergegangen waren, schlich ich mich in das großmütterliche Badezimmer und untersuchte die Flasche mit der Gurgelrezeptur. Ich schraubte sie auf und roch an ihr. Ein scharfer Geruch ließ mich zurückzucken. Ich versuchte die krakelige Handschrift der Drogistin zu entziffern. Da stand: »Gurgellösung Enzian«. Nicht mehr. Vorsichtig setzte ich die Flasche an und kippte mir ein wenig Flüssigkeit in den Mund. Sie brannte höllisch auf der Zunge und schmeckte nach Hochprozentigem. Ich drückte die Lösung durch die Zahnzwischenräume, legte den Kopf in den Nacken und gurgelte. Etwas Eigenartiges geschah. Durch mein rotierendes Zäpfchen wurde der Alkohol aus der Flüssigkeit herausgequirlt und in meinem Mund entfaltete sich das wohlduftende Enzianaroma. Innerhalb einer einzigen Sekunde war ich durch diesen Duft, der mir wie ein ätherischer Wind direkt durch die Schleimhäute ins Gehirn wehte, komplett benebelt. Der Verschluss entglitt mir und ich musste mich mit beiden Händen am Waschbecken festhalten, um nicht niederzusinken. Ich beugte mich vor, versuchte auszuspucken, aber die Gurgellösung machte, was sie wollte. Wie flüssiger Sauerstoff im Glaszylinder kroch sie in meinem Mund herum, floss vom Zungengrund zum Gaumen hinauf, durchflutete erneut den ganzen Mund-

raum, schickte eine weitere schwindelig machende Nebel-
schwade direkt hinter meine Augen, versickerte, verdunstete
und vereiste meine Zähne. Plötzlich war es so kühl in meinem Mund, als hätte ich in einen Schneeball gebissen, und
ohne lange nachzudenken, einem scheinbar natürlichen Impuls folgend, schluckte ich die restliche Gurgellösung einfach hinunter. Das Enzianelexier schmeckte köstlich, jagte
mir gleichzeitig heiß und kalt durch die Kehle und steckte
mir sekundenlang wie ein gefrorenes Schwert im Rachen.
Im Spiegel sah ich mich eine gelenkige Grimasse schneiden.
Meine Zehen spreizten sich und krallten sich in den hochflo-
rigen Badezimmervorleger.

Genauso schnell wie die Enzianwelle durch mein Gehirn
geschwappt war, verebbte sie wieder. Zurück blieb ein Drei-
klang: ein betäubtes Zahnfleisch-und-Zungengefühl, ein von
Winterluft durchgepusteter Schädel und sowohl in der Luft-
wie in der Speiseröhre erstaunliche Frische. Ich sah in den
Spiegel und musste grinsen. Meine Großeltern, so viel stand
fest, gurgelten mit Schnaps, mit hochprozentigem Enzian-
schnaps und schluckten allmorgendlich ihre Gurgellösung
hinunter. So also präparierten sie sich für die anstrengenden,
ja, sie oft überanstrengenden Morgenverrichtungen. Gurgeln
war die Lösung. Daraufhin erst, das begriff ich an diesem
Morgen, begaben sie sich aus dem oberen Stock nach unten,
wo sie stets bestens gelaunt und doch bereits wieder erschöpft
ankamen und ihr erstes offizielles alkoholisches Etappenziel
erreichten: den von der Haushälterin bereits eingeschenkten
Frühstücks-Champagner. Ich ging erfreut hinunter, trank
ein Gläschen mit ihnen und machte mich beschwingt auf
den Weg zur Schauspielschule.

# Der Nussknacker

Alle Schauspielschüler versammelten sich im Ballettsaal, der aber sein Aussehen völlig verändert hatte. Vor die Spiegel waren Vorhänge gezogen, die Fenster standen weit offen und die gesamte Bodenfläche war mit olivgrünen Matten ausgelegt. Wir hatten jeder einen Judoanzug bekommen und uns in einer Reihe aufgestellt. Der Lehrer, der vor uns stand, hatte kurze schwarze Haare, eingefallene Wangen, war groß und hager. Sein schmales kantiges Gesicht war durch viele Jahre Aikido, durch diverse andere asiatische Kampf- und Performancetechniken, lange Japanaufenthalte aus dem europäischen Kulturkreis aus- und in den ostasiatischen übergetreten. Er grinste oft. Davon bekam er Schlitzaugen und doch war man nie ganz sicher, wie es ihm wirklich ging. Alles an ihm machte einen fernöstlichen Eindruck. Dabei war er ein Urbayer, Spross einer Mähdrescher-Dynastie. Schon früh hatte er dieser Welt den Rücken gekehrt, sein Erbe ausgeschlagen und war nach Japan geflüchtet. Über der Judohose trug er einen eleganten schwarzen Wickelrock, den er nun, da er sich vor uns auf den Boden setzte, mit einem routinierten Wischer nach hinten fegte.

»Es gibt eigentlich nicht viel zu sagen. Ich bin der Huber Nikolaus und unterrichte Aikido!« Er lachte sein japanisches Lachen. »Das war es schon!« Vom ersten Moment an war ich ihm verfallen. Man sah, da war jemand konsequent seinen Weg gegangen. Jeder von uns begriff, dass es hier kein Geschwätz geben würde.

In dieser ersten Stunde geschahen wundersame Dinge. Wir machten uns warm. Aber nicht so, wie ich mich schon Hunderte Male beim Schwimmtraining oder in den USA beim Basketball warm gemacht hatte. Wir klopften uns selbst mit den Handflächen ab. Die Arme hoch und runter, den Oberkörper, die Beine. Mit enormer Kraft machte Nikolaus Huber es uns vor: klatsch, klatsch, klatsch. Wir schlugen uns auf die nackten Fußsohlen. Ich war überrascht, wie genau meine Handfläche in mein Fußgewölbe passte. Da schmatzte etwas ineinander, was zusammengehörte, sich aber noch nie getroffen hatte. Die Haut begann zu brennen und mir wurde angenehm warm. Wir legten unsere Hände mit geschlossenen Fingern auf die Ohrmuscheln und rubbelten sie. Knorpelgewitter. Danach hatten alle glühend rote Ohren, die umso mehr leuchteten, da die Judoanzüge so weiß waren. Wir schlossen die Augen und griffen jeweils mit Daumen und Zeigefinger die Augäpfel und schoben sie in den Höhlen herum. Seltsame Kugeln im Kopf, die sich anfühlten wie etwas, das man mit Leichtigkeit herausnehmen könnte. Dann begann das Training.

In dieser ersten Stunde lernten wir die Aikidorolle und wie man richtig fällt. Die ganze Zeit über herrschte eine nur vom Atmen der Schüler getaktete Konzentration. Der Boden war für mich immer eher ein Feind gewesen. Beim Basketball ging man nur zu Boden, wenn man gefoult wurde oder blöd war. Aber diese Matten waren im selben Moment weich und hart. Immer und immer wieder machten wir die Aikidorolle, vor- und rückwärts, und im Laufe der anderthalb Stunden wurde ich mehr und mehr eins mit diesem Boden. Hoch, runter, hoch, runter. Meine Größe spielte überhaupt keine

Rolle mehr, auch im Stehen war ich dem Boden ganz nah. Um mich herum übten meine Mitschüler mit sehr unterschiedlichem Erfolg. Der schwere Körper Gernot Kobergs kam nur unwillig in Schwung. Er verstolperte die Rollen, knallte mehrmals wie ein fetter Wrestler auf die Matte und blieb dann oft lange am Boden liegen, starrte an die Decke. Regina Fischer und Veronica Saalfeld rollten sehr gut. Agnes dagegen gab sich zwar alle Mühe, wollte es unbedingt können, aber etwas hakte, holperte. Je runder man sich machte, desto weicher landete man, das hatte ich schnell begriffen. Etienne hatte ein Problem mit der Art der simulierten Angriffe, und er sagte später in der Kantine: »Wenn ich diesem Hansel wirklich eine reinhaue, hat der in seinem Rock keine Chance!« Der weiße Anzug ließ Alexanders dunklen Hauttyp noch besser zur Geltung kommen. Gerrit machte wie immer Faxen, und wenn ich an ihm vorbeirollte, flüsterte er wie in einem Kung-Fu-Film: »Hai-Ho, ich dich machen kalt!«

Aus vollem Lauf sprang Nikolaus Huber ab, flog durch die Luft, der Rock bauschte sich, wirbelte herum und trotz der waghalsigen Höhe rollte er sich butterweich auf den Matten ab. Das war ein erstaunlicher Anblick. Am Ende der Stunde durften wir ihn einer nach dem anderen tatsächlich angreifen. Wir sollten uns vorstellen, unsere Handkante sei die scharfe Schneide eines Schwerts, und ihm damit den Schädel spalten. Er stellte sich in die Mitte des Raumes. Ich rannte auf ihn zu, hob meine Hand und schlug sie wie ein Beil senkrecht auf seinen Kopf. Doch noch bevor ich seinen Scheitel auch nur ansatzweise erreichte, hatte er mich elegant mit einem bestimmten Griff gepackt und an sich vorbei ins Nichts gelenkt. Ich flog durch die Luft, und genau die Kraft, mit der ich ihn angegriffen hatte, verwandelte sich in eine Rolle auf den Boden. Er war ein Krafttransformator. Je wilder man ihn bestürmte, desto weiter flog man durch den Raum. Der Moment, als er mich durch die Luft warf, war herrlich. Es gab keinen Schlag, nichts knallte aufeinander, es war ein Um- und Weiterlenken meiner Bewegung, ja meiner Absicht. Es war aber noch mehr. Es war ein Moment von Geborgenheit, trotz des hohen Tempos. Für eine nicht zu messende Zeiteinheit war ich in dieser Fallbewegung wie in einem Kokon aus Kraft eingeschlossen. Dann durften wir ihn aus allen Richtungen gleichzeitig angreifen. Es war, als würde er unsere Attacken auf- und wegsaugen. Natürlich spielten wir auch mit, hielten uns an einen bestimmten Rhythmus der Angriffe. Es war wie ein Tanz: auf ihn zustürzen, die Hand heben, zuschlagen und von Nikolaus Huber in seinem rauschenden Rock im Raum verteilt werden. Er schleuderte uns da- und dorthin und wir rollten und rollten.

Doch mein Hochgefühl wurde gleich in der nächsten Unterrichtsstunde pulverisiert: Sprecherziehung bei Gisela Marder. Eine kleine Frau, um die vierzig, die ganz offensichtlich von einer schweren Krankheit gezeichnet war. Ihr Haar war schütter, bedeckte die Kopfhaut nur spärlich, eine kahle Stelle am Hinterkopf. Spuren der schwarzen Tinktur, mit der sie ihren Flaum gefärbt hatte, waren über die Kopfhaut geronnen. Tiefliegende Augen in grauer Haut. Wieder ging es in den offenbar obligatorischen Kreis.

Sie bat uns, ihr unsere Namen zu nennen. Im Laufe ihrer Lehrtätigkeit hatte sie sich ein absolutes Gehör für Dialekte angeeignet. Selbst geringste Anteile regionaler sprachlicher Spurenelemente vermochte sie herauszuhören. Als ich ihr meinen Namen nannte, strahlte sie und rief: »Moin, moin! Also so ein norddeutsches Prachtexemplar haben wir hier lange nicht mehr gehabt. Ich würde sagen, die dänische Grenze ist nicht weit.«

Selbst bei Agnes lag sie richtig. »Das ist ja immer wieder erstaunlich. Ich tippe auf Hannover. Lupenreines Hochdeutsch. Fast. Kommt vielleicht ein Elternteil aus dem Hessischen?« Agnes bejahte überrascht. Nur bei Etienne kam sie ins Grübeln. »Hm, da ist von allem was dabei. Bist du oft umgezogen?« Er nickte. »Vater Soldat? Mal hier, mal dort stationiert gewesen?« Er schüttelte den Kopf. »Jahrmarktskind? Nein? Tut mir leid, ich weiß es nicht.« »Mein Vater ist Kapitän.« »Wirklich? Schau mal einer an. So schlecht war ich da ja gar nicht. Also willkommen an Bord!« Sie räusperte sich, kniff die Lippen zusammen, mehrmals versuchte sie, etwas gegen einen Widerstand in ihrer Kehle hinunterzuschlucken. »Entschuldigt bitte.« Sie drehte sich aus dem Kreis heraus und wir hörten leises Schmatzen und erneut gepresstes Schlucken. »Geht schon wieder. Also, wo waren wir? Das Wichtigste, was ein Schauspieler hat, ist seine Stimme. Ohne eure Stimme seid ihr verloren. Es bedarf großer Ausdauer und Geduld, eine Stimme zu formen. Sie ist ein Instrument.«

Vor diesem Wort hatte ich mich gefürchtet. Alle meine Begegnungen mit Instrumenten waren erschütternd verlaufen. Für beide Seiten, wohlgemerkt. Mein größter Erfolg auf der Blockflöte war, dass ich »Ist ein Mann in den Brunnen gefallen« auch mit der Flöte im Nasenloch spielen konnte. Ich wollte kein Instrument sein. Alles, nur das nicht.

»Von heute an werdet ihr euch täglich mit eurer Stimme beschäftigen. Ihr werdet sie kennenlernen und herausbekommen, was sie vermag und was nicht. Seid nachsichtig mit ihr. Denn die Stimme ist etwas sehr Fragiles, ja Scheues. Wir werden das behutsam angehen. Stellt euch mal alle mit dem Rücken an die Wand.«

Gerrit flüsterte mir zu: »Jetzt werden alle, die nuscheln, erschossen!«

»Die Füße ein Stückchen weg von der Wand. Geht leicht in die Knie, damit euer Rücken gut und flach anliegt. So, jetzt spürt mal, wie groß diese Fläche da ist. Stimme braucht Resonanz. Ohne Resonanzräume keine Stimme. Und achtet auf den Atem. Der Atem muss fließen. Atem und Resonanz.«

Die Art, wie sie sprach, bekam etwas Beschwörendes. Sie machte es vor: »Hmmmmmm.« Wir alle machten »Hmmmmmm.«

»Jeder Laut bringt etwas anderes zum Schwingen, jeder Laut öffnet andere Resonanzräume. Lasst den Atem tief hineinsinken. Der Körper holt sich den Atem. Lasst die Laute auf der Atemluft herausströmen, bis ihr ganz leer seid. Weiter, weiter, weiter, alle verbrauchte Luft strömt aus euch hinaus. Sehr gut. Fffffffffffff. Der Bauch wird weich und weit und der Atem wird ganz von alleine wieder in euch zurückströmen.«

Ich folgte ihren Anweisungen, machte »Uhhuuuuu« und »Ahhhaaaaa« und kam dabei völlig aus der Puste. Neben mir stand Maria Fernandes und obwohl mein Brustkorb sicher das doppelte Volumen besaß, war ich viel schneller am Ende mit meinen Lauten als sie. So als hätte ich eine undichte Stelle, entwich mir in Sekundenschnelle die Luft. Mein Bauch wurde bretthart und beim Einatmen hatte ich das Gefühl, etwas würde wie ein Pfropfen in meiner Kehle stecken. »Stellt euch vor, eure Atemluft ist ein langsamer Fluss und ihr mischt eure Töne wie Farben in das Wasser eures Atems. Lasst ihn fließen. Ohhhhhhhhhh ...« Ach du liebes bisschen, dachte ich, ich fall gleich in Ohnmacht. Keine fünf Sekunden gelang es mir, den Laut zu halten. Sie kam zu mir, ganz nah: »Alles in Ordnung bei dir?« Ich nickte. Sie schob eine Hand zwischen die Wand und meinen Rücken, flüsterte: »Schau, hier muss der Atem hin, ganz nach da unten!« »Mhhhhhhhm, mach ich!« In diesem Moment impfte mir ihre Hand eine unerfüllbare Forderung ein. Ihre Nähe machte mich nervös. Wie einem Pferd fasste sie mir an den Kiefer, nicht grob, aber sehr bestimmt. Mit Daumen und Zeigefinger versuchte sie meinen Unterkiefer hin- und herzuschieben. »Jetzt lass doch da mal locker. Du bist ja kein Nussknacker.« Das saß und ich wusste sofort: Das würde ich nie wieder vergessen. Nussknacker. Genauso kam ich mir vor. Wie ein Nussknacker kurz vor der Ohnmacht. »Mensch, jetzt geh endlich weiter«, dachte ich, »lass mich hier in Ruhe ersticken.« Obwohl überhaupt keine Luft in meinen Bauch floss, meine Flanken nicht weit wurden, der Ort, an dem ihre Hand lag, totes Gelände war, tat ich so, als würde sich unten alles öffnen. Als hätte mir eine Hornisse in die Luftröhre gestochen, schwoll mein Hals zu. Ich simulierte optimale Tiefenatmung, wölbte krampfartig meinen Bauch heraus, als hätte ich zu viel gegessen.

»Ruhig, bleib ganz ruhig. Streng dich doch nicht so an. Atme ein und aus. Mit mir zusammen. Uhhhhhhhhh!« Da fing sie wieder mit ihrem gestauten Geräuspere an, direkt neben mir. Ich schnaufte letzte Atemluft in ihr schütteres Haar, und sie würgte an ihrem Schmerz herum. Sie wandte sich ab und ließ mich an der Wand stehen. Meine Lippen prickelten, als hätte ich an einer Brennnessel gelutscht. Es war ein einschneidendes Erlebnis. Nie zuvor hatte ich über meine Atmung nachgedacht. Zwar hatte ich hin und wieder leichtes Asthma und in stickigen Sommernächten kam es vor, dass etwas in meiner Lunge zu pfeifen begann. Aber nie so sehr, dass es mich beängstigt hatte. Doch hier, in diesem Raum, an dieser Wand, an diesem Vormittag verlor meine Atmung ihre Unschuld, wurde von der schütteren Sprecherzieherin gnadenlos entjungfert. Ich hasste meinen Atem, der nicht tat, was ich wollte. Der stockte und klemmte. Der alles andere war als ein weicher Fluss, auf dem die Vokale strömten. Nie hatte ich mich beim Sport um diesen Atem gekümmert. Immer hatte er mich trotz größter Anstrengung verlässlich mit Sauerstoff versorgt. Doch an dieser Wand, an der nun tatsächlich mein Atemselbstverständnis exekutiert worden war, ging etwas zu Ende und eine Leidensgeschichte begann.

»Kommt in einen Kreis. Nehmt die Wand am Rücken mit. Schließt eure Augen! Hört die Vokale. Aaaaeeeiiiiiooouuu. Seht sie. Lasst sie weiter auf eurem Fluss fahren!« Die Sprecherzieherin lief barfuß herum, nie wusste man, wo sie war, und ihre Berührungen kamen aus heiterem Himmel. Mehrmals erschreckte ich mich mörderisch, als sie mich unvermittelt anfasste. Und immer war dieses Erschrecken im Nachhinein eine Niederlage, da es deutlich zeigte, wie wenig ich in der Lage war, mich hinzugeben, mich zu entspannen. Ich brummte mit Eisengebiss vor mich hin, versuchte mein Röcheln geheim zu halten und lauschte wie ein Luchs, ob sie sich an mich heranpirschen würde. Sie machte skurrile Dinge mit mir. Stellte sich direkt vor mich und stieg mir mit ihren hühnerkralligen Zehen auf die Füße. Bestimmt, das ahnte ich natürlich, um mich dazu zu bewegen, tiefer hinunterzuatmen, bis in den Boden hinein. Oder sie schlich sich von hinten an und legte mir ihre Zeigefinger auf das Kiefergelenk, einen links, einen rechts, auf die Stelle zwischen Unter- und Oberkiefer direkt neben dem Ohrläppchen. »Lass mich da mal mit dem Finger rein!«, wisperte es hinter mir. »Das ist ja alles Beton.« Wieder Volltreffer. Mühsam schaffte ich es, meine Kinnladen nach unten zu drücken. Dadurch öffnete sich unter ihren Zeigefingern eine weiche Grube. Sie bohrte und drückte ihre Finger in meine Kieferscharniere und mir wurde schlecht vor Schmerz.

»So, jetzt wollen wir uns mal lockern. Einige von euch gehen die ganze Sache viel zu verbissen an. Also, lasst mal alle den Kiefer hängen.« Das Wort Kiefer löste sofort wieder den

Nussknacker-Reflex in mir aus und ich klappte meine Kinnlade hoch. »Schaut mal her. Lasst das ganze Gesicht einfach
hängen. Alles hängt.« Gelächter. Ich versuchte mitzulachen,
aber meine Zunge hatte sich hinter den Zähnen wie hinter
einem uneinnehmbaren Wall verbarrikadiert. Nie hatte ich
mir über all das Gedanken gemacht. »Lasst den Kiefer fallen!« Es ging einfach nicht. Mit aller Kraft bog ich ihn wie
die Kinnlade einer seit hundert Jahren nicht mehr geölten
Ritterrüstung auf. Ich bekam kaum noch Luft. Die Sprecherzieherin hatte sich direkt vor mich gestellt, oder richtiger
unter mich und sah zu mir hoch: »Lass doch alles hängen!«
Sie sah mich an wie eine Debile, tiefenentspannt mit Trief-
augen und offenem Mund. In Kombination mit ihrem spär-
lichen Haarwuchs und der verfärbten Kopfhaut war das ein
gespenstischer Anblick. »Lass dein Kinn butterweich nach
unten sinken. Stell dir vor, dein Gesicht schmilzt in der
Sonne.« Sie legte mir den Zeigefinger unter den Unterkiefer.
Durch ihr Heben und Senken sollte er wie bei einem Totenkopf locker hoch- und runterklappen. Aber, und das sollte
mir bei all diesen Ich-bin-entspannt-mach-mit-mir-was-du-
willst-Übungen so gehen: Ich bekam eine Vollblockade. Ich
hätte das alles wirklich gerne gekonnt, aber es ging nicht.
Viele dieser Übungen sollten mich noch quälen: auf dem
Rücken liegend seinen Kopf in die Hände eines anderen geben und sich ohne eigene Mitwirkung den Schädel hin- und
herschrauben zu lassen. Oder sich rückwärts mit geschlossenen Augen von einem Stuhl in die ausgebreiteten Arme der
Mitschüler kippen zu lassen. Unmöglich!

»Lasst die Lippen flattern, genau! Eure Münder sind
weiche Motoren. Lauter kleine Bötchen tuckern über den
Stimmsee! Bpbpbpbpbp.« Ich sah Gernots Lippen. Voll und
schwer, vollkommen entspannt blubberten sie ewig auf seinem Atem vor sich hin. Ich sah den schönen Mund Marias

in Bewegung. Zarte Speichelfäden zwischen den Lippen. Regina sah grimmig aus und machte einfach nicht mit. Veronicas Augen wurden durch ihr Lippenflattern größer und größer. Selbst Etienne sah zufrieden aus. Propellerte sommerlich wie ein Flugzeug über dem Freibad.

Bei mir allerdings flatterte gar nichts. Meine Lippen waren steinhart geworden, und wenn ich versuchte, Luft herauszupressen, um sie in Schwingung zu versetzen, gab ich laute Pupsgeräusche von mir. Die Sprecherzieherin sah mich mitleidig an. Ganz offensichtlich tat ihr jemand leid, der seine Unfähigkeit durch primitive Witze zu kaschieren suchte.

Zum Abschluss bekam jeder von uns ein Büchlein mit Schnellsprechversen. Nie wieder sollte ich diese idiotischen Gedichte vergessen, so oft habe ich sie mir aufsagen müssen. Im Laufe des Schuljahres wurden für jeden genau die Schnellsprechverse ausgewählt, die die diagnostizierten Sprachprobleme beseitigen sollten. Jeder wurde sozusagen mit einem exakt auf ihn abgestimmten Schnellsprechvers-Trainingsprogramm ausgerüstet. So wie ich als Kind nach der Beichte den Auftrag bekam, drei Vaterunser und sechs Ave Maria zu beten, so musste ich jetzt Schnellsprechverse vor mich hin rattern. Die Lispler mussten andere Übungen aufsagen als die Hölzler, die mit einer S-Schwäche andere als die, die mit dem rollenden R Probleme hatten. Bei mir war von allem was dabei. »Allerdings, sprach die Sphinx, nahm das Dings, drehts nach links und dann gings!«, sollte gegen norddeutsche Zungenfaulheit helfen. Oder: »Ein Student in Stulpenstiefeln saß auf einem spitzen Stein und starrte staunend stundenlang die stillen stummen Sterne an.« Gut für die Zungenspitze.

»Ganz wichtig für dich, massiert den gesamten verschlafenen Sprechapparat«, so Gisela Marder: »Der dicke dumme

Töffel trug den dünnen dummen Toffel durch den dicken tiefen Torfdreck durch. Da dankte der dünne dumme Toffel dem dicken dummen Töffel, dass der dicke dumme Töffel den dünnen dummen Toffel durch den dicken tiefen Torfdreck trug.« Ich brauchte Wochen, um es ohne Versprecher durch diesen hirnverbrannten Vers zu schaffen, und während ich ihn übte und übte, spürte ich regelrecht, wie sich eine Gehirnzelle nach der anderen peinlich berührt von mir verabschiedete. Folgender Reim sollte meine Lippen beweglicher machen und mit Blut füllen: »Bald balgen sich die beiden blonden Buben, bald bauen prächtige Burgen sie beim Bach, bald baumeln ihre braun gebrannten Beine vom Blätterbau des Birnenbaums herab.« Am Ende der Stunde hatte ich das Gefühl, mein vegetatives Nervensystem für immer zerschossen zu haben.

»Luft ist etwas so Wunderbares. Schließt den Mund und atmet durch die Nase. Die Luft strömt durch das linke Nasenloch in den linken Lungenflügel, durch das rechte Nasenloch in den rechten Lungenflügel. Und jetzt atmet ihr über Kreuz. Atmet bis in die kleinsten Verästelungen eurer Bronchien hinein.« Wenn ich nicht daran dachte zu atmen, hörte meine Atmung ganz einfach auf. Ein, aus, ein, aus. Ich musste es denken, sonst fand es nicht statt. Minutenlang waren meine Lungenflügel an meine Gedanken wie an eine Beatmungsmaschine angeschlossen und als wir endlich den Raum verlassen durften, rannte ich zum nächsten Fenster, dachte dabei ein-aus-ein-aus, riss es auf und versuchte mich zu beruhigen. Regina stellte sich neben mich und zündete sich eine Zigarette an. »Is alles in Ordnung mit dir?« »Ich krieg keine Luft. Entschuldige.« »Hast du dich verschluckt?« Ich keuchte: »Nein, nein, irgendwie hab ich zu atmen vergessen.« »Wie saublöd bist du denn?« Es kam mir so vor, als wäre viel zu wenig Sauerstoff um mich herum, so als hätte mir jemand auf dem

Mond den Helm runtergerissen. Ich streckte die Zunge raus, hechelte ins Vakuum. »Zieh mal!« »Spinnst du!« »Mein Opa hat immer gegen seine Atemnot geraucht. Das beruhigt.« Sie steckte ihre Zigarette einfach zwischen meine Lippen. Ich sog vorsichtig den Rauch ein. Und tatsächlich. Meine Bronchien wirkten überrascht, weiteten sich und ich wurde ruhiger. »Na schau, wie gut das tut!« Wir standen am Fenster und mit jedem Zug löste sich ein weiterer zugeschnappter Riegel in mir. Jedes Mal, wenn sie mir die Zigarette hinhielt, berührten meine Lippen ihre Finger. Ich zog und zog, qualmte und qualmte, bis ich wieder von alleine atmen konnte. Der Filter war nass, die Zigarette heruntergebrannt. Sie schnipste sie hinunter auf die Straße. Ich weiß noch genau, wie die Kippe auf ein vorbeifahrendes Autodach fiel und ein paar Funken aufgewirbelt wurden und wir uns kurz ansahen. In einem Baum gegenüber hockte eine Amsel und zwitscherte.

»Das ist doch unglaublich«, sagte ich zu Regina, »hör dir diesen Vogel an. Der übertönt locker die Autos. So ein winziges Tier. Was da an Klang rauskommt. Wie macht der das nur? Der hat doch null Resonanzraum. Können Vögel außer Atem sein?« Wie ein Silvesterböller explodierte ihr Brülllachen direkt neben meinem Ohr.

Wahrscheinlich, dachte ich, würde die Sprecherzieherin noch heute den Direktor informieren und ich würde am Abend für immer gehen dürfen. Vorzeitige Entlassung wegen unknackbarer Kiefersperre. Der Nussknacker wird als Liegendtransport mit Blaulicht ins Schwesternwohnheim überführt. Wäre nicht das Schlechteste.

Dass ich im Anschluss an die erste Stunde Sprecherziehung Gesangsunterricht hatte, fand ich da fast schon lustig, denn schlimmer konnte es nun nicht mehr kommen. Ich stieg die Treppe hinauf zu meiner Gesangslehrerin. Die würde mir

jetzt den Rest geben, war ich mir sicher. Vor dem Gesangsunterricht hatte ich mich weit mehr gefürchtet als vor der
Sprecherziehung. Sprechen, so hatte ich mir Mut gemacht,
kann ich ja, das tu ich ja seit Jahren, aber singen kann ich
kein bisschen. Tatsächlich waren meine Gesangsfähigkeiten
eine Zumutung. Ich wusste ganz einfach nicht, was eine Melodie ist. Zu singen kam mir absurd vor. Es war aber nicht
genug damit, dass ich keinen Ton traf. Sobald ich zu singen
begann, büßten auch alle anderen um mich herum ihre Gesangsfähigkeiten ein. Meine Unmusikalität hatte etwas Zer-
setzendes, und es war schon in der Grundschule vorgekommen, dass die ganze Klasse plötzlich nicht mehr wusste, wie
die Melodie von »O Tannenbaum« ging, nur weil ich mitge-
sungen hatte. »Bitte, bitte, sing nicht mehr mit. Also, noch
mal: O Tannenbaum, o … äh … wie ging das noch mal?«

Je höher ich in der Schauspielschule das Treppenhaus hi-
naufstieg, desto kleiner wurden die Räumlichkeiten. Im Erdgeschoss: Büros, Direktion, Aufenthaltsraum. Erster Stock:
die sogenannte große Bühne, die allerdings winzig war. Zweiter Stock: Ballettsaal. Ewiger Streitpunkt: das Getrampel im
Ballettsaal, während unten geprobt wurde. Dritter Stock: sogenannte Studios für Sprecherziehung, Rollenstudium und
Improvisation. Vierter Stock: Einzelunterrichte wie Gesang
oder Monologe. Es gab auch ein winziges Zimmer unterm
Dach, mit dem ich noch Bekanntschaft machen sollte.

Meine Gesangslehrerin hieß Irmgard Köster. Ich klopfte
an und von drinnen trällerte eine Stimme so gut gelaunt wie
in einer Fünfzigerjahre-Komödie mit Lilo Pulver: »Herahah-
hein!« Ich betrat das sehr helle Zimmer. Irmgard Köster saß
an einem frei im Zimmer stehenden Klavier. »Du bist Joachim, stimmts?« »Stimmt.« »Und, lieber Joachim, wie war
dein Tag bis jetzt?« »Na ja, gemischt, würde ich mal sagen.
Aikido war toll. Sprecherziehung war jetzt gerade nicht so

gut, glaub ich.« »Ach wirklich? Du hast doch so eine schöne Stimme!« Sie schien das tatsächlich ernst zu meinen. Sie war grell geschminkt. Um die Augen herum lila und blau. Jede Menge Rouge, pfirsichfarbene Lippen. Ihre Haare waren eindeutig blondiert und zu einer voluminösen Wolke aufonduliert. Um den Hals ein bauschiges Tuch in knalligen Farben. »Komm mal hierher. Zu mir hier. Ich beiße nicht. Obwohl? Hahahahaha! Was für ein schöner großer Mann. Holla, die Waldfee!« So eine schräge, aber herzliche Person war mir bis jetzt in dieser Schule noch nicht begegnet. »Wo kommst du denn her?« »Aus Norddeutschland. Schleswig.« »Ach, du lieber Himmel. Singst du gerne?« »Geht so.« Sie schlug einen einzelnen Ton auf dem Klavier an. Einmal, zweimal. Dann weiteten sich ihre Nasenlöcher, wurden größer und größer, ihre Stirn spannte sich, ihre Augen wurden kugelrund, ihr ganzes Gesicht ging auf wie ein Fallschirm, blähte sich und sie sang einen glockenreinen Ton, gar nicht besonders laut, der aber sofort den gesamten Raum erfüllte. Es klang fantastisch.

»Und jetzt duhu!« Ich versuchte Luft zu holen, doch meine Lunge hatte sich trotz Zigarette von der Sprecherziehung eingeschüchtert klein und verklebt in die hinterste Ecke meines Brustkorbs verkrümelt. Abermals drückte sie die Klaviertaste. Ich wusste nicht, was ich tun sollte, hatte auf keinerlei Register Zugriff, um in mir einen bestimmten Ton zum Klingen zu bringen. Sie strahlte mich an und sang erneut den Ton. Ihr ganzes Gesicht war eine farbenprächtige, Mut machende Gesangsaufforderung. Ich fing zu brummen an, sehr tief, als würde ich eine Hummel in meinem Mund verstecken. Und dann geschah etwas Eigenartiges. Der von ihr gesungene Ton drang mir durch die Poren, kroch mir durch die Nasenlöcher, kitzelte in der Lunge, weitete sie und breitete sich aus. Alles in mir fing zu sirren an, plötzlich klebte mir der Ton unter der Schädeldecke, mein Magen zitterte, musizierende Eingeweide, tolles Quintett: Die Zwerchfell-Leber-Nieren-Magen-Darm-Combo, alles vibrierte. Der Klang legte sich warm um meine Stimmbänder. Ich brummte etwas lauter. Eindeutige Angelegenheit: Hier schleicht sich der Brummbär an die Nachtigall an. Sie hielt ihren Ton, sah aus, als müsse sie nie wieder Luft holen. Immer näher kam ich der Frequenz, die selbst unter meiner aufgestützten Hand den Klavierdeckel erzittern ließ. Und dann plötzlich hatte ich ihn. Aus meinem Gebrumm war ein Ton geworden, ein Ton, der mit dem Klang um mich herum harmonisch verschmolz. Sie nickte begeistert und sang weiter. Ich holte Luft, brauchte einige Zeit, bis ich mich erneut zurechtgepegelt hatte und den Ton wiederfand. Sie hob die Arme, hielt ihre Hände so, als würde sie zwei goldene Kugeln in die Höhe stemmen, und wurde lauter. Wieder nickte sie mir freudig zu, was eindeutig hieß, auch ich solle lauter werden. Ich versuchte es und tatsächlich: Etwas schwoll und expandierte in meiner Lunge, kletterte mutig an meinen Stimmbändern hoch. Wie eine Klanghebamme zog sie mir mit ihrer prachtvollen Stimme einen mich selbst überraschenden glasklaren Ton aus der Kehle heraus. Dieser Ton war groß und kräftig, und ich musste den Mund gewaltig aufsperren, um ihn ganz herauszulassen. Niemals zuvor hatte ich meine Kiefer so weit aufgerissen. Sie selbst sah mittlerweile so aus, als würde sie mit ihrem Ton jeden Augenblick die Wände verschieben, die Decke von dieser kleinen Bude absprengen und sich wie eine singende Rakete selbst ins All schießen. Ihre schmal gezupften Augenbrauen hatten Spitzen bekommen und zeigten wie Pfeile steil nach oben. Ihr Gesicht hatte etwas Maskenhaftes. Sie war jetzt ganz Klangkörper. Wir wurden noch lauter. Durch Blicke animierte sie mich, es ihr gleichzutun und ebenfalls meine Hände zu heben. Wie ein waschechter Tenor beim großen Finale stand ich da und schmetterte den ersten richtig gesungenen Ton meines Lebens aus mir heraus. Da schnappte sie ihre Hände zusammen, so als würde sie gleichzeitig zwei Insekten aus der Luft fangen, schloss abrupt ihren Mund, in den ich eben noch weit hineingesehen hatte, und beendete wie ein Dirigent die Übung. Ich machte es ihr nach und zerschnitt meinen Ton, biss in den Luftstrom hinein und verstummte. Einen Augenblick standen wir bewegungslos da, sahen uns an. Der Ton war noch immer im Raum, Tausende Klangpartikel schwebten um uns herum, zitterten und kamen erst eigenartig verzögert zur Ruhe. Sie rief: »Wow! Das war ein lupenreines G. Du hast ja eine tolle Stimme. Mein Gott, Joachim, du haust einen ja um. Das war ein gigantisches G! Wow!« Ich stand da und konnte jetzt schon nicht mehr glauben, was gerade eben geschehen war. »Nein, also da freu ich mich aber von Herzen, dass ich dich unterrichten darf. Das wird mir eine große Ehre sein!« Mir war plötzlich zum Heulen zumute und ich sah auf den Boden. »Danke, das ist lieb.« »Na, wollen wir noch mal. Also ich hab schon wieder Lust!« »Na klar.« Als ich nach einer Stunde Irmgard Köster verließ, war alles quicklebendig in mir. Ich war voll kribbelnder übermütiger Schallwellen, so als wäre ich eine nach Jahrzehnten endlich wieder geläutete glückliche Glocke aus Fleisch und Blut.

## Mit den Brustwarzen lächeln

Wir versammelten uns vor der Schule und machten uns auf den Weg zum Zoo. Gerrit und Gernot waren nicht dabei. Der eine hatte gesagt: »Den Affen machen kann ich eh«, und der andere: »Ich brauch erst mal ein Bier. Vielleicht komm ich nach.« In der S-Bahn unterhielten wir uns über den Vormittag. Ich war erstaunt. Im Sprechunterricht hatten sich auch die anderen lange nicht so wohlgefühlt, wie es für mich den Anschein gehabt hatte.

Mit Regina in der S-Bahn zu fahren war eine Zumutung, da sie so laut lachte und sprach, dass die Leute sich genervt wegsetzten oder sich mit verquältem Gesichtsausdruck nach uns umdrehten. Auch Veronica, die direkt neben ihr saß, sah sie an wie eine Heimsuchung, und ich dachte, viel unterschiedlicher können zwei Menschen nicht sein. Die eine war ununterbrochen auf Sendung. Für sie war die ganze Welt ein Wirtshaus. Bestellen und servieren. Alle Menschen um sie herum waren Wirtshausgäste. Wenn man etwas wollte, musste man lauter sein als alle anderen. Veronica hingegen sah meistens aus wie Bambi, das sich zum ersten Mal staunend auf eine Lichtung traut. Ihre braunen Augen hatten einen Schimmer, der nicht so leicht zu entschlüsseln war. Natürlich war da in erster Linie Empfindsamkeit, aber ich meinte auch eine große Portion Überheblichkeit zu erkennen. Mich machten beide aggressiv, die Lauten wie die Leise. Die wunderschöne Agnes blickte aus dem Fenster, und erst nach einem Moment bemerkte ich, dass sie sich selbst ansah, tief in ihr Spiegelbild versunken war. Sie sah so viel älter aus als wir anderen, deren verbeulte Gesichter noch mitten in der Metamorphose von Jugendlichen zu Erwachsenen steckten. Und Maria Fernandes war müde. Ihr eigenwilliges Auge war betörend aus der Achse gekippt. Sie lächelte und wirkte verloren, ohne darüber beunruhigt zu sein. Alexander schwärmte Etienne von seiner ersten Gesangsstunde vor und wie unsicher er sei, ob er Schauspieler oder Chansonnier werden wolle. Er sagte schöne schlichte Sätze wie: »Wenn ich Jacques Brel singe, bekomm ich einen Ständer.«

Obwohl wir spät dran waren, beschlossen die anderen, noch Pommes essen zu gehen. Ich jedoch wollte die Nilpferd-Observation so schnell wie möglich hinter mich bringen, um dann zum Sechs-Uhr-Whisky bei meinen Großeltern zu sein. Allein erreichte ich das Tor des Hellabrunner Zoos. Die sehr fleischige Kassiererin saß mürrisch eingeklemmt in einem Drehstuhl. Vielleicht, dachte ich, vermiest ihr schon die Enge des Drehstuhls den Arbeitsplatz, da sie sich täglich in ihn hineinzwängen muss wie in eine viel zu knappe Hose.

»Einmal bitte«, sagte ich und sie, noch bevor ich mein »Bitte« zu Ende gesprochen hatte: »Einmal was, bitte?«

»Na, eine Eintrittskarte.« Sie rollte sich näher an die Scheibe heran und ihr Gesicht blähte sich auf vor Abneigung. »Siebzehn Mark.« Siebzehn Mark für einen Zoobesuch verschlugen mir die Sprache, was sie sofort sah und nachsetzte: »Für Studenten neun, aber nur mit Ausweis.« »Verzeihen Sie, aber ich bin ganz neu in der Stadt und studiere hier seit Anfang der Woche. Otto-Falckenberg-Schule. Einen Ausweis bekomm ich erst noch. Ich bin hier, um eine Recherche zu machen.«

»Aha, na dann macht es siebzehn Mark.« Die Häme, mit der sie mir erneut den Preis durch die direkt vor ihrem Fleischgesicht oval durchlöcherte Scheibe nannte, ärgerte mich. »Jetzt entscheide dich langsam mal. Du bist nicht der Einzige, der noch reinwill.« Hinter mir stand ein älterer Herr, der auf den Boden sah und etwas mit seinem Gehstock abzukratzen versuchte. Ich bekam Lust, sie ein wenig zu reizen. Die gefärbte Dauerwelle auf ihrem dicken Kopf war wie ein aufgestellter Hahnenkamm auf Angriff gebürstet. »Na gut«, sagte ich, »dann nehme ich nur einmal Nilpferd.« Ich freute mich, denn es war mir tatsächlich vollkommen ernsthaft über die Lippen gekommen. »Was, bitte?« »Siebzehn Mark sind mir wirklich zu teuer. Den Ausweis hab ich leider noch nicht. Da nehm ich dann halt nur einmal Nilpferd.« »Willst du mich verarschen?« »Bitte, was meinen Sie?« »Also los jetzt. Willst du rein oder nicht?« »Einmal Nilpferd!« Ihre Nase berührte die Scheibe, und ich stellte mir vor, wie sie plötzlich, in einem Anfall von Gereiztheit, ihr Gesicht gegen das Sprechoval mit seinen Löchern pressen und sich selbst wie durch einen Fleischwolf aus ihrem Kabäuschen herausdrücken würde. Durch jedes kleine Sprechloch würde sich das Kassiererinnen-Hackfleisch ins Freie quetschen. Der Mann hinter mir schlug mir leicht mit dem Stock gegen die Wade. »Was ist jetzt, heut noch?« »Nilpferd gibt's nicht. Alles oder gar nichts!« »Wenn ich aber nur ein einziges Tier anschauen möchte, dann muss ich doch nicht für alle Tiere zahlen.« Da machte sie einen Fehler, sie ließ sich auf meine Schwachsinnsforderung ein. »Und wie bitte soll das gehen? Wo willst du denn hinschauen, bis du beim Nilpferd bist?« »Ich verspreche wegzuschauen, wenn ich ein anderes Tier sehen sollte.« Sie schnaufte gegen die Scheibe. Ich holte mein Portemonnaie heraus, legte sorgfältig einen Zwanziger in die drehbare Geldmulde und orderte: »Einmal Nilpferd bitte!«

Die Dame drehte den Schein zu sich herein, nahm ihn angewidert, pfefferte mir drei Markstücke in die Schale und riss am Hebel, um sie zurückzuschwenken. Ich bin mir sicher, dass sie in diesem Moment mit dem gleichen fratzenhaften Gesicht auch den Hebel einer Falltür unter mir betätigt hätte, um mich in ein dunkles Verlies stürzen zu lassen. Sie warf sich zurück in ihren Korsett-Sessel, wiegte sich aufmüpfig in den Hüften, wodurch der Drehstuhl kleine tänzelnde Schwenker nach links und rechts vollführte, und rief: »In einer Stunde schließen wir!«

Ich lief durch den Zoo und seltsamerweise kam es mir so vor, als würden all die Tiere, an denen ich vorbeihastete, einen langen Arbeitstag hinter sich haben und den Feierabend herbeisehnen. Als ich das Nilpferdbecken erreichte, blieb mir noch eine Dreiviertelstunde. Ich sah nichts. Nach längerem Betrachten des Beckens entdeckte ich direkt über der Wasseroberfläche ein Paar Ohren. Der Nilpferdrest war auf Tauchstation. Ich hockte mich auf eine Mauerkante und wartete. Nichts. Nur die zwei Ohren, die mal hierhin, mal dahin schwenkten.

Was hatte Gretchen Kinski gesagt? »Und guckt, dass ihr nicht nur das Klischee vom Tier spielt, versucht, etwas von seinem Wesen zu erwischen.« Wie soll das gehen, fragte ich mich, das ist doch gerade das Schöne an Tieren, dass sie ihr eigenes Klischee komplett ausfüllen. Ein Pinguin benimmt sich wie ein Pinguin, und zwar nur wie ein Pinguin. Jeder Pinguin, dachte ich weiter, ist ein Pinguin par excellence. Eine Eule ist eine Eule. Das Wesen der Eule ist ihr Eulesein. So ein Blödsinn, in der Eule noch nach einer tiefer gelegenen, verborgenen Eule zu suchen. Und auch dieses unsichtbare Nilpferd war ein Nilpferd und sonst nichts. Tauch endlich auf, du blödes Vieh, dachte ich, damit ich dich sehen, studieren und zum Whisky kann. Die grüne Suppe, aus der die Nilpferdohren herausragten, war von algiger Undurchdringlichkeit. Natürlich hatte ich schon oft ein Nilpferd gesehen und wusste ziemlich genau, was ich jetzt gerade nicht zu sehen bekam, aber trotzdem war ich ja nicht den weiten Weg nach Hellabrunn herausgefahren, hatte mich mit einem Zerberus am Eingang herumgeschlagen und siebzehn Mark gezahlt, um mich hier mit zwei müde winkenden Nilpferdohren zufriedenzugeben. Ich wartete. Aber es tat sich nichts. Ich holte »Effi Briest« aus meiner Gesäßtasche und versuchte die ersten Zeilen auswendig zu lernen. Genau in dem Moment, da ich mich ein wenig vertieft hatte, hörte ich ein kurzes Plätschern. Ich blickte auf den grünen Suppensee, sah noch ein paar Wellchen und jetzt waren auch noch die Ohren abgetaucht. Für einen Moment überkam mich unendliches Mitleid mit dem hier versenkten Tier. Um sich vor den gaffenden Zoobesuchern zu verstecken, hatte es nur die Möglichkeit abzutauchen. Und um sich vor dem grünen Schmodder zu retten, gab es nur die Möglichkeit aufzutauchen.

Da sah ich es wieder, es war dicht an die Beckenkante herangeschwommen und schob seine Glupschaugen durch die grüne Wasseroberfläche. Hier hatte sich durch Wind oder eine leichte Strömung der Algenteppich zu einem regelrechten Brei verdichtet, in dem einzelne Blätter, Stöckchen, Zigarettenschachteln und Papierchen schwammen. Die Nilpferdaugen waren keine zwei Meter von mir entfernt und trieben wie braun glänzende Murmeln im schwimmenden Müll. Jetzt sah ich auch zwei schnaubende Nüstern. Alles sah sehr weich aus. Ich beugte mich vor und sprach mit dem Nilpferd. »Na du, willst du nicht mal rauskommen aus deinem Ekelbecken? Zeig dich doch mal. Ich würde dich gerne mal ganz sehen.« Das Nilpferd verdrehte die Ohren und klimperte die Augen auf und zu. »Na komm mal raus, du Glupschi!« Es prustete ein wenig. Durch Lautsprecher wurde verkündet, dass der Zoo in fünfzehn Minuten schließen würde. Ich wurde gebeten, mich zum Ausgang zu begeben. Wie sollte ich das nur spielen? Ich sammelte ein paar Kiesel, umrundete das Becken, sah mich um und warf ein kleines Steinchen nach dem Tier. Vielleicht musste ich es nur ein wenig reizen, um es herauszubekommen. Völlig unbeeindruckt schüttelte es die Ohren, obwohl mein zweiter Wurf es an der Schnauze getroffen hatte. Ich suchte mir einen etwas größeren Stein, beugte mich weit über den Modder und schleuderte ihn kräftig Richtung Nilpferd. Vorbei. Als ich noch einen etwas größeren Stein gefunden hatte, sah ich einen Zoowärter auf mich zukommen. Hatte er mich gesehen? »Letzter Aufruf, wir schließen in fünf Minuten.« Was sollte ich nur tun? Es ging doch um den Körper. Die Ohren und Augen waren doch nichts weiter als die Spitze des Eisbergs. Ich gab auf. Da hörte ich hinter mir den Wärter Kommandos rufen wie »Auf geht's!« und »Pack ma's!«. Ich wandte mich um und sah ihn mit einer langen Stange das Nilpferd aus dem Becken herausstochern. Ich ging zurück. Mühsam schleppte es sich eine Rampe hoch. Das Vieh war monströs, unglaublich fett, auf Stummelbeinen quälte es sich an Land. Nie hätte ich es für möglich gehalten, dass diese zwei Äuglein, diese zarten Ohren zu so einem Fettfass gehörten. Offensichtlich unglücklich über die Schwerkraft, die außerhalb des Wassers gnadenlos über es hereinbrach, sperrte es sein Maul auf und schnappte in die Luft. Zwei eigenartig flache Stoßzähne wurden sichtbar. Braun verfärbt und eckig. Missmutig quetschte es sich durch eine Lücke in der Mauer. Eilig machte ich mich auf den Weg zum Ausgang.

Ich traf Veronica, die glücklich war, da eine Klapperschlange ganz nah an der Scheibe gelegen und sie sogar angestarrt hatte. »So ein schönes Tier. Schön und gefährlich. Wir haben uns lange angesehen. Komisch, ich hatte das Gefühl, die Schlange weiß was über mich.«

Als ich mich an diesem Abend endlich bei meinen Großeltern in das Sofa fallen ließ, hörte ich seltsame Geräusche. Helles Geklimper und dann wieder verdruckstes Seufzen. Im ersten Moment dachte ich, der Magen meiner Großmutter würde verrücktspielen oder ich selbst hätte diese Geräusche im Kopf. Ein Klackern wie von Würfeln. Mein Kiefer tat mir weh. Bei einer der Aikidorollen war ich – das muss man erst mal schaffen – ungeschickt mit meinem Kopf über mein Ohr gerollt. Ich stürzte das erste Glas Whisky hinunter und atmete den Alkoholgeruch ein. Da begriff ich, dass die Quelle der Geräusche die große Heizung im Wohnzimmer war. Alle Heizungen im Großelternhaus führten ein Eigenleben und meine Großmutter sprach sogar mit ihnen. »Na, was ist da wieder los mit dir? Was gibt's da zu gluckern? Jetzt ist aber mal Ruhe!« Der Einzige, der diese Heizungen bedienen konnte, war Herr Moser. Denn nach einer nur ihm bekannten Abfolge musste man da ein bisschen aufdrehen und dann da ein bisschen zudrehen und dann eine bestimmte Heizung für zehn Minuten ganz ausmachen und dann schnell eine andere voll aufdrehen. Nur so verteilte sich die Wärme im ganzen Haus. Es war ein geheimes Ventilsystem, in dem sich Herr Moser durch jahrzehntelange Praxis unentbehrlich gemacht hatte.

Meine Großmutter sah mich forschend an. In einer Mischung aus manierierter Ergriffenheit und kaltem Vorwurf rief sie: »Herrschaftszeiten, Junge, du siehst ja völlig derangiert aus.« »Ja, das war ein unglaublicher Tag heute. Ich hab sogar gesungen!« »Duuuu?« »Ja, Großmutter, ich!« »Ja was denn?« »Einen Ton!« »Ach mein Lieberling, das ist ja großartig. Einen ganzen Ton!« Sie lachte überschwänglich, aber eigenartig langsam. Dieses Zeitlupengelächter nahm sich alle Zeit der Welt. Das konnte nur sie, langsam lachen. Mein Großvater schenkte mir einen zweiten Whisky ein: »Respekt!

So, jetzt erzähl mal, was du heute erlebt hast!« Meine Großmutter kostete es einige Mühe, ihre hemmungslose Neugierde nicht auf Kosten ihrer Eleganz gehen zu lassen. Ich
schwärmte vom Aikido, beschönigte meine Niederlage bei
der Sprecherziehung, erzählte ausgiebig vom Gesangswun-
der und meinem Zoobesuch. Wir aßen und tranken. Wie
immer verschlechterte sich mit steigendem Alkoholpegel das
Gehör des Großvaters im selben Maße wie sich das Pathos
der Großmutter steigerte. Oft musste ich später vor dem
Einschlafen, wenn ich, bereits angetrunken, im rosa Zimmer lag, in Erinnerung an solche Unterhaltungen laut in die
Dunkelheit hineinlachen.

Ich: »Beim Aikido leitet man die Kraft weiter. Es ist eine
japanische Kampfkunst. Unser Lehrer ist fantastisch. Er trägt
einen Rock. Wir haben heute schon die Rolle geübt.« Großvater: »Was für eine Rolle?« Ich: »Die Aikidorolle!« Großvater: »Das hab ich noch nie gehört. Von wem ist das?« »Wie
meinst du das, Großvater?« »Worum geht es denn da?« Großmutter mit geballten Fäusten zur Decke drohend: »Mein
Gott, Hermann! Das ist doch keine Rolle! Es ist eine Kampfkunst!« Mein Großvater kopfschüttelnd: »Mikado ist doch
keine Kampfkunst.« Ich: »Aikido, Großvater, AIKIDO!«
Großmutter mit bebender Stimme: »Da haben sie eine Rolle
gemacht!« Mein Großvater überlegte: »Ach so, also so eine
Art Purzelbaum?« Ich, fassungslos: »Nein! So ein Quatsch.
Ich habe heute keine Purzelbäume gemacht! Aikidorolle. Es
ist großartig!« Die Großmutter war derweil in Denkerpose
auf der Sessellehne verstummt. Der Großvater nickte und
siegte, wie so oft, mit: »Meine erste stumme Rolle: Die Aikidorolle. Respekt! Warum musstest du denn einen Rock
tragen?« Hin und wieder wurden solche Abende durch den
abrupten Stimmungsverfall der Großmutter schlagartig beendet und die halbvollen Weingläser plötzlich abgeräumt

und von ihr aufs Tablett geknallt. In solchen Augenblicken konnte ich mir gut vorstellen, wie sie als Schauspiellehrerin gewesen sein musste. »Wir machen Schluss für heute. Aus! Vorbei! Es ist einfach nicht zum Aushalten. Schluss, jetzt ist ein für alle Mal Schluss.«

Im Laufe dieser ersten Woche lernte ich noch weitere Lehrer kennen:

Unser Fechtlehrer war ein wundervoller Mann. Mehrmals war er bayerischer Meister geworden. Das war allerdings schon über fünfzig Jahre her. Er war ein Florett-Opi mit Halbglatze und schulterlangem weißen Haarkranz, der unten aus der Fechtmaske hing. Er rief: »Quarte, Sixt, Prim, Quint, Battuta, Coupé, Finte, Terz.« Sein Florett schwingend, hüpfte er auf mich zu und ich hatte oft Sorge, er würde umfallen oder es gar nicht bis zu mir schaffen. Wenn man einen Treffer landete, konnte er richtig sauer werden. Aber weil ihn alle sehr mochten, gaben wir gut acht, uns möglichst oft von ihm abstechen zu lassen. Er war galant und zuvorkommend, ganz alte Schule. Ich mochte es, wie die Welt durch die Fechtmaske aussah, wie mit Facettenaugen in Hunderte Punkte zerschnitten. Unbemerkt konnte ich unter der Maske alle um mich herum beobachten. Endlich in aller Seelenruhe Reginas Pixel-Po anglotzen.

Feldenkrais unterrichtete eine zarte Person, die als Tonus-Koryphäe galt. Auf dem Boden ausgestreckt, sollten wir lernen, uns auch im Liegen eine zu allem bereite Körperspannung anzueignen. Es ging um winzige Bewegungen, darum, sich selbst zum lohnenden Forschungsobjekt zu veredeln und unbekannte Bewegungsabläufe zu erkunden. Wir lernten zehn verschiedene Weisen, uns vom Rücken auf den Bauch zu drehen und wieder zurück, zehn Varianten, uns auf einen Stuhl zu setzen und wieder aufzustehen, und zehn

Möglichkeiten, uns umzusehen. Die Ausdrucksweise ging in Richtung: Die Augen führen, die Nase führt, der Scheitel führt, die Stirn führt, die Brust führt, das Schulterblatt senkt sich zuerst, dann erst hebt sich das Kinn. Sie sagte: »Es braucht zehntausend Wiederholungen, bis ein Muster endlich zerbricht«, und »Bis jetzt wart ihr Kirchturmuhren, mit riesigen Zeigern und einem Uhrwerk, in dem eine Ratte herumkrabbeln kann. Aber bei mir könnt ihr Feinmechanik lernen, eure winzigsten Sprungfedern entdecken.« Der korpulente Gernot war allerdings auch eine Tonus-Koryphäe. Sobald er sich auf den Boden legte, schlief er ein und schnarchte. Aber nicht auf zehn verschiedene Arten. Er machte das immer gleich, angeschwemmte Pottwal-Pose, lag auf dem Rücken, die Hände über der Brust verschränkt. Die zarte Feldenkrais-Dame stand vor ihm und lächelte ratlos. »Das ist o.k., das ist natürlich auch vollkommen o.k.!«

Dramaturgie-Unterricht hatten wir bei einem gelb gerauchten Altachtundsechziger, der sich nur für meine Mitschülerinnen interessierte. Zwei Stunden pro Woche saßen wir um einen Tisch herum und während dieser Zeit traf mich und meine männlichen Mitschüler kein einziger seiner Blicke. Als wären seine Augen beim Springreiten, hüpften sie ein ganzes Jahr lang präzise über meinen Kopf hinweg. Seine Bildung, die er unzweifelhaft hatte, benutzte er einzig und allein dazu, die Frauen anzugraben. Agnes und er gerieten in diesen Stunden in endlose Fachdebatten. Es ging um Shakespeare und Tschechow, aber eigentlich gab er nur an. Machte permanent sexuelle Anspielungen. Er ließ keine Gelegenheit aus, seine Flossen auf die der Schauspielschülerinnen zu legen und sie dann nicht mehr loszulassen. Nach einem Jahr waren alle vier Frauen während seines Unterrichts mit ihren Stühlen einen halben Meter vom Tisch abgerückt. Er war ein brillanter Grapscher. Wenn er einen

Witz machte, lachte er selbst am lautesten, benutzte dieses Gelächter aber zu nichts anderem, als einer Frau die Hand auf die Schulter zu legen oder auch zu tiefer gelegenen Regionen vorzudringen. Das verfolgte ich mit größtem Interesse. Es widerte mich an und doch beeindruckte mich seine Dreistigkeit. Sein Gelächter gab seinen Händen Feuerschutz und, zack, hatten sie einen Oberschenkel erobert.

Ganz oben unterm Dach lag, eingerichtet wie ein privater Wohnraum, das Reich der Marthe von Ohlbrecht. Seit grauer Vorzeit gab sie dort Einzelunterricht. Ihre Passion galt der Metrik. Im Zimmer roch es streng nach Filterkaffee und alter Dame. Ihre Haare hatten einen Grünstich und waren zu verfilzten Zöpfen geflochten. Gleich in der ersten Stunde steckte sie mir den Finger in den Mund und tastete meinen Gaumen ab, ob eventuell durch einen unbemerkten Unfall im Kleinkindalter oder durch eine Zahnoperation mein Schädel verformt worden war. »Schon minimale Verschiebungen der Knochenplatten können dazu führen, dass du seltsam klingst.« Es ging also eigentlich darum, herauszufinden, ob ich einen Sprung in der Schüssel hatte.

Sie kannte sie alle: Brecht, Therese Giehse, Gründgens, Romy Schneider, Hans Albers, Kortner, Fehling und viele andere. Sie sagte: »Hier in diesem Stuhl hat schon Mario Adorf sprechen gelernt.« Ich liebte ihren Unterricht. Nach fünf Minuten prähistorischer Sprecherziehung: »Bauch rein, Brust raus!«, genügte es, eine klitzekleine Frage zu stellen, den ersten Dominostein anzutippen, und Hunderte Anekdoten folgten in einer rasenden Kettenreaktion. Sie erzählte für ihr Leben gern. Da saß man dann, aß mit bitterer Schokolade überzogene Ingwerstäbchen und hörte von der einstigen Strahlkraft des Theaters. Keine Stunde verging schneller als die mit Marthe von Ohlbrecht. Eigentlich sollte sie jedes Jahr in Rente geschickt werden, aber sie bat ihre Schüler ganz offen, sich für sie einzusetzen und zu sagen, nirgendwo lerne man so viel wie bei ihr. Und das stimmte ja auch. Sie war die Hexe unterm Dach, ein lebendes Theaterarchiv, eine Geschichtenerzählerin par excellence. Sie schwärmte von Gründgens: »Der konnte zwölf Minuten sprechen, ohne zu atmen.« Das machte natürlich Eindruck auf mich. Zwölf Minuten! Wie ein Perlentaucher in der Karibik. Tief Luft holen und dann hinabsinken in die Texte der Weltliteratur, immer tiefer hinab, dahin wo das Licht abnimmt und die Schätze liegen. Wenn ich es versuchte, kam ich über neunzig Sekunden nicht hinaus und vergaß aus Sauerstoffmangel den Text. Genau das wäre doch das Geheimnis, so Marthe von Ohlbrecht, man müsse sich, um an tiefere Schichten zu gelangen, berauschen. Sie hob verheißungsvoll ihre Augenbrauen, sah aus wie eine verwahrloste Zauberin. »Wie auch immer: Ohne Rausch geht gar nichts.« »Wie meinen Sie das?«, fragte ich schüchtern. »Früher, mein Junge, da musste man den Schülern beibringen, sich auf die Ausbildung zu konzentrieren, die Finger von den Drogen zu lassen, nicht zu viel zu trinken und nicht die Nächte durchzumachen. Heute seid ihr alle so brav, dass einem die Füße einschlafen.« Sie schnalzte mit der Zunge. »Wenn du wüsstest, was ich hier in meinem kleinen Reich schon so alles angestellt habe. Bei mir kann man nicht nur Sprechen lernen.« An den Wänden hingen Schwarz-Weiß-Fotografien. Als ich zum ersten Mal das Zimmer betrat, kannte ich niemanden auf den Bildern. Doch schon nach wenigen Wochen wusste ich alles über sie. Über Josef Kainz, Orson Welles und Oskar Werner, über Sarah Bernhardt und die Duse. Sie erzählte und rauchte, aschte in ein mit Wasser gefülltes Schälchen und jedes Mal zischte es leise. Wenn wir dann doch hin und wieder metrische Formen übten, musste ich mich in die Mitte des eingenebelten Zimmerchens stellen. Sie umkreiste mich, leckte sich die dunkle Schokolade von den zerfurchten Lippen und schob und drückte an mir herum. »Mach dich nicht so klein! Du bist so herrlich groß, also: Sei groß! Mein Gott, schau dir dieses Profil an! Genauso sehen jugendliche Helden aus. Und jetzt hör mir genau zu, jetzt kommt das Allerwichtigste: Du musst lernen, mit den Brustwarzen zu lächeln!« Völlig ungeniert legte sie mir die Hand auf den Jeans-Hintern. »Unser heutiges Thema: Der Anapäst.« Sie drückte ein wenig mit dem Mittelfinger auf dem Stoff über meiner Poritze herum. »Und hier, mein lieber Held, immer schön locker bleiben. Mach das Löchlein weit!«

Der Höhepunkt der ersten Woche, einer Woche, die so voll von Eindrücken war, dass ich mir vorkam wie ein völlig überlaufener Zug in Indien, wo man vor lauter Passagieren die einzelnen Waggons nicht mehr erkennen kann, wo die Reisenden das Dach belagern, Kinder zwanzig Stunden im Gepäcknetz dösen und Ziegen mit wehenden Bärten zu den Fenstern rausgehalten werden, der Höhepunkt dieser ersten Woche, in der ich mich begraben unter lauter Erlebnissen kaum noch rühren konnte und trotzdem weiter mit Volldampf unterwegs war, einer Woche, in der ich jeden Abend mit meinen Großeltern mehrere Gläser Whisky und zwei Flaschen Rotwein getrunken hatte, der Höhepunkt dieser schwindelerregenden ersten Woche war das schulinterne Vorspielen der sprechenden Tiere.

Dies sei auch eine gute Gelegenheit, so hatte Gretchen Kinski gesagt, sich den anderen Schülern zu präsentieren. Als ich erfuhr, dass die gesamte Schauspielschule anwesend sein würde, dass die sprechenden Tiere in den letzten Jahren immer ein grandioses Ereignis gewesen waren, bekam ich Panik und übte, wann immer ich konnte, meinen Monolog. Todmüde saß das Nilpferd in der U-Bahn, sternhagelvoll lag es im rosa Zimmer und bimste die Effi-Zeilen selbst zwischen den Unterrichten. Doch sosehr ich auch versuchte, mich in das Nilpferd hineinzuversetzen, es blieb mir fremd. Der Text und das Tier wollten partout nicht zusammenpassen. Unbeeindruckt ließ das Nilpferd den Fontanetext von seiner Haut abperlen. Wenn ich mich auf alle viere niederließ, tat ich so, als würden nur meine Glupschaugen aus dem Wasser sehen, aber wer sollte das erkennen? Wie spielt man schwer, wenn man leicht ist? Wie spielt man ohne Wasser, dass der größte Teil von einem abgetaucht ist? Nicht mal mit den Ohren wackeln konnte ich!

Kurz vor dem Beginn der Aufführung trafen wir uns in einem winzigen Raum mit direktem Zugang zur Studiobühne. Durch die noch verschlossene Tür hörte man bereits die höheren Schauspielschuljahrgänge lachen. Wir losten die Reihenfolge aus. Ich war als Dritter dran. Draußen verkündete Gretchen Kinski: »Ihr kennt das ja alle aus den letzten Jahren. Heute zeigt euch der erste Jahrgang seine Tiere. Ich bin genauso gespannt wie ihr. Erinnert euch bitte daran, wie aufregend das für euch war! Ich guck mal kurz nach hinten, ob es losgehen kann. Viel Spaß.« Sie kam zu uns ins Kabuff, in dem es, warum auch immer, tatsächlich nach Tier roch, und fragte freudig: »Seid ihr so weit?« Einige nickten. »Dann los. Macht mir keine Schande. Lasst die Tür auf, dann könnt ihr euch gegenseitig zugucken.« Es begann mit Regina und einem Goethegedicht. Kurz bevor sie rausging, drückte sie mir einen Apfel in die Hand, flüsterte: »Wenn ich dir ein Zeichen gebe, roll ihn raus.« Aufrecht, majestätisch und massig schlenderte sie auf die Bühne. Sie warf den Kopf hin und her, hob ihn und trompetete los. Große Heiterkeit im Saal und wie bei einem Kindergeburtstag wurde »Elefant!« hereingerufen. Wir drängten uns im Zimmerchen dicht zusammen. Niemand wollte etwas verpassen. Mit starker bayerischer Färbung sprach sie ihren Text und scharrte dabei mit einem Vorderhuf im unsichtbaren Sand. »I ging im Walde so vor mich hi und nix zum Suachen des woar mei Sinn ...« Während der letzten Verse schwenkte sie ihren Arm wie einen Rüssel und sah zur Tür hinüber. Das war das Zeichen. Ich rollte den Apfel ins Scheinwerferlicht. So als wären ihre Finger das geschickte und zarte Ende eines Rüssels, schob sie den Apfel hin und her, prüfte ihn, griff zu, schwang ihn hoch zum Mund und steckte ihn als Ganzes hinein. Die letzten Worte zerschmatzte und zersabberte sie. Die Zuschauer grölten.

Nach ihr war Alexander als Brechtgiraffe dran. Er hatte sich eine kurze Hose angezogen, reckte den Hals und malmte mit dem Kiefer. Etwas ungelenk und staksig stolzierte er auf seinen schönen Beinen über die Bühne und kaute auf den Brechtzeilen herum. Er wirkte sehr arrogant und gelangweilt. »Giraffe!«, wurde gerufen und als er fertig war, herzlich geklatscht. Allerdings lange nicht so frenetisch wie bei Regina.

Nun war ich an der Reihe. Ich ging in die Knie, machte mich so schwer ich konnte, versuchte irgendwie fett auszusehen und stapfte mit Nilpferdblinzeln hinaus auf die Bühne. In den nächsten Minuten verlor ich vollkommen mein Zeitgefühl. Mein Text schien ewig zu dauern. Ich wurde nervös, machte aber weiter nichts, als sehr langsam zu sprechen, zu blinzeln und zu versuchen, einen riesigen Hintern zu haben. Ich hatte mir fest vorgenommen, hin und wieder mein Maul aufzusperren, mit unsichtbaren Hauern in die Luft zu schnappen, aber der Mut kam mir abhanden. Maulend zerkaute ich den Text und eine sich von der Zungenspitze rasant ausbreitende Dürre trocknete meinen Mund aus. In der ersten Reihe wippten ratlos die Turnschuhe. Leise hörte ich jemanden fragen: »Was soll denn das sein? Kranker Hund?« Gekicher. Ich geriet zunehmend in Verwirrung, verheddete mich und strangulierte mich in einer Satzschleife. Während ich nach der nächsten Zeile suchte, verließ mich geisterhaft mein Bewusstsein. Ich sah mich selbst auf dem Boden hocken und nichts von dem, was da kauerte, hatte auch nur im Entferntesten etwas mit einem Nilpferd zu tun. Ich war ein befremdlicher Anblick: Einem großen dünnen Mann schien es außerordentlich schlecht zu gehen. Ich sah aus wie jemand, der sich im Drogenrausch in der Wüste verirrt hatte und von Halluzinationen gepeinigt wurde.

Satz für Satz verdampfte in der Hitze des Scheinwerferlichts und übrig blieb vom Text einzig und allein: Ich liebe meine Frau. Das war alles, was mir noch einfiel: Ich liebe meine Frau. Während ich diesen Satz sinnlos oft vor mich hin sprach, trat ich den Rückzug an, hatte aber die Orientierung verloren und stieß mit dem Nilpferdpo gegen die Seitenwand. Im Zuschauerraum war es still geworden. Ich drückte mich, »Ich liebe meine Frau« – wimmernd an der Mauer entlang und schob mich rückwärts durch das Kabufftürchen zurück in meinen Stall. Noch ehe ich aufgestanden war, klopfte mir Gerrit auf den Rücken und lobte mich: »Super gemacht! Eins a Nilpferd.« Vom Rest der Veranstaltung bekam ich nicht mehr viel mit. Ich spähte zwar weiter durch den Spalt auf die Bühne hinaus, aber meine Nilpferdniederlage hatte sich wie eine Käseglocke über mich gestülpt. Es fühlte sich so an, als hätte ich das Nilpferd nicht gespielt, sondern, als wäre es mir auf den Kopf gefallen. Ich sah Gerrit als Äffchen herumhüpfen, Veronica sich winden und züngeln und Gernot in einem riesigen grünen Parka die Eule geben. Gejohle und Getrampel. An mehr erinnere ich mich nicht mehr. Der ganze Raum war nur noch wattig und trostlos.

Als ich mich an diesem Abend die Nymphenburger Straße entlangschleppte, begann ich mit etwas, das mich die nächsten Jahre nicht mehr loslassen sollte. Ich rechnete: »Wenn ich jetzt sofort von der Schauspielschule gehe, könnte die Stelle im Schwesternwohnheim noch frei sein. Dann könnte ich danach noch Medizin studieren. Ich wäre noch nicht zu alt. Aber wenn ich jetzt ein Jahr mit diesem Nilpferdscheiß verschwende, ist es zu spät, um noch irgendwas Sinnvolles anzufangen.«

Die nächsten Wochen und Monate auf der Schauspielschule krochen unbarmherzig über mich hinweg und immer wollte ich eigentlich weg und blieb dennoch.

Ich genoss Aikido, liebte es anzugreifen und herumgeschleudert zu werden, quälte mich in der Sprecherziehung, blühte auf im Gesangsunterricht und verwelkte in so mancher Improvisation. Besonders hasste ich Evolutionsaufgaben wie: von der Ursuppe zum Menschen oder Anweisungen wie: Ihr seid Spaghetti, die ins kochende Wasser geworfen werden.

Beim Feldenkrais schwang ich mein Becken, schrieb mit einem imaginierten Pinsel im Hintern meinen Namen an die Wand. Ich studierte ein Lied ein, das bündig auf den Punkt brachte, was bei mir nicht der Fall war: »Entfernt von Gram und Sorgen, erwach ich jeden Morgen!«

In Liebesdingen war ich in besorgniserregende Unterernährung geraten. Irgendwann während dieses ersten Halbjahres wurde mir klar, dass ich mich gleichzeitig in alle vier Frauen meiner Klasse verliebt hatte. Hätte eine von ihnen auch nur das geringste Interesse an mir gezeigt, ich wäre zur Stelle gewesen. Wie ein hochsensibles Messgerät suchte ich ununterbrochen im Verhalten der vier Schauspielschülerinnen nach homöopathischen Dosen ihrer Zuneigung. Vergeblich. Dabei ereigneten sich tagtäglich die erregendsten Dinge. Ununterbrochener Körper- und Blickkontakt. Permanent wurde man massiert und massierte oder lag bei

Improvisationen unter oder auf jemandem. In meinem bisherigen Leben hatte es immer etwas bedeutet, unter jemandem oder auf jemandem gelegen zu haben. Doch an der Schauspielschule war es profaner Alltag. Ich litt unter dieser Diskrepanz zwischen permanenter Nähe und deren völliger Bedeutungslosigkeit.

Nur bei meinen Großeltern schloss sich allabendlich die Lücke und ihre Vertrautheit und Zugewandtheit, ihr aus Hochprozentigem geknüpftes Netz fingen mich sicher auf.

Ich war davon überzeugt, das Probehalbjahr nicht zu überstehen, und ich sehnte mich danach, die Entscheidung nicht selbst treffen zu müssen, sondern erlöst und hinausgeworfen zu werden. Doch ich durfte zu meiner großen Überraschung bleiben. Der Direktor zappelte sich durch seine Begründung. »Ich will offen mit dir sein. Du stehst auf der Kippe. Bisschen drüber sogar. Über niemand anderen haben wir so ausführlich diskutiert wie über dich, und ich will dir ehrlich sagen, das war für alle anstrengend. Dass du dir Mühe gibst, steht außer Frage. Aber wir brauchen jetzt langsam mal wieder so einen Danton-Moment von dir.« Er fuhr sich immer wieder hektisch durch seine unverwüstliche Stoppelfrisur. Es bereitete ihm sichtlich Unbehagen, mit mir zu sprechen. »Von diesem Danton reden immer noch alle. Hätte ich ja zu gerne gesehen. Hätte ich wirklich. Also: Nikolaus Huber, Aikido, hat sich sehr für dich eingesetzt und auch Marthe von Ohlbrecht. Improvisation ist nicht so deine Stärke. Die größten Bedenken kommen daher von Gretchen Kinski, aber auch von Gisela Marder. Die sind beide etwas ratlos. Also eigentlich komplett ratlos.« »Aber ich mach doch immer alles mit!« »Das sagen die mir auch. Du würdest an allem voller Begeisterung teilnehmen. Dein Eifer wäre absolut vorbildlich. Aber du musst eben aufpassen, dass dein einziges Talent nicht dein

Enthusiasmus ist.« Das war wieder so ein Satz mit verzögerter Wirkung. Erst mitten in der Nacht sollte mich die Infektion dieser Bemerkung umhauen. Der hat recht, das stimmt, dachte ich, das trifft es genau: Mein einziges Talent ist mein Enthusiasmus. Ich kann nichts, außer begeistert sein. Schon immer, wurde mir klar, hatte ich all meine Unzulänglichkeiten mit Überschwänglichkeit zu übertünchen versucht.

Der Direktor litt unter der Ehrlichkeit, die er sich abverlangte. »Also, ich mein das jetzt nicht so, wie es klingt, aber ich sag es trotzdem knallhart: Ein gutgelaunter Sportler ist halt was anderes als ein ernsthafter Schauspieler. Verstehst du?« »Klar.« »Gut.« Er machte munter weiter, zappelte und zersägte mich. »Weißt du, Theater spielen ist keine Sportart! Du musst jetzt mal raus aus diesem Sportkörper und rein in den Bühnenköper! Und wir müssen weiter an deinem verknautschten Gesicht arbeiten.« »Wie bitte?« Ich dachte, ich hätte mich verhört. »Ja, sobald du was spielst, sobald du die Bühne betrittst, machst du ein total verknautschtes Gesicht. Du merkst das vielleicht gar nicht. Auch jetzt, während ich das zu dir sage, runzelst du die Stirn, machst so ein Zitronengesicht.« Jetzt spielte er es mir sogar vor. »Lass mal diese Sorgenfalten sein. Wenn man dich auf der Bühne sieht, denkt man: Oh Gott, der hat Probleme! Entknautsche dich mal, komisches Wort, gibt es das? Knautschzone! Hahaha! Aber passt doch: Entknautsche dich. Das wäre ein gutes Motto für dich. Ansonsten würde ich einfach mal sagen: Neustart, o. k.? Neustart und dann durchstarten. Wir wollen es weiterhin mit dir versuchen! Du auch mit uns?« Ich nickte, ohne zu wissen warum. »Na dann. Alles Gute!« »Danke.«

Am Abend feierte ich zusammen mit meinen Großeltern das Überstehen des Probehalbjahres. Mein Großvater erhob sich und rief »Respekt!«, und meine Großmutter gratulierte mir auf ihre ganz spezielle Art: »Du Armer! Du Armer! Du hast es also wirklich geschafft, das hätte ich nie und nimmer gedacht. Jetzt musst du Armer da wieder hin! Ich freu mich von Herzen. Ich bin so gespannt, ob du durchhältst.« Später am Abend, während sie auf dem Boden lagen und ihre Musik hörten – »Ich hab im Traum geweinet, mir träumte du lägest im Grab!« –, aß ich ein ganzes Glas Mixed Pickles, trank Rotwein und dachte über das Wort »Durchhalten« nach. War es das, worum es ging? Durchzuhalten? War das Durchhaltevermögen das ausschlaggebende Kriterium, ein lohnendes Leitmotiv? Wollte ich ein zähes Stehaufmännchen werden, das sich durchbeißt und dann später mal auf sein Leben zurückblickt und das Resümee zieht: Ich hab mich nie unterkriegen lassen, ich hab durchgehalten? Ich sehnte mich viel eher danach aufzugeben, alles hinzuwerfen und meine Bemühungen, einen gradlinigen Weg zu verfolgen, einzustellen. Was, überlegte ich, braucht eigentlich mehr Kraft, mehr Mut: etwas durchzuhalten oder etwas abzubrechen?

Die Nadel hatte sich verhakt und immer wieder sang jemand überartikuliert »Mir träumte ich … mir träumte ich … mir träumte ich«. Ohne die Augen zu öffnen, bat mich mein Großvater: »Junge, wärest du so gut, uns von Herrn Fischer-Dieskau zu erlösen und uns gleich noch den Grieg aufzulegen?« »Mach ich, Großvater!« Ich sah mir meine Großeltern an. Sie hatten sich die Hände gereicht, lagen entspannt auf der Kaschmirdecke, lauschten und dösten. In diesem Augenblick beneidete ich sie unendlich dafür, dass sie ihr Leben bereits sinnvoll gelebt hatten, dass sie sich gefunden hatten, ja, und auch dafür, dass sie, wie es mir in diesem Moment vorkam, mit bedeutsamer und sinnstiftender Historie gesättigt waren. Und ich? Ich wusste noch nicht einmal, worauf ich überhaupt Hunger hatte.

## Der neue Hermann

Eines Sonntags, während meine Großeltern in der Kirche waren, stöberte ich aus Langeweile im rosa Zimmer in der Schublade des Sekretärs herum. Ich fand einen Brief, der mir den Unfall meiner Großmutter auf drastische Weise vor Augen führte, und der in dem, was ich bereits über sie wusste, so manche erschreckende Lücke schloss.

Das meiste über sie war mir bekannt: Sie wurde in Bremen geboren. Zusammen mit ihrer älteren Schwester, ihren Eltern und einer über viele Ecken mit der Familie verwandten Haushälterin, Mathilde Riefe, genannt Tante Tia, wohnte sie in einem typisch großbürgerlichen, roten Bremer Backsteinhaus. Der Vater meiner Großmutter, mein Urgroßvater, verliebte sich in Tante Tia, die Haushälterin. Doch diese beidseitige Liebe war so unmöglich, Tante Tias Unglück wurde so groß, dass sie schließlich fortging, von ihm fortgeschickt wurde. Weit, weit weg, mit dem Schiff nach Deutsch-Südwestafrika. Nach nur fünf Monaten auf einer Plantage erreichte sie ein Brief aus Bremen, dass sie so schnell wie möglich zurückkommen solle. Ihrer Liebe stünde nichts mehr im Wege, da die Mutter meiner Großmutter gestorben sei. Diese hatte immer schon ein schwaches Herz gehabt und war nun tatsächlich mit nur vierunddreißig Jahren einem Infarkt erlegen. Sie war Tänzerin gewesen und hatte, als ihr der Arzt verbot zu tanzen, eine spezielle Tanztechnik für Menschen mit Herzschwäche entwickelt. Ihre Tanzgruppe nannte sich »Die springenden Herzen« und war für eine kurze Zeit durchaus bekannt. Doch eines Morgens brach sie, während sie im Garten in einem selbst genähten, orientalisch anmutenden Kostüm eine neue Choreografie einstudierte, tot zusammen. Als ihre Mutter starb, war meine Großmutter sechs Jahre alt, und der die verschleierte Tote schreiend durch den Garten tragende Vater blieb für meine Großmutter bis zuletzt eine der klarsten und sie immer wieder heimsuchenden Erinnerungen. Der Vater meiner Großmutter war Lehrer und nun allein mit seinen beiden Töchtern. Er schrieb den Brief an seine geliebte Haushälterin, an Tante Tia, nach Afrika. Tante Tia machte sich sofort voller Hoffnung auf den Weg zurück nach Bremen. Nach einer Woche auf See, die Tante Tia immer als die glücklichste Woche ihres Lebens pries, erreichte sie per Funk die Nachricht, dass nun auch der Vater meiner Großmutter, ihre große Liebe, in kürzester Zeit an einem Abszess im Nacken gestorben war. Als sie nach zwei weiteren Wochen an Bord, die, so Tante Tia, die beiden grauenvollsten ihres Lebens waren, in Bremerhaven ankam, erwarteten sie am Ufer zwei Vollwaisen.

Von nun an sorgte Tante Tia für meine Großmutter und deren Schwester. Das muss ein eigenartiges Leben gewesen sein. Diese zwei schönen, heranwachsenden Töchter ohne Eltern, in dem viel zu großen Haus, allein mit der Haushälterin.

Als meine Großmutter achtzehn war, lernte sie meinen leiblichen Großvater kennen. Er war älter als sie, viel älter, war verheiratet und hatte zwei Söhne. Er war Theaterregisseur und inszenierte am Bremer Theater. Meine Großmutter wollte Schauspielerin werden, unbedingt, war einfach zum Bremer Theater gegangen und hatte gefragt, ob ihr einer der Regisseure Unterricht geben wolle. So lernte sie meinen Großvater kennen. Er sah sie, war sofort bereit, mit ihr zu arbeiten, und besetzte sie in einer kleinen Rolle in seiner nächsten Inszenierung. Meine Großmutter verließ das Gymnasium. Während dieses Schauspielunterrichts müssen sich meine Großmutter und mein Großvater sehr nahegekommen sein. Sie wurde schwanger, eine Katastrophe, und verließ Bremen. Sie ging nach Krefeld ans Theater. Allein. Dort kam meine Mutter zur Welt. Mein Großvater wusste nicht, was er tun sollte. Bei seiner Frau, seinen beiden Söhnen bleiben oder zu seiner Geliebten, seiner kleinen Tochter nach Krefeld gehen. Kurzzeitig gab es sogar den Versuch, »gemeinsam« zu leben. Über diese zwei Monate hat meine Großmutter nie gerne gesprochen, diese zwei Monate hießen immer nur »Die Hölle auf Erden«. Als meine Mutter zwei war, ließ sich mein Großvater scheiden, verließ seine erste Familie und heiratete meine Großmutter.

Er inszenierte und sie spielte viele große Rollen bei ihm. Sie gingen gemeinsam nach München an die Kammerspiele zu Otto Falckenberg. Für beide ein großes, doch kurzes Glück. Denn schon bald machte es der Krieg zur Gänze unmöglich, Theater zu spielen, und schließlich wurden auch die Münchner Kammerspiele geschlossen. Ensemblemitglieder verschwanden oder flohen. Von Beginn an hatte meine Großmutter die Nazis verachtet. Allein schon deren Unkultiviertheit und permanentes Geschrei widerte sie an. In einem kleinen Dorf in den Voralpen überdauerte sie gemeinsam mit ihrer Tochter und ihrem Mann die nächsten Jahre.

Direkt nach dem Krieg eröffnete mein Großvater, in sehr provisorischer Umgebung, eine kleine eigene Bühne in München. Dort inszenierte er eine Ehekomödie von Curt Goetz, in der meine Großmutter die Gattin spielte.

Was meinen Großeltern dann widerfuhr, habe ich mir

zwar unzählige Male von meiner Großmutter erzählen lassen, aber in aller Deutlichkeit habe ich es erst aus jenem Brief erfahren, den ich, während ich bei ihnen wohnte, im rosa Zimmer im Sekretär fand. Dieser Brief stammt aus der Korrespondenz zweier Verwandter meiner Großmutter. Er ist vom 21. Mai 1946, wurde also nur etwas mehr als ein Jahr nach Kriegsende geschrieben:

*Liebstes Malile,*

*gestern Abend bin ich von unserer Ruine aus die Dreiviertelstunde isarabwärts durch den granattrichterdurchwühlten Herzogpark gegangen, um beim Dorf Grüntal das Isarhochufer zu ersteigen. Dort liegt Inge seit dem Unfall in dem sehr guten Barackenkrankenhaus Oberföhring, das die Luftwaffe während des Krieges für die Opfer erbaut hat. Inge liegt im Bau 2, Zimmer Nr. 19, allein, in einem freundlichen Südostzimmer, mit blühenden Sträuchern vor dem Fenster. Wie ich im Flur nach der Oberschwester suchte, um fragen zu lassen, ob mein Besuch erwünscht sei, fiel mir bei dieser ein nettes Mädelchen auf, das Aprikosen futterte — Euer Susannchen. Sie war kurz zuvor mit Frau Riefe, genannt Tante Tia, zum ersten Mal zur Mutter gekommen. Das Kind lief der Schwester und mir voraus in das Zimmer Nr. 19, wo Inge, mit zwar noch sehr verfärbtem, blutunterlaufenem Gesicht, aber der Ruhe und Liebenswürdigkeit einer Königin lag. Der eine Fuß ragte hoch über das Bett empor, im Streckverband mit Gewichten. Der rechte Arm, der frei am Bettrand lag, war von Quetschungen und Schürfungen auch noch stellenweise blau-schwarz, wie das Gesicht im weiteren Umkreis um die Augen und den Hals, aber ohne Verband, mit gut abheilenden Schorfstellen. Ergreifend war Inges Schilderung von Hermanns beiden letzten Tagen, die* sie mir und Frau Riefe machte: Hermann sei mitteilsam, aus seinem eigenen Innersten heraus, heiter, geistreich, und von gewählter Ausdrucksweise gewesen, Inge seine künstlerischen Absichten, scharf umrissen, einzuprägen. Die anderen Schauspieler hätten staunend diesem innigsten Miteinander – Arbeiten und Gestalten – zugehört. Die Nacht von Samstag auf Sonntag habe Hermann in ihrer Wohnung in der Holbeinstraße schon nicht zu Bett gehen wollen. »Ich muss noch das und jenes klären.« Er las Inge vor, er zeigte ihr Bücher, bis sie todmüde eingeschlafen sei.

Wie sie Sonntagmorgen aufwachte, saß Hermann, angekleidet bereits, an ihrem Fußende des Bettes, sie genau betrachtend: »Ich muss dich ganz in mich aufnehmen. Ich bin schon sehr lange wieder wach. Ich fühle mich sehr wohl, habe keine Kopfschmerzen.« Auch dann seien eingehendste Anweisungen über ihr Spiel bei ihm das Hauptgespräch des Tages gewesen. Am Nachmittag war das Paar in Nymphenburg bei einem Freund gewesen. Dieser Freund sagte zu Inge im Krankenhaus: »Erinnerst du dich? Mit welchen Worten hat Hermann sich Sonntag von mir verabschiedet? Es gab mir damals einen Riss.« Es waren die an den alten Münchner Stadttoren, auf weißen Tüchern über die Straßen gespannten englischen Inschriften: »Be careful! Death is so permanent.«

Der Montag war wieder strengster Arbeit gewidmet. Hermann immer dabei sehr fröhlich. Inge sagte gestern, sie grüble über diese Heiterkeit und diese geistige Hochspannung von Hermann nach, ob es die den Ärzten bekannte Euphorie der Sterbenden gewesen sei? Es kämen unlösbare Rätsel über sie, auch über ihren eigenen Zustand, als sie auf der Straße aus ihrem Zustand erwachte und über alles genauste Auskunft habe geben können, bis sie wieder zusammenbrach.

143

*Als Hermann und Inge sich zur Probe in Schwabing trafen, die um halb sieben anfangen sollte, hatte Hermann auf der Straße bereits eine Viertelstunde vor dem Eingang auf Inge gewartet. Hermann sei da voller Angst wegen ihrer Verspätung gewesen, obwohl sie ihm sagte: »Was ist nur, ich komme ja rechtzeitig zur Probe, oder?« Seine Antwort war: »Was wissen wir, was in einer Viertelstunde nicht alles geschehen kann.«*

*Nach der Probe seien sie dann ganz langsam, wie ein Liebespaar zur Trauung, den weiten Weg durch den Englischen Garten, über die Isarbrücke – Bogenhausen, die Gasteig-Anlage am Bogenhausener Kirchlein vorbei, nach ihrer Wohnung zu gegangen, wenig redend.*

*Hermann habe nun ganz nahe an der Unglücksstelle gesagt: »Ich würde so gerne meinen Arm um dich legen, aber ich geniere mich auf der Straße.« Dabei bogen sie um die Ecke der Siebertstraße in die Ismaninger Straße, wo sie plötzlich von hinten ein auf der Gehbahn daherrasendes Auto, mit zwei besoffenen Amis darin, überrannte, wobei sie beide sofort das Bewusstsein verloren hätten. Es hat auch nicht gebremst, als es die beiden umlegte und mitschleifte. Die Fahrer sind bis jetzt vom Military Government nicht festgestellt worden. Als Inge in der Ismaninger Straße wieder aufwachte, sah sie sich in einer großen Blutlache und ihr rechtes Bein in sonst nicht möglicher Weise von ihrem Körper abgebogen. Sie habe ein paarmal laut aufgestöhnt »Oh, oh, oh!« und nach Hermann umgeblickt. Als sie ihn weiter stadtwärts wie »schlafend«, auf der Straße liegen sah, leicht gekrümmt, mit dem Arm über dem Gesicht, habe sie sofort gewusst: Das ist das Ende. Aber auch eines wisse sie nun genau, dass der Tod ein Paar, das sich so liebt, nicht trennt, sondern unlöslich aneinanderbindet. – Ich fragte Inge, ob sie schlafen könne: »Ja, mit*

*Spritzen und stärksten Mitteln. Wenn ich diese nicht be-*
*komme, verfalle ich in merkwürdige Zustände.« Wie Inge*
*während ihrer Erzählung das ängstlich gespannte Gesicht-*
*chen des Kindes, ihrer Tochter, sah, lächelte sie ihm zu:*
*»Schau her, Susannchen, wir sind alle ganz fröhlich, sei*
*du es auch. Papa geht es gut und iss du draußen mit den*
*Keksen deine Aprikosen.« Fertig! Die Kleine sagte, sie wolle*
*der Mutter nichts wegessen. »Futtere nur ordentlich. Mir*
*bringt Tante Tia schon wieder etwas anderes.«*

   *Nun muss der Brief zum Kasten. Ich werde Ende der*
*Woche wieder nach Inge sehen und berichte dann von*
*Neuem.*

   *In Liebe Emmi.*

Mehr als zwei Jahre lag meine Großmutter in dieser Baracke. Und so wie sich Tante Tia schon um meine Großmutter
gekümmert hatte, als diese im Alter von sechs Jahren ihren
Vater verlor, so kümmerte sie sich jetzt auch um meine acht-
jährige Mutter, die durch den Unfall vaterlos geworden war.

   In diesem Barackenkrankenhaus gab es jemanden, der wie
mein richtiger Großvater auch Hermann hieß. Bei uns hießen und heißen erstaunlicherweise fast alle Hermann. Mein
übrig gebliebener Bruder heißt Hermann, mein Vater auch
und dessen Vater hieß Hermann. Mein richtiger Großvater
hieß Hermann und mein falscher Großvater auch.

   Der neue Hermann arbeitete in dem Krankenhaus, in
dem meine schwer verletzte Großmutter lag. Er wollte
Priester werden und half als Seelsorger. Er kannte meine
Großmutter von der Bühne und verehrte sie. Dieser Hermann, nicht der verunglückte Hermann, nicht der leibli-
che Hermann, sondern der neue Hermann, der strengglau-
bige Hermann, dieser katholische Hermann, kümmerte
sich von nun an um meine schwer verletzte Großmutter.

Er besorgte für seinen toten Namensvetter den Sarg, organisierte die Beerdigung, an der meine Großmutter und meine Mutter nicht teilnehmen konnten, und begann die sich dann über Jahre hinziehende Auseinandersetzung mit den amerikanischen Besatzern. Jeden Tag besuchte der neue Hermann meine Großmutter. War viel bei ihr. Und so wie noch am Morgen vor dem Unfall mein leiblicher Großvater, der wahre Hermann, meine schlafende Großmutter betrachtet hatte, so saß nun, nur vierundzwanzig Stunden später, ein neuer Hermann an ihrem Bett und sah ihr beim Schlafen zu. Meine Großmutter sah als junge Frau unfassbar gut aus. Ich kenne Fotografien aus dieser Zeit. Ich habe nie eine schönere Frau gesehen. Und ich bin mir sicher, dass ich mich auch sofort in sie verliebt hätte, damals an ihrem Bett. In dieser Baracke mit blühenden Sträuchern vor dem Fenster.

So erging es dem neuen Hermann. Er verliebte sich in sie. Er gab seinen innigen, ihn bis dahin leitenden Wunsch, Priester zu werden, auf. Dieser Wunsch, ja diese Berufung, muss damals an dieser Bettkante, im Anblick der verunglückten Großmutter, schwer erschüttert und aus der Bahn katapultiert worden sein. Nur drei Wochen, nachdem er meine Großmutter kennengelernt hatte, brach er seine seelsorgerische Tätigkeit, sein Priesterseminar, ab und begann ein Philosophiestudium. Er wurde Philosoph, ein sehr gläubiger, sehr fleißiger Philosoph. Und wie sich in die tröstenden Berührungen, das Halten der Hand, das Tupfen der Stirn, in den Anteil nehmenden Blick, eine erst noch fast unsichtbare, im Kümmern verborgene, dann aber immer deutlichere Zärtlichkeit mischte, habe ich mir oft vorgestellt. Der tote Hermann muss ein heiterer Mann gewesen sein. Der neue Hermann war ein ernster Mann, ein todernster Mann. Ein vom Krieg gezeichneter, spröder Asket. Mit ein paar Freunden zusammen hatte er aus christlicher Überzeugung einen Eid abgelegt, im Krieg keinen einzigen Schuss abzugeben. Er war mit Willi Graf befreundet, einem der Mitglieder der Weißen Rose, hatte selbst mehrmals sein Leben aufs Spiel gesetzt und geholfen, aus einem bereits versiegelten Zimmer eine Druckerpresse verschwinden zu lassen.

Für meine kleine Mutter, die acht Jahre alt war, als ihr Vater starb, brach nicht nur eine Welt, die Vaterwelt, zusammen, durch den Einzug des neuen Hermann wurde diese Welt geradezu in ihr Gegenteil verkehrt. Wo früher Bilderbücher selbst geklebt, auf dem Teppich liegend Spiele gespielt wurden und Geschichten erstaunlicherweise exakt so lang waren wie die Spaziergänge, auf denen sie erzählt wurden, herrschte jetzt katholische Strenge und Disziplin. Meine Mutter durfte in der Wohnung nicht rennen, musste anklopfen, bevor sie ein Zimmer betrat, und die Tür schließen, wenn sie aufs Klo ging. Früher hatte sie auf dem Klo immer gesungen, die Toilettentür sperrangelweit offen stehen lassen. Einen Kanon: »Froh zu sein bedarf es wenig, und wer froh ist, ist ein König.« In diesen Kanon stimmte jeder ein, der zu Hause war. Ihr Vater aus dem Wohnzimmer, wo er vielleicht gerade ein Theaterstück las, ihre Mutter aus dem Schlafzimmer, wo sie vielleicht gerade vor dem Spiegel einen ihrer unzähligen Hüte probierte, und aus der Küche Tante Tia, die vielleicht gerade Marmelade einkochte.

Nach dem Tod ihres Vaters musste die Klotür sogar abgeschlossen werden, damit der neue Hermann nicht zufällig auf das pinkelnde, nicht mehr singende Mädchen stieß. Vor allem während der sehr langen Mittagsstunde musste vollkommene Stille in der Wohnung herrschen. Meine Mutter erinnert sich an diese Stunden als eine Zeit, in der in jeder ihrer Tätigkeiten der Lärm lauerte. Wie sie auf Zehenspitzen herumschlich, zeichnend an ihrem Schreibtisch saß und zusammenzuckte, wenn die Bleistiftspitze brach. Die Strenge des neuen Hermann wurde durch die nur langsam genesende Mutter nicht etwa gemildert, eher sogar noch verschärft. Die Lebendigkeit eines kleinen Mädchens schien den Heilungsprozess akut zu gefährden.

Meine Mutter kam in ein Internat, aus dem sie jahrelang herzzerreißende Briefe nach Hause schickte. Seltsame Briefe, in denen sie ihre Mutter mit Komplimenten überhäuft und sich selbst permanent für ihre Dummheit und Unfähigkeit bei ihr entschuldigt.

Mühsam lernte meine Großmutter, mit dem um mehrere Zentimeter verkürzten Bein wieder zu gehen. Sie wusste nicht, ob sie jemals wieder würde Theater spielen können. Spezielle Schuhe wurden gefertigt. Der eine um gute drei Zentimeter höher als der andere. Meine Großmutter liebte Schuhe. Und nach ihrem Tod fanden wir, ich habe sie gezählt, vierundsechzig Paare. Und bei jedem Paar war die Sohle, der Absatz des rechten erhöht. Als ich diese vierundsechzig Paare vor mir sah, begriff ich erst, wie meine Großmutter lebenslang gegen dieses verkürzte Bein gekämpft hatte. Und wie trostlos es für diese das Elegante liebende Frau gewesen sein muss, selbst leichteste Sommerschuhe durch die Erhöhung orthopädisch zu verunstalten. Viele der Paare waren wie neu, ungetragen. Und ich ahnte, dass meine Großmutter sie begeistert gekauft hatte, ihren Anblick, den Verlust des Filigranen, nach der Besohlung aber nicht ertragen konnte.

Meine Großmutter muss vor dem Unfall ein durchaus heiterer Mensch gewesen sein. Sie war sicher schon immer leicht pathetisch, aber auf vielen alten Fotografien sieht sie gelöst und frohgemut aus. Auf meinem Lieblingsbild badet sie in einem rauschenden graublauen Fluss, hält sich an einem Seil fest, kraftvoll und glücklich. Doch der Unfall, der

Verlust des Mannes, die Sorge um das Bein, das ja tatsächlich im letzten Moment vor einer Amputation gerettet worden war, vertrieben so gut wie jede Ausgelassenheit aus ihrem Wesen. Ihre außerordentliche Schönheit bekam durch diese Schicksalsschläge etwas Dramatisches. Der Schmerz verwandelte die Unbeschwertheit ihres jugendlichen Liebreizes in kühle Anmut. Diese durch den Schock vertiefte Schönheit war auf gespenstische Weise zeitresistent.

Ich habe den neuen Hermann als Kind gefürchtet. Sein hageres Gesicht so hoch über mir mit dem alles kontrollierenden und als unzureichend bewertenden Blick war eine nie nachlassende Bedrohung, und erst als ich auf Augenhöhe heran- und dann noch ein Stückchen über ihn hinausgewachsen war, verlor er etwas von seiner Aura, eine unumstößliche Instanz zu sein.

Ich habe ihn dann aber immer mehr gemocht und schließlich sehr geliebt. Und besonders mochte ich an ihm seine Ernsthaftigkeit und an meiner Großmutter ihre theatralische Art.

# Fünfzigmal Lanzarote, fünfzigmal Dürnberg

Mein Großvater, der neue Hermann, war ein ambitionierter Fotograf und hortete eine erstaunliche Anzahl von Fotoapparaten in seinem Schrank. Wenn ich dessen Tür öffnete, lagen wie in einem Museum für Fotografie diverse Leicas aufgereiht auf einem mit grauem Filz ausgeschlagenen Bord. Für mich war das schon immer ein magnetischer Anblick gewesen. Von dem großen, mit Kurbeln bestückten, in festem Leder eingeschlossenen ersten Kasten, der Rolleiflex, bis zur Digitalkamera. In jedem Lebensjahrzehnt hatte er mindestens einen Fotoapparat gekauft und sich stets mit größtem Interesse der neuen Technik gewidmet. Doch sosehr sich auch der Fortschritt im Leichter- und Kleinerwerden der Geräte manifestierte, so sehr blieben die Motive immer dieselben: die Magnolie, Dürnberg und Lanzarote. Für jede ihrer Reisen legte er ein extra Fotoalbum an. Diese circa hundert Alben, Minimum fünfzigmal Dürnberg, Minimum fünfzigmal Lanzarote, fein säuberlich im Regal mit Datum auf den Albumrücken, sind erstaunliche Zeugnisse ihrer Beharrlichkeit. Verstärkt wird dieser Eindruck noch dadurch, dass meine Großeltern, als sie noch jünger waren, schon sehr viel älter wirkten, dann aber, als sie älter und älter wurden, immer sehr viel jünger aussahen. Grob gerechnet, könnte man sagen, sie sahen vierzig Jahre lang wie Mitte fünfzig aus.

Wenn ich mir diese gesammelten Lanzarotewerke und die gesammelten Dürnbergwerke ansah, war ich jedes Mal fassungslos über die stets identischen Motive. Nahm man ein Fotoalbum von 1954 und eines von 1974, sah man in beiden bis in das kleinste Detail hinein identische Fotografien. Meine Großmutter auf dem Balkon in Dürnberg im selben mintfarbenen Frottee-Hosenanzug, Zigarettenspitze in der abgeknickten Hand. Dieselbe Liegeunterlage. Dasselbe braun gebrannte Indiogesicht, dieselbe Grandezza-Riesensonnenbrille. Obwohl so viele Jahre zwischen beiden Bildern liegen, im Fall meines verunglückten mittleren Bruders sogar ein ganzes Menschenleben, sind die Unterschiede auf den ersten Blick kaum zu erkennen. Und mein nicht sichtbarer Großvater muss auf genau derselben Stelle gestanden haben, als er das Foto machte. Das später geschossene Foto wirkt wie eine ambitionierte Rekonstruktion. Gleicher Winkel, gleicher Bildausschnitt. Das einzig Auffällige sind Farbunterschiede durch den Film selbst, chemische Moden bei der Farbgestaltung und die fortschreitende Technik der Kamera. Unter einem Bild steht: »Inge auf dem Balkon in Dürnberg 1954«. Auf dem anderen Bild steht: »Inge auf dem Balkon in Dürnberg 1974«. Und dazwischen liegen zwanzig Jahre!

Dadurch, dass meine Großmutter nie auch nur ein einziges Bild selbst machte, das Fotohandwerk fest in den Händen meines Großvaters lag, gibt es fast keine Bilder, auf denen er selbst zu sehen ist. Er fehlt beinahe zur Gänze in diesen Alben. Äußerst selten taucht er auf einem mit Selbstauslöser geschossenen Bild auf. Meistens auf einer bestimmten Bank an einem Wegesrand auf Lanzarote. Der Grund dafür ist mir bei einer eigenen Lanzarotereise klar geworden. Gegenüber dieser Bank befindet sich eine aus groben Steinen rustikal geschichtete Mauer. In der abschließenden Reihe liegt ein herrlich glatter Stein. Und es war mir, als ich diesen Stein sah, sofort klar, dass mein Großvater auf jeder der Wanderungen zu diesem Bänkchen aufs Neue durch die Glätte des Steins animiert wurde, seine Kamera zu positionieren, um ein weiteres Selbstauslöserbild zu knipsen. Ich machte mir sogar einmal die Mühe, alle an diesem Ort geschossenen Fotos herauszusuchen und die Alben aufgeschlagen nebeneinanderzulegen. Natürlich gibt es Unterschiede die Kleidung betreffend. Natürlich haben sie nicht immer genau dieselben Hemden und Hosen an. Aber die Position der beiden auf der Bank ist auf gespenstische Weise identisch. Das Lachen meiner Großmutter ist immer gleich, mit offenem Mund scheint sie zu rufen: »Ach Hermann, was machen wir hier denn für einen Blödsinn?« Nur wer meine Großeltern so gut kannte wie ich, konnte sehen, dass mein Großvater von Bild zu Bild mehr außer Atem geriet, sobald er die Bank erreicht hatte, um sich neben meine Großmutter zu setzen. Die fünf oder sechs Sekunden, die ihm der Selbstauslöser ließ, wurden für ihn mit zunehmendem Alter immer knapper. Und tatsächlich gibt es ein Foto in einem der letzten Alben, auf dem ich meine, einen Schatten auf dem Lava-Untergrund zu sehen, und meine Großmutter, alleine auf dem Steinbänkchen, nicht wie sonst in die Kamera, sondern besorgt danebenschaut. Es ist reine Spekulation, aber ich kann es mir genau vorstellen, wie mein Großvater den Selbstauslöser drückte, sich so schnell ihn seine uralten Beine trugen auf den Weg zu meiner Großmutter machte, dann jedoch erschöpft auf halber Strecke stehen blieb, abwinkte, von meiner Großmutter fragend angesehen wurde und: klick.

Im Hintergrund sieht man jedes Mal denselben steil ansteigenden Lavahang. Sowenig sich meine Großeltern im Aussehen verändern, der Lavahang tut es. Deutliche Spuren von Erosion, Wind, Regen, Sonne machen die einst scharfkantigen Zerklüftungen im Laufe der Jahre stumpf. Der

Hang zerbröselt, aber die Großeltern hocken da, unzerstörbar gebräunt.

Doch die gemeinsamen Selbstauslöser-Bilder blieben die Ausnahme. Wenn ich die Alben ansah, bekam ich den Eindruck, meine Großmutter wäre immer nur allein in Dürnberg und auf Lanzarote gewesen. Hätte Hunderte Male allein ihren Whisky auf der Veranda vor dem Lanzarote-Bungalow getrunken, hundertmal allein auf einem Liegestuhl, in eine Kamelhaardecke gewickelt, in der Sonne in Dürnberg auf dem Balkon gedöst. Das ist tatsächlich der traurige Gesamteindruck all dieser Alben. Eine wunderschöne Frau mutterseelenallein auf einer Insel, in den Bergen oder vor der weißrosa erblühten Magnolie im eigenen Garten. Die Fotos sind alle immer sehr gestellt, wirken inszeniert und so etwas wie ein Schnappschuss ist nicht zu finden. Das Wort »Schnappschuss« und die Vorstellung meines Großvaters, wie ein Foto gemacht werden sollte, waren unvereinbar. Das lag, das wurde mir irgendwann klar, daran, dass mein Großvater das Fotografieren in einer Zeit gelernt hatte, da jedem Bild eine exakte Einstellung von Blende und Verschlusszeit voranging und die Belichtungszeiten oft lang waren und man sich nicht bewegen durfte. Doch auch Mimik und Gestik meiner Großmutter waren aus einer anderen Zeit und von ihrem Beruf als Schauspielerin geprägt. Sie liebte melodramatische Posen und es bereitete ihr keine Mühe, in diesen zu verharren. Belichtungszeit und Posenbereitschaft ergänzten sich so auf das Wünschenswerteste.

Mein Großvater machte sowohl Dias als auch Fotos. Und die Diaabende, die ich zusammen mit meinen Brüdern bei den Großeltern durchlitt, gehören zu den langweiligsten Stunden meines Lebens. Ohne allzu sehr zu übertreiben, könnte ich sie als eine spezielle Art von Nahtoderfahrungen beschreiben. Sowohl meine Brüder als auch ich wurden durch die Dunkelheit im Zimmer, durch den penetranten Duft der Lilien, das ätherschwere Großmutterparfüm, durch die uns sämtlich bekannten Motive und das Brummen des Projektors komplett narkotisiert. Nie wieder habe ich das Gefühl der Langeweile als so lebensbedrohlich empfunden wie im verdunkelten Großelternwohnzimmer. Tante Tia, die jahre-, ja, jahrzehntelang als Haushälterin bei meinen Großeltern lebte, war der Kopf nach hinten gefallen, aber dank der Dutt-Polsterung lag sie weich. Mir tat vor muskulärer Unausgegorenheit alles weh. Es kam vor, dass ich als Kind zu weinen begann, da ich überhaupt nicht mehr wusste, wie ich sitzen oder liegen sollte. Trotz aller von meiner Mutter vor dem Dia-Abend eindringlich an uns ergangenen Ermahnungen rutschten meine Brüder und ich von den plastikbezogenen Sesseln und dämmerten auf den flauschigen Teppichen vor uns hin. Nur meine Mutter stellte, aus ihrer unerschöpflichen Sehnsucht heraus, keine Situation in die Sinnlosigkeit abgleiten zu lassen, Fragen, die eigentlich keine Fragen waren, sondern Feststellungen: »Ah, da kommt ihr also an!« Oder »Ach wie gut, ihr habt wieder euer Lieblingszimmer bekommen.« Oder »Wie schön, endlich mal ein Foto mit euch beiden. Bei diesem Bänkchen wart ihr doch schon öfter!« Oder »Oh, was für eine tolle Sicht! Wie heißt der Berg noch mal?« So wollte sie meinem Großvater ihr Nichtwissen schenken. Das war es, worauf es hinauslief. Meine Mutter stellte Fragen über Fragen, deren Antworten alle kannten, und ärgerte damit meine Großmutter. Wenn meine Mutter wissen wollte: »Ist das nicht das Kreuz beim Höhenweg?«, fauchte diese plötzlich: »Mein Gott, frag doch nicht so blöd, das wissen wir hier doch alle ganz genau.« Das kränkte meine Mutter maßlos, und sie saß gleich einem bewegungslosen Schatten im Sessel und schwieg. Dann schlief auch sie ein.

Aber selbst dem schlafenden Mutterumriss sah man sein Gekränktsein noch an. Mein mittlerer Bruder brachte mich zum Lachen und flüsterte, wenn zum Beispiel eine weite Schneefläche zu sehen war: »Und hier Hermann und Inge unter einer Lawine.« Oder wenn eines der obligatorischen Bilder meiner Großmutter beim Baden auf Lanzarote kam: »Gleich übergibt sich Inge in die Brandung!«

Manchmal nickte sogar meine Großmutter weg. War aber sofort hellwach, wenn mein Großvater ihr eine Frage stellte. Durch ihr jahrzehntelanges Zusammenleben kam es immer öfter vor, dass sich Fragen und Antworten, einzelne Satzelemente aus der logischen zeitlichen Abfolge lösten und über- und untereinander-, ja sogar aneinander vorbeischoben. Meine Großmutter wusste so genau, wann mein Großvater eine bestimmte Frage stellen würde, dass sie in Momenten der Unachtsamkeit einen Hauch zu früh antwortete. Mein Großvater wollte fragen: »Wo hab ich bloß meine Brille?« Aber schon bei »Wo hab …« rief meine Großmutter »Na wo wohl? Da wo sie immer ist …« dazwischen. Er: »ich bloß meine«. Sie: »auf der Fensterbank!« Er: »Brille?«

Ihre Vertrautheit, ja Übervertrautheit konnte sogar dazu führen, dass die Antwort die Frage komplett überholte. Großmutter, ansatzlos in die Stille gesprochen: »Er wird wohl gegen zwei kommen.« Mein Großvater daraufhin: »Wann kommt eigentlich Herr Moser heute zum Blätterzusammenharken?« So erging es uns auch bei den Dia-Abenden. Alle Zusammenhänge lösten sich auf. Mein Großvater beschrieb ein Dia, das niemand sah: »Hier kommt uns Herbert besuchen. Er bringt uns eine Flasche Whisky mit.« Meine Brüder und ich waren zu müde, um Einspruch zu erheben. Wir sahen einen Höhenzug mit grünen Hügeln, ein von Schnitzereien überfrachtetes Bauernhaus. Kein Herbert weit und breit. Kam meine Großmutter zur Besinnung, rief sie: »Hermann, was redest du denn da? Das ist ja völliger Unfug, was du da sagst!«

Immer wieder betätigte mein Großvater den Diaschieber, und mit jedem Klick des vorsintflutlichen Apparates wurden meine Brüder und ich weiter ins Koma geklickt. Einmal schreckte ich hoch und sah mich um. Alle schliefen und sogar mein Großvater hatte seinen Kopf seitlich an das abgeschubberte Polster des Ohrensessels fallen lassen. Aber seine disziplinierte Hand klickte Dia für Dia unbeirrt weiter.

Das Leben meiner Großeltern wurde noch durch eine weitere Methode konserviert. Jeden Tag machte mein Großvater eine Notiz in einen Taschenkalender, meist nur kurze Informationen. Er brachte es in seinem Leben auf 79 Kalender. Zu den Reisen nach Dürnberg und Lanzarote wurden zusätzlich etwas größerformatige Reisetagebücher angelegt. Stets klingt in der Art, wie mein Großvater in diesen Büchern schreibt, die Sehnsucht nach den ersten Reisen seiner Jugend durch. Er war ein glühender Anhänger der Wandervogelbewegung gewesen und hatte viele sogenannte Touren gemacht. Obwohl es nun keine Wanderungen mehr waren, die sie unternahmen, eher größere und später kleinere Spaziergänge, klingt das in den Aufzeichnungen immer noch nach großer Fahrt, nach wochenlangen Abenteuern in der Wildnis, nach Übernachten unter freiem Himmel und Lagerfeuerromantik. In einem Taschenkalender steht zum Beispiel über einen Tag im Kurhotel in Dürnberg, als beide schon weit über achtzig waren, Folgendes:

»Gegen Viertel vor neun brechen Inge und ich bei kühlen Temperaturen auf. Ich habe einen Rucksack mit dem Nötigsten gepackt. Nach einem etwas gerölligen Aufstieg erreichen wir den Höhenweg gegen neun. Bei herrlicher Sicht wandern wir bis zum Kreuz. Ankunft um neun Uhr zehn. Wir rasten und essen jeder einen Apfel und trinken einen Schluck Schnaps. Genießen die Aussicht. Ich bin ungewöhnlich außer Atem. Inge sieht im Tal einen Hirsch, der sich mit dem Fernglas als Heuschober entpuppt. Um halb zehn brechen wir einigermaßen ausgeruht wieder auf. Es zieht sich zu. Gegen Viertel vor zehn erreichen wir glücklich das Hotel. Sogar trocken geblieben sind wir.«

So steht es da. Sie waren eine Stunde unterwegs und doch klingt es nach einer grandiosen Gipfelerstürmung. In noch höherem Alter wurden diese Beschreibungen oft geradezu dramatisch:

»Haben es heute nicht bis zum Strand geschafft. Mussten uns gegen den Wind lehnen. Die Stöcke sanken ein. Inge viermal gestürzt. Versuch abgebrochen. Jetzt Whisky schon um vier.«

Notizen und Listen spielten im Leben meines Großvaters eine enorme Rolle. Alles wurde in Listen aufgeführt. Wenn man sich die Art der Listen ansieht, bekommt man einen guten Eindruck vom Verlauf seines Lebens. Es beginnt mit Listen, die er erstellte, um genau zu wissen, was er in seinem Rucksack für die Fahrten mit den Wandervögeln in den Dreißigerjahren einzupacken hatte, alle fein säuberlich archiviert und aufgehoben. Dann gibt es ellenlange Listen von Psalmen und Bibelstellen, die er sich herausgeschrieben hatte. Dann, während des Krieges verfasste Listen von Abfahrts- und Ankunftszeiten aller möglichen Städte. Wieder Rucksacklisten. Dann, nach dem Krieg, begann er mit dem unermüdlichen Erstellen von: Was-kostet-wie-viel-und-wie-viel-bleibt-mir-dann-noch-übrig-Listen. Hunderte dieser Listen habe ich nach seinem Tod gefunden. Jede noch so geringe Ausgabe ist vermerkt. Jeder

Bleistift, jede Briefmarke, jedes Brot, jede Socke. Die ganze Zeit wurde auf das Sparsamste gewirtschaftet. Mit seinem beruflichen Erfolg erhöhten sich die Beträge. Auch meiner Großmutter erstellte er permanent Listen und forderte von ihr, sich durch deren Hilfe einen Überblick über ihre Finanzen zu verschaffen. Die Listen meiner Großmutter waren tolldreiste Absagen an das Listendenken des Großvaters: »Mehrere Lippenstifte und ein paar Schuhe – ca. 160 Mark.« Darunter klein: »Ach ja, und noch ein, zwei Flaschen Riesling mit Hanne!«

Diese Art von Katastrophenlisten müssen für meinen Großvater eine echte Herausforderung gewesen sein. Doch vielleicht war es auch genau das, was er an meiner Großmutter liebte, dass sich ein Großteil ihrer Persönlichkeit seinem Einfluss entzog. Was nicht bedeutete, dass er nicht ein Leben lang versucht hätte, genau diesen unkontrollierbaren Teil, diesen ihm wesensfremden, ja, bedrohlichen Teil zu bändigen.

Mit höherem Alter kommen dann die Gesundheits- und Medikamentenlisten dazu. Das Ganze endet mit Tachykardie-Listen, lange Zahlenkolonnen seines Herzschlages, der immer öfter und unvorhersehbar außer Kontrolle geriet, der sich innerhalb eines Augenblicks von einem viel zu träge dahinschleppenden in einen wild galoppierenden Stakkatopuls verwandeln konnte. Winzig klein hat er seine Pulsschlaglisten verfasst. Alle zehn Minuten wurde gemessen. Die kritische Grenze hatte die uralte Hausärztin bei »Hundertachtzig Schläge pro Minute, länger als eine Stunde während« festgesetzt. Es gibt auch noch einen Stapel mit Listen im Nachlass, die etwas Geheimnisvolles haben, deren Sinn niemand, auch meine Mutter nicht, entschlüsseln konnte. Ausgerissene Zettel, auf denen oben ein Datum in umgekehrter Reihenfolge steht:

»1942,9,8 Sp:
153536737377 Km.
7474657484930
400 Stück nie einzeln«

So führten ihn denn seine Listen aus der Welt der Wandervögel, kryptisch durch den Krieg, in die Anfänge des Studiums, von da an weiter in Stabilisierung, Aufschwung und Wohlstand und schließlich tief in das schwächer werdende und dennoch rasende Herz hinein.

# Endlich spielen

Meine erste Rollenarbeit an der Schauspielschule endete mit einem Eklat. Die Idee der Ausbildung war es, uns so behutsam wie möglich an das Erarbeiten einer Rolle heranzuführen. Ein ganzes Jahr lang hatten wir auf diesen Moment gewartet, hingearbeitet, und es war uns mit nicht enden wollendem Nachdruck eingetrichtert worden, wie großartig es für uns sein würde, uns an einer echten, vielleicht sogar berühmten Rolle versuchen zu dürfen. Nun würde das beginnen, worum es eigentlich gehen sollte. »Endlich spielen!« war die Devise. Das zweite Schauspielschuljahr würde mit einem Monolog beginnen, dann würde eine Zweierszene folgen und schließlich ein Projekt mit der ganzen Klasse.

Die erste Rolle, die man sich für mich ausgedacht hatte, war Mortimer aus »Maria Stuart« von Schiller. Als ich das meiner Großmutter eher beiläufig erzählte, sah sie mich an, als hätte ich soeben eine Ungeheuerlichkeit preisgegeben. »Was? Den Mortimer! Wirklich?« Wie so oft wusste ich im ersten Moment nicht, ob sie das, was ich gesagt hatte, grauenhaft oder grandios fand. Sie rief die Treppe hoch. »Hermann? Hermaaaan? Er macht den Mortimer. Den Mortimer!« Mein Großvater kam an den oberen Treppenabsatz. »Habe ich richtig gehört? Den Mortimer?« »Oh ja, das hast du. Mooooahhhh, der Mortimer!« Sie stand unten, kreuzte die Handflächen über der Brust, atmete tief ein und aus. »Den Mortimer! Mein Gott, Junge, den Mortimer!« »Glückwunsch!«, rief mein Großvater von oben und strahlte so beseelt, als hätte er gerade das Z seines Staatslexikons abgeschlossen. Meine Großmutter legte mir federleicht ihre Finger auf die Schultern. »Das ist ja mal endlich eine gute Nachricht, mein Lieberling. Das hast du dir nach all dem Quatsch redlich verdient!« Ich hatte nicht die leiseste Ahnung, wer dieser Mortimer denn eigentlich war. Aber dadurch, dass meine Großmutter andauernd seinen Namen wiederholte, andauernd »Der Mortimer, mooooahhh, der Mortimer!« gerufen hatte, kam es mir schon so vor, als wäre er noch am Leben, als wäre dieser Mortimer ein Nachbar, vielleicht sogar der beste Freund der Großeltern, der sich zum Whisky angekündigt hatte. »Das ist mein Enkel, der versucht Schauspieler zu werden. Darf ich vorstellen: Das ist unser guter alter Freund, der Mortimer.« Meine Großmutter holte ein zerfleddertes Textbuch aus der Bibliothek. »Die Maria Stuart, die hab ich ja in Krefeld gespielt. Da war der wunderbare Anton Bremser mein Mortimer. Dann später in Stuttgart war ich die Elisabeth zusammen mit der Wimmer.« So aufgewühlt hatte ich sie lange nicht gesehen. Vielleicht hätte ich ihr die Nachricht, dass ich den Mortimer spielen würde, schonender überbringen müssen, dachte ich, vielleicht war diese Nachricht einfach zu viel für ihr Alter. Das Textbuch war voller Notizen. Sie zitterte ein wenig, zitierte einzelne Zeilen, schnappte nach Luft, so sehr überrollten sie die aus den Versen unbeschadet hervorbrechenden Erinnerungen. »Hier, das muss es sein! ›Ich zählte zwanzig Jahre, Königin. In strengen Pflichten war ich aufgewachsen.‹ Hier hab ich deinen Monolog. Es ist doch bestimmt die Stelle, da er sich der Maria offenbart?« Ich hatte keinen Schimmer. »Ich glaub schon, ja.« Dann las sie, ach was, spielte sie mir die gesamte Szene vor, die Maria Stuart und den Mortimer, abwechselnd, mit einer Hingabe, mit einer solchen Dringlichkeit, dass es mich peinlich berührt tief in das Sofa drückte. Nie, nie werde ich das so hinbekommen wie sie, dachte ich. Meine Großmutter brannte und knisterte lichterloh vor Begeisterung, ihre Wangen glühten und mitten im Wohnzimmer spielte sich in den nächsten Minuten ein sehenswertes Kerker-Drama ab. Es war ein doppeltes Schauspiel: Einerseits war sie ein vor Liebe und Entschlossenheit bebender junger Mann und andererseits ganz die unnahbare Königin, die rauchende, eingekerkerte Maria Stuart.

Mein Großvater kam betont ehrfurchtsvoll ins Wohnzimmer hineingeschlichen und flüsterte: »Macht sie dir den Mortimer?« Ich nickte wehrlos. Voller Sorge beobachtete ich meine Großmutter, die mit Hochdruck durch verschiedenste Gefühlszustände jagte. Einzelne Worte packte sie mit den Zähnen wie im Genick und schüttelte sie voller Leidenschaft. Sie schluchzte voller Inbrunst auf, flüsterte mit nur mühsam niedergehaltenem Furor und geriet in einen besorgniserregenden Zustand. Plötzlich schlug sie das Textbuch zu. Mit solcher Wucht, als könne sie nur so dem gefährlichen Sog der Worte entrinnen. »Herrschaftszeiten! Das ist ja nicht zum Aushalten! Du lieber Got-t.« Sie warf das Textbuch auf den Tisch, legte sich die Fingerspitzen auf die geschlossenen Lider, drückte sich im Sitzen weit ins Hohlkreuz und ließ den Kopf in den Nacken fallen. Ich war gefesselt von ihrem Anblick: ein Stummfilmstar. Nach ein paar Sekunden sackte sie in ihrem Sessel zusammen. Mein Großvater und ich hatten sie sorgenvoll betrachtet, sie stöhnte ermattet: »Mooooahhhhhh, was für ein Text. Diese Kühnheit. Dieser dreiste junge Mann.« Ihre Erschöpfung hatte etwas verwirrend Sinnliches. Ihr Atem ging schnell und sie streckte die Hand nach mir aus, tastete ins Leere. »Lieberling, wo bist du?« »Hier, Großmutter.« »Ja, wo denn?« »Hier, ganz nah.« Ich nahm ihre Hand. »Sei so gut, bring mir ein Glas …Whis… Wasser.« Sie klang so mitgenommen, als hätte sie fünf Stunden lang Theater gespielt. »Das mach ich. Geht es dir gut?« Ihre Lider zitterten. »Oh ja, so gut wie lange nicht mehr.« Mein Großvater setzte sich zu ihr auf die Sesselkante. »Inge, das war sehr unvernünftig von dir. Du musst besser auf dich achtgeben. Du weißt doch genau, wie sehr dich solche Szenen in Gefahr bringen.« Sie öffnete die Augen, sah meinen Großvater lange an, und angewidert kanzelte sie ihn ab: »Ach, lass mich doch zufrieden! Du mit deiner ewigen Vernunft.«

In den nächsten Tagen quälte ich mich durch das Stück und lernte die Szene. Während ich mit Gretchen Kinski allein in einem Raum an Mortimer arbeitete, konnte ich nicht anders, als meine eigene Großmutter nachzuspielen. Ihr vehementer Vortrag hatte etwas Unumstößliches gehabt und alle meine eigenen Fantasien im Keim erstickt. Gegen die Farbenvielfalt, mit der meine Großmutter den Mortimer gemalt hatte, war meine blasse Anfänger-Palette chancenlos. Ich sehnte mich nach Pathos, doch Gretchen Kinski wollte nichts Geringeres als den sogenannten »direkten Ton«. Vom ersten Moment an war sie unerbittlich mit mir. Immer und immer wieder musste ich Zeilen, ja Worte, wiederholen.

Durch das ständige Nachsprechen verloren die Sätze ihren Sinn. Sobald ich das Gefühl hatte, etwas zu verstehen, unterbrach mich Gretchen Kinski mit unerschütterlicher Freundlichkeit. Sie wirkte wie jemand, der sich vorgenommen hatte, sich nicht aus der Ruhe bringen zu lassen, und sich sagt: »Ich hab hier einen Härtefall und egal wie blöd er sich anstellt, ich werde etwas zum Vorschein bringen!« Wochenlang kratzte sie mit den unterschiedlichsten Werkzeugen wie eine besessene Psychoarchäologin an mir herum. Schicht für Schicht wurde freigelegt und ich wurde von Stunde zu Stunde dünnhäutiger. »Du denkst nicht.« »Guck mal, wie du da rumstehst.« »Entspann dein Gesicht.« »Noch mal von vorne.« »Warum machst du immer solche Grimassen? Wir sind hier nicht im Stummfilm.« »Was machst du denn da mit den Händen?« »Warum machst du da eine Pause?« »Was soll diese Betonung?« »Vergiss nicht zu atmen.« »Steh doch nicht so krumm da. Das ist ein junger mutiger Mann.« »Hör doch mal auf, da wie ein Rumpelstilzchen herumzuzucken.« »Alles, was du sagst, klingt gleich.« Die kleine Bühne war mit Stühlen vollgestellt. Das hatte ich mir ausgedacht. Es sollte ein wenig nach Kirche aussehen. Da ich keine Maria Stuart hatte, musste ich diese im Publikum ansprechen, was bedeutete, dass Gretchen Kinski selbst die Maria Stuart war. »Sprich mich an!« »Die Scheinwerfer blenden mich so.« »Ach was, stell dich nicht so an. Ein Schauspieler, den die Scheinwerfer blenden? Wo gibt's denn so was? Du musst das Licht lieben lernen!« Hin und wieder gelang es mir, ein paar Sätze so zu sprechen, wie sie es sich vorstellte, dann kam sie auf die Bühne und umarmte mich. »Das war es! Hast du's gemerkt? Jetzt eben war es echt.« Ich freute mich. Doch schon zwei Zeilen später: »Was ist denn jetzt los?« »Wieso?« »Jetzt glaub ich dir kein Wort mehr.« Ich versuchte es erneut. »Nein, jetzt ist es nicht mehr echt.« Ich hatte mir fest vorgenommen, mich durch ihre unermüdliche Penetranz nicht entmutigen zu lassen. Aber es ging nicht. Ich war verunsichert und schwankte zwischen Ratlosigkeit und Wut. Ganze Stunden vergingen so. »Jetzt war es wieder echt!« »Oh, jetzt ist es wieder nicht echt!« Ich konnte zwischen echt und unecht keinerlei Unterschied ausmachen. Gretchen Kinski und ich kämpften miteinander.

Dann kam eine Stunde, in der sie nicht mehr weiterwusste, ich sie an den Rand ihrer pädagogischen Ausdauer gebracht hatte. Sie hatte, während ich spielte, während ich zum hundertsten Mal wie ein ferngesteuerter Zombie versuchte, alles, was sie mir je gesagt hatte, richtig zu machen und dabei auch noch das Atmen nicht zu vergessen und den Kiefer locker zu lassen, plötzlich die Scheinwerfer abgedreht. »Genug, es hat keinen Zweck. Komm runter von der Bühne. Setz dich da hin. Was ist los? Du fühlst dich komplett unwohl, oder?« Sie lächelte, sah fantastisch aus. Und ich stellte mir vor, wie es wäre, meine Finger in ihre fulminante Frisur zu schieben, ihre Haare zu packen und ihren Kopf zu schütteln. Obwohl sie mich quälte, wollte ich ihr gefallen. »Sag doch mal, warum kommen wir hier keinen einzigen Schritt voran? Du weißt ja überhaupt nicht mehr, was du da redest. Es ist wirklich nicht zum Aushalten. Warum gelingt dir kein einziger gerader Satz? Was machen wir falsch? Ich kapituliere.« Ich wusste nicht mal mehr, wie es funktioniert, mit den Achseln zu zucken, starrte auf den Boden. »Ich komm einfach nicht an dich ran. Weißt du, es ist kein Vorwurf, aber so können wir nicht weitermachen. Es muss jetzt mal irgendwas passieren. Überrasch mich mal. Wir haben alle Sätze besprochen. Alle Gedanken zigmal durchgekaut. Alle Positionen genau geklärt. Und von dir kommt einfach nichts. Weißt du, den Parcours kann ich für dich abstecken, aber fahren musst du schon selbst. Also, was stimmt nicht? Wenn du was anders machen willst, dann mach es halt. Liegt es an mir?« Sie stellte mir andauernd Fragen, ohne eine Antwort abzuwarten.

Da kam langsam der Zorn zurück, den ich so gut kannte, der treueste Begleiter meiner Kindheit, der sich aber seit dem Tod des Bruders dem Kummer ergeben und zurückgezogen hatte. Lange hatte er sich nicht gemeldet und die ›blonde Bombe‹ – so war ich aufgrund meiner Jähzornanfälle von meinen Brüdern genannt worden – hatte als Blindgänger monatelang unauffällig herumgelegen. Ohne den Blick zu heben, flüsterte ich: »Vielleicht liebt ja dieser Mortimer die Maria gar nicht. Vielleicht lügt er ja und hasst sie eigentlich.« »Was soll das denn?« Ich hatte keine Ahnung, was ich da redete. »Ja, vielleicht will er einfach nur sterben. Vielleicht lügt er die ganze Zeit und weiß eh, dass er sich umbringt.« Sie hielt kurz inne. »Klingt vollkommen absurd, aber gut: zeig es mir.« Sie drückte auf den Schalter und die Bühne wurde wieder hell. Ich setzte mich zwischen die Stühle und wusste nicht im Geringsten, wie das, was ich gerade behauptet hatte, aussehen könnte. Ich saß da und überlegte. Endlich ist sie still, dachte ich, doch dann kam ein Satz, kein wirklich schlimmer Satz, aber doch einer, der genau die giftige Chemikalie war, um alle zugewachsenen Kanäle ins Zornreservoir wieder frei zu ätzen. Ich saß ratlos da, und sie rief aufmunternd: »Jetzt mal los, wir haben nicht ewig Zeit.« Da sprang ich auf, griff mir einen Stuhl, hob ihn hoch über den Kopf, und einen kleinen Moment, nicht viel länger, als wäre aus einer schönen runden Glassekunde ein Splitter herausgebrochen, stand ich mit dem erhobenen Stuhl da und sah zu ihr hinüber. Mit beiden Händen hatte ich fest die Lehne gepackt, und es wäre ein Leichtes gewesen, den Stuhl nach ihr zu werfen. Endlich war ich wieder im Zornvakuum und da galten meine eigenen Gesetze. Von außen mochte es nach Wahnsinn und Kontrollverlust aussehen, doch in mir wurde es warm und ruhig und friedlich. Ich stand im Auge dieses Wuttornados und wusste genau, was ich tat. Ich sah sie kurz an, mit dem erhobenen Stuhl, und bemerkte, wie sie einen Schritt zurücktrat. Das genügte mir schon. Mit trockener Kraft schlug ich den Stuhl auf den Boden. Zwei Beine brachen ab. Das Restskelett schleuderte ich gegen die Wand. Ich nahm mir den zweiten Stuhl und drosch ihn auf einen anderen. Splittergeräusche. Das helle Holz der geborstenen Beine der schwarzlackierten Stühle strahlte im Scheinwerferlicht. Ich begann meinen Mortimertext und ließ Gretchen Kinski nicht aus den Augen. Ich brüllte die verhassten Sätze heraus. Sie schmeckten ekelhaft durchgekaut. Während ich schrie, zerkloppte ich systematisch die Stuhlreihen. Als mich die Kraft zu verlassen drohte, trat ich die letzten noch stehenden Stühle mit den Füßen um. Keuchend und nun doch auch irritiert von dem Trümmerfeld um mich herum, ließ ich mich auf den Boden fallen. Lag auf dem Rücken inmitten der Zerstörung und sprach meinen Text zu Ende. Ich wunderte mich, wie einfach es war, die Worte zu sagen. Von allem Ballast befreit, plauderte und plapperte ich ohne groß nachzudenken die Zeilen heraus. All diese wochenlang nicht zu knackenden, haarigen Kokosnuss-Sätze öffneten sich und strahlend weiß lag ihr Sinn vor mir. Als ich fertig war, blieb ich einfach liegen und starrte an die Decke. Glücklich und auch ein wenig stolz. Das Scheinwerferlicht verlosch, Gretchen Kinski kam auf die Bühne und ging neben mir in die Hocke. Sie legte mir die Hand auf den Ellenbogen. »So was gehört absolut nicht hierher, Joachim. Da bist du hier am falschen Ort. Wenn du Probleme hast, musst du dir helfen lassen. Das können wir nicht leisten.« Ihre Einfühlsamkeit peinigte mich. Sie schien vollkommen unbeeindruckt. Oder täuschte ich mich? »Also, morgen, selber Ort, selbe Uhrzeit. Wir fangen einfach noch mal ganz von vorne an. Ich freu mich drauf.« Sie stand auf und machte sich auf den Weg zur Tür, öffnete sie. Doch dann knallte sie die Tür mit solcher Gewalt zu, dass über mir an der Decke die Scheinwerfer wackelten. So war es doch keine ganz eindeutige Niederlage gewesen. Immerhin ein Unentschieden. Ich allerdings musste zweihundertzwanzig Mark für vierzehn, wie es hieß, »irreparable Holzstühle« zahlen, bekam eine Abmahnung und musste mir einen Monat lang bei meinen Großeltern Brote für die Schule schmieren, da ich kein Geld für die Kantine hatte.

Leider gehörte ich nicht zu den Schauspielschülern, die auf der Bühne weinen konnten. Bereits im zweiten Jahr der Ausbildung hat uns diese Fähigkeit knallhart in zwei Klassen eingeteilt: in die schauspielerische Oberschicht, den Adel, wenn nicht sogar den hoch talentierten, heulenden Hochadel, die, denen echte Tränen übers Gesicht rannen, und in die anderen: das Fußvolk, das theatralische Proletariat, die untalentierte Unterschicht, die sich die Hände vors Gesicht schlug und vom Publikum abgewandt mit staubtrockenen Augen Schluchzen spielte. Bei den Männern waren es Alexander und Gernot, die auf Knopfdruck losheulen konnten. Etienne brauchte einige Zeit, flennte dann aber auch nicht schlecht. Bei den Frauen Agnes, Maria und Regina. Wobei Regina eine Klasse für sich war. Sie beherrschte die Klaviatur der Tränen wie keine Zweite. Gerrit, Veronica und ich waren die Ausgetrockneten, das Dörrobst: die Tränenlosen.

In fast jeder Rollenarbeit, auch in vielen Improvisationen gab es diesen alles entscheidenden Authentizitätsmoment: »Stellt euch vor, ihr habt eure Beine bei einem Unfall verloren! Wacht aus dem Koma auf und da ist nichts unter der Bettdecke!«, diesen Wahrhaftigkeitsnachweis: Mensch oder Hochstapler. Es gab Tricks, Techniken, die einem die Tränen in die Augen treiben sollten: Japanisches Heilpflanzenöl auf Daumen und Zeigefinger, bei einer als Nachdenken kaschierten Geste heimlich in die Augenwinkel einmassiert, oder Zauberworte wie »Mönchengladbach« oder »Schanghai«, die den Rachen weiteten und somit zu einem Augen befeuchtenden Gähnen führen sollten. Mit Schanghai hatte ich sogar einigen Erfolg. Mehrere Improvisationen habe ich durch Schanghai-Flüstern ins Ziel retten können. Das Knacken in den Gehörgängen war stets ein gutes Vorzeichen, dass sich das Schleusentor heute gnädig öffnen würde. Meine große Hoffnung war es, in der Simulation dem wahren Weinen zu begegnen. Weinen zu spielen, um weinen zu lernen. Die Tränen rauspressen und dann durch das Gefühl auf den Wangen daran erinnert zu werden, wie es ist, tatsächlich zu weinen. Aber es war anstrengend, Schwerstarbeit. Ich kam mir dann vor wie ein Gewichtheber, der undercover eine unsichtbare, zentnerschwere Hantel stemmt, von der niemand etwas ahnen darf. Bühnentränen wurden meine größte Sehnsucht. Dass es mir nicht gelang, wunderte mich umso mehr, da ich, sobald ich allein war und an meinen mittleren Bruder dachte, ausdauernd und ergiebig weinen konnte. Doch wenn andere mir zusahen, ich es unbedingt wollte und forcierte, versiegten die Tränen, schnurrte der Tränenkanal wie ein Regenwurm in der Sonne zusammen, und ich war staubtrocken wie ein Saharasandkorn. Ich empfand das als große Ungerechtigkeit. Ausgerechnet mir, der Kummer und Verlust kannte, der sich nachts oft genug in Tränen aufgelöst auf nassem Kopfkissen in den Schlaf geschluchzt hatte, blieben die Bühnentränen versagt.

Mortimer hatte mich kreuzunglücklich gemacht. Schlussendlich war ich von Gretchen Kinski zur absoluten Bewegungslosigkeit verdonnert worden. »Es kann jetzt nur noch um eine einzige Sache gehen: versuche den Text so zu sagen, dass man ihn versteht. Den Körper lassen wir einfach weg.« Das kränkte mich maßlos. Ohne Körper saß ich dann beim Aufsagen des Monologs da: Füße nebeneinander, Rücken rund, Handflächen auf einem Tisch, Blick auf die Tischplatte. Dennoch begriff ich nichts von dem, was ich sagte. Aus meinem Mund stieg eine Sprechblase nach der anderen auf, aber in keiner stand etwas. Leeres Geblubber. Sehr viel anders als das Nilpferd war das auch nicht. Einziger Fortschritt: Das Nilpferd konnte jetzt schon am Tisch sitzen. Meinen Großeltern allerdings machte ich Käsecracker mampfend weis, Mortimer wäre mein erster sensationeller Erfolg gewesen.

Umso begieriger stürzte ich mich in meine zweite Rollenarbeit. Zu meiner großen Freude war Regina meine Partnerin. Auch wenn sie von morgens bis abends ohrenbetäubend wie ein Düsenjäger durch den Tag dröhnte, ich hatte mir vorgenommen, es zu ertragen und mich in ihre Intensität und Hingabe einzuklinken. Wir durften uns den Lehrer selbst aussuchen. Unsere Figuren waren Kostja und Nina aus der »Möwe« von Tschechow. Er ein gescheiterter Schriftsteller, sie eine gescheiterte Schauspielerin, beide zusammen ein gescheitertes Liebespaar. Es gelang uns, einen von uns beiden bewunderten Schauspieler der Münchner Kammerspiele für die Rollenarbeit zu gewinnen, und die ersten Proben waren beglückend. Endlich ging es um eine wirkliche Szene. Unser Lehrer war gar nicht so viel älter als wir, und schon bald warfen er und Regina sich vieldeutige Blicke zu, die mich aber nicht weiter beunruhigten. Die ersten Stunden schonte er mich und war geduldig, doch dann wurde es kompliziert, und ich schien ihm auf die Nerven zu gehen. Regina war großartig, und oft vergaß ich meine Rolle zu spielen, da ich ihr einfach nur staunend zusah.

Sie trug ein mit bunten Kordeln besticktes, folkloristisch anmutendes, hochgeschlossenes Kleid, dessen Kragen ihren Hals auf magische Weise verlängerte. Dieser Kragen war aus feiner roter Spitze gefertigt, lag eng an, darüber, ebenfalls sehr eng, ein silbernes Kettchen mit Kreuz. Fast kam es mir so vor, als würde sie davon ein wenig gewürgt. Ihr blasser Hals trug das fahle Gesicht, das sich Regina extra bleich geschminkt hatte, wie etwas sehr Zerbrechliches. Mit viel Aufwand zerzauste sie sich vor dem Rollenunterricht die Haare. So als hinge das Gelingen der gesamten Rolle von ihrer Frisur ab. Ihre Augen hatte sie grau unterlegt. Sie sah tatsächlich gleichermaßen wunderschön und unglücklich aus, sehr nach russischer Seele, rustikal und doch sensibel. Wenn ich ihr zu nahe kam, geriet ich in Aufregung. Ihr liebender Blick, von dem ich natürlich ahnte, dass er nicht mir galt, nicht mir persönlich, war doch so voller Begierde auf mich gerichtet, dass ich mir nicht ganz sicher sein konnte. War das jetzt die Rolle oder war das ich, der derart angeschmachtet wurde? Reginas Aura drückte mich regelrecht von ihr weg. Ich schlich an den Wänden entlang, so weit entfernt von ihr, wie es irgendwie ging. »Ich versteh überhaupt nicht, was du da probierst!«, rief der Lehrer auf die winzige Bühne hoch. »Jetzt schau sie doch mal an! Die Luft zwischen euch muss brennen!« Ich wäre am liebsten auf sie zugestürmt, hätte sie so gerne umschlungen und geküsst oder heimlich, ohne dass es der Schauspielschullehrer hätte hören dürfen, zwischen zwei Textzeilen zu einem Spaziergang eingeladen. Aber unbedingt in diesem Kostüm, mit diesen grau unterlegten Augen und den wilden Haaren. Nur wir zwei in einem Park ohne Scheinwerfer. »Dieses An-der-Wand-Rumstehen und Nur-kurz-über-die-Schulter-Gucken, das ist ja grotesk. Du stehst da wie jemand, der verhaftet wurde und gefilzt werden soll. Beruhig dich doch mal.« Ich drehte mich um. Zu meinem Entsetzen erregte mich ihr Anblick so sehr, dass sich meine russische Anzughose ein wenig zu wölben begann. Regina zog eine Augenbraue hoch. Später sprach sie es ganz unverblümt an. »Sag mal, Alter, du hast da voll den Ständer bekommen. Tickst du noch ganz richtig?« »Quatsch.« »Hab ich doch gesehen!« »Das war nicht ich«, sagte ich grinsend, »das war die Figur!« Sie lachte, durchbrach die Schallmauer, und ich hielt mir die Ohren zu. Wir verstanden uns gut.

Doch dann kam das für mich unlösbare Problem mit den Tränen dazu. Während Nina oder Regina, ich wusste nicht mehr, wer wer war, Möwenschreie ausstieß, saß ich als Kostja gebrochen am Schreibtisch und flüsterte »Mönchengladbach«. Tief über meine Manuskripte gebeugt, gähnte ich, bis mir der Hals wehtat. Ich spürte, wie sich ein wenig Feuchtigkeit an meinen unteren Augenlidern sammelte. Jetzt bloß nicht blinzeln. Bloß nicht das kostbare Nass durch einen Wimpernschlag verteilen, verwischen. »Schanghai! Schanghai!!« Die Zeit lief mir davon. Nina hatte längst aufgehört zu kreischen, hatte längst aufgehört, ihre langen Möwenärmchen von sich zu strecken. Gleich würde sie durch die Tür für immer davongehen. Das war der Moment, auf den ich hingähnte. Sie würde wie verabredet in der Tür stehen bleiben und sich noch einmal, ein allerletztes Mal umdrehen und mich ansehen. Mindestens zwanzigmal hatten wir die Szene bereits geprobt. Und jedes Mal waren während dieses Abschiedsmoments aus Ninas dunkelgrünen Augen, endgültig schwer die Tränen getropft. Der Schauspiellehrer hatte immer wieder gesagt, in diesem Moment müsse die Zeit stehen bleiben oder, und das wurde dann endgültig meine Obsession, es müsse so sein, als ob ein Engel durch den Raum ginge. Mein Gott, wie ich auf diesen Engel gewartet habe. Jedes Mal nach der Szene, ach was, schon während der Szene musste ich ununterbrochen an diesen Engel denken. Kommt er heute oder kommt er nicht? Würde er mir heute die Ehre erweisen, würde er, während wir uns ansahen, endlich durch den Raum gehen, und wie würde es sich anfühlen, dabei zu sein, wenn ein Engel durch den Raum schwebt? Doch ohne Tränen würde er sich wohl kaum herablassen, uns zu besuchen. Da war ich mir sicher: Engel gehen nur dort durch Räume, wo herzerweichend und authentisch geweint wird. Die Währung, in der Engel bezahlt werden, sind Tränen.

Ich sah von meinen Blättern auf, sah Nina in die Augen, die mühelos tränenumflort schimmerten, bereit waren, sich für dramatische Großtaten zu fluten. Mein Ideal wäre es gewesen, wenn mir genau im Moment des Aufblickens eine Träne über die Wange rinnen würde. Ach, wäre das großartig:

eine durch die Kopfdrehung zum Kullern verführte, perfekt getimte Träne. Sie würde auch, da war ich mir sicher, endlich den anspruchsvollen Engel aus seinem Versteck hervorlocken und feierlich durch den Raum schreiten lassen. Ich sah auf. Doch ehe sich das mühsam ergähnte Salzwasser über die Klippen meiner Lider stürzen konnte, versickerte es in den unergründlichen Niederungen meiner Untalentiertheit. Mir tat der Rachen weh, der Nacken, mein Kiefer klemmte mal wieder und mir brannten die vom unermüdlichen Pressen geschwollenen Augen. Über Ninas Kinn glitten Rinnsale, Tränen sammelten sich, fielen funkelnd durch das grelle Scheinwerferlicht auf die Bretter der winzigen Studiobühne. Und dass ich hören konnte, tatsächlich hören konnte, wie sie aufschlugen, erfüllte mich erst mit Bewunderung und dann mit Neid. Ich wollte Nina-Regina lieben, aber ich verachtete sie in diesem Moment für ihr ewiges selbstgefälliges Geflenne. Ich hielt ihrem Blick nicht stand, diesem Qualitätsblick, wandte mich ab und beugte mich über mein Manuskript. Hinter mir warf Regina ärgerlich die Tür zu. Eigentlich war geprobt, dass sie die Tür leise schließen sollte, ja, im leisen Türschließen sollte sich noch ein letztes Mal der geballte, angestaute Schmerz offenbaren. Das hatte der Schauspiellehrer mehrmals ohne einen Anflug von Ironie wiederholt: »Lege deinen ganzen Schmerz in die Klinke, in das Schließen dieser Tür. Mit dem Schließen dieser Tür endet deine Hoffnung auf ein besseres, ein anderes Leben.« Ich sollte erstarrt auf die Tür sehen, lange, dann erst sollte das Licht ausgehen. Kurz nachdem Nina die Tür missmutig, ja, geradezu empört zugeknallt hatte, ging sie auch schon wieder auf. Wie immer war sie viel zu laut, raunzte mich mit ihrer Kneipenröhre an: »Warum guckst du mich nicht an, bis ich raus bin? Wenn du wegguckst, dann komm ich mir total bescheuert vor, wenn ich die Scheißtür leise zumache. Das sieht doch dann so aus, als würde ich dich nicht bei der Arbeit stören wollen. Ich bin doch nicht deine Hausangestellte!« Ich entschuldigte mich, sagte, ich hätte das Gefühl gehabt, dass der Blick nicht so lange tragen würde. »Und warum trägt er nicht?«, mischte sich der Lehrer ein: »Weil du dir nicht klar darüber bist, was dieser Moment für euch beide bedeutet. Weil du dich nicht auf die Situation einlässt.« Wie ich dieses schon zigmal geführte Gespräch hasste. Wie ich diese ganze Sprache, mein eigenes Sprechen hasste: »Der Blick trägt nicht«, »Dich nicht auf die Situation einlässt«.

Da stand der Schauspiellehrer auf, der, das war ja das Besondere an ihm, in erster Linie gar kein Lehrer, sondern ein Schauspieler, ein sehr erfolgreicher Schauspieler war, er stand auf, und schon in seinem entschlossenen Aufstehen sah ich, dass er nicht als Lehrer, sondern als Schauspieler aufgestanden war. Und er betrat auch nicht als Lehrer, sondern als Schauspieler die Bühne. Alle Pädagogik war verschwunden. Mein klägliches Spiel hatte den Lehrer in ihm kapitulieren lassen und den Ehrgeiz, vielleicht sogar das Ehrgefühl des Schauspielers, geweckt. Er stellte sich neben meinen Stuhl und sah auf die Tür. Mit dem Handrücken drückte er, ohne mich anzusehen, gegen meinen Oberarm. Ich stand auf und verließ die Bühne. »Du darfst sie nicht aus den Augen lassen. Du musst mit deinen Augen in sie hineinkriechen. Es ist kalt draußen. Sie hat vom Wind gesprochen. Sie hat wie eine Möwe geschrien.« Nina-Regina erwiderte seinen Blick. Er setzte sich auf meinen Stuhl, und sie sahen sich an. Er lächelte. Warum lächelte er?, dachte ich. Nie hätte ich mich getraut, sie anzulächeln. Nina lächelte zurück. Ihre Augen füllten sich mit Tränen. Der neue Kostja sah sie einfach nur an. Plötzlich passten all die Begriffe, die mir so verhasst waren. Der Blick trug und trug. Kostjas Blick ruhte gelassen, unendlich traurig auf meiner Nina, auf meiner Regina. Warum steigerte seine Gelassenheit die Ausweglosigkeit? Warum war es so ergreifend, obwohl er nicht weinte, es nicht einmal versuchte? Ich begriff nicht, was ich sah. Nina-Regina öffnete die Tür. Ihre Tränen liefen und liefen. Ihr ganzes Leben schien verloren. Mit einer Hand griff sie sich an den Kragen des hochgeschlossenen Kleides, das hatte sie noch nie gemacht, und eine Vorahnung der Kälte, die sie draußen erwarten würde, wehte mich an. Kein Blinzeln mehr. Beider Atem flach, unter bleierner Last verlangsamt. Ich sah gebannt zu. Und da kam er. Die Luft, das Licht, die Zeit standen still, und er kam und ging durch den Raum. Der Engel, auf den ich so lange gewartet hatte, den ich beschworen hatte, zwingen wollte, da war er. Nina-Regina öffnete die Tür, zügig, und schloss sie hinter sich. Doch die Klinke war noch immer nach unten gedrückt. Kostja starrte die gedrückte Klinke an. Ein Zittern, ein mysteriöses Zucken huschte über seine Stirn. Und dann, mit der traurigsten Geräuschlosigkeit, die ich je erlebt hatte, hob sich Millimeter für Millimeter die Klinke. Kostjas Kieferknochen spannten sich. Ich sah, was er dachte. Auch das hatte der Lehrer immer wieder von mir verlangt. »Ich will sehen, was du denkst! Es ist mir vollkommen egal, was du sagst. Das Denken ist das Entscheidende. Zeig mir, wie du denkst!« Ich hatte das stets für eine unmögliche Forderung gehalten. Aber in diesem Augenblick begriff ich es: Ich sah tatsächlich, was er dachte, durfte sein Gedankenleser sein: »Nein, bitte lass diese Klinke nicht los. Bleibe bei mir. Ah, jetzt schleicht sie sich auf Zehenspitzen davon in die Nacht. Ist dein Mantel denn warm genug? Jetzt kommt sie nie mehr wieder. Aber ich lasse sie gehen, denn ich habe es nicht anders verdient. Ich akzeptiere, dass es nicht wiedergutzumachen ist. Ich bin ein Niemand.« Lange starrte der Lehrer auf die Tür und ließ mich ihm beim Denken zusehen. Dabei war sein Gesicht vollkommen entspannt. Ich wusste nicht, ob er noch spielte, so echt wirkte alles. Warum kam Regina nicht wieder herein? Was war denn da los? Worauf warteten denn hier alle? Sollte das noch immer der Schweigen gebietende Schweif des Engels sein? Der neue Kostja starrte auf die Tür. Da begannen seine Augen zu glänzen. Bitte, bitte nicht!, dachte ich flehentlich: bitte, bitte, lass ihn nicht weinen, lass ihn das nicht auch noch können! Aber natürlich konnte er es. Aus seinem linken Augenwinkel heraus rollte ein wahres Prachtexemplar von Träne. Groß und langsam kroch sie seine Wange hinunter, lief ihm in den Mundwinkel, machte dort ein schimmerndes Päuschen und rann zum bibbernden Kinn hinab. Schon etwas schneller glitt auf der befeuchteten Tränenspur die zweite Träne hinunter und dann zügig die dritte. Er weinte die Tür an. Ich war wie ausgelöscht vor Bewunderung. Plötzlich sprang er auf, fuhr sich energisch mit beiden Händen durch die Haare, mit den Fingerspitzen über die Kopfhaut, die Schläfen. Er wischte hektisch an sich herum, als wäre er eine mit Obszönitäten vollgeschriebene Tafel, und rief: »Regina, wo bleibst du denn?« Sie kam durch die Tür. So schön hatte ich sie noch nie gesehen. Glückselig, erregt, von der Intensität der Szene beseelt. Der Schauspiellehrer öffnete fahrig die mit schwarzem Samt bespannten Fenster, wischte sich heimlich mit der Ärmelbeuge über die Augen, mied meinen Blick. Auch Regina sah mich nicht an. Plötzlich kam es mir so vor, als hätte ich die beiden bei etwas Verbotenem erwischt, als würde ich massiv stören. Ich stand auf und packte meine Sachen zusammen. Der Schauspieler räusperte sich zurück in seine Lehrerfunktion, schien nicht genau zu wissen, ob er den Frosch in seinem Hals hinunterschlucken oder ausspucken sollte: »Ahhhm, Entschuldigung. Also, äh, wir schauen uns das nächste Woche noch mal an. Ihr müsst einfach miteinander spielen. Das ist so eine tolle Szene. Jetzt liegt es an euch. Bis dann!«

# Es ist groß, hat Locken und glitzert

Da mich die Schauspielschule voll in Anspruch nahm, telefonierte ich nur äußerst selten mit meinem Vater in Schleswig und meiner Mutter in Italien. Im Grunde war ich heilfroh, sie nicht allzu oft zu hören, und wie es in der Schauspielschule lief, für mich zu behalten. Hatten wir früher gemeinsame Sorgen, so hatte jetzt jeder seine eigenen. Mein Vater hatte wie so oft eine neue Frau kennengelernt und zog zu ihr nach Lübeck. Auch wenn ich so tat, als würde mich das freuen, irritierte es mich, im Hintergrund Kinder und eine weibliche Stimme zu hören. Ich war erleichtert, von zu Hause fort zu sein, nicht permanent zu glauben, meine durch Verlust und Trennung zerstörte Familie reparieren zu müssen, und mich stattdessen in die Obhut der Großeltern begeben zu haben. So schwer ich mich in der Schauspielschule auch tat, bei ihnen hatte ich ein neues Zuhause gefunden.

Nach den Rückschlägen mit Mortimer & Co. gab es aus überraschender Richtung doch noch ein Erfolgserlebnis für mich. Um ihren Kleiderfundus zu verkleinern, veranstalteten die Münchner Kammerspiele eine Kostümversteigerung, deren Organisation und Umsetzung komplett in die Hände meiner Schauspielschulklasse gelegt wurde. Anfänglich waren wir nicht sehr begeistert, denn unsere Einnahmen sollten zur Gänze an eine Stiftung für in Altersarmut geratene

Schauspieler gehen. Aber dann hörten wir, dass die Versteigerung auf der großen Bühne der Kammerspiele stattfinden würde, und witterten sofort die Chance, diesen sagenumwobenen Ort selbst betreten zu dürfen.

Wir hatten zwei Wochen Zeit, die Versteigerung vorzubereiten, und bekamen mehrere riesige Kästen mit ausrangierten Kostümen. Diese Holzkästen beeindruckten mich. Sie waren übersät mit Stempeln und Aufklebern aus fremden Ländern. In ihnen reisten die Kostüme rund um den Globus, wenn ein Theaterstück zu einem Gastspiel eingeladen wurde. Ich sah kyrillische, arabische, asiatische Schriftzeichen, las Namen wie Paris, Edinburgh, Avignon oder Santiago de Chile.

Es dauerte keine zehn Minuten und wir waren uns einig, dass wir die Kostüme nicht nur versteigern, sondern eine Modenschau machen wollten. Gerrit sollte als der Wortgewandteste von uns den Conférencier geben, Etienne würde mit einem Versteigerungshammer die Zuschläge vergeben und wir anderen auf dem Laufsteg die Kostüme präsentieren. Da viele der Kleidungsstücke für Männer eigenartig klein waren, passte mir kaum etwas. Es war, als ob früher hauptsächlich Winzlinge auf der Bühne gestanden hätten. Dicke hatte es dafür offenbar jede Menge gegeben und Gernot standen mehrere brokatbestickte Hosen ausgezeichnet. Wir saßen in einer großen Garderobe des Theaters herum, schoben vom Flur die geräumigen rollbaren Wunderholzkästen herein und bestaunten die Kostüme. Ein Teil nach dem anderen wurde herausgezogen und anprobiert. Einige der Männersachen passten nur den Frauen und es dauerte nicht lange, da saßen sie in Fräcken und Zylindern auf dem Sofa herum, rauchten und sahen blendend aus, nach Berlin in den Zwanzigerjahren. In vielen Kostümen standen auf eingenähten Stoffetiketten die Theaterstücke, für die sie einst gefertigt worden waren, und auch die Namen der Schauspieler, die sie getragen hatten. Für einen Moment überkam mich die Sorge, hier auf ein Kostümteil meiner Großmutter zu stoßen. Ohne genau zu wissen warum, erfüllte mich das mit Unbehagen. Jedes Kleidungsstück war mit erregender Historie getränkt. Doch ich wollte jetzt keinen Anknüpfungspunkt, keine Verbindung.

Wir rissen die Kostüme von den Bügeln, warfen Hüte und Mützen hin und her, halfen uns beim Zuhaken und Zuschnüren. Plötzlich rief Alexander: »Das gibt's ja nicht, schaut mal, was ich gefunden habe!« Agnes hatte mittlerweile einen orangenen Fünfzigerjahre-Skianzug an und sah aus wie aus einem James-Bond-Film. »Was denn?« Auch Etienne in einem cremefarbenen Zuhälteranzug drängte sich heran. »Zeig mal, was ist das denn?« Wir alle umringten Alexander. Veronica trug ein grünes elisabethanisches Königinnenkleid mit flachem, hartem Brustteil und einem hundertfach verschachtelten Kragenring aus weißem Tüll, der ihren Kopf wie abgeschlagen auf einem Teller präsentierte. Alexander hielt ein abgewetztes kariertes Jackett hoch. »Das glaubt ihr nicht, was da drinsteht. Ich dreh durch.« Stimmengewirr und gespieltes Gezerre. »Sag schon.« »Los, Mann!« »Ruhe!«, rief Gernot, in einer Lederjacke über dem nackten Oberkörper und Bierflasche in der Hand. Alexander zwängte sich in seinen Jackettfund und imitierte jemanden. Die Stimme kam mir bekannt vor. »Wer soll denn das sein?« »Meine Damen und Herren, es ist mir eine große Ehre, hier heute mal wieder mein Jackett zu tragen!« »Nein«, schrie Regina in Unterhose und Unterhemd, »das kann nicht dein Ernst sein. Heinz Rühmann?« Er zog sich das Jackett aus, und wir umringten ihn. Tatsächlich, im Kragensaum stand »Heinz Rühmann – Warten auf Godot«. »Das nehm ich mit nach Hause!« »Das kannst du nicht machen.« Gerrit hatte eine Idee. »Wir müssen das sagen bei der Versteigerung. Das ist doch der Knaller. Da werden wir ordentlich was bekommen!« Wir ereiferten uns und kamen aus dem Staunen nicht mehr raus. All das, wo wir mit diesem gerade eben erst ergriffenen Beruf noch hinwollten, hing hier bereits vom Vergessen verschluckt an Stangen. Neben dem fleckigen Jackett von Heinz Rühmann als Einnäher in einem Kostüm dieses Theaters zu enden, schien die größte Ehre zu sein, die uns jemals zuteilwerden könnte.

Keinem der Männer passte das Heinz-Rühmann-Jackett. Alle Arme zu lang, alle Schultern zu breit. Maria schnipste sich ihren Zylinder schief. »Wetten, das ist genau meine Größe.« Sie hatte recht. Am Bügel hing noch eine löchrige Hose. Sie fand ein Hemd, einen breiten Schlips und einen verbeulten Hut. Im Nu sah sie aus wie ein nostalgischer Landstreicher. Von vielen der Theaterstücke, deren Titel in die Kostümteile eingenäht waren, hatte ich noch nie etwas gehört, was mir ein mulmiges Gefühl gab. War ich wirklich so ahnungslos? »Das goldene Vlies«, »Gyges und sein Ring«, »Der blaue Boll« – nichts sagte mir etwas. Nach zwei durchwühlten Stunden lag vor jedem von uns ein Kleiderberg. Doch außer einem unansehnlichen Umhang, der so schwer und muffig war, als hätte jemand sein ausrangiertes Sofa skalpiert, und einem lächerlichen schwarz-weiß karierten Alleinunterhalter-Anzug war ich leer ausgegangen. Alle Hosen zu kurz, viel zu weit, alle Fräcke, Mäntel, Jacken spannten am Sportlerkreuz.

Da zog Regina aus der letzten Kiste ein langes, glitzerndes, mit silbernen Pailletten besetztes Frauenkleid heraus. Am Bügel hing eine Plastiktüte mit einer zerfledderten Boa und ein paar hochhackigen Schuhen darin. Die Schauspielschülerinnen riefen: »Das will ich!« »Nein, ich hab bis jetzt nur Hosen! Das krieg ich!« Doch das Kleid war riesig. Maß vom Saum zur Schulter über zwei Meter. Zwischen den Pailletten waren an verschiedenen Stellen münzgroße Spiegel eingearbeitet. Eine nach der anderen schlüpfte in das Kleid hinein und ertrank darin. Ohne lange zu überlegen, rief ich: »Lass mich mal probieren, ich hab bis jetzt nur den Scheiß-Umhang.« Alle sahen mich überrascht an und Maria reichte mir das Kleid. »Da darfst du nichts drunter anhaben!« Unter dem Gejohle der anderen zog ich meine Jeans und mein T-Shirt aus und schlüpfte in den Riesen-Fummel. Seidenweich und schwer glitt er mir über den Kopf und rauschte zu Boden. Es war tatsächlich einen Augenblick still im Raum. »Wow!«, flüsterte Alexander, »Das passt ja wie angegossen.« Gerrit schüttelte erstaunt den Kopf. »Hammer, Alter! Wie für dich gemacht!« Regina pfiff leise und sagte geradezu hingerissen: »Du siehst ja rattenscharf aus!« Alle bis auf Etienne bewunderten mich. Gerrit stellte sich hinter mich und schlug mir leicht mit der Hand auf den Paillettenpo. »Na, na, na!«, rief ich, »Pfoten weg!« Etienne sah mich angewidert an. »Das ist ein Frauenkleid. Du siehst aus wie die letzte beschissene Transe.« Regina blaffte ihn an. »Was hast du denn für ein Problem. Halt bloß die Schnauze. Das sieht fantastisch aus!«

Das Kleid zwickte nirgends, nicht unter den Achseln, nicht am Kreuz. Es war, das wurde mir in diesem Moment klar, das bestpassende Kleidungsstück, das ich je getragen hatte. Noch nie hatte ich etwas angehabt, das sich so an mich schmiegte. Dieses Kleid hatte nicht ich mir, sondern es hatte sich mich ausgesucht. Es war schwer und leicht zugleich. Ich fühlte mich so, als hätte man mich kurz in flüssiges Metall getaucht. Der Stoff umspannte sanft doch stabilisierend meine Hüften. Ich hatte ja immer nur Hosen getragen, lebenslänglich Hosen! Dadurch war ich eigentlich all die Jahre in zwei Hälften geschnitten gewesen. Immer war in der Mitte der Hosenbund, der Gürtel, das Band der Badehose. Jetzt aber gab es diese Schnittstelle nicht mehr. Ich fühlte mich herrlich ganz, aus einem Guss. Die mir oft unendlich lang vorkommende Strecke von den Schultern bis zum Boden war jetzt eine einzige glitzernde Stromschnelle. Durch seine exzellente Passform verwandelte das Kleid alle knochigen Gelenke und Kanten in weiche Übergänge. Ich hatte keine Knie mehr, keine Rippen, alles Staksige war verschwunden. Gekrönt wurde dieser erste Eindruck von der ungewohnten Luft zwischen meinen nackten Beinen. Die Außenseiten der Oberschenkel umspannte der seidenweiche Stoff, doch an den Innenseiten der Schenkel war nur Haut und Wärme. Das erregte mich, war ein frivoles Bein-Geheimnis. Schon bei der ersten Kopfdrehung merkte ich, dass alles anders war. Ich hatte einen ganz anderen Radius. Mein Kopf schwang gut geölt ohne Gelenkblockaden nach links und rechts, ich fühlte mich elegant und würdevoll.

Selbst Agnes, die sich sonst eher weniger mit mir beschäftigte, zeigte Interesse. »Probier mal die Schuhe!« Sie reichte mir das ebenfalls mit Pailletten und Spiegelchen verzierte Schuhpaar. Wie in Maßanfertigungen glitten meine Füße hinein. Und Gerrit rief: »Mein Gott, Aschenputtel, warum hast du so riesige Füße?« Ich sagte: »Damit ich dich besser treten kann!« Plötzlich war ich zehn Zentimeter größer. Noch nie hatte ich hochhackige Schuhe getragen. Durch die Gewichtsverlagerung schwankte ich leicht, Wirbel für Wirbel sortierte sich neu, und ich stand da, aufrecht wie nie zuvor. Mit mutig vorgewölbtem Brustbein. Eine angenehme Festigkeit streckte meine Beine und strahlte in den Po. Ich hatte mir nie viele Gedanken über meinen Hintern gemacht, eigentlich nur an ihn gedacht, wenn ich zu lange drauf gesessen hatte, doch jetzt spürte ich seine pralle Rundheit gegen das Kleid drücken. Dieser Po war alles andere als schüchtern. Ich beugte mich über die Schulter und blickte zu ihm hinunter. Provokant lasziv beulte er sich aus dem Kleid heraus. Dieser Paillettenpo wollte etwas erleben, das wurde mir sofort klar, als ich ihn so sah.

Maria reichte mir die arg lädierte Boa, die sich trotz ihrer fortgeschrittenen Mauser katzenweich an meinen Hals schmiegte. Alexander rief: »Na, den Höhepunkt der Versteigerung haben wir schon mal.« Nie, in keiner Improvisation, in keiner meiner Rollenarbeiten hatte ich mich je auch nur eine Sekunde lang so wohlgefühlt. Während ich mich vor dem Spiegel drehte, drang die Beschaffenheit des herrlichen Kleides, der hohen Schuhe, der wehenden Boa tief in mich ein und verwandelte mich. Zum ersten Mal fühlte ich mich wie ein anderer. Ich drehte den Kopf hin und her, bewegte die Arme und Hände. Plötzlich war da ein totales Glücksgefühl. Immer hatte ich mich kleiner gewünscht, auf Augenhöhe der anderen, doch jetzt, in diesem silbergleißenden Kleid, war ich stolz, ein schimmernder Paillettenriese zu sein.

Ich war mit kurzrasiertem Schädel auf die Schauspielschule gekommen, hatte dann aber schnell begriffen, dass ich so viel Markantheit bei Weitem nicht zu rechtfertigen vermochte, und mir die Haare wachsen lassen. Da ich aber meine Locken nicht mochte, trug ich sie streng zurückgegelt. Diese angedatschte Frisur, dieser ölige Helm drückte mich plötzlich und mit ein paar wilden Strubbelbewegungen zerwühlte ich meine Haare. Das Kleid, das fühlte ich, wollte, dass man die Dinge gleich tat, seinen Launen nachgab und nicht lange abwog. Da fiel eine winzige Paillette von meiner Brust und so, als hätte ich das schon Hunderte Male gemacht, als wäre es das Selbstverständlichste der Welt, ging ich in die Hocke und balancierte mich diesen ganzen Weg hinunter. Ich leckte meinen Zeigefinger an, tippte damit auf die Paillette und hauchte: »Ich glaub, ich hab da was verloren!« Die anderen lachten und klatschten, und es war alles so stimmig, so ausgelassen und endlich mal ohne Krampf. »Wem das wohl gehört hat?« In das Kleid war weder ein Name noch ein Theaterstück eingenäht. Es war eine von wem auch immer nur für mich in den Kasten hineingezauberte Aufforderung, ein Hinweis, dass noch nicht alles verloren war, dass es sich lohnen würde, noch ein wenig durchzuhalten.

Wir waren durstig geworden und Agnes und Gernot zogen so, wie sie waren, zur Tankstelle los, um Bier zu holen. Wir schrieben die Texte für den Conférencier und verteilten die restlichen Kostüme. Ich bekam noch ein schäbiges Clownskostüm. Die riesigen aufgenähten blauen Taschen waren voller gebrauchter, zerknüllter Papiertaschentücher. Übermütig bewarf ich meine Mitschüler und es gab einen kleinen gutgelaunten Tumult. Durch mein Kleid war ich innerlich so gefestigt worden, dass ich die Hässlichkeit des Clownskostüms mit Leichtigkeit ertrug und sogar in der Luft meine Hacken zusammenschlug. Kurz vor Mitternacht kam der Pförtner vorbei und schimpfte, dass wir das Gebäude jetzt verlassen müssten. Bei seiner nächsten Runde schien er schon ein wenig angesoffen und Maria, in ein Mieder mit Rüschchen eingeschnürt, das den Busen üppig servierte, schmiegte sich an seinen Spitzbauch und schnurrte: »Wir brauchen noch ein Stündchen!« Bezirzt zog er ab. Wir tranken das eiskalte Bier aus den beschlagenen Dosen und probierten und texteten bis zum frühen Morgen. Als wir das Theater verließen, waren die Straßenlaternen noch an, aber ihr Licht war im Morgendämmer schon matt geworden. Kurz standen wir in einer fröstelnden Traube vor dem Eingang. Alexander und ich traten mit den Schuhspitzen gegen die Bordsteinkante. Agnes hatte sich bei Etienne eingehakt, und Gernot trank abwechselnd aus zwei Bierdosen. Maria, Veronica und Regina rauchten gemeinsam einen Joint und Gerrit machte irgendwelchen Quatsch mit seinem Halstuch. Tat so, als wären seine Hände außer Kontrolle geraten und würden ihn damit strangulieren. In diesem Moment war es unvorstellbar, dass auch nur ein Einziger von uns ein anderer wäre.

Eine Woche später war der Tag der offenen Tür endlich da. Ein langer Laufsteg war für uns über die Theatersessel hinweg in den Zuschauerraum verlegt worden. Überall in den Werkstätten liefen Besucher herum, die buchstäblich einen Blick hinter die Kulissen werfen durften. Im lichtdurchfluteten Malersaal wurden riesige Prospekte gefertigt. Der Boden war mit einer dreihundert Quadratmeter großen Papierfläche bedeckt, auf der die Besucher verschiedenste Techniken selbst ausprobieren durften. Es wurde gesprüht, gepinselt und gedruckt. In der Requisite, die aussah wie eine mittelalterliche Apotheke mit Hunderten Fächern und Schubladen, wurden verschiedene Maschinen gezeigt. Mannshohe Schmetterlinge mit Seidenpapierflügeln und geräuschlosen Motoren oder ein ferngesteuerter Aschenbecher, der auf dem Tisch herumfuhr. In der Maske ließen sich Kinder zu Feen schminken und Erwachsene bekamen Perücken aufgesetzt und lachten enthemmt. Durch die Gänge zwängten sich Hunderte Besucher, schoben sich aneinander vorbei zur nächsten Abteilung. Großer Andrang herrschte auch in der Waffenkammer, wo der Rüstmeister alle zwanzig Minuten denselben Vortrag hielt. Kräftige Männer wurden dabei gestoppt, wie lange sie einen Bihänder in die Luft halten konnten.

Sehr beliebt war es, sich in den Sturm einer gigantischen Windmaschine zu stellen oder mit einem Gurt gesichert an einem der Züge auf der Bühne in die Höhe ziehen zu lassen. Es machte mich stolz, ein Teil dieser Welt zu sein. Viele der sonst unerreichbar abgehobenen Schauspieler hatten sich an diesem Tag unter die Besucher gemischt. Genossen es, erkannt zu werden, und gaben sich volksnah. Sie waren wahre Nähekünstler, plauderten und gaben Autogramme.

Um drei Uhr begann die Kostümversteigerung. Für den Conférencier wurde das Mikro eingepegelt und die Musiklautstärke abgestimmt. Kein einziger Platz im Zuschauerraum war noch frei. Die Besucher standen dicht gedrängt an den Wänden und hockten auf den Treppen. Wir warteten in unserer Garderobe. Gerrit begrüßte die Zuschauer. Er war sichtlich nervös, verhaspelte sich und seine Witze zündeten nicht recht. Doch die Leute waren unerschütterlich begeistert. Beklatschten jedes Kostüm und lieferten sich lautstarke Bietduelle. Etienne schwang den Hammer. »Zwanzig zum Ersten, zum Zweiten uuuuuund zum Dritten.« Mein erster Auftritt mit Umhang brachte dreißig Mark. Gerrit rief: »Das Ding können Sie auch als Teppich benutzen oder im Winter über Ihr Auto werfen!« Schon jetzt war die Versteigerung ein unglaublicher Erfolg. Die Leute tobten und klatschten, und Gerrit wurde besser und besser: »Und hier sehen Sie die zauberhafte Agnes in einem Skianzug aus den Fünfzigerjahren. Der ist unverkäuflich! Obwohl, kommt drauf an. Agnes, ich kauf dir das Ding ab, du siehst ja Bombe aus!« Der Auftritt aller Frauen in Fräcken und Zylindern. Es ging Schlag auf Schlag.

»Und jetzt einer der absoluten Höhepunkte unserer Versteigerung. Wir haben hier ein Originalkostüm von, Sie werden es nicht glauben: Heinz Rühmann! Bitte.« Maria kam heraus und schlenderte lässig über den Laufsteg. »Stellen Sie sich das vor. Das hat Heinz Rühmann selbst getragen. In ›Warten auf Godot‹ im Jahre 1954. Wir beginnen mit einhundert Mark.« Noch bevor Maria den Laufsteg unter lauten Zurufen verließ, war der Preis bereits auf zweihundert hochgeschnellt. Wir anderen saßen gebannt unter einem Lautsprecher in der Garderobe, über den sonst die Statisten zu ihren Auftritten eingerufen wurden, und verfolgten die sich überschlagenden Gebote. Nach langem Hin und Her gingen Jackett und Hose für unglaubliche fünfhundertsechzig Mark an eine piepsige Männerstimme.

Dann war wieder ich an der Reihe. Als ich mir in der

Garderobe das Kleid nahm, hatte ich für einen Moment Sorge, dass es seine Magie, seine Passform eingebüßt haben könnte. Doch dann war es genauso über meine Schultern hinabgeglitten wie in jener Nacht, da wir uns kennengelernt hatten. Ich schlüpfte in die Schuhe, nahm mir die Boa. Alles perfekt. Ich hatte mir am Abend zuvor in der Dusche meiner Großeltern die Beine rasiert und die Haare gewaschen. Jetzt war ich untenrum spiegelglatt und oben so fluffig wie ein Königspudel. Ich machte mich bereit. Wartete hinter der Bühne. Gernot kam in einem martialischen Pelzmantel zurück. Im Vorbeigehen sagte er, mir seine geballte Faust entgegenreckend: »Du bist die Schönste im ganzen Land. Zeig's ihnen!« Ich hörte meine Anmoderation. »Und jetzt, meine sehr verehrten Damen und Herren, kommen wir zu meinem ganz persönlichen Favoriten – ein Prachtstück. Es ist groß, hat Locken und glitzert.« Ich machte einen kleinen Schritt aus dem Dunkel heraus und betrat den Laufsteg. Das Scheinwerferlicht traf mich voll. Da geschah etwas, womit ich nicht gerechnet hatte, womit keiner von uns rechnen konnte: Das Licht wurde durch die winzigen Spiegel, die in das Kleid eingenäht waren, in alle Richtungen reflektiert. Ich setzte Schritt vor Schritt, fühlte mich sicher und stabil und um mich herum begannen Hunderte Lichtpunkte über Wände, Logen, Ränge und Decke zu tanzen und schossen wie silberne Fischchen durch blitzendes Wasser. Die Zuschauer schrien regelrecht auf und klatschten. Ich stolzierte bis zum Laufstegende, hielt inne und drehte mich. Das ganze Theater wurde in diesem Augenblick von den Lichtpunkten aus den Angeln gehoben. Ich war eine lebendige Discokugel. Ich streckte meine nackten Arme mit der Spannweite eines Kondors aus und drehte mich. Das Kleid bauschte sich und kühle Luft strömte bis zu meiner Unterhose hinauf. Ich drehte und drehte und drehte mich.

Die Boa hob ab und wirbelte herum. Die Lichtpunkte flogen und die Leute jubelten und riefen absurde Beträge. Ich blieb stehen, reckte die Arme in den Theaterhimmel, nahm den Applaus entgegen, verbeugte mich und machte mich Schlangenlinien laufend auf den Rückweg. Ich schwang meinen Paillettenpo, und obwohl ich mir sicher war, dass der Laufsteg auf dem Hinweg nur halb so lang gewesen war, erreichte ich sicher die Kulissen und verschwand im Dunkel der Hinterbühne. Es brauchte einige Zeit, bis sich die Leute etwas beruhigt hatten. Mehrmals rief Gerrit: »Ruhe, bitte Ruhe! Die Versteigerung beginnt! Hundert Mark sind das Einstiegsgebot!« Mein Herz pochte gegen das Kleid. In der Garderobe ließ ich mich in einen Sessel fallen und hörte mir über den Lautsprecher die Versteigerung an. Ich sah an mir hinab. Herrlich hingegossen lag ich da. Mein eines Bein war grazil aus dem Schlitz gerutscht. Regina rief: »Was ist denn da draußen los? Die Leute rasten ja komplett aus.« Ich war außer Atem, legte mir gekreuzt die Handflächen über die Brust. Obwohl mir diese großmuttertypische Haltung ungewohnt, ja übertrieben vorkam, fühlte sie sich goldrichtig an. Ich ließ den Kopf nach hinten sinken, hauchte: »Ich habe geleuchtet.« »Wie geleuchtet?«, wollte Veronica wissen. Die anderen kamen zu meinem Stuhl. »Was meinst du denn?« »Hast du was genommen?«, hörte ich Gernot fragen. Doch ich blieb dabei, mehr war nicht zu sagen. »Ich hab geleuchtet. Überall hat man es gesehen. Hunderte Punkte. Ich hab mich gedreht und gedreht und geleuchtet!«

Durch den Lautsprecher schepperte Etiennes Stimme. »Sechshundertachtzig zum Ersten, zum Zweiten und zum Dritten. Schuhe und Kleid gehen an den großen Herrn mit Schnauzbart im ersten Rang!« Veronica sah mich bewundernd aus ihren Riesenaugen an. »Du hast sogar Heinz Rühmann geschlagen!«

Über siebentausend Mark brachte unsere Versteigerung ein, und als ich zwei Tage später durch den Hof des Theaters ging, begegnete ich dem Chefdramaturgen der Münchner Kammerspiele: »Du warst das mit dem tollen Kleid, stimmt's?« Ich nickte. »Starker Auftritt.« »Danke. Ja, das hat …« Gebeugt war er schon weitergehastet, von intellektueller Eile getrieben, und allein beendete ich meinen Satz: »… Spaß gemacht!«

Für mich war dieser Auftritt eine zwiespältige Erfahrung. Einerseits war ich erleichtert, dass ich daran Gefallen gefunden hatte, mich den Leuten zu zeigen, dass ich mich ausnahmsweise auf einer Bühne wohlgefühlt und mich nicht versteckt hatte. Andererseits machte es mich aber auch todunglücklich, da ich genau wusste, dass der Auftritt eine einmalige Sache gewesen war, eine darstellerische Sackgasse. Es gab keine Rollen für Männer in Paillettenkleidern. Ich wollte Romeo und Hamlet spielen, ein jugendlicher Held sein und kein Transvestit auf dem Laufsteg. Nächtelang dachte ich darüber nach, warum ich in Hemden, Pullovern und Hosen versagte, aber im Kleid brilliert hatte. Was war der Unterschied? Nur allmählich sollte ich dahinterkommen. Je mehr ich mich verkleidete, je mehr ich mich unter Perücken und Brillen versteckte, desto weniger Angst hatte ich zu spielen. Nur wenn ich mich unkenntlich machte, mein Gesicht auslöschte, mir irgendeinen schwachsinnigen Gang ausdachte, verlor ich meine Scheu. Aber sobald, und das war ja meistens der Fall, ich dazu aufgefordert wurde, »ich« zu sein, mein Gesicht zu zeigen, bekam ich Panik und verzagte. Ich wollte Theater spielen, aber nicht dabei sein. Leider war das auf einer Schauspielschule nicht im Geringsten erwünscht. An diesem Ort sollte man sich häuten, zu sich kommen, ganz man selber sein, sich offenbaren und zeigen. Ich dagegen wollte mir noch zehn Schutzschichten mehr zulegen, mich mit Theaterschminke zukleistern, unter Perücken abtauchen und mich hinter dicken Brillengläsern verschanzen. Ich wollte auf der Bühne stehen und dabei nicht gesehen werden. Ich wollte inkognito ich sein.

# Nachtkerzen

Wenige Tage nach meiner geschlechtsübergreifenden Glanz-
tat gewährte mir mein Großvater einen tiefen Einblick in
seine Ansichten über mich. Wir saßen beim Whisky auf der
Terrasse und plauderten. Meine Großmutter war eine passi-
onierte Wespenjägerin und wedelte die Tiere geschickt mit
der zusammengerollten Zeitung von den zuckrigen Florenti-
nern herunter und erschlug sie. Es war allerdings auch schon
vorgekommen, dass sie die Wespen in Ermangelung einer
Waffe mit den bloßen Händen in der Luft zerklatschte und
dadurch meinen Großvater und mich zu Tode erschreckte.
Unmittelbar nach diesen gnadenlosen Attacken schaute sie
mit Unschuldsmiene vom einen zum anderen, nahm das In-
sekt am still und tot abstehenden Flügelchen und warf es in
die Rosen.

An diesem milden Spätnachmittag fand mein Großvater
plötzlich sehr deutliche Worte für mich: »Weißt du mein Lieber, wenn ich dir so zuhöre, und das tue ich wirklich gerne,
wenn ich deinen Werdegang mitverfolge, kann und will ich
doch ein bestimmtes Unbehagen nicht länger verbergen. Für
dich scheint alles Phänomen zu sein. Du staunst ja über alles und sei es noch so unbedeutend. Die Welt anzustaunen ist
eine sehr kindliche und friedliche Angelegenheit. Aber es ist
auch furchtbar hilflos. Deine Teilhabe ist dadurch sehr ein-

geschränkt.« »Was meinst du mit Teilhabe, Großvater?« »Dadurch, dass du deinen Blick auf die Welt perfektionierst, drohst du dich selbst aus ihr auszuschließen. Teilhabe hieße, ein Bestandteil der Welt zu sein. Der Glaube an Gott ist für dich ein Phänomen, für mich Teilhabe an der Welt, ja, an der Schöpfung. Deine Generation neigt dazu, Kontexte zugunsten einer beobachtenden, aber unverbindlichen Position aufzukündigen. Die Welt wird dadurch zu einem Ereignis-Zirkus degradiert. Einer der Leitbegriffe meines Denkens ist der Begriff der Freiheit. Du scheinst mir auf die Freiheit, in der wir leben, wie auf ein selbstverständliches Phänomen zu schauen. Dieses Paradoxon bringt es auf den Punkt: das selbstverständliche Phänomen. Es gibt im Grunde nur noch Alltagsprobleme für dich, Alltagsprobleme als Alltagsphänomene. Aber es lohnt sich zu begreifen, dass wir alle dazu aufgerufen sind, uns am tagtäglichen Prozess des Bewahrens und Verteidigens der Freiheit zu beteiligen. Es geht da im Grunde um alle Lebensbereiche, um den konkreten Kontakt zum Koordinatensystem des Daseins: den Glauben, die Natur, die Historie, die Staatsform, die Ehe, die Beziehung zum Gegenüber.« »Aber wenn ich doch nicht glauben kann, Großvater. Wenn mir das ganze Brimborium der Kirche auf die Nerven geht? Was soll ich machen?« »Ach weißt du, das, wie du es nennst, Brimborium bringt jede Institution nun mal mit sich. Das sind letztlich Äußerlichkeiten, die den Kern aber nicht beschädigen können. Und der Kern der Kirche ist der Glaube, der Kern unserer Demokratie ist die Freiheit, der Kern der Ehe ist die Liebe.« Meine Großmutter betrachtete meinen Großvater während seiner Ausführungen voller Bewunderung. Hör genau hin, sagte mir ihr Blick, er spricht nicht oft, und wenn er spricht, gilt es nichts zu verpassen.

Mein Großvater lächelte mich an: »Ich sehe es ja an deinem leicht belustigten Gesicht, auch ich, der ich hier rede, erscheine dir als ein Phänomen. Du beobachtest mich mehr, als dass du mir zuhörst.« »Ich höre dir zu Großvater, aber sag mir doch bitte, was ich machen soll, wenn es so ist, wie du sagst. Wie komme ich denn raus aus der Welt als Phänomen hin zu, ja zu was eigentlich?« »Hin zur Teilhabe. Es geht um das Ringen als Lebensaufgabe an und für sich. Das Ringen ist die Voraussetzung für das Hereingenommenwerden. Denn weißt du, auch ich ringe ja mit dem Glauben. Das Ringen mit Begriffen ist meine tägliche Arbeit. Es könnte ein wichtiger Schritt sein, zu begreifen, dass die Welt unter einem rein beobachtenden Blick verkümmert. Erkenntnis entsteht eben nicht durch Beobachtung, sondern durch Involviertsein, durch Teilhabe.« »Was, Großvater«, fragte ich, »ist denn der Kern der Schauspielerei?« Er nahm sich gelassen Zeit, um zu antworten, aß ein Stückchen Shortbread und kaute. »Der Moment. Jeder einzelne Augenblick, würde ich sagen. Dem Mimen flicht die Nachwelt keine Kränze. Aber er hat den Augenblick. Vermag er diesen zu nützen, werden die Dinge anschaulich auf einzigartige Weise.«

Nun schaltete sich meine Großmutter ein, die durch den Rotwein bereits einiges an Direktheit gewonnen hatte. »Weißt du, warum ich an der Schauspielschule aufgehört habe? Weil ich die Faulheit, die innere Faulheit der Schüler nicht mehr ertragen konnte. Es geht doch um Identifikation, um die totale Verschmelzung mit einer Rolle, um klare Gedanken zu jedem einzelnen Satz. Es geht nicht um Distanz, es geht um Nähe, nicht darum, einen Kommentar zu einer Rolle abzugeben und sie sich dadurch vom Leib zu halten, sondern es geht einzig und allein darum, diese Rolle zu sein. Immer öfter hab ich zu hören bekommen, das ist mir zu anstrengend oder das sei nicht mehr modern. Und dann immer die Haare im Gesicht. Man hat ja gar nichts mehr von den Augen gesehen. Haare bis zur Nase und dann mit so einem faulen und selbstgefälligen Mund Kleist nuscheln. Was für eine Missachtung!«

Mein Großvater strahlte. »Ich habe als junger Mann viel Zeit mit den Wandervögeln verbracht. Da waren wir wochenlang unterwegs. Das, was uns antrieb, war unser Glaube und die Lust, durch die Wälder zu streifen. Und gesungen haben wir auch.« Mein Großvater hielt kurz inne und dann verkündete er freudestrahlend: »Wisst ihr, was ich jetzt mache? Ich hol jetzt die Gitarre.« »Mooooaahhhhhh!«, rief meine Großmutter. Während wir auf ihn warteten, flüsterte sie: »Das, mein Lieberling, hat er seit Jahren nicht mehr gemacht. Du wirst staunen.« Als er wieder hereinkam, sah er bereits verändert aus. Das bloße Tragen der Gitarre hatte ihn zu einem anderen Mann gemacht. Er schlug die Beine übereinander, zupfte an den Saiten und stimmte das Instrument. Er zog sich die Krawatte über den Kopf, öffnete die oberen zwei Hemdknöpfe, summte leise verschiedene Melodien, hielt kurz inne und fing zu singen an. »Drei Zigeuner fand ich einmal liegen an einer Weide, als mein Fuhrwerk mit müder Qual schlich durch die sandige Heide …«

Die helle Reinheit seiner Stimme traf mich völlig unvorbereitet und ich musste tief ein- und ausatmen, so schön war es. Er sang das ganze Lied, alle Strophen auswendig. Die Finger fanden traumwandlerisch die Griffe, und der Text schien aus Sphären jenseits aller Zeit wie selbstverständlich aus dem Großvatermund zu strömen. Nach dem Lied trank er einen großen Schluck Rotwein und stimmte das nächste an. Zum Abschluss dieses denkwürdigen Abends, bereits nach dem Cointreau, schon mit leicht wankenden Köpfen sangen sie dann sogar gemeinsam. »Inge, glaubst du, wir kriegen ›Sag zum Abschied leise Servus‹ hin?« »Um Gottes willen, Hermann, verschone mich mit dieser Geschmacklosigkeit.« »Und wenn ich dich von Herzen bitte?« Er zupfte die Gitarre und sang sie an wie ein Minnesänger unter dem Balkon. Sie zierte sich noch einen Augenblick und stimmte doch mit ein. Lustvoll bedienten sie das österreichische Idiom, und meine Großmutter hob die Hände und ließ sie so, als wäre die Melodie eine Welle, in der Luft auf und nieder gleiten. Ich verschluckte mich, stand auf und lief hustend auf den Rasen. Ich sah zum Haus zurück. Sie hatten sich nicht stören lassen. Saßen da im Kerzenschein und sangen.

Nur wenige Tage später, völlig unvermittelt, konnte meine Großmutter nicht mehr sprechen. Sie wachte nach dem Mittagsschlaf auf, fühlte sich miserabel, wollte meinem Großvater etwas sagen und brachte kein Wort mehr heraus. Obwohl keine akute Lebensgefahr bestand, war es schrecklich. Als ich am Abend von der Schauspielschule kam, war niemand zu Hause, und auf dem Küchentisch lag ein Zettel mit der Handschrift meines Großvaters. »Wir sind bei den Barmherzigen Brüdern.«

Ich ging sofort wieder los und kam keine zehn Minuten später bei ihnen im Krankenhaus an. Voller Sorge öffnete ich die Tür des Krankenzimmers. In einem farbintensiven Hosenanzug in Weinrot lag meine Großmutter lässig ausgestreckt auf dem Krankenbett, und so großartig wie sie aussah, ließ sie keinen Zweifel daran, dass sie nicht vorhatte, noch lange zu bleiben. Mein Großvater saß auf einem Stuhl neben ihr und hielt ihre Hand. Obwohl meine Großmutter ja wusste, dass sie nicht sprechen konnte, versuchte sie es. Sie sah mich und öffnete den Mund. »Almmmmnsdennaahgimaannunnt.«

Über das ungeordnete Gebrabbel geriet sie in Wut, schlug mit der flachen Hand auf die Bettdecke, aber auch die Unmutsäußerungen waren nicht zu verstehen. »Was ist denn passiert?«, fragte ich. Mein Großvater sah ungewöhnlich derangiert aus, sie schienen überstürzt das Haus verlassen zu haben. »Es kam ganz plötzlich. Vor dem Mittagsschlaf war noch alles gut. Aber es ist wohl keine Blutung. Ein Doppler ist schon gemacht worden. Wir warten auf das Ergebnis.« Ich hatte keine Ahnung, was ein Doppler sein sollte, und setzte mich zu ihr aufs Bett. Sie sah mich an und in ihrem Blick war nicht die geringste Sorge zu erkennen, ganz im Gegenteil, sie war empört. Wieder versuchte sie etwas zu sagen: »Hannnnnuaa …« Sie presste die Lippen zusammen, sekundenlang stemmte sie sich gegen den Widerstand der Wortlosigkeit und schüttelte schließlich entnervt den Kopf. Als ich sie so sah, wunderte ich mich maßlos über ihre Gereiztheit. Realisierte sie überhaupt, was hier vor sich ging? Warum tat sie so, als ob dieser besorgniserregende Sprachverlust nichts weiter als eine lästige Zumutung sei? Wieder stammelte sie etwas und als wir nicht verstanden, schlug sie sich gegen die Stirn und sah uns vorwurfsvoll an, als wären mein Großvater und ich Dummköpfe, die ihre Sprache nicht beherrschen würden.

Sie stand auf und holte sich ihre Zigaretten. Da kannte sie kein Pardon. Sie hatte schon immer geraucht, wo sie wollte. Ich war sogar einmal mit ihr aus einer Goya-Ausstellung geflogen, weil sie sich eine angesteckt hatte. Ungeduldig nahm sie das Handgelenk meines Großvaters und sah auf seine Uhr. »Der Arzt müsste gleich kommen, Inge. Jetzt gib doch bitte noch einen Moment Ruhe.« Wir warteten. Ich erzählte von der Schule, und sofort versuchte sie etwas zu fragen. Immer wieder aufs Neue vergaß sie ihre Unfähigkeit und jedes Mal geriet sie darüber in Zorn. Sie schmatzte erbost mit den Lippen und schlug die Hände laut klatschend über dem Kopf zusammen. Der Arzt kam und fragte meine Großmutter, wie es ihr denn ginge. Mein Großvater antwortete für sie: »Sie hat immer noch extreme Probleme mit der

Artikulation.« Meine Großmutter winkte ab, wischte die Information mit einem verrutschten Auflachen beiseite und strahlte den Arzt an. Es sah aus, als wolle sie sagen: »Bitte, bitte, macht euch keine Sorgen um mich. Mir geht's blendend. Reine Zeitverschwendung. Können wir mal los?« Sie verbrüderte sich in ihrer Stummheit mit dem Arzt gegen uns, die wir äußerst besorgt waren. »Also einen Schlaganfall können wir mit großer Wahrscheinlichkeit ausschließen!« Mit überheblichem Pathos warf sie uns einen callasmäßigen Blick zu. »Na, was hab ich gesagt. Eine Lappalie, nichts als eine Lappalie!« »Höchstwahrscheinlich ist es eine Verstopfung der Karotis, das ist eine der Hauptarterien, die das Gehirn mit Sauerstoff versorgen. Die Ergebnisse vom Doppler brauchen allerdings bis morgen. Wir müssen Sie auf jeden Fall über Nacht hierbehalten.« Meine Großmutter verlor die Fassung, hieb entrüstet auf die Metallstange am Bettende. Herausfordernd blickte sie den jungen Arzt an: »Ganggggghanhgg …!« Schlag aufs Kopfkissen. »Arrrooor …!« »Sie dürfen hier nicht rauchen. Das geht wirklich ganz und gar nicht.« Jetzt reichte es ihr. Nicht rauchen dürfen: eine Unverschämtheit, nicht nach Hause dürfen: eine Beleidigung, nicht sprechen können: eine Zumutung. Lange sah sie mich an mit schneidender Härte, dann meinen Großvater. Sie war randvoll mit glasklaren Gedanken. Diese drückten blitzend von innen gegen ihre Augen, fanden keinen anderen Ausgang mehr als diesen. Mit beiden Händen, als wären wir lästige Autogrammjäger, wedelte sie in unsere Richtung, drückte die Kippe auf dem Rolltischchen aus, ließ sich auf das Kissen zurücksinken und schloss die Augen. Der Arzt gab uns ein Zeichen und wir verließen gemeinsam mit ihm das Zimmer.

Am nächsten Morgen entschied sie sich ohne zu zögern für eine Operation. Schon zwei Tage später war es so weit. Mein

Großvater war bei ihr, als sie aus der Narkose erwachte. Leider sprach sie immer noch schlecht, ja fast noch schlechter. Sie musste im Krankenhaus bleiben. Wir warteten noch ein paar Tage in der Hoffnung auf Besserung. Umsonst.

Am Abend saß ich zusammen mit meinem Großvater auf der Terrasse. Er fütterte die zahmen Rotkehlchen mit Pinienkernen. Seine halbe Lunge atmete angestrengt ein und aus und ein und aus. Er wurde stiller und stiller, schließlich weinte er vor Sorge. Ich hatte ihn noch nie weinen gesehen. Jetzt tropften die Tränen aus seinen großen, vom grauen Star leicht milchigen Augen.

Als es dämmerte, geschah etwas, das mich schon als Kind vor ein unlösbares Rätsel gestellt hatte. Vor der aus roten Backsteinen verlegten Terrasse gab es ein lang gestrecktes Beet. In diesem Beet standen mehrere Rosensträucher, etwas Phlox, ein paar Nelken und eine Blume mit dem Namen »Nachtkerze«. Eine eher unscheinbare, bis zu einem Meter hoch werdende, auch an Bahndämmen oder in Brachflächen gedeihende und einem Unkraut nicht unähnliche Blumenart, doch meine Großeltern liebten sie. Setzte man sich um sechs Uhr für den Whisky auf die Terrasse, war außer ein paar verwelkten, trockenen Blüten nichts zu sehen. Man unterhielt sich, sprach vielleicht sogar über das bevorstehende Wunder, und verpasste doch allabendlich den entscheidenden Moment: Zwischen zwei Sätzen, zwischen zwei Schlucken aus dem Weinglas blühten die Nachtkerzen auf, öffneten ihre hellgelben Blüten, deren Farbton geradezu magisch auf das fahler werdende Licht abgestimmt zu sein schien. Während die anderen Blüten des Gartens der Dämmerung nicht viel entgegenzusetzen hatten, blasser wurden, ihre Strahlkraft von der Finsternis erstickt wurde, leuchteten die Nachtkerzen umso mehr. Das Rot der Rosen wurde schnell schwarz, so als würden sie die Dunkelheit wie Schwämme aus dem Abend saugen. Als leuchteten sie von sich aus, standen dagegen die Nachtkerzen, wie fluoreszierende Blütenlaternchen, um die Terrasse herum. In meiner Kindheit war das eine mich durchaus beschäftigende Vorstellung. Mir einen Nachtkerzenstrauß zu pflücken, um mit ihm in meinem Zimmer einen Tarzan-Comic zu illuminieren. In den unterschiedlichsten Altersstufen habe ich bei meinen Großeltern während dieser Terrassenabende versucht, Zeuge des Aufblühens zu werden. Doch selbst wenn ich mich auf das Mäuerchen setzte und die Blumen nicht aus den Augen ließ, misslang es. Die Nachtkerzen waren raffiniert, standen unbeteiligt herum, und ich starrte sie an. Eine Viertelstunde tat sich nichts. Ich stand auf, griff mir ein paar Nüsse und nahm mir einen Saft, oder später ein Glas Rotwein, wollte wieder Stellung beziehen, und war jedes Mal sprachlos. Hinter meinem Rücken waren sie erblüht und leuchteten triumphierend. Oft haben meine Großeltern und ich über die wie Geschicklichkeit aussehende Geheimniskrämerei der Nachtkerzen herzlich gelacht und sie, den Whisky schwenkend, wie scheue Tiere beobachtet. Doch der Moment, da sie sich aus ihren hauchdünnen Knospenhäutchen herausschoben und entfalteten, war schlichtweg nicht zu erwischen. Sie wussten genau, welches Timing ein Wunder braucht.

»Schau mal, Großvater, die Nachtkerzen sind aufgeblüht«, sagte ich zu ihm. Es war das erste Mal, dass ich mit ihm allein auf dieser Terrasse saß. »Ich kann es leider nicht sehen, du weißt ja, meine Augen. Sind es viele?« »Ja, eine ganze Menge.« »Leuchten sie?« »Oh ja, Großvater, das tun sie.«

Meine Großmutter kam wieder nach Hause. Die Abende mit ihr in dieser Zeit waren traurig. Ihr wirres Gestotter, mein schwerhöriger Großvater. Sie weigerte sich, das, was sie zu sagen hatte, auf Zettel zu schreiben. Nicht für einen

Moment schien sie sich mit der Möglichkeit zu befassen, dass ihr Zustand ein anhaltender, irreversibler sein könnte. Sie saß da, schön wie immer, duftend, gepflegt und stumm. Wenn sie nüchtern war, gelang es ihr, dem Impuls, etwas zu sagen, zu widerstehen, doch sobald sie auf ihrem Alkoholparcours weiter vorangeschritten war, vergaß sie es und stammelte wild drauflos. Mit dem Rotweinglas in der Hand: »Gangggggoongggaddadadss.« Erst jetzt wurde mir so richtig bewusst, wie sehr sie diese Stimme brauchte, wie sehr sie diese Stimme war.

Meine Mutter kam aus Italien herbeigeeilt. Das Verhältnis zu ihrer Mutter würde ich als lebenslang hoch kompliziert, sehr nah und liebevoll beschreiben. Sosehr sie auch in Sorge war, sosehr sie auch die Gesellschaft ihrer stammelnden Mutter peinigte und sie alles tat, um ihre unverständlichen Laute zu deuten, so sehr hatte ich doch den Eindruck, irgendetwas würde sie an der ausweglosen Situation der Mutter auch genießen. Vielleicht, dachte ich an einem dieser verstörenden Abende, ist es auch eine Genugtuung, diesen überpräsenten, stimmgewaltigen Menschen endlich einmal stumm zu erleben. Nicht, dass meine Mutter sich das jemals eingestanden oder gar gewünscht hätte. Aber die Abende wurden dadurch anders. Meine Mutter redete und redete, erzählte mit nicht enden wollender Freude. Meine Großmutter saß in ihrem Sessel, aufmerksam wie eh und je, zum Schweigen verdammt. Nicht mehr von ihrer Mutter unterbrochen zu werden, hatte für meine Mutter etwas Befreiendes, und nie habe ich die beiden so im Gleichgewicht ihrer Ausstrahlung erlebt wie an diesen Abenden. Die Sprachlosigkeit meiner Großmutter steigerte ihre Schönheit und gab ihr etwas Rätselhaftes. Stillschweigend, wie eine für unsere profanen Äußerungen zu vornehme Königin, nahm sie an den Unterhaltungen teil. Das Fehlen der Worte intensivierte ihre Mimik. Mit großen Gesten und expressiven Gesichtern kommentierte sie alles, was wir sagten oder taten. Es wurde zunehmend grotesk, war aber ohne Frage großes Theater.

Eine zweite Operation wurde gewagt. Am Tag vor dem Eingriff ging sie am Morgen zur Fußpflege, dann zu ihrer Kosmetikerin und von da zum Friseur. Vor dem Aufbruch ins Krankenhaus verabschiedete sich meine Großmutter, fantastisch zurechtgemacht, wie für immer. Einer nach dem anderen betrat andächtig das Wohnzimmer. Herr Moser, die Putzfrau, die Bügelfrau und die Haushälterin. Mit abgewandtem Blick hielt sie ihnen ihre Hand hin wie zum Handkuss. Langsam zweifelte ich an ihrer Zurechnungsfähigkeit.

Nach der Operation saßen diesmal meine Mutter und ich bei ihr, als sie erwachte. Mein Großvater hatte es sich kein weiteres Mal zugetraut. Und dann das Wunder. Sie wurde wach, war noch sehr verwirrt. Ohne einen einzigen Versprecher sagte sie: »Mooahhhh, Herrschaftszeiten, was soll das nur alles?« Laut und deutlich. Meine Mutter und ich sahen uns sprachlos an und begannen beide zu weinen.

Ich rief meinen Großvater an und berichtete ihm alles. Mehrmals musste ich ihm den Satz, den sie fehlerfrei gesagt hatte, wiederholen, ihn immer wieder ins Telefon brüllen: »Mooahhhh, Herrschaftszeiten, was soll das nur alles?« »Das hat sie gesagt? Das hat sie wirklich gesagt?« »Ja, Großvater, hat sie.« »Was genau?« »Genau das: Mooahhhh, Herrschaftszeiten, was soll das nur alles?«

Er kam mit dem Taxi. Ich sehe ihn noch genau vor mir. Wie er mit seinem Krückstock, alt und ungelenk, sehr langsam trippelnd, durch den langen Krankenhausgang auf mich zuhastete, so schnell er konnte, und doch ewig brauchte. Er hatte eine Flasche Champagner dabei. Wir gingen ins Zimmer, und er setzte sich auf ihre Bettkannte. »Hallo, Inge«, sagte er vorsichtig. Sie sah ihn müde an: »Hallo, Fridolin, du bist ja ganz außer Atem, mein Schatz.« Den Kosenamen »Fridolin« hatte sie sich irgendwann einfach ausgedacht, da sie den Namen Hermann so urdeutsch und scheußlich fand. »Na, ich bin ja auch gerannt, so schnell ich konnte.« Seine Lippen bibberten. »Ach mein Fridolin, was ist denn nur los? Wein doch nicht.« Er beugte seinen Kopf hinunter und legte ihn auf ihre Schulter. Sie legte die Hände um ihn. Meine Mutter und ich lachten uns an. Ich sah alles verschwommen, als wären wir mitsamt dem Krankenhaus Barmherzige Brüder in einem trüben See untergegangen. »Was hast du mir denn da mitgebracht?« Mein Großvater wischte sich die Tränen weg. »Na was wohl? Champagner!«

Zusammen mit meiner Mutter musste ich vor der Tür Wache schieben und drinnen hörten wir die beiden reden, dann den Korken knallen und ein wunderschön lang gezogenes Großmutter-»Mooooaaahhhhhhhh!«. Dann, laut und erlöst: »Ahh, tut das gut.«

# Die Hexen zu dem Brocken ziehen

Eine der Pflichten des zweiten Jahrgangs war es, in laufenden Produktionen an den Münchner Kammerspielen als Statisten mitzuwirken. »Praxisnahe Ausbildung«. Dadurch sollten wir einen unverschulten Einblick in den Theaterbetrieb bekommen, und mit Panzerknackervisage hatte uns der Co-Direktor verkündet: »Da werdet ihr echte Theaterluft schnuppern. Mal sehen, wie die euch schmeckt!« Die Aufführung, in die wir eingebaut werden sollten, war eine schon seit vielen Jahren laufende, legendäre sechsstündige Faust-Inszenierung. Alle großen Stars des Ensembles waren an diesem Theaterabend versammelt. Doch bevor wir auf diese losgelassen wurden, mussten wir zusammen mit einem frustrierten Regieassistenten und einem testosterongesteuerten Körpertrainer alle unsere Szenen einstudieren. Es gab viel zu tun. Die gesamten sechs Stunden würden wir ununterbrochen im Einsatz sein. Als Studenten in Auerbachs Keller, als Volk beim Osterspaziergang, als Hexen und Teufel, als Chor im Kerker, als flüsternde Erdgeister. Der Regieassistent hatte diese Aufgabe schon mehrere Spielzeiten lang inne, wir waren bereits der fünfte Jahrgang, den er einzuweisen hatte. Ich brauchte keine fünf Sekunden, um zu erkennen, dass dieser Regieassistent seine Position uns gegenüber genoss, da er sonst offensichtlich nur herumkommandiert wurde.

Auf einer Probebühne, die um ein Vielfaches größer war als die Studiobühne in unserer Schule, war die Dekoration angedeutet. In unserer ersten Szene würden eigens für die Aufführung konstruierte Scheinwerfer mit bis dahin nie erreichter Lichtintensität aufflammen, die Bühne für Sekunden in gleißendes Licht tauchen und wieder erlöschen. »Die Dinger sind richtig hell, aber da wird nicht geblinzelt, verstanden!« Sobald die Scheinwerfer erloschen, mussten wir in der Dunkelheit an eine exakt vorgegebene, neue Position huschen. Ging das Licht wieder an, mussten wir schon dastehen, in einer bestimmten Körperhaltung. So ging es Standbild für Standbild. Zwischen uns würden dann, wie der Regieassistent sagte, die richtigen Schauspieler herumgehen und wirklich Theater spielen. Da man während der grellen Lichtphasen die Augen weit offen halten musste, fingen sie zu tränen an. »Ihr seht ja jetzt schon alle total verflennt aus. Steckt euch Taschentücher ein, dann könnt ihr euch im Dunkeln trocken wischen.«

Es war mühsam, sich die vielen Positionen zu merken, und noch mühsamer, sie im Dunkeln überhaupt zu finden. Tagelang probten wir das. Licht an: alle stehen da wie Statuen. Licht aus: alle huschen auf die nächste Position. Wie ein General schlenderte der Assistent zwischen uns herum und korrigierte unsere eingefrorenen Haltungen. Auch der Körpertrainer hantierte an uns herum, als wären wir Schaufensterpuppen. Ein Arm höher, Schulter zehn Zentimeter zurück, den Kopf weiter gedreht. Am schwersten tat sich Gernot. Er war oft zu langsam, kam in der Finsternis nicht rechtzeitig an seine nächste Stelle und wurde wie ein Dieb auf der Flucht vom Flutlicht gestellt. Auch Maria hatte Probleme, sich mit ihrem Silberblick im Gewirr zurechtzufinden. Ihr magisches Schielauge war schon nach kurzer Zeit knallrot. Der Regieassistent verlor schnell die Geduld. »Mein

Gott, so blöd wie ihr hat sich noch kein Jahrgang angestellt. Schon drei Tage machen wir das hier und ihr rennt da immer noch rum wie ein Haufen nachtblinder Hühner. Wenn das Licht angeht, gibt es keine einzige Bewegung mehr, verstanden? Da wird nicht nachkorrigiert, Etienne. Da wird stillgehalten. Ist das so schwer zu kapieren? Und ihr dürft auch erst zur nächsten Station, wenn das Scheißlicht wieder aus ist. Da wird auch nicht schon rübergeschielt: Oh Gott, wo geht's denn jetzt hin? Nee, verdammt. Ihr guckt alle immer geradeaus zu den Zuschauern. Man sieht das alles. Jeden zuckenden Finger. Also noch mal.«

Nur langsam wurden wir besser. Doch dann hörte ich ein knackendes Geräusch, während ich hektisch durch die Sekundennacht hetzte. Als die Scheinwerfer aufglühten, lag Veronica wimmernd am Boden, Agnes stand vornübergebeugt und hielt sich die Stirn. »Mensch, was ist denn da los? Warum unterbrecht ihr schon wieder? Wir müssen jetzt mal durchkommen!« Da wurde Regina zornig und mit einer in Hunderten Kneipenschlägereien erprobten Resolutheit baute sie sich vor dem Regieassistenten auf. »Sag mal, du Wichtigtuer, jetzt ist es aber mal genug. Was bist du denn für ein Arsch? Alle machen das hier so gut sie können. Die haben sich verletzt! Los, besorg denen Eis! Und für uns alle was zu trinken. Zisch ab!« Das war genau der Ton, den der Regieassistent kannte. »Wir müssen mal vorankommen. Das ist erst die erste Szene, und es klappt noch nichts.« »Zisch ab, hab ich gesagt! Wenn du uns so hetzt, geht das auch nicht schneller.« Wir kümmerten uns um Veronica und Agnes, denen beiden mittig auf der Stirn fette Beulen gewachsen waren. Der Assistent verschwand, und der Körpertrainer, der sich auch in Sachen Erster Hilfe für eine Granate hielt, machte irgendwelche Tests mit den beiden. »Hier, schau mal auf meinen Finger. Augen auf, Augen zu! Die Pupillen sind

in Ordnung!« Gerrit flüsterte mir ins Ohr: »Der Typ ist ja
’ne Vollkatastrophe.« Der Körpertrainer hieß Larry, zumindest hatte er sich so vorgestellt: »Hey, ich bin der Larry.« Er
hatte einen Zopf, einen Oberlippenbart und trug ein knall-
enges T-Shirt und gelb verwaschene Pumphosen. Er sah aus
wie ein prolliger Zirkusartist. Jetzt kehrte er seine sanfte Seite
heraus und kümmerte sich um die Beulen der Mädchen. Der
Regieassistent kam mit Eis und Getränken zurück und weiter ging es. Mir machte das Ganze als Einzigem Freude. Es
gab klare Ansagen wie beim Sport und es ging nicht darum,
etwas selbst zu gestalten. Ich tat einfach, was man mir sagte.
Sperrte den Mund auf wie befohlen oder hielt starr ein Säck-
chen mit Münzen in die Luft. Es war Sklavenarbeit. Als wir
die circa zwanzig Standbilder einigermaßen hinbekamen,
wurden die Sätze verteilt. Der Assistent sprach uns jede Betonung genau vor. Auch das gefiel mir.

In der folgenden Woche arbeiteten wir uns durch das Stück
und erreichten schließlich die Walpurgisnacht. »So, jetzt ist
Showtime, jetzt übernimmt Larry!« Larry baute sich breitbeinig vor uns auf, raffte seine lächerliche Ballonhose ein wenig
und erklärte: »In der Walpurgisnacht muss absolut die Post
abgehen! Sie ist das genaue Gegenteil vom Osterspaziergang.
Da war alles Statik und Präzision. Walpurgisnacht ist Chaos.
Natürlich gibt es da für jeden von euch genaue Aufgaben,
aber da müsst ihr alles auspacken, was in euch steckt.« Am
Morgen hatte ich gesehen, dass Larry eine große Tasche auf
die Probebühne geschleppt hatte, dann aber nicht mehr weiter an sie gedacht. Jetzt zog er grinsend den Reißverschluss
auf. »Nun liebe Kinder, gebt fein acht, ich hab euch etwas
mitgebracht!« Er holte einen überdimensionierten hautfar-
benen Penis heraus, schlackerte mit ihm herum und legte ihn
vor sich auf den Boden. Griff erneut in die Tasche und beför-

derte den nächsten Schwanz ans Licht. Alexander flüsterte, »Ach du dickes Ei«. Kurz darauf hatte Larry sein gesamtes Waffenarsenal vor uns ausgebreitet. Auf dem Boden lagen mehrere Penisse, Brüste und Vaginas mit riesigen Haarbüscheln. »Das ist unser Hexenequipment. Ich hoffe, es ist für jeden was dabei. Sucht euch mal eure Kostüme heraus und dann zeig ich euch, wie die Dinger angelegt werden.« Die Männer bekamen abgewetzte Anzüge, die Frauen zerschlissene Kleider. »So, greift zu! Männer Schwänze, Frauen Muschis und Titten.« Ich hatte mich bis zu diesem Morgen eigentlich nicht für sonderlich verklemmt gehalten, war an allem Sexuellen hoch interessiert und gerne bereit, meinen sicherlich eingeschränkten erotischen Horizont zu erweitern, doch der Anblick der vor mir ausgebreiteten Utensilien erschütterte mich. Ich bückte mich und nahm mir einen Penis. Er war schwer und wabbelte, die Oberfläche mit lila Adern überzogen. Larry pries seine Ware an: »Das ist echter Kautschuk, Jungs, Naturlatex, absolut gefühlsecht. Die Männer bekommen zwei Unterhosen. Einen String oder eine Susi, wie das so hübsch heißt, und drüber so 'ne richtig fiese Feinripp-Unterbuchse. Im String ist euer eigenes Teil verpackt. Das will ja niemand sehen, drüber schnallt ihr euch dann die Dildos. Ihr werdet später mit roter Ganzkörperschminke beschmiert. Es gibt einen heftigen Musikeinsatz und was dann passiert, erkläre ich euch gleich. So, Männer, zieht euch mal die Strings an. Die Frauen bekommen fleischfarbene Trikots. Die haben unten Klettverschlüsse, da könnt ihr die Mösen draufpappen. Die Titten haben Riemchen, die werden durch kleine Schlitze gefädelt und hinterm Rücken eingehakt.« Mir wurde flau.

Keine fünf Minuten später stand ich neben meinen Kollegen, nur mit einem String bekleidet, Schwanz in der Hand. Uns gegenüber die Frauen in ihren hautengen Trikots. Der

Unterschied war eindeutig. Wir waren so gut wie nackt und sie angezogen. Sie sahen toll aus und grinsten uns an. »Wow, Jungs, was für ein Anblick. Habt ihr euch da nicht ein bisschen viel vorgenommen?«, rief Regina. Ich versuchte zu lachen, aber ich kam mir bloßgestellt und armselig vor. In meiner Poritze spannte das Bändchen und das kleine Tanga-Säckchen fühlte sich komplett lächerlich an. Nicht mehr Stoff als bei einem Teebeutel. Larry ging von einem zum anderen und schnallte die Latexpenisse fest. Er hatte sichtlich Freude an seinem Beruf, griff Gernot beherzt an die Gummihoden. Fünf Schauspielschüler mit großen hängenden Schwänzen. Was für ein trauriger Anblick.

Ich schämte mich. So rein und unverdünnt hatte ich lange kein Gefühl mehr gehabt. In letzter Zeit war so vieles in mir durcheinandergeraten. Ehrgeiz, Freude, Zorn, Versagen, Lust, Ratlosigkeit, Erschöpfung hatten sich zu einem mich durch die Tage hetzenden Treibstoff vermischt. Ich wusste gar nicht mehr, was was war. Aber das hier war Scham, lupenreine, hochprozentige, ungepanschte Scham. »So, und jetzt die Ladys.« Die Brüste sahen selbst aus geringer Entfernung frappierend echt aus. Veronica schnallte sich riesige ballonpralle Busen um. Agnes hatte sich die Brüste einer uralten Frau ausgesucht, schrumpelig und lang hingen sie an ihr herunter. Maria hatte fantastisch spitze und Regina welche mit dunkelbraunen schnullergroßen Brustwarzen. Ich wusste nicht mehr, wo ich hinsehen sollte. Wie so oft in den letzten Monaten entschied ich mich für den Boden. Ich schämte mich nicht nur für mein falsches, traurig baumelndes Riesenglied, noch mehr beunruhigte mich, dass sich unter diesem mein eigenes gegen den Beutel des Tangas zu drücken begann. Die Frauen pappten sich die Klettverschluss-Vaginas ans Trikot. Marias Attrappe saß schief und mit einem grauenvollen Reißgeräusch rupfte Larry ihr die Scham heraus. »Die ist ja total verrutscht, deine Muschi. So, jetzt sitzt sie besser. Hey, Agnes, Süße, ich glaub zu den Hexentitties passt besser diese ausgeleierte Fut hier.« Wie konnte es sein, dass mich dieses Abnormitätenkabinett erregte, und wie konnte es sein, dass ich unglaublich gerne Veronicas Riesenbrüste streicheln wollte. »So, Männer, jetzt zieht mal die großen Unterhosen über die Teile und dann die Anzüge. Alle Frauen Abmarsch zu den Kleidern.« Er kniete sich vor eine Holzkiste, öffnete ein Vorhängeschloss und drückte mehrere Knöpfe einer Musikanlage. »Hört mal, das ist der Teufelssound! Unsere Fickmucke!«

Je mehr ich von diesen Worten hörte, je mehr zog sich etwas in mir zusammen, wurde kleinlaut und schüchtern. Gernot und Alexander nahmen die Sache äußerst gelassen. Etienne grinste seit Minuten, als hätte er sich zugeraucht. Gerrit hatte seinen Schwanz, bevor er ihm umgeschnallt wurde, schon als Mikro benutzt, »Love me tender« gesungen und dann auf ihm Gitarre gespielt. Ich war ganz offensichtlich der Einzige, der sich unwohl fühlte. Bei den Frauen war es nur Veronica, die unglücklich aussah. Sie gefiel mir gut. Zart, großbusig und verwirrt. Sollte das etwa meine heimliche Sehnsucht sein? Ich hatte immer an kleinbusig, patent und unerschrocken geglaubt. Da ertönte aus den Boxen das Pfeifen einer abgeworfenen Bombe, lauter, immer lauter, und schließlich explodierte die Musik. Ein wilder Beat, unterlegt mit rhythmischem Stöhnen und verfremdeten Lustschreien. Larry verteilte Besen und brüllte: »Auf der Bühne fährt da ein Berg aus dem Boden. An dem ist ein Gerüst. Da könnt ihr euch dann festhalten und tabledancemäßig verrenken. Aber jetzt stellt euch mal in einer Reihe auf. Wir machen erst mal nur den Besenritt. Der Text ist: ›Die Hexen zu dem Brocken ziehn, die Stoppel ist gelb, die Saat ist grün, so geht es über Stein und Stock, es furzt die Hexe, es stinkt der Bock.‹« Ich konnte kaum glauben, dass das Goethe sein sollte. Wir mussten uns den Besen zwischen die Beine schieben und tief in die Hocke gehen. Larry machte es uns vor. »Und jetzt immer auf die Eins losrammeln! Hört auf die Musik! Zack-Bumm: Becken vor. Zack-Bumm: Becken vor! Genau so! Beißt euch auf die Lippen, das sieht geil aus!« Ich biss mir mit den Zähnen auf die Unterlippe, knallte meine Hüfte vor – und dann konnte ich nicht mehr. Ich ließ den Besen fallen, ging zu Larry hinüber, rief: »Ich muss mal kurz aufs Klo!«, und rannte, ohne seine Reaktion abzuwarten, davon.

Ich schloss mich ein, setzte mich auf den Toilettendeckel und fluchte minutenlang vor mich hin. »Was mach ich hier bloß? Was mach ich hier bloß? Mein Gott, was für ein verdammter Quatsch!« Da ich wirklich pinkeln musste, stand ich auf, klappte den Klodeckel hoch, stellte mich in Position, zog den Reißverschluss herunter und griff hinein. Nach einem klitzekleinen Schreckmoment begriff ich, was meine Finger berührten. Unfassbar, wie echt sich das Gummigenital anfühlte. Weich, biegsam und groß. Vorsichtig holte ich es heraus. Wow, das war schon eindrucksvoll. Draußen hatte ich mich viel zu sehr geschämt, aber jetzt sah ich ihn mir genauer an. Wirklich hervorragend gearbeitet. Ich hielt den Penis über die Kloschüssel und war beeindruckt. Mit so einem Schwanz, dachte ich, hat man eigentlich im Leben schon alles erreicht. Da bräuchte man in Krisenzeiten nur einen Blick drauf zu werfen, ihn einmal in die Hand zu nehmen, und sofort wäre alles wieder gut. Da hätte man einen verlässlichen Seelentröster immer griffbereit in der Unterhose. Ich suchte unter dem Latexprügel nach meinem eigenen, der sich in Anbetracht solcher Konkurrenz in derselben Hose verängstigt zusammengerollt hatte. Es war ein kümmerlicher Anblick. Warum nur, dachte ich, ist alles in der Realität so eine maßlose Enttäuschung. Wieder begann ich vor mich hin zu fluchen. »Das geht so nicht weiter. Ich kann mich doch hier nicht länger zum Vollidioten machen. Was für eine Zeitverschwendung!« Durch die Tür bummerte die Hexenmusik herein. Als ich fertig war, packte ich alles wieder ein, das Falsche und das Echte, und ging zurück.

Mittlerweile hatte sich jeder einen Partner gesucht. Es gab vier Paare, und ich war scheinbar überflüssig. War das vielleicht meine Rettung? Brauchte es hier gar keinen Aufstand, wurde ich vom gütigen Schicksal selbst aussortiert? Vielleicht könnte ich, falls mal jemand krank würde, als Ersatzteufel einspringen. »Super, dass du wieder da bist. Wo warst du denn so lange? Bisschen den Lurch gewürgt? Ohne dich geht hier gar nichts. Deine Eier kraulen kannst du später. Oben auf dem Berg, da treibt es nämlich der größte Teufel von allen. Dein Part: Du bist soooooo groß. Wir deuten das heute mit einem Stuhl an. Die anderen sitzen da schon zu zweit auf den Besen und ficken im Fliegen. Du holst oben deinen Schwanz raus und wichst im Takt, was das Zeug hält.« Betäubt und brav begann ich auf den Tisch zu krabbeln. »Moment noch!« Larry war ganz in seinem Element. »Hört mal, es gibt zwei Musiken. Die wilde und so einen extrageilen Spannungssound. Das üben wir jetzt noch mal. Bevor ihr losvögelt, müsst ihr euch wie in Zeitlupe bewegen. Aber nicht nur irgendwie langsam, sondern so, schaut mal, total gespannt und geil. Das ist das Wichtigste: geil, geil, geil müsst ihr sein. Und dann, wenn es nicht mehr zum Aushalten ist, wenn ihr die fallende Bombe hört, explodiert der Sound und ihr legt los. Das geht dann dreimal hin und her. Schaut mal!«

Larry zog sich sein T-Shirt aus. Er war gebräunt und hatte einen perfekten Altmännerkörper. Unter der schon müden Haut wölbten und spannten sich erstaunliche Muskeln. Sein Anblick hatte etwas Trauriges. Unverkennbar versuchte da jemand, mit verbissenem Ehrgeiz der Unentrinnbarkeit des Alters zu entgehen, die Jahre mit Hanteln zu erschlagen. »Schaut, so. Das kommt alles hier aus der Brust und hier aus den Hüften, Schultern weit zurück. Den Kopf vorgestreckt wie ein lüsternes, geiferndes Tier. Zunge raus. Und langsam. Immer gegen den Widerstand arbeiten. Schiebt die Luft mit aller Kraft beiseite.« Er machte das toll, trotzdem ekelte es mich. »Seht ihr, so, so. Ihr seid geil, aber ihr dürft nicht. Es ist ein Orgasmus in Superslowmo!« Wie ein perverser Pantomime schob er sich mit verkrüppelten Händen und grimassierend, die Schultern rollend und sich verschraubend durch den Raum. Sogar seine Zunge konnte Zeitlupe. Neben mir flüsterte Etienne. »Solche Typen kenn ich. Die sind richtig krank im Kopf.« »Wie meinst du das?«, fragte ich leise zurück. Er sah mich wissend an und sagte: »Drogen, Kraftraum, Nutten.« Ich beobachtete Larry und konnte nicht anders, als ihn für einen Moment zu beneiden. Da war jemand, so beknackt er auch war, ganz in seinem Element, das war unbestreitbar. Drogen, Kraftraum, Nutten. War das so übel? Während ich ihm weiter zusah, überlegte ich mir ein paar andere glückverheißende Dreierpacks: Haus, Frau, Kinder oder Paris, Bücher, Einsamkeit oder Südamerika, Freund, Fahrrad oder von mir aus auch Psychiatrie, Zigarette, Parkbank, Hauptsache weg von hier.

»Wir machen jetzt beide Phasen noch mal. Die Frauen schnappen sich ihre Besen. Also los geht's.« Die Musik war großartig. Elektronische Klangwellen, gebremste Sirenen, verlangsamte Schreie. Larry demonstrierte den Mädchen, wie sie die Besenstiele langsam mit den Händen reiben sollten, die Stange immer hoch und runter. Ich sah, wie Agnes knallrot wurde. Ewig probten wir das. »Stellt euch vor, wie da was aus eurer Brust rauswill, da will was raus, na los, zeigt es mir, da will euch was sprengen. Ja! Ja! Da ist was eingesperrt und will raus! Und die Frauen nehmen ihre Brüste und alles immer schön verlangsamt. Genau. Zeigt sie mir und reibt sie! Jaaawollll, langsam kommt ihr auf den Geschmack? Ihr könnt das alle. Das seh ich genau!«

Nach drei Stunden waren wir fix und fertig und unsere Schamreflexe erlahmt. Larry war ein gnadenloser Lehrer. Der Regieassistent war in einem Sessel eingeschlafen und sah aus wie ein Zwölfjähriger. »Los, und jetzt genau so, wie es später auf der Bühne sein wird. Der Höhepunkt muss sitzen. Die Frauen reißen sich die Kleider auf und die Männer holen ihre Dinger raus! Du bist ganz oben auf dem Stuhl.« Er zeigte auf mich. »Auch die Sprache braucht Spannung. Verliert nicht die Spannung, den Sex, wenn ihr sprecht. Brust raus! ›Die Hexen zu dem Brocken ziehn!‹ Genau, Hüfte vor! ›Die Stoppel ist gelb, die Saat ist grün.‹ Sprecht das ganz spitz und gestaut. Das ist geiles Flüstern. ›So geht es über Stein und Stock.‹ Nicht so laut, Mensch! ›Es furzt die Hexe, es stinkt der Bock.‹ Yeah!« Er peitschte uns an und bremste uns ein. »Der Druck steigt! Ihr werdet noch geiler. Poppen, poppen, poppen. Das ist alles, woran ihr denkt! Die Bombe fällt. Hört das Pfeifen. Gleich bricht der Staudamm: Uuuuuuuuuuund! Explosion! Go! Go! Go! Starkstrom!« Wir zuckten los wie Frösche in der Fritteuse, tanzten wild und warfen uns enthemmt in die flackernde Musik hinein. Larry gab mir Zeichen, auf den Tisch zu klettern, den markierten Brocken. Gernot war am Ende seiner Kräfte und strauchelte mit verdrehten Augen. »Super seid ihr, spitze! Weiter. Jetzt gleich kommt das Signal!«, brüllte Larry. Ein heulendes Fiepen blitzte aus dem Beat heraus. In einer gesteigerten Ekstasewelle rissen sich die Frauen die Kleider vom Leib und wir Männer unsere Reißverschlüsse runter. »Holt sie raus, Jungs. Endlich ist es so weit! Jetzt dürft ihr! Holt sie raus!« Ich sah die Frauen, ihre im Takt schwappenden riesigen Brüste und wie sich ruckartig die Besen im bis zum Nabel hochwuchernden Schamhaar hin und her schoben. Ich stand oben auf dem Tisch mit offenem Reißverschluss. Ich sah Etienne, Gerrit und Alexander wie wild an ihren Schwänzen reiben, Gernot war kollabiert – oder spielte er nur? Er lag auf dem Boden und onanierte im Liegen. Larry gab mir wilde Wichszeichen und brüllte: »Noch dreißig Sekunden. Los, feuert alles raus, was ihr habt! Rubbelt wie die Teufel!« Ich umfasste die Schwanzattrappe und fühlte die ekelhafte Glätte des Gummis. Ich konnte es einfach nicht. Vorsichtig stieg ich vom Tisch. Larry sah mich fassungslos an.

Vor Zorn, vor Ekel, vor Erschöpfung bekam ich einen Zappelanfall und wühlte wie ein Irrsinniger, dem sie heiße Kohlen in den Schritt geschippt haben, in meiner Hose herum. Ich riss am Gummipenis, verhedderte mich in den Stringbändern, und als ich ihn schließlich hatte und wutentbrannt auf den Boden schleuderte, blieb er nicht etwa besiegt liegen, sondern hüpfte wie ein Flummi aus Fleisch zwei, drei Meter davon. Was für ein erbärmlicher Slapstick!

Ich ging in Richtung Tür. Die Musik ging aus. »Ey, wo willst du hin?« Ich hatte noch etwa zwanzig Schritte bis zum Ausgang. Meine Gedanken rasten. »Wenn ich jetzt da rausgehe, wenn ich jetzt einfach abhaue, dann gibt das ein riesiges Problem, dann kann ich nicht mehr zurück. Jetzt kann ich noch umdrehen, aber wenn ich rausgehe, war es das. Dann bin ich frei.« Ich wandte mich um, sah meine Mitschüler, sah sie da stehen in dieser unsäglichen Aufmachung. Ich lief etwas langsamer, sah Gernot, der meinen Blick erwiderte und ganz leicht den Kopf schüttelte. Obwohl ich das alles so sehr hasste, irgendwie mochte ich die alle, wie sie da standen. Ich kam der Tür näher und überlegte schon, was ich sagen könnte. In einer eleganten Kurve drehte ich ab, lief locker zurück und rief: »Alles klar, geht schon weiter. Kurzer

Anfall. Alles bestens!« Alle lachten los, und ich griff mir mein Arbeitsgerät. Larry begriff nichts. »Ey Alter, das kannst du während der Aufführung aber nicht machen! Also los, noch mal von vorne.« Ich ging zu Larry, versuchte einen beiläufigen Tonfall, kumpelhafte Sachlichkeit. »Larry, hör mal, ich möchte nicht ganz oben stehen, o. k.?« Es klang wie ein Problem unter Männern, es klang wie »Larry, hör mal, ich hab heut schon dreimal, ich kann nicht mehr«. Er sah mich verständnislos an. »Versteh ich nicht, ist doch der beste Platz? Jeder kann dich da oben sehen.« »Kann sein, Larry, aber ich will es nicht, o. k.?« »Na klar Alter, kein Problem. Alexander, dann wichst du ganz oben!« Alexander sah mich an, spielte entsetzt »Na schönen Dank auch!« und kletterte auf den Tisch.

Während der nächsten Woche probten wir auf der Bühne der Münchner Kammerspiele, wie es hieß: alles mit allem. Der Intendant, der den Faust inszeniert hatte, kam und sah sich an, was der Regieassistent und Larry mit uns erarbeitet hatten. Er sah genauso aus, wie ich mir vorstellte, dass ein Intendant auszusehen hatte. Gewellte Künstlermähne. Eigenwillig schwarze asiatisch inspirierte Anzüge. Die Jacken gingen weit über den Po, hatten keinen Kragen, die Hosen betont luftig geschnitten. Zur Abwehr aller kunstfeindlichen Bakterien trug er mehrfach locker um den Hals geschlungene Seidenschals. Nie habe ich seine Stimme gehört, da er sich ausschließlich flüsternd zum Regieassistenten herüberbeugte.

Während der Proben auf die echten Schauspieler zu treffen, war eine herbe Enttäuschung. Da sie das Stück schon über hundertmal gespielt hatten, waren sie gelangweilt und sogar mürrisch, es mit unserem Jahrgang erneut durchkauen zu müssen. Der Faust-Darsteller war eine Schauspielerberühmtheit, machte auf mich aber eher den Eindruck eines schlecht gelaunten Kleinbürgers. Der Mephisto-Darsteller hatte aufgrund seines hohen Alters bedrohliche Textprobleme und drei Souffleusen, die sich sogar im Kostüm in seiner Nähe aufhielten. Das Gretchen bekamen wir gar nicht zu Gesicht, sie würde erst zu den Vorstellungen kommen.

Während der Proben war auch oft von Lilith die Rede gewesen. Mehrmals hatte der Regieassistent gesagt »Da kommt dann Lilith« oder »Das ist dann der Lilith-Moment«. Bei der ersten Probe mit dem Intendanten ereignete sich etwas für mich Unfassbares. Wir kamen zu der Stelle, an der die sagenumwobene Lilith erscheinen sollte. Faust rief: »Wer ist das?« Und Mephisto klärte ihn auf: »Das ist Lilith. Adams erste Frau. Nimm dich in Acht vor ihren schönen Haaren, vor diesem Schmuck, mit dem sie einzig prangt.« Daraufhin schritt eine splitternackte junge Frau über die Bühne. Ohne jede Attrappe, dafür aber mit Haaren bis zu den Kniekehlen. So einen schönen Menschen hatte ich noch nie gesehen. In all dem exzessiven und grellen Treiben der Walpurgisnacht war ihr Auftritt wie eine Verheißung, ein Sinnbild an Reinheit, ein Lichtblick in all der Verderbtheit. Zu gerne hätte ich sie kennengelernt, und auch Alexander sagte nach der Probe: »Ab heute hab ich nur noch ein Ziel: Lilith flachlegen!« Aber niemals fanden wir heraus, wie das Mädchen, das die Lilith spielte, hieß. Sie kam unsichtbar ins Theater und verschwand direkt nach ihrem Auftritt. Alle fünf Schauspielschüler meiner Klasse waren besessen von ihr, und wir interessierten uns wesentlich mehr für sie als für die Gretchen-Darstellerin, die mindestens zehn Jahre älter war als wir, privat nur in Pink herumlief und in eine von Walt Disney kreierte Parallelwelt abgedriftet zu sein schien.

Wenn ich am Abend nach diesen Faust-Proben bei meinen Großeltern saß, waren sie enttäuscht über meine kurz angebundene Berichterstattung. »Mein Gott, Junge!«, rief meine Großmutter, »jetzt mach doch mal den Mund auf und erzähl. Was kann es denn Spannenderes geben, als bei einem Faust dabei zu sein.« Ich druckste herum. »Inge hat Gretchen gespielt. Hinreißend. In Göttingen bei Hilpert.« »Ja, das habe ich.« »Bitte Inge, sei so gut und gib uns einmal ›Meine Ruh ist hin‹!« »Um Gottes willen, niemals.« Mein Großvater machte einen für ihn ganz untypischen, flehentlichen Dackelblick. »Sonst gibt es heute keinen Rotwein mehr für dich!« »Na Herrschaftszeiten, das ist Erpressung. Also gut.« Sie konnte es natürlich auswendig, und schon nach drei Zeilen war sie ganz das verliebte, verwirrte Gretchen. Sie gefiel mir hundertmal mehr als das Gretchen in der Aufführung. Sie sah nicht nur besser aus, ich verstand auch jedes Wort, das sie sagte. Anfänglich irritierte mich ihre manierierte Art zu sprechen, sich zu bewegen, doch dann geriet ich wie immer in ihren Bann. Sie war alles andere als das, was man natürlich nennen würde. Das Großmutter-Gretchen saß im Sessel, rauchte und schwenkte das Rotweinglas. Ich sah und hörte ihr zu und dachte: Was ist nur ihr Geheimnis? Zerbrach mir darüber den alkoholschweren Kopf.

»Ach könnt ich fassen und halten ihn«, sagte die Gretchen-Großmutter. Das Kammerspiel-Gretchen sprach das schnell. »Fassen und halten« waren bei ihr ein Wortpaar. Bei meiner Großmutter lagen zwischen fassen und halten Welten. Das Fassen war eher eine Keckheit, das Ungestüme eines verliebten Mädchens, aber im Halten brach die ganze Sehnsucht heraus. Das Fassen klang flüchtig, das Halten nach Unendlichkeit. Immer, wenn meine Großmutter sich solchen Texten hingab, flackerte etwas von ihren tatsächlichen Abgründen und Beschädigungen in die Zeilen hinein. Sie spielte damit. Es war Gestaltung und Selbstgefährdung im selben Augenblick.

Mein Großvater schenkte nach. »Mein Gott, Inge, das war ja wunderbar. Ich danke dir.« Sie sah uns ernst an und dann, nach einer wohldosierten Pause, sagte sie zu mir: »Mein Lieberling, ich würde gerne in die Aufführung kommen. Dich auf der Bühne sehen!« Mir fiel vor Schreck das Bündnerfleisch vom Pumpernickel auf den Teppich. »Was?« »Ja, ich war so lange nicht mehr im Theater. Aber den Faust mit dir möchte ich noch einmal sehen! Was sagst du, Hermann?« »Es wäre mir eine Ehre, Inge, dich begleiten zu dürfen.« »Hörst du? Der Großvater kommt mit. Wir wollen dich sehen. Bei deinem Faust mit dabei sein!« Plötzlich klang es so, als ob ich die Sensation dieser Aufführung wäre, ja, als ob ich selbst den Faust spielen würde. Das hat mir gerade noch gefehlt, dachte ich, dass meine Großeltern sehen, wie ich mir in der Walpurgisnacht einen Riesenschwanz aus der Hose hole und mich rubbelnd hinterm Berg verstecke. Es gab bestimmte Dinge, die sie einfach nicht verstehen konnten, die ich ja selbst nicht verstand. »Ja, mal sehen!«, stammelte ich. »Was heißt hier mal sehen. Morgen ruf ich die Frau Demmer von der Kasse an. Die kenn ich ja noch von früher, eine Schachtel Pralinen und sie wird uns zwei exquisite Karten besorgen. Erste Reihe, damit uns nichts entgeht! Ja, Junge freust du dich denn gar nicht?« »Doch, doch, nur ich tauch da ja so gut wie gar nicht auf. Eigentlich sind wir ja nur Statisten.« »Aber du weißt doch, Lieberling, ich habe messerscharfe Augen. Ich sehe alles. Ich werde dich schon entdecken.« Während sie sprach, suchte ich fieberhaft nach einem Argument, das ihr Vorhaben zunichtemachen und mich retten könnte. »Ich finde diese ganze Aufführung nicht so doll. Es wird oft sehr laute Musik gespielt!« Mein Großvater gab sich locker. »Das halten wir schon aus. Taubheit hat auch ihr Gutes. Hauptsache, wir dürfen dich sehen!« »Ja, aber man sieht mich ja nur ganz selten.« »Es gibt keine kleinen Rollen. Man kann aus allem etwas machen.« »Es dauert sechs Stunden.« Beide sahen mich überrascht an. »Wie lange?« Das ist es, schoss es mir durch den Kopf, das ist es: Die Länge der Aufführung ist meine Rettung. »Sechs Stunden. Ich glaub sogar fast sechseinhalb!« »Oh, mein Gott, warum denn so lange?« »Es gibt sogar zwei Pausen!« »Ach, das dann doch?« »Oder vielleicht nur eine.« »Ich glaube, Inge, das ist uns zu lang. Dein Bein. Zweimal drei Stunden.« Meine Großmutter sah mich gekränkt an. »Sechs Stunden sind eine Zumutung. In Göttingen haben wir ja keine drei gebraucht.« »Und die waren vorzüglich, Inge.« Sie nickte. »Es tut uns leid, Lieberling, aber wir können nicht kommen. Sei bitte nicht unglücklich. Sechs Stunden! Mooahhhh!«

Die Premiere selbst schoss an mir vorbei wie ein durchgegangenes Pferd.

Ununterbrochen waren wir im Einsatz, hetzten von einem Auftritt zum nächsten. Meine große Angst blieb die Walpurgisnacht. Eindrucksvoll setzte sich die Bühnenmaschinerie in Gang. Eine riesige Versenkung öffnete sich und heraus schob sich ein Berg voller Gerüste. Er schraubte sich in die Höhe. Während ich Alexander oben auf dem Berg mit heruntergelassener Hose wie besessen an sich herummachen sah, schlich ich mich hinter den Hügel. Wie befohlen holte ich auf Kommando das Gummigenital aus der Hose hervor, aber ich hielt es nur ein wenig fest, stieg vom Besen ab, ließ meine Hexenpartnerin Agnes im Stich und verbarg mich dann so gut es ging hinter dem Gerüstturm. So hab ich gleich in meiner ersten Aufführung das getan, was eine meiner ganz großen Stärken werden sollte: mich auf offener Bühne zu verstecken.

# Vom Suchen und Finden

Es gab zwei grundsätzlich verschiedene Vorgehensweisen, mit denen meine Großeltern verloren gegangenen Dingen hinterherspürten. In wenigen Situationen erstrahlte das der Ratio verpflichtete Dasein meines Großvaters derart hell.

Als ich vor Jahren das Schlüsselchen meines Fahrradschlosses verlegt hatte und alles verzweifelte Suchen ergebnislos geblieben war, durfte ich zu meinem Großvater ins Arbeitszimmer und ihm gegenüber auf der anderen Schreibtischseite auf einem Hocker Platz nehmen. Dieser Schreibtisch war elegant und sachlich, genau wie er selbst. Er schrieb etwas zu Ende, sortierte einige Seiten und musterte mich. Nun begann eine spezielle Form der Psychoanalyse. Die erste Frage, die mein Großvater stellte, war immer die gleiche: »Wann hast du denn den Fahrradschlüssel zuletzt gesehen?« »Weiß ich nicht, Großvater, aber er muss irgendwo im Flur sein.« »Hast du das Fahrrad abgeschlossen?« »Na klar.« »Was hattest du denn an?« »Meine Jeans und das blaue T-Shirt hier.« »Keine Jacke?« »Nein.« »Was hast du als Erstes gemacht, als du ins Haus gekommen bist?« »Na, ich bin in den Flur gegangen.« »Und danach?« »Hm, war ich in der Küche.« Während ich seine Fragen beantwortete, begann in mir eine diffuse Ahnung zu kitzeln. »Was hast du da gemacht?« »Ich hab was getrunken, da ich so einen Durst hatte.« »Was denn?«

Immer stärker kribbelte es in meinem Gehirn. »Ein großes Glas Milch.« »Du hast dir also die Milchtüte aus dem Kühlschrank genommen und dann doch hoffentlich ein Glas.« »Na klar.« Mir war, als könnte ich die Lösung wie etwas Unsichtbares aus der Luft schnappen, und wenn ich dann die Hand aufmachen würde, läge der Schlüssel unumstößlich da. »Aus dem Schrank?« »Ja …!« In mir spannte sich alles an, da ich wusste, gleich würde der Moment kommen, da es mir wieder einfiel. Mein Großvater konnte sich ein siegessicheres Lächeln nicht verkneifen. »Da hast du dann doch beide Hände gebraucht. Den Schrank hast du sicher so aufbekommen, aber –« »Ich weiß es, ich weiß es …!«, rief ich und sah das Schlüsselchen vor mir. »Er liegt im Schrank bei den Gläsern.« Ich rannte aus seinem Zimmer, die Treppe hinunter in die Küche und riss den Schrank auf. Da lag er. Im obersten Regal, direkt an der freien Stelle, wo das Glas, das ich herausgenommen, gestanden hatte. Alle hatten mir beim Suchen geholfen, aber natürlich war niemand auf den Schrank gekommen. Für mich gewann der Großvater in solchen Momenten enorm an Größe. Er beherrschte damit das Gegenteil von Zauberei. Er spielte nicht mit dem Übernatürlichen, sondern zauberte mit Logik. Aber auch er stieß an seine Grenzen und in diesen Momenten kam die Methode meiner Großmutter voll zur Geltung.

Sie hatte beim Himbeerpflücken einen ihrer geliebten schweren Goldringe im Wald verloren. Drei Stunden waren wir durch Gestrüpp und Unterholz gekrochen, durch kniehohe Wiesen gewandert und hatten uns mehrfach in den Dornen der Himbeerranken verfangen. Erst im Auto fiel es ihr dann auf. »Herrgot-t Gütiger, mein Ring ist weg.« Wir liefen ein Stück zurück. Es war ganz offensichtlich ein hoffnungsloses Unterfangen. Trotz zweier kleiner Milchkannen voll roter Früchte fuhren wir betrübt nach Hause. Mein

Großvater fragte vom Beifahrersitz aus: »Inge, wann hast du denn den Ring zum letzten Mal gesehen?« Da platzte ihr der Kragen. »Ach Herrschaftszeiten, lass mich bloß mit deiner Fragerei in Ruhe! Drei Stunden waren wir unterwegs! Keine Ahnung, wann ich ihn zuletzt hatte. So einen Ring sieht man ja nicht. Der war einfach plötzlich weg. Eine Katastrophe!« Mein Großvater tat nun genau das Falsche. »Es ist aber auch eine enorme Dummheit, mit so einem wertvollen Ring überhaupt in die Himbeeren zu gehen.« »Du bist wirklich ein unmöglicher Mensch!«, rief meine Großmutter, lenkte kurz mit den Knien und strich sich die Haare so streng zurück, dass sich durch das Ziehen am Schopf die Oberlippe kurz hob und bissig ihre Vorderzähne hervortraten. Dann steckte sie sich eine Dunhill Menthol in die Zigarettenspitze, biss in den Schildpattfilter hinein und verkündete: »Ich werde morgen in der Kirche eine Kleinigkeit spenden und dann schauen wir mal weiter.« Denn genau das tat sie in solchen Fällen – sie opferte dem heiligen Antonius, dem Schutzheiligen verlorener Dinge, und das mit beispiellosem Erfolg. Ein hoher, geheim gehaltener Betrag fiel bei der Sonntagskollekte aus ihrer mehrere Banknoten abschirmenden Hand ins Körbchen und direkt im Anschluss fuhr sie mit mir wieder in die Himbeeren. »Nicht zu sehr suchen, mein Lieberling. Wir müssen einfach nur so herumwandern. Das ist wie bei einem vierblättrigen Kleeblatt. Das sieht man auch nur, wenn man es nicht sucht.« Um auf Nummer sicher zu gehen, fragte ich: »Großmutter, wenn wir den Ring nicht finden, bekommst du dann von Gott das Geld zurück?« Sie lachte und tat etwas für mich Erstaunliches, was sie in der Gegenwart meines Großvaters sicherlich nie gewagt hätte: Sie rauchte im Wald. Dadurch sah sie aus wie jemand, der durch einen Zaubertrick aus einem herrschaftlichen Salon hinaus in den Wald hinübergeschnipst worden war.

Wir wanderten durch die Wiesen, kamen zu den Sträuchern, in denen ich noch unsere Spuren erkennen konnte. Ich aß von den Himbeeren und unterhielt mich mit meiner Großmutter, als sie beiläufig auf eine Stelle im Gebüsch deutete. »Ach, da ist er ja.« Auf Kniehöhe hing der Ring zwischen den Blättern an einem Zweig. Das Gottvertrauen, mit dem sie den in einem riesigen Gebiet verlorenen Ring wiederfand, habe ich nie vergessen. Sie war eben nicht nur eine Meisterin darin, das Profane mit Pathos zum Ereignis zu erhöhen, genauso gut konnte sie ein wirkliches Ereignis durch Beiläufigkeit zum Funkeln bringen. Sie bückte sich und pflückte den Ring mit derselben Selbstverständlichkeit, mit der wir Hunderte von Himbeeren gepflückt haben, vom Strauch. »Ach, da ist er ja.« Ich staunte und war dankbar dafür, dass Glaube und Geld so pragmatisch zusammenwirken konnten.

Meine Großmutter streifte sich den Ring über ihren Finger, an dessen unterem Fingerglied ein heller Streifen seinen Verlust deutlich gezeigt hatte. Sie schob ihn über das Gelenk und atmete auf, ganz so, als hätte sein Fehlen ihr Schmerzen bereitet. Als wäre der Ring ein Teil von ihr, fast so unersetzlich wie ein Zahn, dessen Lücke jeder und am meisten sie selbst als unerträglich empfinden würde. Sie küsste den Ring, beugte sich zu mir und hauchte: »Er ist mir doch der liebste von allen!«, und nach einer Kühle atmenden Waldrandpause: »Wie du, mein Lieberling, wie du.« Nun war die Großmutterhand wieder komplett, alle Ringe an allen Fingern und wir machten uns auf den Heimweg.

Mein Großvater freute sich von Herzen: »Das gibt's ja nicht. Ihr habt ihn wirklich gefunden? Respekt!« Ganz genau mussten wir erzählen, wie und wo wir ihn entdeckt hatten. Er lachte und schüttelte ausdauernd den Kopf. Für einen Philosophen, dachte ich mir, musste es ein großes Glück sein, wenn ihm das Unerklärliche begegnet.

# Im falschen Film

Als ich eines Abends zu meinen Großeltern kam, saß im Sofa ein mit ihnen befreundeter Regisseur. Wir aßen zusammen, tranken so einiges, und er versuchte, meine Großmutter für einen Film zu begeistern, in dem sie die Hauptrolle spielen sollte. Sie weigerte sich vehement und rief mehrmals, dass sie nie und nimmer könne, da sie seit ihrer Operation ihre Sprache verloren habe. Doch der Regisseur ließ nicht locker. Er war ebenfalls schon sehr alt und benutzte, was ich noch nie in natura gesehen hatte, ein Monokel, welches sein eines Auge grotesk vergrößert hervorglupschen ließ. »Inge, es ist eine fantastische Geschichte. Kein Mensch kennt mehr Paul Heyse. Dabei ist er der erste deutsche Nobelpreisträger und galt lange Jahre als legitimer Nachfolger Goethes.« »Ich mach's trotzdem nicht. Niemals. Goethe hin oder her. Alleine, dass du mich fragst, ist schon eine Zumutung. Themawechsel!« »Inge, bitte, jetzt lass mich doch wenigstens die Geschichte erzählen.« »Verschon mich damit. Hermann, hilf mir doch bitte. Errette mich vor dieser Impertinenz!« Mein Großvater hielt einen Filmdreh für eine unsinnige, ja, gefährliche Idee. »Es ist wirklich zu riskant. Inge muss sich schonen. Wir sind glücklich, dass ihr Zustand einigermaßen stabil ist.« Solche Diagnosen wollte sie dann aber doch nicht auf sich sitzen lassen. »Was soll denn das bitte heißen?

Was ist denn das für eine Ausdrucksweise? Ich bin nicht einigermaßen stabil. Ich bin vollkommen stabil. Bitte, Hermann, spekuliere ausgerechnet du nicht über meine Stabilität.« Da der Regisseur zustimmend nickte, ruderte sie so schnell sie konnte wieder zurück. »Aber ich bin erschöpft. Ausgelaugt. Am Ende aller meiner Kräfte.« »Inge, bitte …«, besänftigte sie mein Großvater, »du regst dich zu sehr auf. Beruhige dich! Du echauffierst dich.« Natürlich hatte der Regisseur, so wie auch ich, im mit Entrüstung und Drastik gepanzerten Verteidigungswall der Großmutter winzige Risse entdeckt. Diese galt es nun mit Geschick, Unnachgiebigkeit und anderen Werkzeugen zu weiten und zu vertiefen. Ich sah dem Mann mit seinem Zyklopenauge gespannt dabei zu, wie er versuchte, die Großmutterfestung zu erobern. Zunächst mit dem präzise angesetzten Lobbohrer: »Nur du, du allein, kannst diese Rolle spielen. Ich sehe immer nur dich! Spielst du nicht, stirbt das ganze Projekt!« Dann mit der enger und enger geschraubten Zuversichtszwinge: »Ich sehe überhaupt kein Problem. Wir richten uns in allem nach dir. Drehen höchstens drei, vier Stunden pro Tag. Inge, du siehst blendend aus. Du liegst ja einfach nur da und wirst erzählen.« Er raspelte, feilte und schraubte an ihr herum. Meine Großmutter führte sich immer absonderlicher auf. Sie lachte über all die Komplimente, verscheuchte sie mit großen Scheibenwischergesten aus ihrem Gesichtsfeld und genoss sie doch maßlos. Sie hatte rötliche Flecken am Hals bekommen und wehrte sich voller Elan, schrie geradezu. »Schafft diesen Mann raus. Er bringt mich um den Verstand!« Es war ein Spektakel der Überredungskunst.

Plötzlich sagte der Regisseur: »Gut, dann hat es keinen Zweck. Ich will dich nicht zu deinem Glück zwingen, Inge. Meine Bewunderung für dich ist grenzenlos, sie verbietet es mir, weiter auf dich einzureden. Verzeih mir meine Euphorie!« Er erhob sich neben mir aus dem Sofa. Meine Großmutter fauchte ihn an: »Untersteh dich! Setz dich sofort wieder hin! Du Mörder! Dann erzähl halt diese Geschichte. Paul Heyse? Wo gibt's denn so was?« Mein Großvater sah Bedrohliches heraufziehen. »Inge, ich möchte dir auf das Liebevollste raten, jetzt nach oben zu gehen und für heute Schluss zu machen.« »Das würde dir so passen, Hermann!« Gierig, in drei schwappenden Schlucken, trank sie ihr Rotweinglas aus. »Inge, bitte, halte Maß!« »Herrschaftszeiten, sind hier denn alle verrückt geworden? Ich werde mir ja wohl noch eine Geschichte von diesem Herrn Heyse anhören dürfen. Oder, mein Lieberling, was sagst du dazu?« Ich nickte leicht angetrunken und wollte, dass der Abend nie endete.

Somit begann der Regisseur von der Erzählung »Ein Ring« zu schwärmen. Sie handelt von einer verheirateten Frau, ihrem Verehrer und davon, dass sie sich ihm um ein Haar hingegeben hätte. Aus Konstantinopel schickt er ihr, der Liebe seines Lebens, einen Ring und stirbt kurz darauf unerhört und von Sehnsucht zermürbt. Der Regisseur erzählte gut. »An diese lange zurückliegende Geschichte erinnert sie sich als alte Dame und von ihrem Kanapee aus berichtet sie davon einem jungen Mann, ihrem Großneffen, der sie vergöttert. Sie endet mit dem wundervollen Satz: ›Höre, mein Liebkind, das Schlimmste ist, wenn man bereut, dass man nichts zu bereuen hat.‹« Solche Sätze sägten am Gedankengerüst meines Großvaters. Er schnaufte verächtlich, stand auf und holte den Cointreau. Meine Großmutter hatte den Ausführungen freundlich gelauscht und den Rauch ihrer Zigarette leidenschaftslos nach oben über unsere Köpfe geblasen. Doch ich kannte sie gut genug, um zu wissen, dass diese Nonchalance reine Fassade war. Unter dem Tisch wedelte sie aufgeregt mit der Fußspitze und ihr Blick war trotz aller vordergründigen Gelassenheit wild und tollkühn. Aber, da war noch etwas anderes in ihren Augen. Sie hörte zu, als wäre es ihr egal, zeigte aber doch Interesse und dachte obendrein noch über etwas nach. Mit dem letzten Satz seiner Nacherzählung ließ der Regisseur sein Monokel aus dem Auge fallen, und da ich so versunken ins Zuhören war, ich ihn seit einer halben Stunde ohne Unterlass angesehen hatte, erschrak ich über dieses fliegende Monokel, da es so aussah, als würde ihm sein Riesenauge aus dem Kopf kullern. »Also, was sagst du, Inge? Ist das nicht eine brillante Erzählung? Wie gemacht für dich!« Sie schwieg, schloss die Augen, und ließ eine merkwürdig eingedöste Pause entstehen, die so tief in die Stille der Räume hinabsank, dass sich die Gerüche hervortrauten und ich angeweht wurde von ihrem betörenden Shalimar-Duft.

»Gut, ich mach es, aber nur unter einer Bedingung.« Der Regisseur säuselte: »Inge, liebste Inge, das ist ja fantastisch. Du bist ein solches Geschenk. Ein Gottesgeschenk. Ich erfülle dir jeden Wunsch der Welt.« »Da sagst du genau das Richtige, lieber Erich. Ich mache mit, wenn …«, sie präsentierte mich mit geöffneter Handfläche, als wäre ich der Überraschungsgast in einer Fernsehshow, »mein Enkel die Rolle des jungen Mannes an meinem Bett spielen darf.« Der Regisseur fuhr bei dieser Forderung zusammen, seine Krawatte zuckte kurz, als hätte ein kleiner Fisch angebissen. Er drehte seinen Kopf zu mir, schnappte sich das Monokel vor seinem Bauch und quetschte es erneut ins Auge. Mich hatte bei dem Wort »Enkel« fast der Schlag getroffen, in meinem Weinglas war ein Sturm losgebrochen und eine Weinwoge hatte sich über den Glasrand ergossen. »Oh Lieberling, du hast gekleckert. Hol bitte das Salz!« Ich versuchte mit aller Kraft, dem Adrenalinschub zu trotzen und nicht aus dem Sessel katapultiert zu werden. Dieses Monokel hatte etwas Beunruhigendes. Wie das Periskop eines U-Bootes schwenkte es zu mir herüber und das ganze Gesicht des Regisseurs bestand nur noch aus diesem absurd vergrößerten Glupschauge. Da er schon alt war, seine Gesichtshaut faltig und schlaff, hing über dem oberen Rand des Monokels eine Hautfalte herunter, die das Monokel wie eingewachsen erscheinen ließ und mich geradezu mit Abscheu erfüllte. Ich lag unter dem Mikroskop, irgendeine zufällige Mikrobe, und er durchleuchtete mich mit seinem Zyklopenblick. »Aha!«, war erst einmal alles, was er sagte. »Wenn er mitmacht, wenn er an meiner Bettkante auf mich aufpasst, bin ich dabei. Das würde mir Kraft geben.« Sie beugte sich weit zu mir herüber, aus dem Sessel hinaus, und legte mir ihre Hand auf das Knie. »Mit dir zusammen, mein Lieberling, würde ich es wagen.« »Du bist auf der Schauspielschule, nicht wahr?« Ich nickte und stotterte wie ein beim Desertieren aufgespürter Soldat: »Zweite Klasse, Otto-Falckenberg-Schule.« Es klang wie: »Zweite Kompanie, viertes Regiment.« »Du hast schöne Locken.« Ich senkte meinen Blick verschämt Richtung Appenzeller. »Danke.« »Inge, ich glaube, das ist eine fantastische Idee. Großmutter und Enkel in einem Film. Das ist genau das, was ich will. Es soll so persönlich sein, wie nur möglich. Hauptsache, du fühlst dich wohl.« Immer noch hatte er wie auf dem Sklavenmarkt sein Monokelriesenauge auf mich gerichtet und taxierte eiskalt die Ware. Dieses Auge sah aus wie in Spiritus eingelegt. »Wird die Schule das denn erlauben?« »Ich müsste morgen mal fragen.« »Ach, da macht euch mal keine Sorgen. Da genügt ein Anruf«, beruhigte ihn meine Großmutter. Mein Großvater sah mich prüfend an. »Würde dir ein solches Projekt denn Freude machen?« Ich zögerte keine Sekunde. »Oh ja, natürlich, das wäre der Wahnsinn!« Die Möglichkeit, noch während der Schauspielausbildung als Einziger meiner Klasse eine Filmkarriere zu starten, berauschte mich. Meine Großmutter lief zur Hochform auf. »Ich glaube, wir haben etwas zu feiern. Hermann, ich will Champagner!« »Aber Inge, wir sind doch schon beim Cointreau!« »Ich möchte aber jetzt Champagner und auf unseren Film anstoßen. Wie viele Drehtage werde ich haben?« »Ich denke, es werden vierzehn sein und für deinen Enkel drei oder vier.« Mein Großvater kam erschöpft von der Kellertreppe zurück und fummelte so lange erfolglos am goldenen Drahtgeflecht über dem Korken herum, bis meine Großmutter genug hatte, sie ihm die Flasche aus den Händen drehte, lachend wie eine Opernsängerin mit dem Korken eine kleine Delle in die Zimmerdecke schoss und einschenkte. Schon immer war es eine Qualität meiner Großeltern gewesen, festliche Momente nicht ungenutzt verstreichen zu lassen und sie durch ihren Zelebrierzwang aus der Alltäglichkeit herauszuheben. Mein Großvater erhob sich. »Liebe Inge, lieber Erich, lieber Jocki, lasst uns anstoßen auf dieses kühne Projekt. Es scheint mir eine lohnende Erzählung zu sein und liebste Inge, auch wenn ich durchaus über deine, vorsichtig ausgedrückt, ja nicht ununterbrochen vorzügliche Gesundheit in Sorge bin, sage ich von Herzen: Respekt. Für dich, lieber Jocki, ist das Ganze ja eine fabelhaft aufregende Sache. Während der Schauspielschule schon der erste Film. Und dann auch noch mit Erich. Dazu gratuliere ich dir!« »Danke, Großvater.« »So lasst uns denn unsere Gläser erheben. Auf, äh, wie heißt der noch?« »Herrschaftszeiten, Hermann! Paul Meyse heißt der Mann!« »Verzeih, Inge, Paul Heyse«, korrigierte sie der Regisseur. »Auf Paul Heyse!« »Auf den Ring!«, rief meine Großmutter. Wir stießen an, und bei jedem Pling sah mir jemand in die Augen: zwei alterstrübe, begeisterte Großvateraugen, zwei verschwörerische Großmutteraugen, die mir signalisierten »Wir schaffen das schon, wir beide!«, und ein einzelnes Fischauge, das mich kaltblütig musterte.

Als ich am nächsten Tag in der Schule Gretchen Kinski von dem Angebot erzählte, in einem Film mitzumachen, in dem auch meine Großmutter mit dabei sein würde, war sie alles andere als begeistert. »Ich glaube nicht, dass du schon so weit bist. Solltest du nicht erst einmal hier in der Schule auf einen grünen Zweig kommen?« »Vielleicht würde mir das guttun, meine Großmutter fände es eine gute Idee, mal etwas außerhalb der Schule zu machen.« »Was wäre denn das?« »Die Geschichte heißt ›Ein Ring‹. Ist von Paul Heyse.« »Da gibt es doch diesen schrecklichen Tunnel. Die Paul-Heyse-Unterführung. Ist der das?« »Keine Ahnung.« »Wie viele Drehtage wären das denn?« »Drei oder vier.« »Ach so, ich dachte, es wäre was Großes.« Immer kämpften wir miteinander. »Meine Großmutter …« Sie unterbrach mich: »Großmutter, Großmutter! Wer ist denn diese Großmutter?« Nun war es also so weit, mein Geheimnis zu lüften und mich zum Enkel zu machen. Ich nannte ihren Namen, und Gretchen Kinski erbleichte. Für einen Augenblick schien ihr der Schreck in jedes einzelne Haar ihrer prachtvollen Frisur hineingefahren zu sein. Aller Spannkraft beraubt, stand sie vor mir. »Das ist deine Großmutter?« »Ist sie.« »Na sieh mal einer an.« »Ich würde es wirklich gerne machen. Meine Großmutter braucht da meine Unterstützung!« Gretchen lachte überheblich, merkwürdig schrill. »Deine Großmutter braucht deine Unterstützung? Na, wenn das mal nicht andersrum ist. O. k., dann mach es halt. Gut finde ich die Idee nicht, aber wer weiß, wozu es nützlich ist.« »Danke.«

Schon zwei Tage später bekam meine Großmutter die Erzählung und das daraus hervorgegangene Drehbuch zugeschickt. Beides in zweifacher Ausführung. Ich machte mich auf die Suche nach meiner Rolle und ihrem Text. Die Ausbeute war mager. Zwar saß ich ununterbrochen am Bett der alten, erzählenden Großtante herum, doch ich selbst sprach kaum etwas. Meine Großmutter hingegen hatte Unmengen von Text. Seitenlang zog sich ihre Erzählung dahin, einzig von der ein oder anderen Rückblende aufgelockert. Doch ganz stumm war ich nicht und ich nahm mir vor, aus diesen wenigen Zeilen alles herauszuholen, was möglich war. Leider war die Geschichte, ganz der Zeit gemäß, mit vielen französischen Ausdrücken und Redewendungen gespickt. Ich musste meine Großmutter jedes Mal mit »Ma chère tante« ansprechen. Das erfüllte mich mit Sorge, da ich das Französische stets als eine Sprache empfunden habe, die einem Fallen stellt und einen als Banausen entlarven möchte. In diesem »Ma chère tante« lauerte, trotz seiner Kürze, erhebliches Versagenspotenzial.

In den nächsten Tagen versuchte ich, meine Zeilen zu memorieren, und sah meiner Großmutter erstaunt dabei zu, mit welch eiserner Disziplin sie sich in die Arbeit versenkte. Nach einer Woche konnte sie schon ganze Passagen auswendig, während ich noch immer die Sätze verdrehte.

Eine Kostümbildnerin kam zu Besuch. Breitbeinig und mit zu den Seiten abgespreizten Armen stand ich wie ein Torwart im Wohnzimmer herum und wurde mürrisch vermessen. Ich kam mir riesig vor. Gekonnt schlang sie mir das Maßband um alle möglichen Körperstellen. Vermaß meinen Kopfumfang und stöhnte leise, den Halsumfang, die Armlänge insgesamt, die Oberarmlänge, Unterarmlänge, das Handgelenk. Alle Ergebnisse wurden in einen Bogen eingetragen. Wenn sie den Bleistift nicht brauchte, rammte sie ihn sich in ihre Hochsteckfrisur. Das wirkte brutal, wie sie sich den spitzen Stift in ihr Haarnest stieß. Völlig unverblümt maß sie an der Innenseite meiner Beine entlang vom Knöchel bis zum Schritt und drückte professionell mein Geschlecht beiseite. Meine Großmutter lag derweil auf dem Sofa, aß Pralinen und sah mir belustigt zu.

Eine Woche später kam die Kostümbildnerin zum Nachmittagstee wieder, diesmal in Begleitung des Monokel-Regisseurs. Er brachte meiner Großmutter Rosen mit. So viele, als wolle er sie heiraten. Überall im Zimmer wurden an Bügeln Kostüme aufgehängt. Für meine Großmutter eine imposante Auswahl an herrlich verblassten Morgenmänteln und veilchenfarbenen Halstüchern. Alles machte einen leicht süßlichen und morbiden Eindruck. Sie sah toll darin aus. Ganz sie selbst und doch verwandelt. Ich musste in Stulpenstiefeln im Wohnzimmer auf und ab gehen. Bekam braune Kniebundhosen, ein riesiges grobes Hemd, eine lang geschnittene Weste und darüber einen Gehrock. Für die Außenaufnahmen bekam ich ein schweres Cape und einen höchst eigenartigen Hut. Er war braun und hoch. Ich sah aus wie eine Morchel.

Meine Großmutter hatte in ihrem Leben einige Filme gemacht und war des Öfteren in Krimis wie »Der Alte« oder »Derrick« aufgetreten. Wenn diese ausgestrahlt wurden, versammelte sich hoch im Norden meine Familie vor dem Fernseher. Meine Mutter fand ihre Mutter in diesen Krimis stets unerträglich. Sowenig sie im sogenannten wahren Leben dazu fähig war, sich gegen die Mutter aufzulehnen, so sehr ließ sie ihrem Unmut über die Mutter vor dem Fernseher freien Lauf. Mir fiel kein gravierender Unterschied zwischen der Großmutter, die ich aus München kannte, und der Großmutter im Fernsehen auf. Diese Unverwechselbarkeit wurde noch dadurch verstärkt, dass sie, um ihren Ansprüchen von Authentizität zu genügen, in eigenen, mir und auch meinen Brüdern und Eltern bekannten Kleidungsstücken auftrat. Wurden diese sehr besonderen Hosen, Pullover oder Halstücher in München immer in den höchsten Tönen als Gipfel der Eleganz gepriesen, wurden sie nun, da sie auf dem Bildschirm auftauchten, gnadenlos niedergemacht. »Schaut euch das an«, entrüstete sich meine Mutter, »jetzt hat sie doch tatsächlich diesen unsäglichen grünen Kaschmiranzug an. Sie sieht ja aus wie ein Frosch.« Umgekehrt fanden aber auch einzelne Kleidungsstücke aus den Filmen oder Krimis den Weg in die Garderobe der Großmutter. Hatten wir sie in einem mondänen roten Pelzmantel im »Derrick« gesehen, tauchte sie in natura genau in diesem Mantel am Bahnhof auf. Im Fernsehen hatte sie jeder Szene Glanz verliehen, und auch auf dem Bahnhof war dieser rote Pelzmantel das auffälligste Kleidungsstück unter Hunderten profan gekleideter Reisender. Allerdings hatte meine Mutter vor dem Fernseher angewidert gerufen: »Ist ja nicht zum Aushalten, sie macht einen auf Anna Karenina!« Am Bahnsteig hingegen lief sie, ganz Tochter, auf ihre Mutter zu und begrüßte sie mit: »Mein Gott, Mutter, du siehst ja fantastisch aus! Was für ein traumhaft schöner Mantel.«

Jedes Mal aufs Neue saß meine Mutter vor dem Fernseher, vorgebeugt, und kritisierte ihre Mutter auf das Gnadenloseste. »Warum kann diese Frau nicht normal sprechen? Schaut mal, wie die da sitzt, so gekünstelt. Alles ist immer so ein Getue bei ihr. Oh Gott, bitte nicht, wetten, jetzt macht sie sich gleich ihre Haare auf! Na, was hab ich euch gesagt! Wie die raucht, als hätte sie 'ne Vollmeise!« »Mama, bitte!«, flehten meine Brüder und ich dann, »wir wollen das gucken!« »Ja, aber ist doch wahr: Seht euch das an, wie die den Tee einschenkt!« In der Tat war es erstaunlich, wie es meiner Großmutter gelang, noch die kleinste Aktion theatralisch aufzublasen. Sie schenkte den Tee ein, und während sich die dampfende Flüssigkeit aus dem Porzellanschnabel in die Tasse ergoss, hob sie den Blick und sah den Kommissar an. Sie schenkte sich die Tasse voll, ohne hinzuschauen. Als sie während des Verhöres die Tasse nahm, umschloss sie sie für einen Augenblick mit beiden Händen, so als müsse sie sich an ihr wärmen. »Alles Getue!«, schüttelte es meine Mutter, »unerträgliches Getue!«

Niemals spielte meine Großmutter eine Krankenschwester oder sonst wie normal arbeitende Menschen. Immer nur einsame, in ihren Villen in tödliche Geheimnisse verstrickte Volldiven. Das war ihr Metier. Meinen Vater bestärkten die Fernsehauftritte meiner Großmutter in seiner Überzeugung, sich so selten wie irgend möglich in München blicken zu lassen. Eigentlich war das, von Viertel nach acht bis Viertel nach neun, genau die Dosis Schwiegermutter, die er gelassen ertragen konnte. Auch meine Mutter hätte sicherlich in München, im Haus der Großeltern im Sofa sitzend, liebend gern die Gelegenheit ergriffen, die eigene Mutter einfach wie einen Fernseher ausschalten zu können.

Ich allerdings bewunderte meine Großmutter. In meiner Erinnerung stolziert sie meist angetrunken durch lange Marmorflure zur Haustür, an der der Kommissar geklingelt hat, oder sie drückt bedeutsam Zigaretten in Aschenbechern aus. Mir gefiel als Kind, dass ich jemanden so gut kannte, der tatsächlich in einem Krimi zur besten Sendezeit mitspielte. Sie war mir aber auch ein wenig unheimlich, denn egal wie übertrieben, wie manieriert sie sich auch gebärdete, ihr Spiel war vollkommen glaubwürdig und auf eine schwer zu beschreibende Art extrem eindringlich. Egal, was sie tat, aus der Terrassentür in den winterlichen Garten hinausschauen oder sich vor einem riesigen Spiegel kämmen, es schien stets um etwas ganz anderes, unendlich Schmerzlicheres oder Bedrohlicheres zu gehen.

Im Bücherzimmer übte ich mit meiner Großmutter unsere Parts. Sie hatte darum gebeten, ihre Kostümteile schon vor Drehbeginn zu Hause tragen zu dürfen. So lag sie denn vor mir und sah schon genauso aus, wie sie später im Film aussehen würde, verblasste Rüschen am Kragen des Nachthemdes. Sie hatte sich anders geschminkt. Etwas stärker, mehr Farben, und wirkte dadurch älter. Sie hatte sich so alt geschminkt, wie sie wirklich war. Ich musste an der Tür des Zimmers anklopfen und sie gab mir Anweisungen. Viel Aufmerksamkeit legte sie auf meine Hände. »Das sehe ich gleich, mein Lieberling, die Hände sind dein großes Problem. Leg sie doch mal offen auf deine Oberschenkel, wenn du bei mir sitzt. Handflächen nach oben.« Das fühlte sich mehr als eigenartig an, und ich konnte nicht anders, als mir vorzustellen, dass diese Hände, die da lagen, tote Hände waren, abgestorbene Hände, vielleicht sogar nach einem schrecklichen Unfall wieder angenähte Hände. Hunderte Male übte sie mit mir, »Ma chère tante« zu sagen. Sie beherrschte ihren Text bereits perfekt, bis in die kleinste Betonung hinein. Da ich ihr über lange Passagen zuhörte, konnte ich währenddessen in aller Ruhe über meine nächste Replik nachdenken. Es beruhigte mich, dass ich nie spontan reagieren musste.

Ihren Text nur zu üben, war für meine Großmutter unmöglich. Sobald sie die Zeilen sprach, wurde sie zu einer anderen. Ihr zuzuhören war eine Leichtigkeit und mir vorzustellen, dass der Großneffe sie verehrte, fiel mir nicht im Geringsten schwer. Es gab Phasen, da rutschten wir beide vollkommen in eine andere Zeit. Hin und wieder weinte sie, und wenn ich fragte, »Großmutter, ist alles in Ordnung?«, wurde sie zornig. »Also bitte, wirklich, Junge! Jetzt bleib doch mal in der Rolle! Du kannst doch nicht unterbrechen, während ich spiele!« »Entschuldige, ich dachte, du weinst echt.« »Na, das war ja auch echt!« Dann aber weinte sie und ich getraute mich nichts zu sagen und sah minutenlang auf das Tischchen neben dem Bett, auf dem ein Metalldöschen mit Anispastillen stand. Ich dachte: Ist das ihr Ernst? So lange zu weinen? Will man das wirklich sehen?

Sie hielt sich ein Taschentuch vor die geröteten Augen: »Genug für heute, mein Lieberling. Ich bin nicht gut beieinander. Morgen wird es wieder besser gehen. Das Ganze nimmt mich zu sehr mit. Verzeih. Lass mich allein. Und sag dem Großvater, ich nehme meinen Whisky heute alleine hier im Bücherzimmer.«

Wenn wir das ganze Drehbuch in einem Rutsch durchspielten, dauerte es um die neunzig Minuten. Ich entspannte mich mehr und mehr, und meine Großmutter gab mir hilfreiche Tipps. »Zuzuhören ist viel schwerer, als zu agieren. Die guten Zuhörer sind etwas ganz Besonderes. Du machst das großartig. Deine Aufmerksamkeit trägt mich. Denk immer daran, du darfst dir nicht zu viel vornehmen. Wir machen das dann vor der Kamera genauso wie im Bücherzimmer.«

Dann allerdings unterlief mir ein Missgeschick, und ob ich vorsätzlich oder fahrlässig gehandelt habe, ist mir bis heute nicht klar. Eines Nachmittags nach der Schauspielschule sah ich mich auf der Straße im Spiegel eines Optikers und meine immer länger gewordenen Locken missfielen mir massiv. Ich sah aus wie ein kraushaariger Liedermacher. Ohne lange nachzudenken, ging ich zwei Häuser weiter in einen türkischen Friseurladen und ließ mir mit einer Haarschneidemaschine den Kopf scheren. Als ich wieder an die Luft kam, fühlte ich mich befreit und leicht, so als hätte mir jemand ein muffiges Kissen vom Kopf genommen. Doch dann, wieder zwei Häuser weiter, mein Spiegelbild war neben mir kahlköpfig über die Kaufhausscheiben geglitten, dachte ich an den Film und wusste augenblicklich, dass ich einen riesigen Fehler begangen hatte.

Noch bevor ich das Wohnzimmer meiner Großeltern betrat, rief ich: »Bitte erschreckt nicht!« Meine Großmutter warf sich, als sie mich sah, den Arm vors Gesicht und verbarg ihre Augen in der Armbeuge, so als wäre ihr der Leibhaftige erschienen. Mein Großvater schüttelte empört den Kopf, sagte: »Um Gottes willen, du siehst ja aus wie ein Insasse!« »Es tut mir leid …«, log ich, »aber in der Schule machen wir eine Rollenarbeit. Ich musste das machen. Alle haben das gemacht.« Ganz langsam senkte meine Großmutter den Arm und wagte es, mich anzusehen. »Junge, das ist ja eine Katastrophe. Wie kannst du mir das nur antun? Das ist ja ein Todesstoß. Hermann, reich mir das Telefon. Ich muss Erich anrufen.« Sie hatte ihn gleich am Apparat. »Erich, hier ist Inge! Es ist etwas unfassbar Grauenvolles geschehen, eine Torheit sondergleichen. Mein Enkel hat sich alle Locken abrasiert.« Ich hörte Erich gedämpft durch die Telefonmuschel schreien. Sie ließ den Hörer sinken. »Er kommt!«

Während wir auf den Regisseur warteten, wechselten sich Stille und Großelternvorwürfe auf eigenartig rhythmische Art und Weise miteinander ab. Drei Minuten fassungsloses Schweigen und dann eine halbe Minute Sätze wie: »Was hast du dir nur dabei gedacht? In acht Tagen beginnen unsere Dreharbeiten. Deine herrlichen Haare. Das ist ja Sabotage. Jawohl, vorsätzliche Sabotage.« Mit gestrecktem Arm wehrte sie meinen Anblick ab. »Ich kann gar nicht hinschauen. Du siehst aus wie ein Mörder. So eine Unverfrorenheit.« Dann wieder unheilvolle Sprachlosigkeit..

Es klingelte und der Regisseur betrat das Zimmer. Er hatte eine Dame dabei, die eine gestopft volle Plastiktüte trug. Er sah mich und wider alle Erwartung lächelte er. »Schau dir das an, Erich, der Kerl hat sich die Locken abgeschnitten!« Dass meine Großmutter mich »Kerl« nannte, kränkte mich. Gleich langt es mir, dachte ich, zornig werdend, die können mich mit ihrem spießigen Film am Arsch lecken. Noch ein falsches Wort und der Kerl wird das Zimmer verlassen.

Der Regisseur kam auf mich zu und legte mir seine Hand

auf den kurz geschorenen Kopf. Warm und fleischig lag sie da. Er stand dicht vor mir und stank nach Zigarre. Er sah mich an und dann trommelte er ein wenig mit den Fingern auf meinem Stoppelschädel herum, als würde er nachdenken. Mein Großvater mischte sich ein. »Kommt, setzt euch. Lasst uns gemeinsam überlegen, was jetzt zu tun ist. Es gibt sicherlich eine Lösung.« Erich wandte sich der Dame zu, die bis jetzt schüchtern, von der Angespanntheit der Situation gehemmt, nahe an der Tür stehen geblieben war. »Martha könnte unsere Rettung sein. Ich tu das nur für dich, Inge, denn eigentlich ...«, er sah mich an und zog endlich seine schlaff gewordenen Finger von meinem Kopf, »denn eigentlich müsste ich unseren jungen Mann hier links und rechts ...« Ohne den Satz zu beenden, setzte er sich auf die Sessellehne meiner Großmutter. »Beruhige dich, Inge. Du wirst sehen, so etwas Dümmliches wirft uns nicht aus der Bahn. Martha hat Perücken dabei. Wir werden schon etwas Passendes finden.« Während der nächsten Stunde probierte ich eine Perücke nach der anderen auf. Meine Großmutter zählte sich ununterbrochen alkoholische Tropfen in ein Grübchen unterhalb ihres ausgestreckten Daumens und leckte sie ab. Mal rief sie »Du lieber Gott, er sieht aus wie ein Kakadu!«, mal »Unmöglich, absolut unmöglich. Jetzt sieht er aus wie ein dreister Geck!« Mein Großvater war nicht so wählerisch und befand jede zweite Perücke für gut. »Also, zur Not gar nicht so übel.«

Jedes Mal, wenn mir Martha die Haare herunterzog, bekamen alle drei alten Herrschaften wieder einen Schock. Es erstaunte mich, wie verlässlich das funktionierte. Ich würde mich beim dritten Mal in der Geisterbahn langweilen.

Es nervte mich allerdings zunehmend, dass ich mich nicht selbst sehen konnte und keine Ahnung hatte, wie ich aussah. Es wurde eine Auswahl getroffen, dann eine engere Auswahl, dann eine Endauswahl, schlussendlich gab es zwei Favoriten. Eine Lockenhaube, von der Martha versprach, sie noch zurechtfrisieren zu können, und eine wellige Perücke, deren Haare mir auf die Schultern fielen. Da sagte mein Großvater etwas, das mich an seiner philosophischen Urteilskraft zweifeln ließ und wie eine Unverschämtheit klang. »Ich finde die Lockenperücke sogar besser als seine eigenen Haare. Sie sieht echter aus!« Erich lachte ein rasselndes Altherrenlachen, und meine Großmutter seufzte: »Es ist und bleibt eine Demütigung. Nehmt, was immer ihr wollt. Hermann, gib mir ein Stück Schokolade.« »Dürfte ich mich vielleicht mal im Spiegel angucken? Ich habe ja überhaupt keine Ahnung, wie ich aussehe.« Martha ging mit mir in den Flur. Das, was ich im Spiegel erblickte, war bizarr. Es sah aus, als hätte mir jemand aus Fell eine Haube zurechtgeschnitten, eine Frisur aus Pelz. Martha zupfte an den Locken herum und wisperte: »Das mach ich schon. Weißt du, hier schneiden wir das ein wenig und da effilier ich das. Und hinten bisschen kürzer und dann kämm ich dir das biedermeiermäßig in die Stirn.« Ihre Stimme klang so, als könne sie überhaupt nicht lauter sprechen, so als würde sie sich subaltern durch ihr ganzes Leben flüstern. Genervt zog ich mir die Perücke hinunter. »Ja, ist doch egal, nehmen wir halt die.«

Als die Dreharbeiten begannen, wurden meine Großmutter und ich schon um fünf Uhr morgens von einem Fahrer abgeholt. Ich hatte kaum geschlafen. Seit dem Haarvorfall hatten meine Großmutter und ich nicht mehr gemeinsam geprobt. Sie ertrug meinen Anblick nicht, und mein Großvater durfte mit dem Textbuch in der Hand an ihrer Sofakante sitzen. Wir fuhren durch das dunkle München zu einem vor den Toren der Stadt gelegenen Studio, in dem schon alle auf den Beinen waren und in dick wattierten Anoraks herumliefen.

Ich wurde in meine Garderobe gebracht, angekleidet und anschließend in die Maske, wo ich Martha wiedertraf. Sie säuselte nah an meinem Ohr: »Na, da ist aber einer noch ganz schön müde. Bisschen verquollen. Keine Sorge, das mach ich schon.« Alle waren ungemein freundlich zu mir, es wurden mir Kaffee und Frühstück gebracht und ich fasste Mut. Zusammen mit dem Kostüm sah die Perücke viel besser aus als im Großelternflur zu Jeans und Sweatshirt. Durch innere Monologe motivierte ich mich. »Los, du musst hellwach sein. Dies ist der erste Drehtag in deinem Leben. Jeder Moment zählt. Genieß die Atmosphäre. Bleib ruhig und gelassen. Du siehst toll aus.« Ich machte einige Sprechübungen, brach sie aber schnell wieder ab, da mein Kiefer anfing wehzutun und ich schlechter Luft bekam. In meiner fensterlosen Garderobenkabine hing ein großer Spiegel, ich stellte mich davor und sprach den Biedermeiermann mit seinem Text an. Ich nahm so weit Abstand vom Ebenbild, wie ich konnte, und ging locker darauf zu. »Guten Morgen, ma chère tante, ich hoffe, du hast wohl geschlafen?« Gar nicht mal so übel.

Nach knapp einer Stunde wurde ich von einem jungen Mann mit Karabinern am Gürtel und Funkgerät aus der Garderobe geholt. »Es geht los. Noch fünf Minuten bis Drehbeginn.« Ich lief ihm durch die Gänge hinterher, er öffnete etliche schwere Eisentüren, zog sie mit solcher Kraft auf, dass sie, sobald ich die Tür erreichte, schon wieder zuschwangen. Mehrmals witschte ich in letzter Sekunde hindurch und zweimal gab mir die unmittelbar hinter mir ins Schloss krachende Tür einen Klaps auf den Po. Wir erreichten eine Flügeltür, in deren eine Seite ein winziger Durchgang eingelassen war.

Er rief: »Vorsicht, Kopf!«, und wir betraten das Studio. Was für ein herrlicher Anblick! Scheinwerfer auf Stativen umstanden ein liebevoll eingerichtetes Zimmerchen, in dem auf einem Divan meine Großmutter in gelb gleißendem Licht wie eine Göttin auf einer Wolke lag. Sie sah mich und strahlte. »Da bist du ja, mein Lieberling. Endlich. Schau wie schön sie das hier alles gemacht haben für uns. Du siehst toll aus!« »Du aber auch, Großmutter.« Ich setzte mich auf einen Stuhl und schob ihn ein bisschen näher an sie heran. Sofort kam eine Assistentin herangestürzt: »Bitte jetzt nichts mehr verschieben! Wir sind drehfertig.« Sie stellte den Stuhl zurück auf seinen Platz, jedes Stuhlbein exakt auf seine rote Klebebandmarkierung.

Da hörte ich einen Mann, der sich schemenhaft im Gegenlicht hinter eine der Kameras gesetzt hatte, leise sagen: »Oh nee, schon wieder so ein Großer.«

Es gibt Sätze, die dringen in das Gehirn ein wie Marder ins Elektrizitätswerk. Sie suchen sich eine gut durchblutete Stelle und beißen zu. Wochenlang hatte ich mich durch Selbstermunterungen, durch ununterbrochene Autosuggestion in einen Zustand der Hoffnung versetzt und alle Bedenken und Sorgen wie riesige Schneewehen beiseitegeräumt. Doch letztlich genügte ein einzelner Satz, genügten sieben Worte, genügte ein Biss in die Starkstromleitung und im ganzen System sprühten die Funken, es explodierte und Dunkelheit brach über mich herein. Einziger Unterschied: Im verkohlten Hochspannungswerk liegt irgendwo bretthart und mit verbrutzelten Augen der Marder. Hier allerdings hatte der Übeltäter gar nichts von seinem zerstörerischen Werk mitbekommen und schraubte mit sicheren Handgriffen an der wie eine Panzerfaust auf mich gerichteten Kamera herum.

Da betrat Erich den Drehort. Es gab eine deutliche Diskrepanz zwischen dem, was er für seinen großen Regisseursauftritt hielt, und den Reaktionen der Anwesenden. Er unterspielte etwas, das eh niemand zur Kenntnis nahm, nickte jovial nach da und dort und winkte weihevoll. Er betrat das

Kulissenzimmer und begrüßte meine Großmutter. »Inge, meine Liebe, du siehst ja fantastisch aus. Danke, dass du zu uns herabgestiegen bist!« Meine Großmutter zupfte gespielt mädchenhaft an den Fransen des blasslila Überwurfes. »Sag mir, lieber Erich, gehen wir chronologisch vor?« »Aber natürlich, Inge, Seite für Seite, von vorne nach hinten. So wie wir das kennen und immer gemacht haben.« Meine Großmutter griff seine Hand: »Ich danke dir. Du bist ein guter Mensch. Einer von den wichtigen.« Plötzlich schlug sie mit der anderen Hand auf die Kante des Nachtkästchens. »Ich freu mich, Erich, ich freu mich wirklich von Herzen. Danke.«

Beide kamen mir in diesem Augenblick vor wie Überlebende einer anderen Zeit, die sich ein letztes Mal dem Genuss hingaben, im Mittelpunkt zu stehen. Mir war noch immer flau vom Kameramannsatz. Meine Knochen schienen in den Beinen ungewöhnlich dünn und in den Ärmchen unangenehm dick zu sein. Erich begrüßte mich. Er reichte mir seine Pranke, die wieder genauso fleischweich war wie damals, als sie es sich minutenlang auf meinem kahlen Kopf gemütlich gemacht hatte. »Du siehst toll aus, Kamerad. Alles Gute.« Mit donnerndem Kapitänston rief er: »Alle auf Position. Wir fangen an.«


Er setzte sich in einen Klappstuhl unmittelbar unter die Kamera, über mir schob sich an einer langen Stange wie ein unbekanntes Flugobjekt ein riesenhaftes Puschelmikro ins Zimmer. »Sprechprobe bitte!« Meine Großmutter hauchte: »Manchmal ist es schlimmer, wenn man bereut, dass man nichts zu bereuen hat!« »Guten Morgen, ma chère tante!« Erich hatte sich sein Monokel vor das Auge geklemmt und hievte sich aus seinem Stuhl hoch. Das Auge kam auf uns zu. »Versuch bitte, Inge, einen ganz natürlichen Ton zu treffen. Und bitte: es heißt ma chère tante, ma chère tante und nicht Tante. Ich bitte dich!« Ich hörte keinen wirklichen Unterschied. Der Kameramann war bereit. »Kamera läuft.« Ein Männlein in einem schwarzen Overall kam mit der Klappe, hielt sie unmittelbar vor mein Gesicht. Er rief laut: »Ein Ring. Erste Szene, erste Einstellung uuuund die Erste!«

Lauter als ich es für möglich gehalten hatte, knallte er das Ding zusammen. Ich wurde wie von einem Schuss getroffen. Eigenartige Stille im Raum. So als wären alle gegangen. Meine Großmutter sah mich an, erwartungsvoll offen, aber ich wusste nicht, was sie wollte. Lächelnd begann sie ihre Erzählung, spielte Nachdenken und ließ unvermittelt Erinnerungen über ihre Stirn huschen. Ich versuchte zuzuhören, aber auf dem Weg von ihrem auf- und zugehenden rotgeschminkten Mund hin zu meinen von der dichten Perücke schallgedämpften Ohren verloren die Worte all ihren Sinn. Ich hörte nur Kauderwelsch. So als würde aus der laufenden Kamera heraus ein unsichtbares Nervengas strömen, geriet ich an den Rand einer Ohnmacht. Die vielen Augen, von denen ich wusste, dass sie auf mich gerichtet waren, die ich aber nicht sah, die Bedeutung des Moments hypnotisierten mich. Während meine Großmutter immer mehr verschwamm, vom Divan auf- und weggesogen wurde, dachte ich: Jetzt bist du gleich dran, jetzt gleich. Jetzt. Nein warte. Doch jetzt. Hab ich's verpasst? Ich bekam einen Schreck und platzte mit meinem ersten Satz heraus. »Ich freue mich so, hier zu sein, ma chère tante, hier an deinem Bett. Die Reise war beschwerlich. Doch jetzt, liebste Tante bin ich da!« »Stooooop!«, brüllte es. Jemand rüttelte an meiner Schulter. »Was ist denn in dich gefahren? Bist du verrückt geworden, da so einfach mitten in die Szene reinzurufen?« »Könnte ich vielleicht ein Glas Wasser haben?« »Das dauert noch eine ganze Seite, bis du dran bist. Inge, bitte, was ist denn mit dem Jungen los?« »Könnte ich bitte ein Glas Wasser?« »Mein Lieberling, ist alles in Ordnung mit dir? Du bist ja kreideweiß. Erich, ich glaub es geht ihm nicht gut.« »Könnt ich bitte, bitte ein …« Jemand kam mit einem Glas. Ich sah es schon auf mich zuschweben, doch dann wurde es wieder weggetragen. »Wir müssen jetzt mal vorankommen. Das gibt's ja nicht, schon gleich bei der ersten Szene! Es heißt ›tante‹, nasales ›aaoann‹, nicht ›Tante‹! Meine Fresse.« Wir steigen einen Satz vorher wieder ein. »Inge, du bist wundervoll. Achte ein wenig auf deinen Ton. Nicht zu gestaltet. Lass den Text fließen, dann blüht er von alleine.«

Sobald der Regisseur auf dem Rückweg war, beugte sich meine Großmutter zu mir. »Geht's, mein Lieberling?« »Klar.« »Ein Ring. Erste Szene. Die Zweite! Uuuuund bitte!« Diesmal kam mir der Knall der Klappe wie ein Schuss in den Bergen vor. Weit entfernt und mit vielen Echos. Ich saß da und hielt mich mit den Händen an der Sitzfläche fest. In diesem Moment sackte etwas in mir komplett zusammen. Ich versuchte mich noch zu halten. Versuchte es ein letztes Mal mit meinem Sätzlein: »Ich hätte so gerne einen Schluck …« Mir war so schummrig. Der Stuhl wurde schräger und schräger, sank in den Boden ein. Ich sah meine Großmutter nicht mehr. Was war denn hier eigentlich los? Da glitt und kippte ich seitlich vom Stuhl, riss das Nachtkästlein um und wurde verschlungen von lauwarmer Dunkelheit.

Ich wachte auf und wusste im ersten Moment nicht, wo ich war. Meine Großmutter saß an meiner Seite und tupfte mir die Stirn mit einem kalten Lappen ab. »Na, Lieberling, da bist du ja wieder. Hier, jetzt trink mal was. Du hast schon eine Spritze bekommen, die den Blutdruck mal ein bisschen auf Touren bringt. Gleich geht's dir wieder besser.« Ich bekam noch eine kleine Pause, fühlte mich erbärmlich gebeutelt, aber bei klarem Verstand. Keine Viertelstunde später ging es weiter. Bis zum Abend kamen wir gut voran. Der Regisseur gab sich sichtlich Mühe mit mir, doch jedes Mal, wenn die Klappe fiel, die Kamera lief, bekam ich Angst. Meine Großmutter rettete mich vor weiteren Textdesastern mit einem Trick. Sie hielt meine Hand, während sie erzählte, und jedes Mal, wenn ich dran war, drückte sie sie leicht, knipste mich an wie einen Automaten. Mein Gesicht fühlte sich seltsam an, als ob es tiefgefroren wäre, reglos, aller Mimik beraubt. Der Körper Pudding, das Gesicht aus Eis.

Als wir nach dem ersten Drehtag nach Hause gefahren wurden, schlief ich noch im Taxi ein. Mein Großvater kam aus dem Haus und öffnete meiner Großmutter die Wagentür. »Dem Lieberling geht's miserabel. Komm, Hermann, hilf mir bitte mal.« Sie zogen mich von der Rückbank, hakten sich links und rechts bei mir ein, stützten mich und Schritt für Schritt ging es ins Haus.

»Du bekommst jetzt erst einmal einen ordentlichen Whisky!« Allein das Wort schlug mir auf den Magen. »Nein, nein, bitte nicht. Ich will mich einfach nur noch hinlegen.« Ich wurde in den Treppenlift gesetzt und nach oben gefahren, schleppte mich ins rosa Zimmer und kroch angezogen, so wie ich war, unter die Bettdecke. Ich hätte gerne geweint, aber ich war zu müde und schlief ein.

Um fünf wurde ich von der glockenhellen Stimme meiner Großmutter geweckt und wie in einer Albtraumwiederholung von genau demselben Taxifahrer an genau denselben Ort gebracht. Erich erwartete mich in meiner Garderobe. Er sah nicht gut aus, hatte ganz offensichtlich eine zermürbende Nacht hinter sich. Ich war noch schlafwarm, er schon eiskalt. »Wir zwei müssen jetzt mal Tacheles reden. Das, was du da gestern abgezogen hast, war eine Katastrophe. Wir werden alles noch mal drehen müssen. Ich hab mir gestern die Muster angesehen. Du siehst aus wie ein Toter!« »Wie bitte?« »Ja, verdammt noch mal, es sieht aus, als ob deine Großmutter Besuch von einem Toten hat. Du sitzt da wie eine Leiche. Bewegst dich nicht, und deine Stimme klingt so sterbenslangweilig, so staubtrocken, als wärst du doppelt so alt wie deine Großmutter. Mensch, werd mal wach! Du ruinierst uns den ganzen Film.« »Tut mir leid, mir war nicht gut gestern. Heute geht es mir viel besser.« »Das will ich dir auch geraten haben!« Er stand auf, sah mich kopfschüttelnd an, und dann tat er etwas, dem ich meine Bewunderung nicht ganz versagen konnte. Er katapultierte mit dem Auge sein Monokel in meine Richtung, es flog auf mich zu, ein geschliffener Diskus aus Glas, wurde unterwegs vom Bändchen zurückgerissen und geschickt von ihm aus der Luft geschnappt.

Doch auch der zweite Tag brachte keine wirkliche Verbesserung für mich. Meine Großmutter blühte mehr und mehr auf, parlierte in allen Tonlagen, zog sämtliche Register ihres Könnens und war einfach umwerfend. Erich tänzelte um sie herum und überhäufte sie mit Komplimenten. »Was soll ich nur tun? Du siehst zu jung aus. Viel zu jung!« Mir wurden zwei Sätze gestrichen, was, wenn man es ehrlich durchrechnete, ein Drittel meines Textes ausmachte. Was war nur mit meinem Gesicht los? Ich war dicker geschminkt als am Tag zuvor. Viel Rouge auf den Wangen. Im Scheinwerferlicht trocknete, ja verdorrte ich. Ich bekam Risse wie ein altes Gemälde und unter der Perücke sammelte sich Schweiß, der mir in die Augen rann. Meine Wangen, meine Stirn, der Mund, das Kinn, ja selbst die Augen, alles wurde so hart wie aus Eichenholz gezimmert. Mein Gesicht war zu einem solide vernagelten Sarg geworden. Ich war in diesem Kostüm, unter dieser Perücke lebendig begraben. Mit aller Verzweiflung kratzte ich von innen am Sargdeckel, aber keine Regung drang mehr nach außen.

Jede Anmerkung des Regisseurs war ein Faustschlag. »Eine letzte Bitte hab ich noch. Wenn du schon nichts sagst, könntest du wenigstens nicht so laut atmen? Gestern hast du gar nicht geatmet. Heute schnaufst du herum wie ein alter Mops. Der Tonmeister ist verzweifelt, weil er die ganze Zeit deine Schnaufer draufhat.« Er hatte vollkommen recht, es war mir auch schon aufgefallen, ich hörte mich atmen. Ich versuchte es und sog in geräuschlosen Miniportionen Luft durch die Nasenlöcher ein.

In den Pausen stand ich mit einem Kaffee herum und hoffte auf irgendein freundliches Wort, von wem auch immer. Der Kameramann würdigte mich keines Blickes, ebenso wenig der Mann vom Ton. Die Maskenbildnerin war verstummt und zupfte nur noch halb motiviert an meinen Haaren herum. Selbst die am ersten Tag noch überfreundlichen Techniker gingen an mir vorbei wie an einem Kleiderständer mit Biedermeierkostüm.

Nach und nach wanderte die Kamera immer öfter in meinen Rücken und filmte meine Großmutter über meine Schulter hinweg. »Du musst jetzt ganz still sitzen. Wir haben dich schön im Anschnitt. Wenn du dich auch nur einen Millimeter bewegst, verdeckst du sie!«

Mein letzter Drehtag war eine Woche später im Englischen Garten. Ich hatte »Ma chère tante« verabschiedet und sollte in Hut und Cape einen Weg entlang, langsam aus dem Bild laufen. Ich war gelassen an diesem Tag, da ich keinen Text mehr hatte und nur noch von hinten zu sehen sein würde. Das Gelände war weitläufig abgesperrt worden. In den Wald hatte man mit Nebelmaschinen eine schwadenschwebende Morgenstimmung gezaubert. Es gab eine Kutsche, die mir entgegenfahren würde, mehrere Mägde mit Weidenkörben und ein paar Hühner, die, so die gehässige Bemerkung eines Beleuchters mit Blick auf mich, schon Filmerfahrung hätten. Die frische Luft tat mir gut und Erich war zu erschöpft, um sich allzu ausgiebig mit mir zu beschäftigen. Die Kamera lief, die Klappe fiel, und ich spazierte los. Und so, wie ich aus diesem Bild herauswanderte, im künstlichen Nebel verschwand, genauso verabschiedete ich mich Schritt für Schritt von all meinen Sehnsüchten, im Film jemals etwas zu erreichen.

Als ich Regina in der Schauspielschule vom Horror der letzten Woche erzählte, lachte sie und tröstete mich: »Jetzt wart mal ab. Das ist doch oft beim Film so. Man denkt, man baut Mist, aber dann sieht es doch klasse aus und man fragt sich, wie haben die das denn nur hinbekommen.« »Meinst du wirklich? Also für mich war es der blanke Horror.« »Klar, die schneiden das, da kommt Musik drüber und alles super!«

Wochen später bekam meine Großmutter einen Anruf von Erich, der Rohschnitt sei fertig und wir seien zu einer ersten Vorführung herzlich eingeladen. Die letzte Zeit im Haus meiner Großeltern war keine ganz einfache für mich gewesen, da von nichts anderem mehr als von dem Film die Rede war. Meine Großmutter erging sich allabendlich in ausführlichen Schilderungen der intensiven Arbeit. »Moahhhhh, es war eine wundervolle Zeit. Etwas Sinnvolles zu tun! Got-t, wie ich das vermisst habe. Gefordert zu sein! Herrlich. Und du, Lieberling, warst sehr, sehr tapfer!«

Die Vorauführung fand im Bayerischen Rundfunk statt. Es muss sehr kalt gewesen sein, denn ich erinnere mich daran, dass meine Großeltern beide lange Pelzmäntel und Fellmützen trugen, in die der Wind hineinpfiff und die Maserungen verwirbelte. Sie sahen eindrucksvoll aus, pompös.

Eine Mischung aus Grizzlys und Zarenpaar. Durch die Großeltern-Eleganz trat die Siebzigerjahre-Hässlichkeit des Kinosaals schonungslos zutage.

Unmittelbar bevor die Filmvorführung begann, tippte mir jemand von hinten mit energischem Finger auf die Schulter. Ich wandte mich um. Erich beugte sich zu mir herab. »Hallo, mein Lieber, der Film ist großartig geworden. Deine Großmutter ist eine Sensation. Und dich haben wir auch gut durchgelotst. Ach ja, das mit deiner Stimme, das ging einfach nicht, wir mussten dich synchronisieren.«

Noch bevor ich antworten konnte, wurde es dunkel und Klaviermusik erklang. Mich selbst auf der Leinwand zu sehen, war mir unerträglich. Ich war tatsächlich zu groß, sah aus wie ein in ein Kinderzimmer hineingezwängter Riese. Meine Großeltern saßen neben mir, und als meine Großmutter im Film zu sprechen begann, nahm mein Großvater ihre Hand und gab ihr einen flüchtigen Kuss auf die Wange. Sie kicherte und flüsterte wie ein Teenager im Kino: »Hermann, bitte, konzentrier dich.«

Von meinen Nahaufnahmen war ich positiv überrascht. Ich wirkte nicht ganz so zubetoniert, wie ich mir vorgekommen war. Sah durchaus wie ein aufmerksam zuhörender junger Mann aus, der nicht jeden Augenblick vom Stuhl zu kippen drohte. Als ich allerdings meinen ersten Satz im Film sprach, hielt ich das, was ich hörte, für eine Stimme aus dem Zuschauerraum, einen Kommentar aus dem Dunkel, der meinen eigenen Satz übertönte. Doch als mein Film-Ich das nächste Mal den Mund aufmachte, entfaltete sich die bittere Wahrheit. Ich sah mich sprechen und hörte einen anderen sagen »Ma chère tante, darf ich dir noch Tee einschenken?«. Sie hatten mir tatsächlich meine Stimme geklaut, mich stumm gemacht wie die Hunde im Garten neben dem Großelternhaus und mir in meinen leeren Mund, zwischen die zaghaft und schüchtern sich bewegenden Lippen, eine neue hineinoperiert. Mein stimmliches Alter Ego hatte einen samtigen Bass und sein »Ma chère tante« perlte perfekt französisch, klang weich und weltgewandt. Am liebsten wäre ich aufgesprungen, um die Leinwand anzufallen, diesen lächerlich verkleideten Wicht in tausend Stücke zu zerfetzen, aber ich beherrschte mich. Denn um nichts in der Welt wollte ich meiner Großmutter diesen Augenblick zerstören. Aber ich war mir sicher: Es würde für uns beide der letzte Film sein.

So war mir nach dem Weinen auch noch die Stimme genommen worden und ununterbrochen hörte ich mich pfeifend atmen. Ich suchte den Lungenfacharzt meines Großvaters auf, eine von ihm in den höchsten Tönen gepriesene Pulmologenkoryphäe, und machte einen Lungenfunktionstest. Er diagnostizierte eine beginnende Verengung der Luftröhre. Ausgelöst, so seine These, durch eine vor allem nachts vernachlässigte Nasenatmung. Diese führe zu einer Austrocknung der Schleimhäute und vorzeitiger Einbuße der Elastizität, daraus resultierend spastischen Kurzschlussreaktionen der Bronchien. Er verschrieb mir ein Asthmaspray, das mir ein treuer Begleiter wurde, und empfahl die Anwendung einer von ihm höchstpersöhnlich erfundenen Therapieform. »Um dich zur Nasenatmung anzuregen, müssen wir ein wenig nachhelfen. Du klebst dir mit diesem von mir entwickelten, sehr dünnen Kreppband nachts den Mund zu.« »Meinen Sie das ernst?« »Absolut. Ich weiß, es klingt etwas seltsam, bewirkt aber wahre Wunder. Schau mal hier.« Er deutete auf eine Weltkarte an seiner Praxiswand. Überall steckten rote Stecknadeln, besonders geballt im arabischen Raum. »Dieses Klebeband hat schon viele gesund gemacht. Ganz ohne Medikamente. Es harmonisiert den gesamten Atemvorgang. Versuch's mal. Schöne Grüße an den Herrn Großvater!«

Von nun an klebte ich mir kurz vor dem Einschlafen den Mund zu. Da ich keine Freundin hatte, keine große Sache, wie ich fand. So lag ich also im rosa Zimmer, selbsttätig mundtot gemacht, Zug um Zug durch die Nasenlöcher Luft einsaugend. Durch den Sauerstoffmangel geriet ich in mir bis dahin unbekannte farbenfrohe Traumlandschaften, aus denen ich kurz vor dem Ersticken hochfuhr und mir das Klebeband vom Mund riss. Erst Wochen später, als ich eine Pflasterallergie bekam, meine Lippen aufquollen, knallrot und wund wurden, ich so aussah, als würde ich geradewegs von einer außer Kontrolle geratenen Schönheitsoperation kommen, brach ich die Therapie ab und griff erlöst wieder zum Asthmaspray.

# Wirrwarr

Meine Großeltern wanderten eng untergehakt im Garten an
den Blumenbeeten entlang. Ich lag auf dem Sofa, sah ihnen
dabei zu und dachte: Auf vier Beinen steht es sich sicherer als
auf zwei. Überhaupt ist ein Zweibeiner eine recht wacklige
Angelegenheit, der Vierbeiner dagegen eindeutig die stabi-
lere Daseinsform. Wie die letzten Vertreter einer vom Aus-
sterben bedrohten Spezies flanierten sie in ihrem Refugium
auf und ab, die Großmutter in einer eigenwilligen Kombination aus Herrenhose, tadellos gebügeltem weißen Hemd
und überdimensioniertem Kaschmirüberwurf. Der Großvater im leichten Sommeranzug mit Hut. Das Telefon klingelte. Ich hob ab und meldete mich mit dem Nachnamen
der Großeltern. »Bist du das, Josse?« »Papa?« »Hallo, mein
Lieber.« Seine Stimme klang brüchig. »Alles in Ordnung bei
dir?«, fragte ich. »Nein, leider nicht.« »Was ist denn passiert?«
»Ich liege im Krankenhaus. Sie haben mir eine Niere raus-
genommen.« Ich hörte ein Geräusch und war mir nicht sicher, ob er weinte oder etwas trank. »Mama ist schon auf
dem Weg zu mir.« Das hatte mich schon immer gestört, dass
er seine eigene Frau uns Kindern gegenüber Mama nannte.
Während wir telefonierten, sah ich, wie mein Großvater mit
einer Teleskopsäge versuchte, eine Mistel aus einer der alten
Ulmen zu schneiden. Mein frisch operierter Vater erzählte

mir von Blut im Urin, von der sehr gut verlaufenen Operation, von der gescheiterten Liebe zur neuen Frau in Lübeck und seiner Rückkehr in unser Haus in Schleswig. »Wie geht es jetzt weiter?«, fragte ich. »Mit Bestrahlung oder Tabletten. Mal sehen. Die Lymphknoten sind wohl in Ordnung.« »Und Mama kommt wirklich zurück zu dir?« »Ja, tut sie.« »Ich setze mich in den Zug und fahre nach Hause. Morgen früh bin ich da!« »Nein, nein, ich weiß, du hast viel zu tun und mir geht es schon viel besser. Aber es wäre schön, wenn wir uns wieder mehr hören.« Erst jetzt merkte ich, wie sehr ich ihn vermisst hatte, wie sehr ein Teil von mir ohne ihn verschwunden war. Wir verabredeten uns für den nächsten Abend zum Telefonieren.

Als ich meinen Großeltern von der Erkrankung meines Vaters erzählte, waren sie gleichermaßen besorgt wie pragmatisch. »Ich lebe seit über sechzig Jahren mit nur einem Lungenflügel und bin immer noch da«, sagte mein Großvater. »Gott sei Dank«, prostete meine Großmutter ihm zu. »Kommt, lasst uns essen. Es gibt Roastbeef und Radieschen.«

Von diesem Telefonat an überschlugen sich die Ereignisse. Wie im freien Fall verwischte alles um mich herum. Ich geriet in äußerste Unruhe, hetzte durch die Tage. Aber dann: allabendliche, butterweiche Landung im Großelternhaus. Wie sehr ich das brauchte! Tagsüber ging es die Stromschnellen hinab, waghalsig zwischen Steinen und Strudeln hindurch, immer kurz vor dem Kentern, kurz vor der endgültigen Karambolage, und abends wurde ich hinaus auf den stillen See gespült, saß gebeutelt, aber am Leben im Großelternsofa und kippte mir den Whisky rein.

Hier ein paar aus Simultanität und Chaos geborgene Geschehnisse:

Maria wurde die Geliebte von Gretchen Kinski. Ich begriff es als Letzter. Ich sah die beiden knutschend am Stachus. Erregt erzählte ich es Gerrit. »Stell dir vor, die Kinski hat sich Maria geschnappt.« Gerrit machte ein gelangweiltes Gesicht: »Wow, das ist ja mal 'ne Neuigkeit.«

Die jährlichen Aufnahmeprüfungen für die neue Schauspielschulklasse begannen. Jetzt waren wir die Alteingesessenen, die Ortskundigen, die Sehnsuchtsgestalten der zu Hunderten in die Schule Kommenden. Jedes Jahr gab es tragische Entgleisungen zu bestaunen. Für mich unvergesslich: ein bebrilltes Mädchen aus Sachsen, die sich bis auf Unterhose und BH auszog und dann, mit einem riesigen Ghettoblaster als Partner, »Romeo und Julia« vorspielte. Mit dem Apparat zwischen den Beinen wälzte sie sich auf dem Boden. Die sächselnde Stimme Romeos kam aus dem Gerät und war die ihres Vaters.

Oder ein hageres, völlig verpickeltes Kerlchen mit knallroten Haaren, das, auf zwei Stühlen stehend, das Wagenrennen aus »Ben Hur« nachspielte und wie irr unsichtbare Pferde peitschte.

Etienne flog wegen Kokainbesitzes fast von der Schule. Auch hatte er Alexander während einer Rollenarbeit in die Magengrube getreten. Seiner Beteuerung »Das steht so im Stück« wurde kein Glauben geschenkt.

Mein Großvater stürzte beim Merlot-Nachschubholen die Kellertreppe hinunter, blieb auf wundersame Weise vollkommen unverletzt und kam, minimal derangiert, mit einer neuen Flasche Wein ins Wohnzimmer zurück.

Regina spielte in einem großartigen Film mit, gewann einen Preis und wurde von neun Theatern umworben. Sie hatte sich ihren herrlich breiten bayerischen Dialekt abtrainiert, traf sich andauernd mit berühmten Regisseuren und wurde von Fahrern schwarzer Limousinen vorm Schultor abgeholt.

Ich fuhr für drei Tage nach Hause, besuchte meine Eltern. Der von der Operation noch geschwächte Vater und die braun gebrannt aus Italien heimgekehrte Mutter machten einen erstaunlich glücklichen Eindruck auf mich. Nie hatte ich sie so liebevoll miteinander gesehen. Beruhigt fuhr ich wieder zurück nach München, saß aber mit Bauchkrämpfen und Durchfall gefühlte zehn Stunden der neunstündigen Zugfahrt auf dem versifften Klo.

Beim Aikido wurde ich besser und besser. Ich träumte von einem eigenen Rock. Wir lernten, mit Holzschwertern zu kämpfen, und aus Tokio kam der Großmeister Nobuyuki Watanabe zu Besuch, Spross einer uralten Samuraidynastie. Er trug ein echtes Schwert und wir mussten uns, einer nach dem anderen, mit unseren Holzschwertern vor ihn hinsetzen. Der Zeitpunkt, wann man das Schwert zog, war vollkommen offen. Man konnte sofort oder erst nach einer Stunde ziehen. Watanabe guckte durch mich hindurch, als wäre ich ein Fenster und dahinter eine zauberhafte Landschaft. Meine Gedanken rasten. Jetzt zieh ich! Nein, lieber noch nicht! So, jetzt! Wenn er blinzelt, dann hau ich ihm mein Schwert auf die glatt rasierte Birne. Doch genau so, wie es schon meinen Mitschülern ergangen war, erging es auch mir. Es war unmöglich, schneller zu sein als er. Noch während meine Hand nach dem Schaft griff, war sein Samuraischwert schon wie ein silberner Lichtstrahl durch die Luft gezuckt und sirrend an meinem Hals gelandet. Daraufhin wischte er das Schwert, als wäre es von meinem Blut besudelt, mit galantem Schwung an einem Lappen sauber und ließ es mit einem Geräusch, das mich durchfuhr, als würde mir Nosferatu an den Hodensack fassen, in die Scheide zurückgleiten.

Es klingelte an der Haustür und ein Polizist verlangte nach meiner Großmutter. Er fragte sie, ob sie am Vormittag in der Krimhildenstraße einen Unfall gehabt habe. Meine Großmutter verneinte vehement. Daraufhin ließ er sich in der Garage den Wagen zeigen. Die rechte Seite war komplett zerkratzt und teilweise aufgerissen. »Sie haben zwei Autos schwer beschädigt, auf Zurufe in keinster Weise reagiert und, so hat es ein Zeuge zu Protokoll gegeben, den Tatort mit erhöhter Geschwindigkeit verlassen.« Meine Großmutter war entrüstet: »Was erlauben Sie sich! Ich fahre diese Runde seit hundert Jahren und noch nie ist irgendetwas passiert.« »Sie wissen hoffentlich, dass das keine Lappalie ist. Das nennt man Fahrerflucht. Ich sehe aufgrund Ihres Alters davon ab, Sie mit auf die Wache zu nehmen.« Für sechs Monate bekam sie den Führerschein entzogen. »Ich dachte, ich hätte den Bordstein touchiert«, war alles was sie je zu diesem Vorfall vorzubringen bereit war.

Gernot stürzte beim Wandern in eine Schlucht, blieb bewusstlos in einem Fluss liegen und wäre um ein Haar ertrunken. Er wurde von einem Hubschrauber geborgen und kam erst nach einem halben Jahr, voller Narben im Gesicht, auf die Schule zurück.

Agnes fehlte viel. Sie hatte den Kontakt zu ihren Eltern abgebrochen und nahm an verschiedenen Therapien teil. In erster Linie ging es darum herauszufinden, warum alle Männer, mit denen sie zusammenkam, Zahnärzte im Alter ihres Vaters waren.

Veronica hatte oft verweinte Augen. Sie war mit Alexander zusammen, fand aber bei Etienne etwas, das ihr Alexander nicht geben konnte. An manchen Morgen sah sie so aus, als hätte sie sich die ganze Nacht lang durch einen Dschungel gekämpft, die Haare zerwühlt und Knutschflecken am Hals. Ich sah mir Alexander an. Er tat, als ob nichts wäre, und hatte die Zugbrücke seiner Schönheit hochgezogen. Der Übeltäter Etienne hingegen war ungewöhnlich ruhig, abreagiert und sah so zufrieden aus wie nach einem üppigen Weihnachtsessen.

Gerrit schrieb sich selbst einen Monolog. Er hatte den mir unvergesslichen Titel: »Im Kino kann ich nur lachen, wenn der Film reißt«.

Marthe von Ohlbrecht musste trotz Protesten der gesamten Schülerschaft ihr Zimmer unter dem Dach räumen. Es war herausgekommen, dass sie immer öfter dort übernachtet und sich auf einer Kochplatte Dosenravioli heiß gemacht hatte. Ihr zu Ehren wurde ein großes Abschiedsfest gegeben. Aus dem Möbelfundus hatten wir ihr einen Thron besorgt. Auf diesem saß sie und lauschte gerührt den Liedern, die die Schüler für sie sangen. Wir wuchteten sie in die Höhe und trugen sie aus der Schule.

Mein Großvater fiel auf dem Weg in den Weinkeller die Treppe hinunter. Abermals blieb er vollkommen unverletzt, kämmte sich und drehte den Korkenzieher in die Flasche.

Mit Alexander und Gernot ging ich Billard spielen, Karambol. Es wurde zu einer regelrechten Leidenschaft. Ich kaufte mir einen eigenen Queue und wenn ich frei hatte, übte ich allein. Wir verbrachten ganze Abende im Billardsalon. Dort begann ich zu rauchen. Finas hieß meine Marke, filterlose

Zigaretten aus Ägypten, die, und das war das Besondere, oval waren. Sie waren so stark, dass meine Fingerkuppen und meine Zunge taub wurden.

Wenn ich nachts oder auch frühmorgens ins Haus meiner Großeltern kam, stand für mich das Abendbrot in der Küche. Immer lag auf dem leeren Teller ein kleiner Zettel mit der nur schwer zu entziffernden Großmutter-Handschrift: »Lieberling, im Kühlschrank ist noch Lachs« oder »Lieberling, die Avocado ist köstlich. Ein Rest aufgeschnittener Zunge ist auch noch da« oder »Lieberling, iss bitte den Appenzeller auf und mach den Rotwein alle. Das Stück Baumkuchen ist für dich.«

Selten in meinem Leben habe ich so sicher gewusst: Genau hier will ich sein, genau in diesem Moment, genau an diesem Küchentisch will ich sitzen, mit tauben, nach Rauch riechenden Fingerspitzen ein Glas Rotwein trinken und dazu kalt aufgeschnittenen Braten essen. Über der Spüle sah ich die beiden mit Wasser gefüllten Gläser der vor Stunden zu Bett gegangenen Großeltern und am Rand des einen den Lippenstiftabdruck der Großmutter.

Ich verliebte mich in eine italienische Kellnerin und versuchte, sie allein durch den Klang der Bestellung zu verführen. »Frutti di Mare«, sagte ich so zu ihr, dass es klang wie: »Du hast tolle Haare«. Ihr Mund war so rot wie Tomatenmark aus der Tube.

Meine Gesangslehrerin Irmgard Köster hatte einen fünfjährigen Sohn. Ich brachte ihm das Schwimmen bei.

Ich stellte im rosa Zimmer die Möbel um, versuchte es mir nach bald drei Jahren, während derer ich darin wie in einem

Hotelzimmer gewohnt hatte, ein wenig gemütlich zu machen. Als meine Großmutter dies sah, geriet sie außer sich vor Wut. »Was tust du denn da? Bau das sofort wieder zurück. Hier wird nichts umgestellt. Alles hat seinen Platz. Junge, du strapazierst unsere Nerven auf das Äußerste. Du bist ja unberechenbar. Eine Heimsuchung! Dein Verhalten ist impertinent!«

Veronica knutschte mit mir in einer Kneipe im Schlachthofviertel herum und sagte am nächsten Morgen beim Aikido den verwirrenden Satz: »Du, das gestern hatte nichts mit dir zu tun. War ein Versehen.«

Ich machte lange Wanderungen durch München, lief einfach drauflos, verirrte mich vorsätzlich und genoss es, wenn sich die Struktur der Stadt zwischen Neubaugebieten, Gewerbegebieten und ersten Feldern verlor. Oder ich setzte mich in die S-Bahn, fuhr bis zur Endhaltestelle und suchte mir zu Fuß den Weg zurück.

Ich kam ins Wohnzimmer meiner Großeltern und auf dem Sofa saß Horst Tappert. Er hatte vor, im Keller in die Sauna zu gehen. Ich leistete ihm Gesellschaft und wir unterhielten uns nett und nackt. In der Sauna behielt er die Brille auf und ich konnte nicht anders, als mir vorzustellen, er würde mich als Kommissar Derrick in der Hitze verhören. Zischend kellte er Eukalyptuswasser auf die fauchenden Steine und fragte: »Wo bist du aufgewachsen?« oder »Stimmt es, dass dein Vater der Direktor einer riesigen Psychiatrie ist?«.

Der ganze Abend geriet absonderlich. Es gab bei diesem Mann keinerlei Unterschiede zwischen ihm und seiner Lebensrolle. Während ich selbst unter Schmerzen nach einer schauspielerischen Identität suchte, saß da Horst Tappert direkt neben mir im Großelternsofa, dessen Fernsehfigur so mächtig, ja, übermächtig geworden zu sein schien, dass er selbst kaum noch zu sehen war. Ich war, was die Schauspielerei anging, ein konfuser Nullpunkt, ein wirres Irgendwas, und er war das genaue Gegenteil: ein überformtes Fernseh-Ich. In jede seiner Zellen war, wie ein Parasit, der Fremdcharakter eingedrungen. Dieser tränensackbehängte Mann hatte den Horst Tappert in sich schon lange aufgegeben und war mit Haut und Haaren ein Derrick geworden.

Meine Großmutter benahm sich in seiner Gegenwart noch gezierter als sonst, dehnte die Vokale, lachte hell wie ein mit Schellen behängter Schlitten, drehte bedrohlich die Stummel aus der Zigarettenspitze und machte ihr geheimnisvolles Gesicht. Derrick taxierte uns der Reihe nach, sah uns durch seine getönte Brille hindurch wissend an und es hätte mich nicht im Geringsten gewundert, wenn wir am Ende des Abends alle drei von ihm verhaftet worden wären.

Gisela Marder, meine Sprecherzieherin, vermisste ich erst, als sie aufgrund ihrer Krankheit nicht mehr unterrichten konnte. Wir bekamen einen Sprecherzieher, vor dessen sanfter Stimme ich mich ekelte. Bei ihm mussten wir so schreckliche Dinge tun, wie unser Gegenüber nur mit der Stimme zu massieren. Man durfte einander nicht berühren. Ich lag da und Gernot kniete über mir und brummte und grunzte mir Töne in Beine und Brust. »Lasst die Schallwellen tief in euch hinein.« Auch er selbst sprach so, als wolle er mit seinen Schwingungen in uns eindringen, so als hätten wir alle Verkrustungen in uns, die es durch einfühlsame Vibrationen zu zertrümmern galt. Er war ein Schleimer und ein Paradebeispiel dafür, wie Menschen einem durch penetrante Sensibilität, die letztlich nichts anderes ist als verkappte Aggression, ein schlechtes Gewissen einimpfen können.

Bei einem unserer abendlichen Telefonate teilte mir mein Vater mit, dass er die Leitung der Psychiatrie aufgeben werde. Obwohl sein Zustand stabil war, rechnete er mit dem Schlimmsten. Er sagte zu mir: »Weißt du, als Arzt ist es schwer, sich bei einem solchen Befund Illusionen zu machen.«

Mein Großvater stand auf, um noch eine Flasche Wein zu holen. Meine Großmutter und ich hörten ein dumpfes Geräusch. Wir eilten zur Kellertreppe und sahen ihn unten liegen. Meine Großmutter taumelte, schrie auf: »Hermann, Gott Allmächtiger!« Er hob ein wenig den Kopf: »Keine Sorge, ich glaube, es ist nichts passiert.« Ich eilte die Stufen hinab und half ihm auf. »Ist wirklich alles in Ordnung, Großvater?« Er belastete das eine Bein, dann das andere, drehte den Kopf nach links und rechts. »Ja, ich glaube, alles bestens.« Er strich sich die weißen Haare glatt. Ich wollte ihm die Treppe hinaufhelfen, doch er entwand sich meinem Griff: »Ich muss doch noch die Flasche holen.« Meine Großmutter rief von oben herunter: »Herrschaftszeiten, Hermann, das wird ja langsam grotesk. Das war das dritte Mal in diesem Monat!« Herr Moser kam und malte die Stufen mit gelber Signalfarbe an. Doch mein Großvater ließ sich davon nicht beirren, stürzte auch weiterhin wie ein hochbetagter Stuntman mindestens einmal im Monat die Treppe hinunter und erst, als er sich den kleinen Finger verstauchte, bekam er Kellerverbot.

# Ich brauche das Buch

Sooft es ging, wanderte ich nach dem Unterricht durch die Innenstadt den langen Weg zu den Großeltern nach Nymphenburg hinaus. Besonders ausgiebig besuchte ich eine Großbuchhandlung am Marienplatz. Dort machte ich eine verhängnisvolle Bekanntschaft. Ich verliebte mich in ein Buch.

Trotz der vielen Menschen, die sich durch die mehrstöckige Buchhandlung schoben, trotz ihrer wegen der Hitze im Inneren des Ladens aufgeknöpften Wintermäntel und voluminös klaffenden Daunenanoraks und trotz der sehr tief, auf Kniehöhe, angebrachten Regalablage sah ich den aufrecht positionierten, glänzend schwarz eingeschlagenen Fotoband schon von Weitem. Sah von fern ein langes Bein und eine im Dunkel des Umschlags schwebende blonde Frisur. Auf meinem Weg quer durch den Laden durchkreuzten immer wieder Kunden meinen Blick, wurde ich angerempelt oder musste ausweichen und doch vermochte kein Kopf, kein Hut oder hochgeschlagener Kragen die Anziehungskraft des Buches auf mich zu unterbrechen. Die Strahlkraft des Einbandes war so stark, dass er durch die Körper hindurchleuchtete. Selbst dicke Bäuche und vollgestopfte Einkaufstaschen durchglühte er. Ich sah nur noch ihn. Als ich den Fotoband erreichte, ging ich in die Hocke. In roter Schrift prangte im

Schwarz: »LIFE – das zweite Jahrzehnt (1946 – 55)«. Die Frisur und die Beine gehörten zusammen, waren so gekonnt ausgeleuchtet, dass sie für sich standen, und doch erkannte ich nun auch den restlichen Körper der dazugehörigen Frau. Das, was ich von Weitem für ihre Beine gehalten hatte, waren sogar nur ihre Unterschenkel gewesen. Unendlich lang glitten ihre Schienbeine über den vollendet geschwungenen Spann in die Schuhe hinein. Ihr Gesicht war hinter den weichfallenden Haaren verborgen. Eine blasse Hand lag vornehm, wie tot, auf der graugroben Sessellehne. Ich meinte sofort zu begreifen, was das Besondere an dem Bild war: ein in Schönheit zerfallener Mensch. Eine gesichtslose Frau, in bezaubernde Einzelteile zerlegt. Ich fuhr mit meinen Fingerspitzen über die Buchstaben, da sie leicht erhaben waren, fühlte aber nur Glätte. Vorsichtig nahm ich das Buch vom Regal und schlug es mittig auf. Noch oft wunderte ich mich im Nachhinein darüber, dass ich gleich mit diesem ersten Aufschlagen auf die Seite stieß, die unter Hunderten von Bildern jene bleiben sollte, welche mich am meisten faszinierte. Da ich mit weiteren Darstellungen von Schönheit und Anmut gerechnet hatte, traf mich das nun aufgeschlagene Foto brutal unvorbereitet, und im ersten Moment begriff ich überhaupt nicht, was ich da sah. Eine Fotoserie von jeweils vier Bildern pro Seite. Unter jedem Foto ein kurzer Kommentar. Bevor ich las, betrachtete ich die Aufnahmen. Ein schrecklicher Anblick. Eine abgemagerte Hyäne leckt eine klaffende Wunde an ihrem haarlosen Bauch. Im zweiten und dritten Bild beginnt sie an den Wundrändern zu knabbern, zu zerren, zieht sie sich mit ihren gewaltigen Eckzähnen einzelne Hautfetzen vom Bauch. Blut rinnt in den Sand. Sie steckt ihre Schnauze tief in die Wunde. Das Hyänengesicht verschmiert mit Blut. Auf dem siebten Bild ist ihr gesamter Kopf im eigenen Leib verschwunden. Es sieht aus, als läge sie auf einem tiefroten Teppich für sie ausgerollt über dem hellgelben Sand. Das achte und letzte Bild: ein Zeitsprung. Das in sich verkeilte Tier, tot und vertrocknet in der unwirtlichen Landschaft. Das räudige Fell ledrig gespannt über die einzeln hervortretenden Rippen. Am gekrümmten Rücken eine Sandverwehung. Die Unterschriften sind kurz und lapidar. »Eine verletzte Tüpfelhyäne in der senegalesischen Steppe« und »Die Hyäne nimmt ihre Witterung auf« und »Der Geruch von Blut weckt ihren Hunger« und »Die Beißkraft der Hyäne ist einzigartig« und schließlich »Ihr Fressinstinkt war größer als ihr Schmerz«. Minutenlang kauerte ich am Boden der Buchhandlung, sah mir die gestochen scharfen Bilder an und entdeckte weitere Details. Auf einem der Bilder war der gierige Blick des im blutigen Kopf steckenden Auges auf den Betrachter gerichtet. Die Hyäne sah mich direkt an. Auf einem anderen Bild zogen weit im Hintergrund schemenhaft andere Hyänen vorbei, ihre Silhouetten von der Hitze zerflimmert. Ich klappte das Buch zu, stellte es aufrecht zurück in die kleine Plastikstütze und verließ die Buchhandlung.

Doch schon am darauffolgenden Tag kauerte ich wieder vor dem Regal. Foto für Foto blätterte ich den Band durch, bis mir die Knie wehtaten und ich kaum noch aufstehen konnte. Bilder über Bilder. Ich fand heraus, dass die herrlichen Schienbeine auf dem Einband Marlene Dietrich gehörten. Sah Fotografien von Musikern und Hollywoodstars, Politikern und Sportlern. Szenen aus dem Alltag eines amerikanischen Landarztes. Wie er versucht, einem von einem Pferdehuf am Kopf getroffenen Mädchen das Leben zu retten. Mit dickem schwarzem Garn ist die Wunde des Kindes frisch vernäht, verläuft quer über die geschwollene Stirn. Wie er den zusammenbrechenden Eltern mitteilt, dass das Kind nicht zu retten ist, dass es sterben wird. Wie die Farmersfamilie erschöpft um das Bett herumsitzt. Das tote Kind. Der Landarzt, der auf der Veranda eine filterlose Zigarette raucht, während ihm sein Mundschutz, wie eben herabgestreift, noch um den Hals hängt. Bilder über Bilder. Und immer wieder meine Hyäne. Plötzlich bemerkte ich, dass ihr auf Bild vier ein Fangzahn fehlte, den sie auf Bild drei noch hatte. Da kam es mir plötzlich nicht mehr so vor, als würde ich permanent neue Einzelheiten entdecken, sondern so, als würden sich die Fotos durch mein genaues Betrachten selbstständig verändern, als hätte mein Blick sie in Bewegung versetzt. Ich blätterte hin und her und stieß auf zwei weitere Fotos, die ich nie mehr vergessen sollte. Auf der rechten Seite der zweiundzwanzigjährige Truman Capote, schon weltberühmt und dabei ein Jahr jünger als ich – zum Verrücktwerden! –, und auf der linken Seite Carson McCullers, von der ich noch nie gehört hatte. Capote saß in einem rätselhaft überbordenden Interieur – zig abstrakte Gemälde an den Wänden, überall Blumen –, lässig die Zigarette in der Hand, und seine Augen sahen mich an, so abgeklärt, so stolz und souverän, wie ich es bei einem Zweiundzwanzigjährigen niemals für möglich gehalten hatte. So, da war ich mir sicher, hatte ich selbst noch nie ausgesehen, so ein Blick, so eine großartige Mischung aus herablassend und doch empfindsam, war mir gewiss noch nie gelungen. Carson McCullers sah abenteuerlich aus. Pausbäckig, aufgedunsen. So als hätte sie Mumps und die ganze Nacht gesoffen. Auch sie rauchte. Auf dem Tisch lag ein zerfingertes Päckchen Lucky Strike. Sie war alles andere als schön und doch gefiel sie mir, waren ihre dunklen Augenringe verheißungsvolle Hinweise auf ein ausschweifend extrem geführtes Leben. Bilder über Bilder. Wieder kam ich kaum aus der Hocke hoch und meine Knie knirschten. Ich ging zu den Romanen hinüber, kaufte mir McCullers' »Uhr ohne Zeiger« und las den Rest des Tages und die halbe Nacht im rosa Zimmer vom stillen Sterben des Kleinstadtapothekers Malone.

Bis heute ist mir meine Entscheidung, den Fotoband nicht zu kaufen, sondern zu klauen, rätselhaft geblieben. Natürlich waren achtundvierzig Mark eine Menge Geld für mich, und doch wäre es ein Leichtes gewesen, zu meinen Großeltern zu sagen: »Ich habe einen so tollen Fotoband gesehen und hab im Moment nicht genügend Geld. Könnte ich mir das vielleicht von euch leihen?« Meine Großeltern hätten sich angelächelt und gefragt: »Wie teuer ist der denn?« Der von mir genannte Preis hätte sie nicht im Mindesten überrascht oder gar erschreckt. Wer Pinienkerne für acht Mark das Döschen kauft, um damit Rotkehlchen zu füttern, dem können achtundvierzig Mark für einen Fotoband kaum mehr als ein liebevolles Nicken entlocken. Aber ich konnte sie nicht fragen, ich wollte es nicht. Ich wollte daran glauben, dass ich keine andere Wahl hatte, als das Buch zu stehlen. Ich wollte etwas Irrationales tun.

Auch hatten sie mich erst vor Kurzem aus einer äußerst heiklen und noch dazu selbstverschuldeten finanziellen Notlage errettet. Es war gar nicht lange her, da hatte ich in der U-Bahn ein einschneidendes Erlebnis gehabt. Um bei möglichen Kontrollen ungeschoren davonzukommen, hatte ich mir ein Pseudonym zugelegt. Da mein zweiter Vorname »Philipp« und mein dritter Vorname »Maria« ist, mein Geburtsort Homburg im Saarland und ein klitzekleines »von« das Ganze theaterhistorisch zum Klingen brachte, nannte ich mich: Phillip Maria von Homburg. Wochenlang fuhr ich mit diesem schillernden Pseudonym, zu meinem größten Bedauern unkontrolliert, in der Münchner U-Bahn kreuz und quer durch die Stadt. Auch die Adresse hatte ich mit Bedacht gewählt. Beste Gegend. Knapp neben meinen

Großeltern in der Kriemhildenstraße 12 in Nymphenburg. Dann war es endlich so weit. Mit tumber Unauffälligkeit betraten drei Kontrolleure in Pseudozivil die U-Bahn. Kaum hatten sich die Türen mit einem pneumatischen Schnaufer geschlossen, riefen sie: »Die Fahrkarten bitte.« Gelassen wartete ich. Worauf ich spekulierte, war, dass es höchst unwahrscheinlich wäre, dass sich die Kontrolleure die Mühe machten, jemanden, der sich nicht ausweisen konnte, mit auf die Wache zu nehmen. Der Kontrolleur sprach mich an. »Ihre Fahrkarte bitte!« Ich begann zu suchen, schüttelte Erstaunen mimend den Kopf. Fuhr mir mit den Händen mehrmals in die Taschen und murmelte »Das gibt's ja nicht«. Und sagte schließlich »Tut mir leid, ich hab mein Portemonnaie nicht dabei«. »Ausweis bitte!« »Tut mir leid, ich hab nichts dabei.« »Dann muss ich Sie mit auf die Wache nehmen.« »Da kann man wohl nichts machen. Dann muss ich eben mitkommen.« Er zog einen Block heraus. »Name?« Endlich war es so weit. »Phillip Maria von Homburg.« Und tatsächlich sah ich, wie ein klitzekleiner unterwürfiger Funke durch seine Augen blitzte. »Phillip mit zwei p?« »Nein, zwei l, ein p.« Langsam, umständlich trug er die Buchstaben ein und es schien mir, dass er es grundsätzlich als eine Zumutung seiner Profession empfand, deutlich schreiben zu müssen. »Adresse?« Ich buchstabierte Nymphenburg. »Geboren?« Damit hatte ich nicht gerechnet. Das hatte ich vergessen. Aber das sollte mich jetzt nicht mehr aus der Fassung bringen. Gelassen antwortete ich. Gab irgendein Datum an. Er nickte und ging, ohne noch ein Wort zu sagen, zum nächsten Fahrgast.

Ich hatte es tatsächlich geschafft, meine Betrugsszene glaubwürdig gespielt, und war nicht einmal besonders nervös geworden. Stolz saß ich in der Bahn. Da stand er plötzlich wieder vor mir, sah auf seinen Block und fragte »Wann sind Sie geboren?«. »Bitte was?« »Wann Sie geboren wurden?« »Das hab ich Ihnen doch schon gesagt.« »Ich würde es aber gerne noch mal hören.« Mir wurde augenblicklich schlecht. Ich überlegte. Was hatte ich nur gesagt? Ich hatte keine Ahnung mehr. Leise antwortete ich, leider sogar mit einem unüberhörbaren Fragezeichen am Ende. »Mitte März?« Er trat nah an mich heran. »Wann genau?« »Äh ... zwölfter?« Da hatte er mich schon am Arm gepackt und von der Bank hochgezerrt. In mir stieg die Hitze des Erwischtwerdens hoch und damit verband sich ein Wohlgefühl, eine Körperdurchpulstheit vom Feinsten. Untergehakt schoben sie mich den Bahnsteig entlang. Das sah nicht gut aus für Phillip Maria von Homburg. Ich musste mit auf die Wache und ein dreifaches Strafgeld wegen Falschangaben zur Person zahlen, welches dann, ohne zu wissen wofür, meine Großeltern auslegten.

Und dann gab es noch einen weiteren und letztlich alles entscheidenden Grund für meine Absicht, den Fotoband nicht käuflich zu erwerben. Ich musste der Bedeutung, die die Bilder für mich in den letzten Tagen bekommen hatten, etwas entgegensetzen, das ein wenig Größe hatte, ein Wagnis war, und mich durch den Diebstahl wenigstens ansatzweise als ein den Fotografien Ebenbürtiger erweisen. Ich wollte nicht mit geliehenem, großbürgerlichem Großelterngeld bezahlen! Ich wollte auf eigenen Füßen stehen und stehlen gehen. Hunderte von abenteuerlichen Bildern auf abenteuerliche Weise in meinen Besitz bringen.

Und so begann ich damit, meinen Raubzug zu planen. Ich schlenderte mehrere Tage, bibliophile Verträumtheit vorschützend, durch die Etagen der Buchhandlung, beobachtete dabei aus den Augenwinkeln die Verkäufer, suchte die Decken nach eventuellen Spiegeln oder sogar Kameras ab, zählte die Schritte vom Fotoband bis zur Treppe, vierunddreißig, die Anzahl der Stufen hinab ins Erdgeschoss, vierundzwanzig, und die wenigen Schritte bis zum Ausgang, zwölf. Da es mir von Vorteil schien, wenn das Geschäft gerammelt voll sein würde, erkor ich mir einen langen Samstag zum Tag des Handelns aus. Ich schloss die Tür des rosa Zimmers während der Mittagsstunde und trainierte das unauffällige Einstecken von Büchern unter den Pullover. Viel Mühe verwandte ich auf die Auswahl der optimalen Kleidung. Schließlich wählte ich einen abgetragenen Lammfellmantel meines Großvaters und darunter einen dickwollenen sogenannten Troyer, einen Seemannspullover, den ich aus meiner norddeutschen Heimat mit nach München gebracht hatte. Ich übte das Verschwindenlassen des Fotobandes mit einem alten Atlas. Stellte ihn auf die Bettkannte, bückte mich, sah ihn mir an, ging in die Hocke, lüpfte leicht den Pullover, ließ ihn daruntergleiten, zog den Bauch ein, schob ihn hinter den Hosenbund, spannte die Muskeln an und stand wieder auf. Das ging gut. Dadurch, dass ich meinen Bauch gegen den Atlas presste, hielt er optimal. Unter dem Troyer war die Buchkante kaum zu erkennen. Wenn ich den Lammfellmantel schloss, war er völlig verborgen. Mit dem so von der Bettkante entwendeten Atlas ging ich im Zimmer herum. Ich konnte die Arme frei bewegen, konnte Bücher aus dem Regal nehmen, konnte völlig unbeeinträchtigt, die Buchhandlungstreppe simulierend, auf das Bett steigen. Der in der Wärme auf dem Bauch liegende Atlas fühlte sich großartig an. Wie ein Teil von mir, wie in mein Inneres gerutscht, sicher und verborgen.

In der Nacht von Freitag auf Samstag schlief ich miserabel. In raschem Wechsel hetzten mich Vorstellungen vom Scheitern meiner Mission und deren glücklichem Ausgang. Mal sah ich mich mit nach hinten gedrehtem Arm in einem Kabuff von Polizisten umstellt, weinend und stotternd, mal mit dem Buch am Bauch überheblich durch das Geschäft flanierend und als hybriden Höhepunkt vielleicht sogar noch rechtmäßig ein Reclam-Heftchen käuflich erwerbend. Kaum hatte ich meinen Plan als unmöglich und schwachsinnig verworfen, tauchten all die herrlichen Fotografien wieder auf. Liz Taylor mit sechzehn, Audrey Hepburn privat in einem Männerpyjama-Oberteil, zu Hause. Ich hatte keine Wahl. Ich wollte dieses Buch so sehr. Ich wollte außerhalb der Schauspielschule, außerhalb der Großelternwelt etwas Eigenes erleben. Etwas, das nur ich mir ausgedacht hatte.

Ich betrat die Großbuchhandlung um kurz nach elf. Hatte mich durch Hunderte Schaulustige gekämpft, alle die Köpfe erhoben zum Glockenspiel des Rathauses. Die Sonne schien und föhnwarme Luft wehte über den Platz. Doch im Inneren des Geschäfts war es angenehm kühl. Als ich den Stapel mit den Fotobänden im ersten Stock erreichte, war es leider nicht ganz so belebt, wie ich es mir erhofft hatte. Ich hatte mir fest vorgenommen, einen der ungeöffneten, jungfräulich eingeschweißten Bildbände zu entwenden und nicht etwa das von zig Kunden ab- und durchgegrabbelte Ansichtsexemplar. Mich umsehend, knöpfte ich den Lammfellmantel auf und ging in die Hocke. Ein kurzer Blick nach rechts und links. Nicht weit von mir sortierte eine Verkäuferin Bücher auf einen Stapel. Tief drinnen, warm eingepackt unter dem Seemannspullover raste mein Herz, raste auf und davon. Ich holte tief Luft, sah mich abermals um. Die Verkäuferin hatte sich abgewandt, stand mit dem Rücken zu mir. Aber es war einfach zu wenig Kundschaft um mich herum. Völlig ungeschützt hockte ich vor dem Regal, einsichtig wie auf einer Lichtung. Da entdeckte ich oberhalb einer der Bücherwände einen lang gestreckten Spiegel, der mir noch nie zuvor aufgefallen war. Gab es nicht solche Überwachungsspiegel, die von der einen Seite blickdicht, von der anderen aber sehr wohl durchsichtig waren? Wurde ich vielleicht genau in diesem Moment in aller Seelenruhe von jemandem beobachtet? In Banken konnte man mit einem einzigen Knopfdruck alle Türen verriegeln. Ich stand auf, mir wurde leicht schwindelig. Ich war viel zu warm angezogen. Um mich herum trugen alle leichte Jacken oder Blousons. Kein Mensch rannte an diesem Samstag mit dickem Pullover und einem Lammfellmantel herum. Ich ging ein paar Schritte und setzte mich in der Architektur-Abteilung auf ein wulstig gelbes Lesemöbel. Jeder, der an mir vorbeikam, schien mich anzusehen, mich zu mustern, jedem schien ich merkwürdig vorzukommen. Und die, die mich nicht ansahen, da war ich mir sicher, taten es auch aus Kalkül. Je mehr ich mich um Unauffälligkeit bemühte, desto auffälliger wurde ich. Mein Kopf glühte, fühlte sich an, als würde er rot leuchten, vielleicht sogar blinken. He, schaut alle her, hier sitzt ein Meisterdieb im Lammfellmantel! Ich musste mich beruhigen. Komischerweise hatte ich ganz heiße Füße. In meinen klobigen Winterstiefeln rieben sich feucht die Zehen aneinander, ja, es kam mir fast ein wenig rutschig dort drinnen vor. Über meinen Rücken krabbelte wässerig ein ständig seine Form veränderndes Tropfentierchen die Wirbelsäule hinunter. Da dachte ich an diesen herausfordernden Nichts-kann-mir-gefährlich-werden-Blick des gleichaltrigen Truman Capote und dann: Jetzt oder nie, los, jetzt oder nie.

Ich stand auf, lief zielstrebig zurück zur Fotobuchabteilung – mehr Menschen um mich herum, Gott sei Dank, endlich mehr Menschen –, ging abermals in die Hocke – die Verkäuferin war verschwunden –, nahm den eingeschweißten Fotoband, schob ihn gekonnt unter den Pullover, zog den Bauch ein und ließ ihn in die Hose gleiten. Leider erwischte ich zusammen mit dem Bund der Hose auch den Unterhosensaum, sodass das Buch nun komplett am nackten Bauch anlag und hinunter bis zum Schamhaar reichte, mir auf die Schwanzwurzel drückte. Egal. Ich spannte die Bauchmuskeln an und stand auf. Gelassenheit mimend knöpfte ich mir mit zitternden Fingern den Lammfellmantel zu. Vierunddreißig Schritte durch das Gewühl zum Treppenabsatz. Besonders bemühte ich mich darum, keinen starren Blick zu bekommen. Das hatte ich ja gelesen, das war das Hauptaugenmerk für Kaufhausdetektive: der starre Blick der Ladendiebe! Also locker die Augen rollen und bloß nicht zu schnell werden, bloß nicht die Zügel schießen lassen. Jetzt noch vierundzwanzig Stufen hinab und dann noch zwölf weitere Schritte bis zum rettenden Ausgang. Bei jedem Schritt auf der Treppe war der überraschend gewichtige Fotoband an meinem schwitzigen Bauch weiter abgerutscht und drückte mir mit seinen scharfkantigen Ecken unangenehm in die Leisten. Ich versuchte trotzdem, möglichst normal zu gehen. Kurz bevor ich die Schiebetür erreichte, sackte das Buch noch etwas tiefer. Ich konnte nur noch winzige Schritte machen und trippelte, um Unauffälligkeit bemüht, hinaus ins Freie.

Ich hatte auf eine frische Brise gehofft, doch das Gegenteil erwartete mich. Warme Föhnluft wehte mich an. Ich taumelte schutzsuchend ein wenig in die Menschenmenge hinein und blieb stehen. Jetzt bloß nicht leichtsinnig werden, ermahnte ich mich. Behutsam öffnete ich einen Knopf des Mantels und legte meine Hand auf die Hose. Die Buchkante war weit unterhalb des Hosenschlitzes. Ich zog den Bauch ein und schob sie mit den Fingern durch den Stoff hindurch von außen nach oben. Da griff jemand vehement in das Fell meines Mantelkragens. Die Wucht des Zugriffs warf mich herum. Unmittelbar vor mir stand ein Mann meiner Größe. Blaues Hemd, schmale schwarze Krawatte. Er zerrte an meinem Lammfellkragen. Passanten blieben stehen, wandten sich um. Er zog mich nah zu sich heran. Er trug eine rote Brille und einen winzigen, ergrauten Zopf direkt unter der Unterlippe, der mit einem ebenfalls roten Gummiband zusammengezwirbelt war. Schmales Gesicht, hager. Wieder zog er an meinem Kragen, zerrte mich zurück Richtung Eingang der Buchhandlung.

Eine in dieser Stärke noch nie zuvor erlebte Wallung schoss mir durch den Nacken in den Kopf und verwandelte sich in glühenden Zorn. Mit einer mich selbst überraschenden Wildheit schlug ich seinen Arm beiseite. Als sich seine verkrallte Hand aus dem Lammfell löste, gab es ein rupfendes Geräusch. Ich war frei und rannte los, rannte, Passanten wegschubsend, direkt hinein in das Gewühl der Einkaufsstraße. Ich sprang seitwärts, verdrehte den Oberkörper, schlängelte und flipperte mich durch die Masse, stieß mich von Schultern ab und tänzelte durch das Menschenmeer. Mit aller Bauchmuskelkraft presste ich währenddessen das Buch gegen den Hosenbund. Alles ging gleichzeitig. Ich war ein Koordinationswunder auf der Flucht. Ich türmte in eine Seitengasse, kam zur Frauenkirche und drückte mich in eine Mauernische. Die kühle Schwere der Steinmassen in meinem Rücken tat gut und zum ersten Mal blickte ich mich um, sicher, ihn längst abgehängt zu haben. Doch da war er, keine zwanzig Meter entfernt, trabte locker auf mich zu. Die rote Brille, das entspannte Gesicht mit den trotz wilder Verfolgung unerschütterlich nach hinten gegelten Haaren. Ich presste mich an die Mauer. Beugte mich ein wenig vor. Er hatte mich bereits entdeckt. Fast teilnahmslos erschien mir sein stur auf mich gerichteter Blick. Er kam näher. Ich stieß mich von der Kirchturmmauer ab und rannte wieder los. Kurz bevor ich meine Nische verlassen hatte, war mir das abgasgeschwärzte Halbrelief eines aufs Rad geflochtenen Menschen aufgefallen. Ich rannte. Mir war so unendlich warm.

Dieser scheiß Lammfellmantel. Was für eine hirnverbrannte Idee. Der Schweiß lief mir in die Augen und die Buchkanten bohrten sich mit jedem Schritt weiter ins Fleisch. Kein Mensch konnte so laufen, geschweige denn anständig fliehen. Ich versuchte, mich klein zu machen, und sprintete buckelig und ungelenk direkt an der Kirchmauer entlang, dann an einem Brunnen vorbei, an dem überall Touristen saßen, die wie Warane ihre Gesichter in die Sonne hielten. Ich trat jemandem seine Flasche um, stolperte über einen Rucksack, fing mich im letzten Moment und trudelte weiter. Immer wenn ich mich umsah, war da dieser locker joggende Typ mit seiner leuchtend roten Brille. Der war eindeutig kein Beschleunigungs-Jäger, kein Gepard, der kurz mal Gas gibt, alles auf eine Karte setzt und seine Beute niederreißt. Der war ein ausdauernder Hetz- und Ermattungsjäger.

In vollem Lauf passierte ich ein mir wohlbekanntes Geschäft für Priesterbedarf und allerlei Kirchenutensilien. Keine zwei Wochen war es her, dass ich genau in diesem Laden für meine Großeltern eine Besorgung gemacht hatte. Da für sie ein Ausflug in die Innenstadt einer Weltreise gleichkam, hatten sie mich darum gebeten, dort einen sonst nirgends zu bekommenden Docht zu besorgen. Ich hatte den nach Weihrauch duftenden Laden betreten und nach ebendiesem Docht gefragt, der in einen zerbrechlichen, mundgeblasenen Glasschwimmer gesteckt werden konnte. In gewöhnlichem Sonnenblumenöl brannten diese Dochte tage- und nächtelang vor den gestaffelt aufgestellten Fotografien all der Verstorbenen, derer meine Großeltern gedachten, auch meines Bruders. Unglaublich sanft hatte sich die verhärmte Verkäuferin nach meinem Anliegen erkundigt. Ihr Lächeln war voller Anerkennung für diesen Dochte kaufenden jungen Mann, so als würde ich mich allein durch die Wahl dieser Ware als eine gute Seele zu erkennen geben. Und tatsächlich war ich ungemein erbaulich gestimmt gewesen, als ich, das wie aus einer anderen Zeit stammende kleine Pappschächtelchen in Händen haltend und leicht schüttelnd, wieder hinaus auf die Straße getreten war. Ein guter Mensch, der für seine Großeltern sakrale Besorgungen tätigt. Ein Erzenkel.

Doch jetzt rannte ich um mein Leben, stieß wieder auf die Haupteinkaufsstraße und kämpfte mich weiter voran. Geduldig verfolgte mich mein rotbebrillter Schatten durch die von mir in den Menschenstrom getriebene Schneise. Meine Kräfte schwanden. Der Rücken: klitschnass. Ich bekam einen Bauchmuskelkrampf vom ständigen Buch-an-den-Bund-pressen. Während ich rannte, knöpfte ich mir den Mantel auf und riss den Fotoband heraus. Das war jetzt auch egal. Dadurch, dass er in Kunststofffolie eingeschweißt war, war er so rutschig wie ein Stück Seife. Er witschte mir durch die Finger und weg war er.

Ohne nachzudenken warf ich mich auf die Knie und krabbelte zwischen den Beinen herum, sah ihn und schlug mir den Weg frei zu meiner Beute, zu meinem Buch, zu meinen Bildern. Die Leute bekamen Angst und jemand trat mir in die Rippen. Mir blieb die Luft weg, aber ich rappelte mich wieder auf. Doch in genau dem Moment, als ich etwas Hoffnung schöpfte, einen guten Fluchtrhythmus gefunden hatte, sauste wieder diese Pranke auf mich nieder und grub sich in meinen Pelzkragen. Da ich unbeirrt weiterrannte, glitt mir der Mantel von den Schultern. Hinunter vom einen Arm, ich wechselte das Buch, hinunter vom anderen. Damit hatte der Wolf nicht gerechnet, dass das Lamm einfach aus seinem Pelz schlüpft. Was für eine Befreiung. Scheiß auf den Mantel. Nur noch knapp fünfzig Meter bis zum U-Bahn-Eingang Stachus.

Ich hatte die Treppe fast erreicht, als mir jemand mit voller Wucht von hinten die Beine wegtrat. Ich strauchelte und stürzte in eine der für München typischen Reihen von Zeitungskästen zur Selbstentnahme hinein. Knallte mit dem Kopf gegen das Abendblatt und ging samt Kasten zu Boden, der scheppernd auf mich niederfiel. Ich sah auf. Da stand er. Sah mich durch seine rote Brille an. Er schien kaum außer Atem zu sein. Sein Blick war beunruhigend, flackerte wie besessen. Ich klammerte mich an mein Buch. Und da fing ich zu schreien an. Immer denselben Satz. Einen einzigen, gebetsmühlenartig herausgebrüllten Satz. Immer wieder: »Ich brauche das Buch!« So laut ich konnte. »Ich brauche das Buch! Ich brauche das Buch!« Er kam näher, griff nach dem Fotoband und zog mich daran unter dem Zeitungskasten hervor. Was für eine Kraft der hatte, dieser hagere Kerl, diese lächerliche Figur mit seiner beknackten Designerbrille und diesem fiesen Unterlippenbärtchen. Ich brüllte weiter, brüllte und zerrte. Die Folie riss ein, löste sich. Mit einem gewaltigen Ruck entglitt mir das Buch. Meine Hände schmerzten, waren so leer, schmerzten vor Leere, griffen ins Nichts. Ich ließ mich fallen, krümmte mich zusammen und wimmerte: »Ich brauche das Buch.« Wo kam nur dieser Kummer her? Ich fühlte mich tatsächlich unendlich schlecht behandelt und betrogen. Jammerte weiter meinen auf vier Worte zusammengeschnurrten Wortschatzsatz: »Ich brauche das Buch.« Er tippte mir mit der Schuhspitze an die Schulter. Vorsichtig drehte ich den Kopf. Ich hatte höllische Angst vor ihm. Würde er mir ins Gesicht treten? War es das, was er wollte? Ganz langsam hob ich den Blick. Mit solch einer Verachtung hatte mich noch nie zuvor jemand angesehen. Mit angewidertem Gesicht, als wäre ich eine frische Pfütze Kotze, blickte er auf mich herab. Er hob den schwarzen Fotoband hoch über seinen Kopf, stand einen Augenblick da wie ein aus Granit gemeißelter Gott und schleuderte das Buch mit aller Wucht nach mir. Es traf mich mit der Ecke wie ein Geschoss auf der Brust. Ich schrie auf. Er beugte sich über mich und sagte, fast teilnahmslos: »Dann lass dich halt nicht erwischen, du Depp du.« Wandte sich ab und ging. Ging einfach davon und verschwand in der Menschentraube, die mich angaffte. Ich griff nach dem Buch. Der Einband war zerrissen, Marlene Dietrichs Bein zerfetzt. An der Stelle, wo mich der Fotoband getroffen hatte, brannte meine Brust, ein bohrender Dauerschmerz. Alles tat mir weh. Ich kam auf die Beine. Nur wenige Schritte waren es bis zur Rolltreppe. Gedemütigt, beschämt und doch glücklich fuhr ich, das Diebesgut unter dem Arm, aus der klebrigen Wärme hinunter in die Kühle der U-Bahn. Doch noch ehe ich unten ankam, regten sich Zweifel in mir, ob das, was da gerade geschehen war, wirklich wahr sein konnte. Warum hatte er mich samt Raubgut gehen lassen? War das Ganze ein Trick? Wollten sie wissen, wohin ich meine Beute brachte? Dachten sie vielleicht, dass dort ein ganzes Räubernest war, das endlich ausgehoben und ausgeräuchert werden musste? Ich kaufte mir ein Ticket – natürlich kaufte ich mir ein Ticket! – und nahm die U-Bahn zum Hauptbahnhof, dann die Straßenbahn Richtung Nymphenburg. Endlich saß ich. So als bräuchte er ein wenig Schlaf, wiegte ich den Fotoband sanft hin und her.

Vor dem Nymphenburger Schloss stellte ich mich in die Mitte des großen Platzes. Sah mich um. 360 Grad Observation. Diese Wärme! Was für eine die Gehirnzellen malträtierende, gehässige Luft – herrlich und bitterböse zugleich. Kein Feind weit und breit. Langsam beruhigte ich mich.

Ich erreichte die Straße der Großeltern. Wesentlich aggressiver als sonst stürzten sich die stummen Hunde auf mich und schnauften gegen den Zaun. Ich sah mich noch einmal um, bog in die Einfahrt zum Haus ein, schlich mich durch den Flur die Treppe hinauf ins rosa Zimmer und ließ das

Rollo hinunter. Unendlich erschöpft zog ich mich bis auf die Unterhose aus. Wo jetzt wohl der Lammfellmantel war? Auf den Oberschenkeln hatte ich zwei winkelförmige Blutergüsse und auf der Brust eine pulsierende Schwellung. Nackt kroch ich unter die rosa Bettdecke, stopfte mir das rosa Kissen unter den Kopf und nahm mir den Fotoband. Vorsichtig entfernte ich den schwer verletzten Einband, legte ihn behutsam neben mich, um ihn später zu versorgen. Von außen drückte das helle Licht mit aller Macht gegen das altrosafarbene Rollo, aber nur an einzelnen winzigen Punkten blitzte es funkelnden Sternen gleich durch das brüchige Gewebe. Und dann sah ich mir meine Bilder an. Jedes einzelne, ausgiebig, so lange ich wollte. Bilder über Bilder.

Ich legte den Fotoband neben meinen Kopf auf die Matratze, wurde schlagartig todmüde, schloss die Augen und dachte, schon im Rhythmus meines verlangsamten Atems: Jetzt endlich, endlich gehören sie mir.

# Ich bin der neben mir

Schließlich kam zum Nicht-weinen-Können, Nicht-atmen-, -sprechen-, -gehen- und -stehen-Können auch noch das Nicht-lachen-Können dazu.

Bei der Abschlussinszenierung meiner Schauspielschulklasse war ich der Einzige, der mit dem Rücken zum Publikum lachen musste. Die Regisseurin war eine Ungarin. Vom ersten Moment an konnte ich ihre Art zu sprechen, ihren aufdringlich angeberischen Akzent, mit dem sie einen auf osteuropäische Gefühlsbombe machte, kaum ertragen. Sie heulte in den Proben: »Regina, meine Schaaatz, jetzt has du mich gärade tief in die Härz gestochän.« Zu mir hatte sie nach der Generalprobe vor allen anderen gesagt: »Deine Lachen klingt so uunächt, so gekinstelt, bitte dräh dich doch um!« »Wie meinen Sie das?« »Wenn du schon lachest, lach bitte nach hintän. Ich will es nicht sähen. Lach gegen Waaand!« Ich fragte mich, bei welcher Gefühlsregung ich überhaupt noch nach vorne gucken durfte. Das Stück hieß: »Victor oder die Kinder an die Macht«. Und auch mit meiner Größe hatte die Regisseurin Probleme. »Du hast dich nicht untä Kontrolle! Du bist zu laaang. Du bist eine große Haufen Ungäschicklichkait. Mir scheint: deine ganze Körper ist dir Rätsäl.« Ich wurde als General in einen Rollstuhl gesetzt und zum Lachen und Weinen in die Ecke geschoben. Das war bitter.

In Gesprächen mit dem Direktor, seinem Stellvertreter und Gretchen Kinski versuchten sie herauszufinden, ob und wie mir noch zu helfen sei. Mich erfüllten diese Zusammentreffen mit nicht zu beschreibender Abscheu. Ich war in einen unauflösbaren Zwiespalt geraten. Ich sehnte mich nach Unterstützung, nach Anerkennung, und wollte gleichzeitig nur noch in Ruhe gelassen werden. Bevor der Krisenstab zusammentrat, nahm ich mir vor zu kooperieren, nach Lösungen zu suchen, um mich aus der Sackgasse, in die mich drei Jahre Schauspielschule geführt hatten, wieder herauszulotsen. Doch sobald ich den dreien oder auch anderen Lehrern gegenübersaß, wurde ich pampig und wortkarg. »Nächste Woche ist das ZBF-Vorsprechen und wir sind alle nicht sicher, ob du da mit den bisher erarbeiteten Rollen durchkommst!«, verkündete mir der Co-Direktor und sein Geldtransporter-Gesicht gab keinen Aufschluss darüber, ob ihn das freute oder besorgte. ZBF war die Abkürzung für »Zentrale Bühnen-, Fernseh- und Filmvermittlung«. Mit diesem Vorsprechen wurde die sogenannte Bühnenreife festgestellt.

Gretchen Kinski legte mir die Hand auf den Unterarm. »Ich will und muss ehrlich zu dir sein. Du machst immer mehr zu. Woran liegt das nur? Aikido läuft super. Aber du willst doch nicht Aikido-Lehrer werden?« Warum eigentlich nicht, dachte ich. Ich blickte auf meine Jeansknie. »Auf alle Vorschläge, ja selbst auf freundliche Bitten reagierst du mit Trotz oder Zorn. Du lässt dir nichts sagen. Sogar im Gesangsunterricht läuft es nicht mehr so.« Das stimmte leider. Obwohl ich Irmgard Köster mochte, konnte ich die Enge des Raumes und meine fabrizierten Töne kaum noch ertragen. In drei Jahren waren wir keinen Schritt weitergekommen. Sie drückte eine Klaviertaste, ich schwang mich auf den Ton ein und sie rief: »Herrlich! Wunderbar!« Sobald ich aber in der Gruppe meine Stimmlage halten sollte, um mich herum mehrstimmig gesungen wurde, klang ich wie ein von seiner Mutter auf der Sandbank im Stich gelassener Heuler. Ich war der unmusikalische Knollenblätterpilz im Pilzragout der Melodien und selbst wenn ich verstummt und wie ein sterbender Indianer dasaß, schien von mir eine Dissonanz auszugehen, die diejenigen, welche mir zu nahe kamen, in atonales Chaos stürzte.

Gretchen Kinski war noch nicht fertig. »Wir sind es ehrlich gesagt leid, dich wie ein rohes Ei zu behandeln. Wir legen das jetzt in deine Hände. Woran liegt es?« Stille im Büro. »Ich weiß auch nicht. Ich, also keine Ahnung … Ich … also ich … na ja … ich weiß nicht. Ich sehe eigentlich das Problem gar nicht.« Das waren so meine Antworten. Gestotterte, von Ratlosigkeit überwucherte Gestrüppsätze. Der Direktor hatte sich eine neue Zucktechnik angewöhnt und ließ abwechselnd seine Schultern hochschnellen. »Wir haben hier das Gefühl, dass dich etwas bedrückt, dass dir etwas im Weg steht. Wir wollen uns da nicht aufdrängen. Bei dieser Kostümversteigerung, da warst du so toll. Mensch, wie du da raus bist in dem Kleid, das war eine Sensation. Scharf! Aufrecht und stolz. Da hast du vor Selbstvertrauen geleuchtet. Und hier, immer nur dieses Knautschgesicht!« Ich schaltete auf Durchzug.

Beim ZBF-Vorsprechen überraschte ich dann allerdings alle. Ich hatte drei Rollen erarbeitet. Eine Zweierszene mit Agnes: »Kabale und Liebe«, eine mit Gernot: »Warten auf Godot«, und einen Monolog von Botho Strauss. Die letzten Monate hatten mich in einen Zustand der Trance versetzt. Sorgen, Appetit- und Schlaflosigkeit. Letztendlich war ich einfach zu erschöpft, um schlecht zu sein. Wie ein Malariakranker, der sich zum letzten Mal aus seiner Hängematte hochrappelt, schleppte ich mich in die Schauspielschule und spielte meine Szenen vor. Danach kam Gretchen Kinski zu mir und blaffte mich an: »Ach, so einer bist du? Wenn es drauf ankommt, geht's auf einmal.« Aber das war mir da auch schon egal. Wie allen anderen aus meiner Klasse wurde auch mir die Bühnenreife bescheinigt. »Bühnenreife!« Was für ein Wort. Es klang eher nach Käse! Ja, in Ordnung, dieser Käse darf ab jetzt Theater spielen.

Trotzdem hielt ich meine Aussichten, ein Engagement zu bekommen, für äußerst gering. Wollte ich das überhaupt? War es für ein Medizinstudium schon zu spät? Was sollte ich nur tun? Kann man als Schauspieler arbeiten, wenn man nur dann gut ist, wenn man nächtelang nicht geschlafen hat oder in Glitzerkleidern auftritt?

Allen aus meinem Jahrgang gelang es, eine Anstellung zu finden. Allen, außer mir. Es gab die sogenannten ersten Theater und die mittleren Häuser, es gab die kleineren Häuser, die aber noch Sprungbretter genannt wurden, und es gab die kleinen Häuser, die immerhin noch dafür gut sein konnten, sich auszuprobieren. Dann allerdings gab es noch die Theater, die die Hölle bedeuteten, Furcht einflößende Provinznester, in denen man wie im Bermudadreieck auf ewig verschwinden konnte oder, und das war kein Spaß, das war schon vorgekommen, junge Schauspieler sich einfach umbrachten.

Für uns alle war es aufregend, wer es wohin schaffte. Das ging zu wie in einem dieser Dezimierungsreime für Kinder: »Neun junge Schauspielschüler, die habens gut gemacht! Agnes ging nach Düsseldorf, da warens nur noch acht. Acht junge Schauspielschüler, die habens wild getrieben, Alexander ging nach Wuppertal, da warens nur noch sieben! Sieben junge Schauspieler, die spielten Teufel und Hex, Etienne der ging nach Ingolstadt (Pech gehabt!), da warens nur noch sechs.« Und so weiter. Regina wechselte direkt an die

Münchner Kammerspiele und wurde zur umjubelten Elevin. Veronica bekam mehrere Filmangebote und noch heute trägt sie ihr romantischer Dackelblick durch den Vorabend. Gernot machte trotz einiger guter Angebote mit einem alten Kumpel zusammen eine Weltreise auf dem Motorrad, um sich, wie er sagte, erst mal von dem ganzen Gelaber zu erholen, und Maria wurde schwanger, stand mit rotverweinten Augen mit Gretchen Kinski in einer Ecke des Hofes und rauchte. Gerrit ging nach Berlin, um eigene radikale Projekte zu verwirklichen, wechselte später in die Werbung und wurde steinreich. Und ich? Ich sprach an zwölf Theatern vor, brach jedes Mal euphorisch auf, zeigte meine Rollen, wurde jedes Mal euphorisch abgelehnt, reiste nach München zurück und betrank mich zusammen mit meinen Großeltern.

Ich schlief immer schlechter und meine Großmutter legte mir eines Abends eine Pille neben den Rotwein. »Am besten nimmst du die, wenn du schon im Bett liegst. Es geht dann rasend schnell.«

Da kam eines Nachmittags ein Anruf von der ZBF. Meine Großmutter nahm ab und rief: »Lieberling! Es ist für dich. Deine Agentur!« Das war peinlich. Ich zog das Kabel so lang es ging und machte im Flur hinter mir die Tür zu. »Ja, bitte?« »Wir hätten was für Sie. In Schleswig gibt es das Landestheater Schleswig-Holstein. Die spielen in Schleswig, Flensburg, Neumünster, Rendsburg und machen Abstecher. Die suchen ab sofort einen Anfänger!« Von hundert auf null in zwei Sekunden. »Wissen Sie was«, sagte ich zu der netten Dame, »ich habe zwanzig Jahre gebraucht, um aus diesem Schleswig rauszukommen. Ich bin da aufgewachsen.« »Oh, das wusste ich nicht. Wollen Sie es sich vielleicht noch überlegen?« »Niemals!«

Ich stand im Flur und dachte: Wie hinterhältig kann das Schicksal eigentlich sein? Es gibt Hunderte Theater in

Deutschland und mein einziges Angebot kommt aus Schleswig? Meine Großmutter rief: »Telefonierst du noch? Komm doch bitte wieder rein.« Ich ging zurück ins Wohnzimmer, setzte mich ihr zu Füßen auf den Teppich und lehnte den Kopf an die Sessellehne. »Aber mein Lieberling, was hast du denn? Was haben die denn gesagt? Hast du ein Angebot bekommen?« Ich nickte. »Ja, wirklich? Wohin denn?« »Schleswig.« Ganz leise, voll der Ehrfurcht angesichts einer solchen Hiobsbotschaft flüsterte sie: »Ach, du lieber Got-t.« Sie legte mir die Hand in den Nacken und strich mir über die Haare. Ich hörte das Feuerzeug klacken und roch Mentholrauch. »Du armer, armer Lieberling! Was für eine Schmach!« Da weinte ich los. Sie kraulte meine wieder nachgewachsenen Locken, und ich weinte und weinte. Zunächst noch im Rahmen dessen, was auch meine Großmutter für angemessen erachtete, doch dann steigerte ich mich beträchtlich und fand kein Ende mehr. So viele echte Tränen. Wo kamen die nur plötzlich alle her?

Mein Großvater kam, und ich hörte meine Großmutter sagen: »Er ist erledigt.« Bis heute ist mir ihre Formulierung rätselhaft geblieben. Wahrscheinlich hatte sie einfach das »völlig« in dem Satz vergessen. Oder meinte sie das wirklich? War ich erledigt? Seitlich vom Sessel weggekippt, lag ich zusammengekrümmt da und schluchzte. Großvaterdiagnose: »Der Junge hat eine akute Nervenkrise. Ich ruf die Frau Doktor an.« Meine Großeltern versuchten, mich vom Boden hochzubekommen, aber ich war wie knochenlos, schwer vor Kummer. Ich krallte mich in die Teppichfransen und wollte in Ruhe weiterweinen. »Herrschaftszeiten Junge, jetzt lass dich doch bitte nicht so gehen! Du machst uns ja ganz ratlos.«

Als die alte Ärztin kam, hörte ich sie in der Haustür sagen: »Grüß dich, Hermann, wo ist denn das arme Enkelkind?«, und dann meinen Großvater: »Komm, ich zeig ihn dir. Er ist im Wohnzimmer zusammengeklappt. Schau, da liegt er.« Zu dritt hievten sie mich hoch und bahrten mich auf dem Sofa auf. Die Haushälterin brachte ein Stück Honigmelone. Die Ärztin fühlte mir den Puls und zog mir die Unterlider herunter. Sie öffnete ihren Lederkoffer, der genauso verrunzelt war wie sie, nahm eine Ampulle heraus, brach das braune Glashütchen ab, betupfte meinen Arm mit Alkohol, zog die Spritze auf und stach zu. Mit gekonntem Druck, langsam und doch bestimmt, presste sie mir die klare Flüssigkeit hinein. »Wird gleich besser, junger Mann. Schlaf ein wenig.« Die Stimmen verwischten und plötzlich sah ich überall uralte Hände durch die Luft flattern. Die Großmutterhände, die Großvaterhände, die Hände der Ärztin. Von Adern, Sehnen und Altersflecken überzogen, flogen sie wie mumifizierte Vögel um mich herum. Sie zupften und tupften, streichelten mich mit den Rückseiten der Finger über Wangen und Stirn. Meine Großmutter breitete die helle Kaschmirdecke über mir aus. Dann entfernten sich alle drei lautlos, glitten wie auf Schienen von mir weg, verschwanden im Hausflur und versuchten leise zu sprechen, krankenrücksichtsvoll zu wispern. Da aber die Ärztin mindestens so schlecht hörte wie mein Großvater, gelang ihnen etwas sehr Spezielles: Sie flüsterten laut, brüllten im Flüsterduktus im Flur herum. Mein Großvater rief mit gepresster Stimme: »Wie lange wird er denn jetzt schlafen?« »Bis morgen wird er hoffentlich Ruhe geben!«, gab die Ärztin Entwarnung. »Na, Gott sei Dank«, seufzte meine Großmutter erlöst, »er tut immer so robust, ist aber im Grunde ein Seelchen.« Sie hatte eine pragmatische Eingebung: »Oh, dann haben wir ja ein Forellenfilet über! Möchtest du mit uns essen?« »Sehr gerne!« Alle drei kamen zurück und setzten sich an den Esstisch. Interessiert und benebelt verfolgte ich die voranschreitende Wirkung der

Spritze. Plötzlich schob meine Großmutter mit einem knarzenden Ruck ihren Stuhl zurück und sprang auf. »Da ist dieses Biest schon wieder!« Sie griff in eine Schale mit Walnüssen, riss die Terrassentür auf und stürzte hinaus. Ich hörte sie rufen: »Mach, dass du fortkommst, du schwarzer Teufel, du!« Seit Wochen kämpfte sie mit einer fetten Katze, die im Garten herumschlich, und bewarf sie mit Nüssen. Um mich herum wurden die Gegenstände diffus. Die Schränke und Vitrinen mit all den herrlichen Glas- und Silbergefäßen wurden flach, sahen mehr und mehr wie Tapeten aus. Meine Großmutter kam aus dem Garten zurück. »Und wenn dieses Miststück ein Rotkehlchen erwischt, dann frisst dieses Aas es nicht mal. Zerfleddert es nur und lässt es liegen.« Die Sessel und der Couchtisch schmolzen und lagen wie ausgerollt auf dem Boden. Was für eine großartig surreale Kulisse, dachte ich, kommt, lasst uns drehen. Jetzt bin ich so weit. Kamera läuft. »Enkel am Ende« die Erste. Uuuuund bitte! Das Licht wurde golden, tropfte wie Harz auf mich herab und schloss mich warm ein. Es war herrlich, wie das Medikament mich an der Hand nahm und wegbrachte.

Nach diesem Zusammenbruch fragte ich mich, was ich eigentlich auf der Schauspielschule gelernt, ob ich irgendwelche Fertigkeiten erworben hatte, und musste mir eingestehen, dass ich außer ein paar Aikido-Handgriffen nichts hinzugewonnen, sondern nur jede Menge verloren hatte und mein Selbstverständnis in Scherben lag.

Schon bevor ich morgens aufwachte, wachte etwas anderes in mir auf, das mich dann beim Aufwachen beobachtete. Als hätte mir die Schauspielschule den Kopf wie ein rohes Ei aufgeschlagen und fein säuberlich Körper und Geist getrennt.

Diese Erkenntnis erfüllte mich, das mag seltsam klingen, mit panischer Resignation. Nicht nur, weil ich so viel Lebenszeit mit etwas eingebüßt hatte, das mir gar nicht zu liegen schien, sondern auch, weil ich spürte, dass die permanente Selbstbeobachtung keine sporadische Erscheinung bleiben würde. Jede noch so belanglose Begebenheit wurde zwanghaft zu einer zu analysierenden Situation. Immer und überall galt es sich zu beweisen. Und so stand ich nicht mehr nur auf der Bühne neben mir, ich stand immer neben mir. Auf der Bühne hatte ich mich unter dem großen Druck der auf mich gerichteten Augen und der an mich gerichteten Aufforderungen zweigeteilt. Die Schauspielschule war für mich zu einem Reaktor geworden, in dem den gnadenlosen Psychowissenschaftlern eine lupenreine Ichspaltung gelungen war. Inklusive giftiger Abfallstoffe war ich im Scheinwerferlicht in meine Bestandteile zerfallen. Doch wohin mit der frei gewordenen Energie? Diese Verdoppelung hielt auch außerhalb der Bühne an und fraß sich in jeden Lebensbereich. Wenn ich auf der Straße eine schöne Frau sah, dachte ich: Wie seh ich eigentlich aus, wenn ich auf der Straße eine schöne Frau sehe? Wenn ich im Nymphenburger Park »Felix Krull« las, brauchte ich ewig, um mich so hinzusetzen, wie ich meinte, ein junger Mann sitzen müsse, der im Park »Felix Krull« liest.

Ich hörte mich atmen, lachen und ertrug den Klang meiner Stimme nicht, egal ob ich beim Bäcker war, mit meinen Großeltern diskutierte oder mit der Haushälterin sprach. Alles, was ich sagte, hörte sich falsch an, wie auswendig gelernt, und es kam mir so vor, als würde ich nicht nur auf der Bühne unecht klingen, auch im Leben schien alles nur noch toter Text zu sein. Meine Arme, Hände und Finger, meine Beine, Füße und Zehen waren zu fremdartigen, in der Welt herumgreifenden und tastenden, höchst absonderlichen Gliedmaßen mutiert. Andauernd sah ich ihnen dabei zu, wie sie sich bewegten.

Sobald ich mein Gesicht sah, wurde ich zornig. Ich hasste es. Warum nur hatte ausgerechnet ich dieses Gesicht? Kein anderes Gesicht der Welt hatte sich als so ungeeignet für den Schauspielerberuf erwiesen wie meines. Oft hatte ich vor dem Spiegel meine Mimik überprüft, herauszufinden versucht, woher diese Unfähigkeit rührte, sich gelassen und natürlich zu geben. Jeder meiner Gesichtsausdrücke kam mir eingefroren vor und nur mit winzigen Sprüngen konnte ich von einem zum anderen wechseln. Als wären bei einer Orgel alle Pedale vertauscht worden, wusste ich plötzlich nicht mehr, welche Muskeln für welche Mimik gedacht waren. Ich wollte verwegen aussehen, sah aber belämmert aus. Ich wollte herzlich lachen, klang aber so, als würde ich abgestochen. Am liebsten hätte ich mir ins verhasste Gesicht gegriffen und mir einfach ein anderes geformt. Das war es, was ich mir wünschte: mit allen zehn Fingern in das Knetgummigesicht hineingreifen und es durchkneten und neu formen. Die lange Nase wegkneten, den Eierkopf rund drücken und die Augen größer bohren. Aber es gab keinen Ausweg, keinen Notausgang aus dieser Visage, und wenn ich sie im Bett in der Dunkelheit mit den Fingerspitzen berührte, war ich von ihrer Durchschnittlichkeit, von der Einfallslosigkeit der Anordnung stets aufs Neue ernüchtert.

Zu dritt lebten meine Großeltern und ich seltsam richtungslos vor uns hin. Und ohne den Hauch einer Mission verstrichen meine Tage. Einzig am Abend gelang es mir, mich durch ein beträchtliches Quantum Alkohol in einen verschwommenen Zustand der Harmonie, der Deckungsgleichheit hinüberzusaufen. Dann war nicht mehr ich doppelt, sondern alles um mich herum. Der Großvater hatte vier triefende Augen und die Großmutter vier oder sogar sechs Arme wie eine indische Gottheit, mit denen sie mir großzügig nachschenkte. »Danke, Großmutter, ich glaub, ich hab genug für heute.« Ich überlegte kurz und dann sagte ich: »Ich bin so gerne bei euch. Eigentlich bin ich nirgends lieber als hier bei euch.« Sie beugte sich weit vor, küsste mich auf die Stirn und antwortete: »Jetzt sind wir ja noch da, wer weiß wie lange noch. Du bist uns eine unendlich große Freude.«

Ich suchte in mir nach Resten von Stabilität. Gab es die überhaupt noch? War da so etwas wie ein unversehrter Wesenskern? Ich wusste es nicht. Da stieß ich auf etwas, das mir Halt versprach. Die Trauer um meinen Bruder hatte ich unbemerkt durch die Schauspielschule geschleust. Niemandem hatte ich von diesem Verlust erzählt. Doch war kein Tag vergangen, ohne dass ich an ihn gedacht hätte, ohne dass ich in Gedanken mit dem Bruder gesprochen hätte. Dieser Kummer war heil und lebendig, und als ich ihn unter all den Trümmern meines Ichs hervorzog, fiel ich ihm heilfroh um den Hals und ließ mich geborgen in seine Arme sinken. Auch wenn ich mir einen anderen Wesenskern als die Brudertrauer gewünscht hätte, so war ich doch erleichtert, wenigstens diesen unbeschädigt wiederzufinden. Was für ein Schatz! Die Trauer um den Bruder war konkret, absolut authentisch und ganz und gar ich selbst.

# Wann wird der Mensch sein eigenes Museum

Zu dieser Zeit beschleunigte sich das Älterwerden meiner beiden Großeltern. Und sie selbst sagten über sich, sie täten eigentlich nichts anderes mehr, als sich mit den Folgen dieses Älterwerdens zu beschäftigen. Die einst so anregenden Unterhaltungen schrumpften zu einem Korsett aus Anekdoten. Immer denselben. Es gab Geschichten, die ich hundertmal gehört hatte. Inzwischen wusste ich genau, wie ich durch ein beiläufig dahingesagtes Stichwort eine ganze Erzählung auslösen konnte.

Wenn ich fragte: »Ist das Appenzeller?«, obwohl es immer Appenzeller gab, sagte mein Großvater sofort: »Hab ich dir eigentlich schon mal erzählt, wie ich mich mit ein paar Freunden 1936 im Gebirge verlaufen habe und wir nichts mehr hatten außer einem großen Stück Appenzeller?« Meine Großmutter machte sofort »Moahhhhh«. Moahhhh meinte hier: Das ist eine unglaubliche Geschichte. Ich schüttelte den Kopf und erwartete mal wieder die Appenzellergeschichte. Eigentlich musste ich nicht mal nach dem Appenzeller fragen. Es reichte schon, wenn ich absichtlich die Käserinde nicht fein säuberlich genug abschnitt. Wenn meine Großmutter das sah, rief sie: »Hermann, wenn du das sehen könntest. Unser Lieberling ist ein schlimmer Verschwender. An der Käserinde ist noch so viel Käse dran.« Daraufhin sagte er: »Hab ich dir eigentlich schon mal erzählt, wie ich mit ein paar Freunden 1936 im Gebirge ...« usw.

Auch verhedderten sie sich zunehmend in nicht enden wollenden Namenserinnerungs-Kämpfen.

Mein Großvater fragte: »Wie hieß noch mal der Schauspieler, mit dem du einundfünfzig in Göttingen unter Hilpert ›Kirschgarten‹ gespielt hast. Na der ... der?«

Meine Großmutter antwortete: »Meinst du den, ähh, na warte kurz, den Domin?«

Mein Großvater: »Ach was, der war doch nicht in Göttingen. Der war doch in Stuttgart bei, na? Mit dem hast du doch Dings gemacht.«

Großmutter: »Genau, der mit dieser Frau, der Frau ... ähh ... der hab ich doch mal einen Pelzmantel von mir geschenkt.«

Großvater: »Bist du sicher, dass das die war? Ich meine, dass du den Pelzmantel in Nürnberg danach noch hattest?«

Großmutter: »Danach, was soll denn das heißen? Wonach? Nürnberg war doch nicht nach Stuttgart!«

Großvater: »Und was, wenn nicht Nürnberg, soll denn bitte schön nach Stuttgart gewesen sein?«

Großmutter: »Da war ich doch mit Caninenberg in ... Herrschaftszeiten ... da hab ich doch dann auch den Benno Prallmann kennengelernt.«

Großvater: »Genau, und Benno kam doch dann zu Caninenberg nach Hildesheim.«

Großmutter: »Ich war doch nie in Hildesheim.«

Großvater: »Aber da hast du doch zum ersten Mal den ›Seidenen Schuh‹ gespielt.«

Großmutter: »Den hab ich in München gespielt. In Hildesheim hab ich die Minna gespielt.«

Großvater: »Dann warst du also doch in Hildesheim?«

Großmutter: »Ja, Herrschaftszeiten, kann sein.«

Großvater: »Wenn du in Hildesheim die … ähhh …«

Großmutter: »Die Minna.«

Großvater: »Wenn du in Hildesheim die Minna gespielt hast, wirst du ja wohl auch mal in Hildesheim gewesen sein.«

Großmutter: »Ich hab aber so gar kein Bild von Hildesheim. Oder warte mal, Hermann!« Die Großmutter riss die Augen auf, »hab ich mir in Hildesheim nicht mal einen Pelzmantel gekauft?«.

So konnte das ewig gehen. Warum sie die Unterhaltung angefangen hatten, wussten sie schon lange nicht mehr. Sie vertrugen auch nicht mehr so viel. Nun waren sie oft schon um neun betrunken, mein Großvater fast taub, und dann redeten sie nur noch Unsinn.

Großvater: »Wie geht's denn eigentlich Irmgard?«

Großmutter: »Wer ist das denn?«

Großvater: »Wie bitte?«

Großmutter übertrieben laut, als würde sie über einen See rufen: »Wer ist daaaas?«

Großvater: »Na, die mit dem schnellen Wagen. Hui.«

Großmutter: »Hermann, ich bitte dich! Du hast gekleckert!«

Großvater: »Ich hab überhaupt nicht gemeckert! Ich hab nur gefragt, wie es dem Irmelchen geht?«

Großmutter: »Du hast Wein auf dem Hemd. Tu da Salz drauf!«

Großvater: »Wie bitte?«

Großmutter vorwurfsvoll mit Handtrichter in seine Richtung brüllend: »Tuuu da Salz drauf!«, und dann leise wie für sich »Wie im Irrenhaus«.

Mein Großvater nach einer Pause: »Mein Ei heute Morgen, das war wieder steinhart. So, und jetzt ruf das Irmelchen an. Wähl mal!«

Großmutter: »Wie ist denn die Nummer?«

Großvater: »055122783.«

Großmutter: »Warum kannst denn du diese Nummer auswendig?«

Großvater: »Keine Ahnung.«

Großmutter: »Hallo, ja, hier ist die Inge. Ja, mir geht's gut. Ich gebe dir mal den Hermann.« Leise zu mir: »Herrschaftszeiten, wer ist das bloß?«

Großvater: »Respekt, Irmelchen, Respekt. Ja, bei uns ist alles gut. Der Jocki ist hier. Der wohnt ja bei uns. Ja, das ist uns eine große Freude. Nein, er hat noch immer nichts gefunden. Wie geht's denn dem Willy? Oh nein …«, leiser zur Großmutter, »der Willy hat einen Tumult im Kopf.«

Großmutter: »Einen Tumult? Ich kenn keinen Willy.«

Großvater: »Wie bitte? Verzeih, liebes Irmelchen, du musst lauter sprechen, ich höre sehr schlecht.«

Großmutter leise zu mir: »Na, das ist ja mal 'ne Neuigkeit!«

Großvater: »Ach so. Einen Tumor. So groß wie ein Ei. In der Oper? Was? Du musst lauter sprechen! Inoperabel. Ich gebe dir jetzt mal die Inge.« Beim Herüberreichen des Hörers, die Muschel abdeckend: »Sie spricht sehr undeutlich, Vorsicht.«

Großmutter: »Hallo? Hallo?« Zum Großvater: »Wie hieß die noch?« Großvater reißt der Großmutter am Kabel den Hörer aus der Hand.

Großmutter aufgebracht: »Bist du noch zu retten?«

Großvater besorgt lallend: »Irmelchen. Hallo? Bitte melden, bitte melden. Weg.« Mit ungewöhnlich erbostem Blick auf die Großmutter: »Du kannst nicht mal telefonieren.«

Großmutter: »Ach, Hermann! Trink nicht so viel Rotwein.«

Großvater: »Was bitte? Ich soll tot sein?«

Großmutter: »Mooahhhh! Rotwein! Herrschaftszeiten!«

Großvater: »Ja, das ist doch zur Abwechslung mal eine gute Idee. Respekt. Schenk mir noch was ein. Mein Gott, der arme

Willy. Einen Tumult im Kopf von der Größe eines Eies. Respekt. Ich glaub, ich muss niesen!«

Großmutter: »Oh nein! Erbarmen.«

Wenn mein Großvater zu niesen begann, hörte er so schnell nicht wieder auf. Meine Großmutter erhob sich mühsam und machte sich auf den Weg in den Flur zum Nasenspray. Ich musste bei ihm bleiben. Er nieste in regelmäßigen Abständen, einmal pro Minute. Saß da, vollkommen schicksalsergeben, und nieste, laut, explosionsartig. Es war nicht mehr möglich, sich zu unterhalten. Das Niesen strengte ihn so sehr an, dass er zwischen den einzelnen Niesern die Augen schloss, zusammengesackt und gebrechlich wie eine im Sessel vergessene Marionette dalag. Meine Großmutter und ich betrachteten ihn schweigend und warteten auf die nächste Detonation, mit der er sich selbst im Ohrensessel in die Luft sprengen würde.

Später von mir gefundene Eintragungen in seinen Taschenkalendern brachten solche Tage auf schlicht schöne Nenner: Heute Bachforelle mit Erbsen.

Achtzehn Mal geniest.

Die zunehmende Schwäche meiner Großeltern wurde auch dadurch deutlich, dass das Wort »leicht« eine immer größere und schließlich absurd riesige Rolle zu spielen begann. Alles musste so leicht wie möglich sein. Und meistens war das Allerleichteste noch lange nicht leicht genug. Das Material, das zum Inbegriff dieses Leichtigkeitswahns wurde, war das sogenannte Gore-Tex. Nach und nach ersetzten sie fast alle ihre Kleidungsstücke durch solche aus Gore-Tex. Es begann mit Gore-Tex-Schuhen und gipfelte in abstrus leichten Gore-Tex-Hüten. Hatten meine Großeltern vorher wunderschöne Mäntel und Jacken getragen, trugen sie nun federleichte, beigefarbene Gore-Tex-Blousons. In einem Münchner Spezialgeschäft für Extrembergsteiger kauften sie sich braune Gore-Tex-Hosen und Gore-Tex-Handschuhe. Und immer aufs Neue schwärmten sie von der unübertroffenen Leichtigkeit ihrer Kleidung. Die Hüte wogen so wenig, dass sie mehrmals vergaßen, dass sie sie überhaupt aufhatten. Andauernd fassten sie sich an die Köpfe und kontrollierten, ob nicht ihre Gore-Tex-Hüte davongeflogen waren, oder saßen samt den Hüten beim Mittagessen. Als ich einmal die Jacke meines Großvaters anzog, war ich allerdings wirklich überrascht. So etwas Leichtes und zugleich Wärmendes hatte ich noch nie getragen. Meine Sachen waren ja das genaue Gegenteil: bleischwer und trotzdem fror ich. Immer waren sie leicht feucht, doch Gore-Tex ist bei optimaler Leichtigkeit auch noch wasserdicht und dazu, und dieses Wort benutzte mein Großvater besonders gerne, »atmungsaktiv«. Gerade er, der mit seiner halben Lunge mühsam nach Luft schnappte, war nun von oben bis unten in atmungsaktives Material gehüllt. Meine Großmutter hatte zugunsten der Leichtigkeit einiges an Eleganz eingebüßt und ihre auch nicht gerade schweren Kaschmirsachen, denn sie besaß tatsächlich Kaschmirmäntel, auf den Dachboden verbannt.

Ihre Bettdecken waren nicht aus Gore-Tex, aber aus einem ebenfalls atmungsaktiven Material, das, so mein Großvater, bei Weltraummissionen genutzt wurde. So hatten sie sich auch von ihrer wunderschön schweren Damastbettwäsche verabschiedet und schliefen unter schwerelosen Astronautendaunen.

Auch für das, was sie aßen, wurde schon bald die Leichtigkeit zum wichtigsten Kriterium. Alles Schwere wurde gemieden. Alles Schwere machte ihnen Angst. Zu große Portionen versetzten sie in Panik und sie starrten auf ihre Teller wie auf die Eiger-Nordwand. Der Rotwein war die einzige Ausnahme. Der konnte gar nicht schwer genug sein. Der Rotwein und die Schlafmittel wurden im Laufe der Jahre immer schwerer.

Und so saßen sie dann an Sommerabenden auf ihrer Terrasse, genossen in ihren federleichten Gore-Tex-Garderoben die leichte Brise, aßen wie greise Vögelchen vom hauchdünn geschnittenen Bündnerfleisch und tranken dazu schweren spanischen Rotwein, um dann, betäubt von den schwersten Schlafmitteln, die sie aber verharmlosend immer nur »Einschlafhilfen« nannten, unter ihren Weltraumdecken in einen, trotz allem, nur federleichten Schlaf zu versinken.

Im Laufe der Jahre hatten ihre wuchtigen Sessel im Parkett jeweils vier Stempelabdrücke hinterlassen, worüber meine Großmutter alles andere als glücklich war. Kreisrunde, münzgroße Vertiefungen.

Hatte die Putzfrau im Zimmer gesaugt oder verschob ein Gast die schweren Stühle, wurden diese von meiner Großmutter eigenhändig zurück auf ihre vier Markierungen gestellt. Dieser Moment war ein geradezu tiefenpsychologischer Offenbarungseid der großelterlichen Wesenswelt. Jeder Sessel hatte sich wie mit einem Fingerabdruck für alle Zeiten an ein und dieselbe Stelle gebannt. Dass meine Großeltern sogar glücklich dabei aussahen, wie Sessel und Sofa in die Abdrücke passten, machte die Sache endgültig absurd. Als wären sie erleichtert, die genau passenden Möbel für exakt ihre Dellen zu besitzen, rief meine Großmutter beim Zurechtrücken: »Ach Gott sei es gedankt, passt!« Was für ein Wahnsinn, dachte ich mir, wie um alles in der Welt soll ein Sofa, das vier Abdrücke im Parkett hinterlassen hat, nicht in diese seine eigenen Abdrücke passen? Doch meine Großeltern ließen sich nicht beirren.

Es gab noch mehrere solcher Stellen, die sich durch jahrelange Sturheit ihren Platz ergattert hatten und nun nicht mehr bewegt werden durften. Eine große Lilienvase hatte einen Ring unter sich. Dieser war sogar fast schwarz. Wenn meine Großmutter diesen Ring sah, machte sie ein sorgenvolles Gesicht. Einzig und allein die den Ring verursachende Vase wurde nun als diejenige gepriesen, die in der Lage war, den Schmutzrand optimal zu verbergen.

Auch die Teppiche durften keinen Millimeter verschoben werden, da sich unter ihnen das Parkett nicht verdunkelt hatte. Hell und blass hatte es unter den dicken Perserteppichen die Zeit überdauert und machte einen so empfindlichen Eindruck wie rosige ungebräunte Haut unter einem im Sommer getragenen Pflaster. Bei Neuschnee gab es ein regelrechtes Schauspiel zu bestaunen. Plötzlich lagen ein Dutzend Teppiche draußen im Garten, die Oberseiten zuunterst, während im Wohn- und Speisezimmer helle rechteckige Holzfelder zum Vorschein kamen. Gerade so, als hätte jemand dort eben erst nagelneues Parkett verlegt. Draußen schmetterten Herr Moser und Frau Schuster die Teppichklopfer auf die rupfenfarbigen Unterseiten der Teppiche. Jeder einzelne so behandelte Teppich kam kühle Frische atmend zurück ins Haus auf seinen ihm angestammten Platz und wurde von der Großmutter mit der Schuhspitze des verkürzten Beines millimetergenau zurechtgeschoben. Im Garten blieben auf dem zerstapften Schnee die wie mit einem Lineal gezogenen grauschmutzigen Teppichabdrücke zurück. Über diese dann wie über echte Teppiche hinwegzuwandeln hat mich als Kind durch seine offensichtliche Absurdität sehr erheitert.

Die Teppiche selbst zeigten an viel beschrittenen Stellen leichte bis deutliche Abnutzungsspuren, wie man sie auch beim Besuch hospitalisierter Zootiere auf den aus Beton gegossenen Felsen in den viel zu engen Gehegen entdecken kann. Mich hat das alles immer schwer beschäftigt. Vielleicht ist ja das ganze Leben so, dachte ich: Man hinterlässt eine Spur. Dann überholt einen die eigene Spur. Und von da an verfolgt man sich selbst, versucht immer genau in dieser Spur zu bleiben, weil man sicher ist, das sei für einen der richtige, der einzig sichere Weg.

Neben der Leichtigkeit wurde auch das Licht immer lebensnotwendiger.

Der einst herrliche Garten hatte am meisten unter diesem Lichthunger meiner Großeltern zu leiden. Mehrere majestätische Bäume umstanden das Haus. Zwei ungewöhnliche ungarische Eichen, mehrere Himalajabirken, ein Trompetenbaum, drei wohlgeformte Zypressen. Mein Großvater ließ eine Gärtnerin kommen, die für einen unverschämten Stundenlohn die elefantenrüsseldicken Arme der Glyzinie mit einem Beil von den Balkongittern herunterhackte und, mit einem Seil gesichert, in die Bäume kletterte und erste große Äste absägte. Meine Großeltern waren begeistert und bestellten sie in den folgenden Wochen immer wieder. Sie schwärmten von der die Räume durchflutenden Sonne, von den sich völlig neu eröffnenden Ausblicken. Auch ich war von der Helligkeit im großen Wohnzimmer überrascht, doch als ich in den Garten ging, konnte ich kaum fassen, was die Gärtnerin verbrochen hatte. Zu Baumkrüppeln verstümmelt, standen die Stämme wie Totempfähle um das Grundstück herum. In diesem Sommer, in dem sich die Gärtnerin ein rotes Cabriolet kaufte, verschwanden die Rotkehlchen und unzählige Meisen, die mein Großvater immer so gerne mit Pinienkernen aus dem Feinkostladen gefüttert hatte. Diese federleichten Vögelchen waren auf ihm herumgehüpft, waren seelenruhig auf seiner Hand sitzen geblieben, hatten sich im schweren goldenen Ehering gespiegelt und nach ihrem Spiegelbild gepickt, wobei ein helles »Pling« erklang, wenn die Schnäbelchen das Gold trafen. Nach dem Baummassaker waren monatelang alle Singvögel verschwunden.

Die Villa wurde von einer sich unnachgiebig ausbreitenden Kraftlosigkeit erfasst und so wie die Großeltern selbst wurde auch das Haus von Tag zu Tag gebrechlicher. Den Gegenständen sah man irgendwann an, dass sie aufgegeben hatten, genommen werden zu wollen. Obwohl das ja eigentlich das Einzige war, was es für sie noch zu erleben gegeben hätte. Angefasst, benutzt oder zumindest für einen Augenblick in der Hand gewiegt zu werden. Doch vom hauchdünnen Kristallglas in der Vitrine bis hin zum vor zig Jahren auf einem Strandspaziergang in Lanzarote gefundenen mit winzigen Muscheln überpockten Senkblei auf dem Marmorfensterbrett wirkte alles erschöpft und desillusioniert.

Das galt genauso für den aus bunten Metallblättchen zusammengesteckten Blumenkranz, dessen jahrzehntelange und ausschließliche Aufgabe es war, den unbenutzten Kabelanschluss unter der Zimmerdecke zu kaschieren, wie für das Öllichtlein vor der Ahnengalerie. Dieses Lämpchen brannte mit stoischer Gleichmut vor sich hin, und würde es nicht ausgepustet werden, würde nicht für einen Moment der penetrante Geruch von Frittenbude das großelterliche Haus erfüllen, dieses Lämpchen würde einfach immer weiter brennen. Gibt es eine ausweglosere Funktion unter der Sonne, als ein ewiges Licht sein zu müssen? Alles hatte komplett aufgegeben, sich mit sich selbst abgefunden und nie hätte ich gedacht, dass Gegenstände genauso wie Lebewesen vor sich hin vegetieren können.

Insbesondere das Dasein der Vorhänge im Haus meiner Großeltern hatte sich verfinstert. Es waren nur ein paar Monate vergangen zwischen den an heißen Sommernachmittagen in das Zimmer hineinbauschenden hellen Vorhängen bis hin zu jenen an Novembernachmittagen bleischwer zugezogenen, die aussahen, als hätten sie sich unter schwersten Depressionen selbst erhängt.

# Schleierfälle

Völlig überraschend rief mich eines Tages Gretchen Kinski an. Ich war erstaunt, aber freute mich, ihre Stimme zu hören. »Hallo Gretchen, na wie geht's?« »Gut, und dir?« »Na ja, geht so.« »Ich hab ein Angebot für dich.« »Echt?« »Es ist jetzt sicher nicht der absolute Hammer, aber bitte denk drüber nach. In Kassel suchen sie einen Anfänger für die nächste Spielzeit. In zwei Monaten geht es los. Was sagst du?« »Klar, mach ich!«

Diese gute Nachricht erfreute meine Großeltern in höchstem Maße. Meine Großmutter rief: »Herzlichen Glückwunsch! Du wirst uns verlassen. Wie schade, wie schön!«

An diesem Tag schenkte mir mein Großvater den Pullover, den er beim Abendessen trug. Ich hatte zu ihm gesagt: »Großvater, der Pullover, den du da anhast, der steht dir wirklich wahnsinnig gut!« Er antwortete: »Oh, danke, den hab ich mir 1964 auf einer Tagung zwischen zwei Vorlesungen in Saarbrücken gekauft. Er ist aus reiner Mohairwolle. Weißt du was, ich schenke ihn dir.« Noch am Tisch hatte er sich den Pullover über den Kopf gezogen und mir herübergereicht. Die Stimmung meiner Großmutter war nahe dem Gefrierpunkt und frostig kommentierte sie die Übergabe mit einem trockenen: »Da geht er hin und ward nie mehr gesehen.« Ich schlüpfte in den noch großvaterwarmen Pullover hinein und seine schmiegsame Passgenauigkeit erfüllte mich augenblicklich mit Zufriedenheit.

Doch in den folgenden Tagen geschah etwas für mich Betrübliches. Trotz größter Sorgfalt zerfiel der von meinem Großvater jahrelang, ja, jahrzehntelang getragene Pullover an mir in kürzester Zeit in seine wolligen Bestandteile. Die Nähte ribbelten auf, und die Ellbogen wurden fadenscheinig. Ich war über diesen durch mich beschleunigten, ja ausgelösten Pulloverzerfall sehr unglücklich. Wie konnte es sein, dass etwas, das beim Großvater so lange gehalten hatte, bei mir sofort den Geist aufgab und dem Verfall preisgegeben war? Als wäre ich ein scharfkantiger Grobian, wie geschaffen dafür, Mohairwollpullover zu zerstören. Ich versuchte mich im Großvaterpullover so wenig wie möglich zu bewegen, doch wie um sich zu wehren, begann die wertvolle Wolle plötzlich ganz furchtbar zu kratzen.

Hatte er mich beim ersten Tragen vielleicht sogar mit dem Großvater verwechselt, mir nur irrtümlich seine wollweichen Härchen entgegengestreckt? Jetzt zwickte er unter den Achseln, veränderte seine Passform und schnurrte zusammen. Es war schlimm. Dieser Pullover litt auf und an mir, daran konnte kein Zweifel bestehen, und er war nicht im Geringsten bereit, etwas von der durch das hundertfache Tragen des Großvaters in ihn hineingeströmten Aura auf mich abstrahlen zu lassen. Ich hatte etwas anvertraut bekommen und erwies mich als genau der Falsche.

Die Tage bis zu meiner Abreise schleppten sich zauberbergartig dahin – geborgen verloren.

Der Eingang in den weitläufigen Nymphenburger Park lag schräg gegenüber der Villa meiner Großeltern. Doch betreten hatten sie die prachtvolle Gartenanlage schon lange nicht mehr. Das kurze Wegstück zum Park war zum eigentlichen Spaziergang geworden. Einmal zum Tor und zurück. Für mich, der ich oft in ihrer Mitte, den Großvater links, die Großmutter rechts untergehakt, Schritt für Schritt diese Minirunde drehte, war es fast unmöglich, so langsam zu gehen. Durch das Gitter des Tores sah ich die herrlichen Wiesen und Bäume, doch wir gingen nicht hinein, setzten uns nach nur zehn Minuten auf eine Bank vor die Schlossmauer, um wie mein Großvater es immer nannte: zu verschnaufen, tranken aus seinem blitzeblanken Flachmann jeder einen Schluck und machten uns wieder auf den Rückweg zur in Sichtweite gelegenen Villa. Mehrmals habe ich mir nach diesen getrippelten Ausflügen meine Laufschuhe angezogen und bin wie irr, wie ein von der Leine gelassener Jagdhund durch den Park gerannt.

Als ich noch ein Kind war, verging kaum ein Wochenende, an dem meine Großeltern nicht zu einer langen Wanderung aufgebrochen wären, und oft habe ich sie zusammen mit meinen Brüdern und meiner Mutter auf diesen generalstabsmäßig geplanten Ausflügen begleitet. Mein Großvater besaß ein ganzes Regal voller sogenannter Messtischblätter, Landkarten in so großem Maßstab, dass jedes einzelne Gehöft, jede Bodenwelle und sogar Weidezäune eingezeichnet waren. Am Tag vor der Wanderung plante er, über die Karte gebeugt, unseren Ausflug, rollte mit einem Maßstabrädchen die geplante Route ab, legte den Kompass auf die Karte und schrieb mit dem Bleistift winzige Uhrzeiten an den Wegesrand. Auf diesen Messtischblättern waren alle bereits im Gebiet gegangenen Wege markiert, mit Datum versehen und Besonderheiten notiert worden. Es konnte vorkommen, dass mein Großvater auf eine bestimmte Stelle tippte und sagte: »Hier, am Ende dieses Holzweges haben wir 1954 einen fantastischen Steinpilz gefunden.« Das war dann zwanzig Jahre her. Meine Großmutter lächelte ihn an und rief: »Da müssen wir unbedingt bald mal wieder hin. Wer weiß, vielleicht haben wir ja wieder Glück!«

Die Karten waren trotz ihres Alters in ausgesprochen gutem Zustand und wurden daher nie ersetzt. Das barg allerdings die Gefahr, dass sie zwar genau, aber hoffnungslos veraltet und wir Wanderer vor bösen Überraschungen nicht gefeit waren. Mehrmals habe ich erlebt, wie es plötzlich nicht mehr weiterging, da uns eine Autobahn den Weg abschnitt und mein Großvater die Landkarte hin und her drehte, während der Verkehr ohrenbetäubend an uns vorbeirauschte, oder wie ein fest eingeplantes Gasthaus zur Graffiti besprühten Pinkel-Ruine verkommen war. Das waren für alle Beteiligten niederschmetternde Erlebnisse. »Großvater, ich hab so einen Hunger. Wann sind wir denn endlich da?« »Nur noch um diese Biegung, dann haben wir es geschafft.« Doch hinter der Biegung war ein Parkplatz und das Wirtshaus Postillion hatte sich in Luft aufgelöst. In solchen Momenten war mein Großvater von einer, wie es mir schon als Kind vorkam, fast trotzigen Uneinsichtigkeit. Mit der Landkarte in der Hand schritt er den Parkplatz ab. Ging um die Autos herum, zehn Schritte nach links, drei nach vorne, drehte den Kompass und blieb schließlich stehen und verkündete verbittert: »Genau hier war es! Hier, wo ich jetzt stehe, war die Wirtsstube. Wir sind hier richtig.« Mein mittlerer Bruder rief: »Ich nehme einen Schweinebraten mit Knödeln und ein Spezi!« Alle fanden das lustig, nur mein Großvater nicht. Er breitete die Karte auf der Kühlerhaube eines Wagens aus, strich den Postillion durch und schrieb »Parkplatz« hin.

Der große Ehrgeiz meines Großvaters auf diesen Wanderungen war es, möglichst die gesamte Wegstecke querfeldein zu meistern. Markierte Wege oder gar Straßen waren nur in Ausnahmefällen erlaubt. Besonders beliebt waren sogenannte Rehsteige, schmale Stiege, die durchs Unterholz führten. Wir mussten alle gebückt gehen, während vertrocknete Tannenzweige über unsere Rücken schrammten. Die Wanderreihenfolge war ganz klar festgelegt. Der Großvater ging immer voraus, gefolgt von der Großmutter, der Mutter, dem ältesten Bruder, dem mittleren und dann mir. Durch diese Endposition war ich stets in der Gefahr, abgehängt zu werden und verloren zu gehen. Wenn ich auch nur eine Minute mit dem Stock in einem Ameisenhaufen herumbohrte und wieder hochsah, war die Familie bereits verschwunden und mich überkam ein beklemmendes Hänsel-ohne-Gretel-Gefühl.

Vom Wanderoutfit der Großeltern waren meine Brüder und ich jedes Mal aufs Neue peinlich berührt. In allen Lebensbereichen war ihre selbstverständliche Eleganz beeindruckend, nur wenn es in die Natur hinausging, schossen sie wie fehlkonstruierte Raketen meilenweit über das Ziel hinaus. Schon zum Frühstück erschienen sie an Wandertagen im Partnerlook. Trugen grüne Kniebundhosen mit silbernen Schnallen, derbe Wollsocken und karierte Hemden. Komplettiert wurde das Ganze dann mit grauen Jankern und zwei identischen grünen Hütchen mit blau schimmernden Eichelhäher-Federn. Mein Großvater hatte sein Fernglas um und jeder von uns bekam einen altmodischen beigefarbenen Rucksack mit einschnürenden Lederriemen. Begann es zu regnen, mussten wir uns riesige grüne Ponchos überwerfen, die aus ihren winzigen Beutelchen herausquollen, sobald man den Reißverschluss ein wenig aufzog, und dann nicht mehr hineinzustopfen waren.

Schon die Anfahrt zum Ausgangspunkt der Wanderung war eine Tortur. Ich musste auf dem Schoß meiner Mutter, neben meinen Brüdern auf der Rückbank sitzen. Meine Großeltern fuhren abwechselnd. Andauernd lenkten sie den Wagen an den Straßenrand und wechselten die Plätze, wobei mein Großvater immer ausstieg und um das Auto herumging, während sich meine Großmutter, unter erbosten Stöhnern, vom Beifahrersitz über Handbremse und Schaltknüppel hinweg auf den Fahrersitz hinüber- und wieder zurückwuchtete. Der Grund für diese Unterbrechungen war die Sehschwäche meines Großvaters. Gab es zu viele Wechsel zwischen dunklen und hellen Abschnitten, konnten sich seine Augen nicht schnell genug anpassen und er fuhr Schlangenlinien. Kamen wir aus einem schattigen Waldstück in die gleißende Sonne, steuerte mein Großvater das Auto auf den Straßengraben zu oder geriet auf die Gegenfahrbahn. Er fuhr zwar betont, ja fast provozierend langsam, aber dennoch war der von einer Sekunde auf die andere über ihn hereinbrechende Sehverlust eine außerordentliche Gefährdung für uns. Meine Großmutter warf sich im Sitz hin und her wie in der Achterbahn und brüllte: »Hermann, adaptier! Mein Gott, adaptier doch endlich!« Durch ein beherztes Hineingreifen ins Steuer verhinderte sie Schlimmeres. Doch mein Großvater wollte fahren. Sechzig Jahre unfallfrei waren ein kaum zu entkräftendes Argument. »Hermann bitte, jetzt kommen viele Waldstücke. Das machen deine Augen nie und nimmer mit. Jetzt fahr ich. Lass mich rüberrutschen.« Gekränkt willigte er ein. »Na gut, aber sobald die Strecke frei ist, übernehme ich wieder das Steuer!« Das Problem meiner Großmutter war, dass sie, gereizt durch das Schneckentempo ihres Hermann, viel zu schnell fuhr. Auf dem Beifahrersitz hatte sich durch die stockende Fahrweise des Großvaters einiges in ihr aufgestaut, dessen sie sich jetzt, da sie am Steuer saß, durch übertriebene Rasanz entledigte. Mein Großvater hielt sich mit der Hand am Sicherheitsgriff über seinem Kopf fest und forderte betont ruhig: »Inge, ich bitte dich, wir habe keine Eile!« Allein durch seine verlangsamte Sprechweise schien er das Auto abbremsen zu wollen. Mit erstaunlicher Kaltblütigkeit raste meine Großmutter mit dem Auto über Feld und Flur. Sie lenkte einhändig, fummelte sich dabei eine Zigarette aus der Ablage, und wir alle wurden in den Kurven aneinandergepresst. Meine Mutter, meine Brüder und ich hatten gelernt, dass es das Beste war, sich rauszuhalten. Ich sah meist aus dem Fenster und versuchte, durch das Fixieren weit entfernter Bergspitzen die Übelkeit zu unterdrücken. Hin und wieder kam es vor, dass meine Großmutter plötzlich eine Vollbremsung machte und rief: »Da waren welche, mindestens drei! Das gibt es ja nicht. Nein, so was aber auch.« Sie schaltete in den Rückwärtsgang und setzte zurück. Wir alle, bis auf den Großvater, der weiterhin unbeeindruckt nach vorne sah, verdrehten die Köpfe. Auch im Rückwärtsgang fuhr meine Großmutter fahrlässig schnell. Der Motor heulte auf und mit Karacho ging es die Landstraße zurück. »Inge, deine Fahrweise ist eine Zumutung!« Mit einer Rückwärtsvollbremsung blieb sie stehen, drückte auf den Knopf der Warnblinkanlage und sprang aus dem Auto. Wir alle wussten, was sie gesehen hatte. Nelken! Wilde Federnelken. Diese Blumen, die unter Naturschutz standen, waren ihre große Leidenschaft und selbst bei hundertdreißig Stundenkilometern wurden sie von ihr in den Wiesen entdeckt.

Das sind für mich unvergessliche Momente: Der wie von Genickstarre heimgesuchte Großvater, der wie eingegipst nach vorne schaut, die offene Fahrertür der Großmutter, die aus dem leicht schräg abgestellten Auto wie ein Flügel absteht, das Klacken der Warnblinkanlage, wir zu viert auf der Rückbank eingezwängt und weit entfernt in der Wiese, mit gesenktem Kopf, sich ab und zu niederkniend, die Großmutter in Wandermontur. Natürlich hatte sie Erfolg und kam mit einem ganzen Büschel ausgegrabener, nicht etwa abgerupfter Federnelken zurück. »Schaut euch das an! Riecht ihr das? Dieser betörende Duft!« Die Nelken wurden in ein eigens für diesen Zweck im Kofferraum vorbereitetes, feuchtes Küchenhandtuch eingeschlagen und später am Abend im Nymphenburger Garten eingepflanzt.

Kaum hatten wir freies Gelände oder die Autobahn erreicht, forderte sie mein Großvater streng auf, anzuhalten. »Inge, stoppe unverzüglich den Wagen. Jetzt bin ich wieder dran. Es war so ausgemacht.« Ewig dauerten seine Präparationen: Rück- und Seitenspiegel justieren, Sitz zurechtkurbeln, ein dreieckiges Stückchen Scho-Ka-Kola kauen. So zogen sich die Anfahrten zwischen »Adaptier doch endlich!«, Federnelkensichtungen und mehrmaligem Fahrerwechsel in die Länge. Machten meine Brüder oder ich den Vorschlag, meine Mutter ans Steuer zu lassen, winkte diese jedes Mal entschieden ab und sagte: »Ich bin doch nicht verrückt geworden. Ich sitz hier hinten ausgezeichnet.«

Viele Jahre später, als ich selbst einen Führerschein hatte, begriff ich dann, warum meine Mutter niemals in der Gegenwart der Großeltern das Lenkrad übernahm. Sie waren ein unerträgliches Beifahrerpaar. Mein Großvater hatte die Angewohnheit, sich unermüdlich einzumischen: »Jetzt, mein Junge, wäre es dann doch mal an der Zeit, in den vierten Gang hochzuschalten.« Dabei sah ich aus dem Augenwinkel, wie er selbst mit den Füßen unsichtbare Pedale trat. Im Bannkreis seiner schmallippigen Dominanz zerlegten sich meine gerade erst erworbenen Fahrfähigkeiten wieder in ihre Bestandteile. Heimlich schielte ich auf das kleine Diagramm auf dem Knauf des Schalthebels, um mich zu vergewissern, wo die Gänge waren. Umsonst, ich würgte den Wagen ab. Sein trockener Kommentar: »Sind wir schon da?« Die monotone Großvaterstimme machte alles nur noch schlimmer.

»Das Stoppschild eben war doch eigentlich nicht zu übersehen, mein Junge.« Oder: »Vom zweiten Gang gleich in den vierten zu schalten, solltest du nicht zu einer Angewohnheit werden lassen. Das kränkt das Getriebe.« Meine Großmutter saß, während ich fuhr, genau in der Mitte der Rückbank, sich ebenfalls einzumischen. Immer, wenn ich in den Rückspiegel sah, war da ihr aufgewühlt grimassierendes Gesicht, so als würde im schmalen Spiegelrechteck ein melodramatischer Film abgespielt. Was meine Fahrkünste anging, nahm sie kein Blatt vor den Mund. »Das ist ja eine Tortur, wie du uns hier durch die Gegend kutschierst, Lieberling! Du bist ja ein Quälgeist! Fahr doch bitte rechts ran. Es ist nicht zum Aushalten!« Nie wieder war ich ein so schlechter Autofahrer wie zusammen mit meinen Großeltern.

Hatten wir den Ausgangspunkt der Wanderung erreicht, setzten sich meine Großeltern ihre Hütchen auf, zogen die Janker an und los ging es. Sobald wir den Wald betreten hatten, durfte nicht mehr geredet werden. Wenn mein Großvater als Karawanenführer etwas entdeckte, hob er die Hand und wir blieben stehen. Auf alles irgendwie Sehenswerte wurde stumm gezeigt. Kurze Erklärungen wurden wie in der Kirche geflüstert oder nur in einem einzelnen Stichwort vom Großvater nach hinten durchgereicht. Meinen Brüdern war dies eine willkommene Gelegenheit und das, was bei mir am Ende ankam, war nur selten das, was der Großvater vorne gesagt hatte. Er zeigte in einen Baum, flüsterte meiner Großmutter etwas zu. Sie drehte sich zu meiner Mutter um, diese zu meinem älteren Bruder, der zu meinem mittleren. Ich hatte das Eichhörnchen ja selbst gesehen, doch mein Bruder flüsterte grinsend: »Weichkäse.« Ich lachte laut auf, und mein Großvater sah mich über die ganze Reihe hinweg wie ein grimmiger Oberförster an.

Sobald er Rehe sichtete, mussten wir uns gegen den Wind in großem Bogen an diese heranpirschen. Kein Ästchen durfte knacken, kein Rucksack quietschen. Meter für Meter schlichen wir uns an. Hoben die Rehe hoch konzentriert die Köpfe, blieben auch wir stehen. Diese Verharrmomente dauerten oft ewig. Dort standen die Rehe und lauschten mit starr aufgestellten Ohren in die Waldesstille hinein und da standen wir, eine schockgefrorene Wandergruppe. Bogen sie ihre Hälse hinunter, um weiter zu äsen, gab mein Großvater ein klitzekleines Zeigefingersignal, und wir rückten weiter vor. Das einzige Ziel war es, so nah wie möglich an die Tiere heranzukommen. Warum auch immer. Ich mochte den Moment, wenn die Rehe aus ihrer Versteinerung heraus plötzlich explodierten, davonsprangen und stürmisch in das trockene Unterholz brachen. Wir atmeten aus und entspannten uns wie Soldaten auf dem Exerzierplatz nach dem Kommando »Rührt euch«. Doch mein Großvater schüttelte über unsere Pirschunfähigkeit den Kopf. Was, frage ich mich bis heute, wäre ein erfolgreicher Abschluss dieser Rehannäherungen gewesen? Was hätte ihn zufriedengestellt? Wollte er die Rehe berühren, ihnen an den Hintern fassen und sie durch den Anblick zweier mit grünen Seppelhüten ausstaffierter alter Menschen zu Tode erschrecken? Es ist und bleibt mir ein Rätsel. Aber seine Unzufriedenheit mit uns war eklatant.

Mehrmals hatten meine Großeltern meinen Brüdern und mir Wanderkleidung geschenkt, mehrmals lagen unter dem Weihnachtsbaum drei komplette Monturen in verschiedener Größe: Karohemden, Knickerbocker, Janker und ein Gutschein für Wanderschuhe, die wir uns selbst aussuchen sollten. Es war eine herbe Enttäuschung für sie, dass wir diese für teures Geld angeschafften Kleidungsstücke verschmähten. Meine Mutter bat uns: »Ihr müsst das doch nur im Wald anziehen! Die Großeltern haben sich so eine Mühe gegeben. Bitte packt die Sachen in den Koffer.« »Niemals, Mama!«, hatte mein mittlerer Bruder gesagt. »Lieber sterbe ich, als mich in diesen Klamotten zum Volldeppen zu machen.« Ich weiß noch, dass ich mir von dem Wanderschuhgutschein einen Bumerang kaufte, der unseren Hund traf, der wie wild in den Himmel bellte, da er überhaupt nicht begriff, wer ihn angegriffen hatte.

Für meine Großeltern waren wir durch unsere modische Waidmannsheil-Verweigerung eine andauernde Provokation. Die intensivste Absage an ihre optischen Vorstellungen eines für den Wald anständig angezogenen jungen Mannes stellte mein ältester Bruder dar. Seine Schlaghosen waren so lang und ausgestellt, dass man die Turnschuhe nicht sehen konnte. Es sah aus, als könne er mit seinen Hosenbeinen den Waldboden wegsaugen. Die Ärmelenden seines Pullovers hingen ein gutes Stück über seine Hände und pendelten wie bei einem Amputierten leer in der Luft. Seine Haare waren lang und verströmten einen leicht modrigen Fellgeruch. Sobald meine Großmutter ihn sah, schüttelte sie den Kopf: »Herrschaftszeiten, Junge, du siehst ja aus wie ein entlaufener Zausel!«

Auf einem dieser Ausflüge gerieten wir in eine kollektive Katastrophe, was letztlich die Schuld meines Großvaters war und ihn noch Jahre später wurmen sollte.

Nach einer stundenlangen Wanderung hatten wir die sogenannten Schleierfälle erreicht, die keine gewöhnlichen Wasserfälle waren. An Hunderten Stellen ergoss sich das Wasser über den Hang, überall spritzte und plätscherte es. Im Fels gab es kleine Höhlen. Dort konnte man hinter die Regenvorhänge klettern und die Welt verwischte in Tausenden von Tropfen. Ich war begeistert. Auf einer sonnigen

Steinplatte hatten meine Großeltern die Picknickdecke ausgebreitet und den Proviant verteilt. Jede Menge Landjäger,
Brezeln und Äpfel. Der Fluss war eiskalt und dennoch zogen
meine Brüder und ich uns aus und gingen baden. Unter wil-
dem, vom Großvater mit ernster Nachsicht bedachtem Geschrei tunkten wir uns für Sekunden in das glasklare Wasser.
Danach ließen wir uns lang hingestreckt auf einem von der
prallen Sonne aufgewärmten Kiesstreifen trocknen. Lange
kletterten wir in den bemoosten Nischen herum oder be-
warfen blaue Libellen mit Kieseln. Zum Picknick gab es einen Sirup aus einer lavalampenförmigen Flasche zu trinken.
Tri Top, Geschmacksrichtung Waldmeister. Jeder bekam einen Pappbecher, und ich spielte den Kellner, hüpfte in Unterhose über die Steine und hielt die Becher in den Tropfen-
regen der Schleierfälle. Das war die Idee meines Großvaters
gewesen. Es schmeckte uns allen köstlich und sogar meine
Großmutter probierte und sagte: »Erfrischend.« Mehrmals
füllte ich die Becher wieder auf: kalt, süß und grün. Meine
Großmutter sah wie immer eindrucksvoll aus. Während wir
aßen, hatte sie sich einen abgelegenen Platz gesucht, hielt
bewegungslos ihr Gesicht in die Sonne und sah aus, als ob
sie sich malen lassen würde. Mein mittlerer Bruder und ich
tobten im Gelände herum. Mein ältester Bruder verschwand
zwischen den Bäumen und kam später aus einer ganz anderen Richtung zurück. Mein Großvater studierte sein Messtischblatt. Ich war stolz, so flink und schnell auf den moos-
rutschigen Steinen herumklettern zu können, und wenn ich
zu meiner Mutter hinübersah, winkte sie mir zu. Als wir aufbrachen, war ich todmüde und meine Brüder mussten mich
abwechselnd durch den Wald schieben. Stunden später erreichten wir das Auto. Ich fühlte mich nicht gut, setzte mich
auf der Rückbank auf den Schoß meiner Mutter, ließ den
Kopf gegen ihre Schulter sinken und schlief ein.

Der nächste Moment, an den ich mich erinnere, war ein Hochschrecken aus dem Tiefschlaf und der Versuch, etwas zu sagen. Doch mit dem ersten Wort hatte ich den Mund schon voll mit Erbrochenem. Ich versuchte zu schlucken, aber mein Magen zog sich zusammen und ich übergab mich mit einem ergiebigen Schwall auf die Kopfstütze des Fahrersitzes. Meine Brüder schrien auf und trotz der Enge auf der Rückbank gelang es ihnen, von mir abzurücken. Ich war wie betäubt. Der Wagen bremste so abrupt ab, dass ich mit der Stirn gegen die kotzenasse Kopfstütze knallte, zurückschnellte, meiner Mutter mit dem Hinterkopf an die Stirn krachte und mich durch die Schleuderbewegung erneut erbrach. Diesmal mit noch mehr Schwung, weit über die Kopfstütze hinweg. Der Wagen stand und alle flohen wie bei einer Bombendrohung aus dem Auto. Meine Brüder rannten sogar ein gutes Stück laut schreiend am Fahrbahnrand davon. Meine Großmutter war gefahren, und ich hatte sie voll am Kopf und den Schultern erwischt. Unter mir sah ich die in lauter winzige Rauten unterteilte Fußmatte, die seltsam präzise mit Erbrochenem gefüllt waren. Mir wurde wieder schlecht. Meine Mutter zerrte mich aus dem Auto und ich übergab mich, mit geringer Ausbeute, ein drittes Mal auf die Straße. Meine Großmutter stand auf dem Seitenstreifen, knöpfte sich bedrohlich verlangsamt mit spitzen Fingern das karierte Wanderhemd auf, Knopf für Knopf, und für einen Moment hatte ich Sorge, sie würde dies tun, um mich mit dem ekelhaft bespritzten Hemd zu bestrafen, es mir klatschend ins Gesicht zu schlagen. Vorsichtig zog sie sich den linken Ärmel über die Hand. Meine neugierigen Brüder waren wieder näher gekommen, und wir alle, auch mein sehr blasser Großvater, sahen ihr schweigend dabei zu, wie sie sich in Zeitlupe aus ihrer unappetitlichen Hülle schälte. Sie atmete flach, die Lippen geschürzt, so als würde sie versuchen, aus dem Gestank, der sie umhüllte, saubere Luft herauszufiltern. Voller Scham wurde mir klar, dass meine Großmutter das ganze Ausmaß meiner Kotzattacke noch gar nicht begriffen hatte, noch gar nicht hatte begreifen können, da sie sich nur mit dem beschäftigen konnte, was sie selbst sah. Wir anderen wussten allerdings schon, dass sich die eigentliche Katastrophe außerhalb ihres Sichtfeldes befand. Das Ekel-Epizentrum der Brezel-Landjäger-Apfel-Tri-Top-Fontäne waren ihre Haare. Meine Großmutter warf ihr Hemd in den Straßengraben und stand plötzlich nur noch in Knickerbockern und BH da. Mein Großvater machte einen Schritt auf sie zu, doch sie stellte abwehrend vertikal ihre Handfläche in die Luft. Ob von alleine oder durch unsere Blicke darauf aufmerksam gemacht, hob sie die Hände und ließ ihre Finger tastend auf ihre mit gut zerkauten Stückchen übersäte Frisur niedersinken. Das, was ihre Fingerkuppen berührten, ließ sie erstarren. Keiner von uns wusste, was als Nächstes passieren würde. Die Ausweglosigkeit ihrer Lage machte sie unberechenbar. Würde sie einen Tobsuchtsanfall bekommen, in Ohnmacht fallen, sich auf mich stürzen oder auf Nimmerwiedersehen in die Felder davonschreiten? Während sie schwieg, verdichteten sich die Farben um sie herum. Der Himmel über ihr verlor sein sommerliches Ferienblau und wechselte zu einem kalten Tiefblau. Der Waldrand, der eben noch frischgrün hinter ihr geleuchtet hatte, wurde dunkler und dunkler, bekam etwas unheimlich Soghaftes. Ihre Starre entzog der Landschaft die Lieblichkeit und selbst die zuvor einladenden Bilderbuch-Wiesen wirkten im Angesicht der befleckten Großmutter unheilvoll üppig. Es war, als hätte die Zeit ausgesetzt und nur die Großmutter würde sie wieder in Gang bringen können. Sie tat es mit einem unmissverständlichen Satz, der kategorischer nicht hätte sein können: »Ich möchte, dass kein einziges Wort mehr gesprochen wird. Kein einziges Wort.« Daraufhin setzte sie sich auf den Beifahrersitz und schloss die Augen.

Meine Mutter holte die Picknickdecke aus dem Kofferraum und wischte damit den Fahrersitz und die Kopfstütze sauber. Mein Großvater zog die Fußmatte heraus, trug sie wie ein Tablett zum Straßengraben und warf sie hinein. Auch die Picknickdecke wurde dort entsorgt. Alle Fenster wurden heruntergekurbelt und da mein Großvater kreidebleich war und unter Schock zu stehen schien, nahm ausnahmsweise meine Mutter hinter dem Lenkrad Platz. Totenstill fuhren wir zurück nach München. Kühler Wind pfiff durch den Wagen und mein ältester Bruder, der direkt hinter meiner Großmutter saß, drückte sich tief in die Rückbank, da sich im Fahrtwind hin und wieder Bröckchen aus der widerwärtigen Krone der Großmutter lösten und nach hinten geweht wurden. Ich saß auf dem knöchrig-unbequemen Schoß des Großvaters, der mir sachte den Bauch streichelte, und dachte über den Satz der Großmutter nach, der uns augenblicklich hatte verstummen lassen. »Ich möchte, dass kein einziges Wort mehr gesprochen wird.« Wie lange würde dieses Sprachverbot gelten? Einen Tag? Den Rest der Ferien? Ein Jahr? Waren etwa wir alle durch meine Schuld zu ewigem Schweigen verdammt worden? Da flüsterte mein Großvater: »Alles gut, mein Lieber, alles gut.«

Während der gesamten Rückfahrt verharrte meine Großmutter in einer vor Anspannung pulsierenden Duldungsstarre. Kaum hatten wir die Auffahrt der Villa erreicht, der Wagen rollte sogar noch minimal, riss sie die Autotür auf, rannte ins Haus, verschwand für den Rest des Abends im Bad und kam selbst für den Rotwein nicht mehr nach unten.

In dieser Nacht ereilte alle eine schwere Salmonellenvergiftung und nur ich, der ich rechtzeitig alles wieder losgeworden war, schlief die Nacht durch und erwachte am nächsten Morgen kerngesund. Als ich zum Frühstück kam, bot sich mir ein Bild des Grauens. Bei Tee und unangetastetem Knäckebrot saßen meine Brüder, meine Mutter und die Großeltern käsig und ausgemergelt um den Tisch herum. Alle hatten sich in der Nacht mehrmals übergeben. Mein mittlerer Bruder hatte reflexhaft die Schublade des Nachtkästchens aufgerissen und sich auf eine Bibel mit Goldschnitt von 1834 erbrochen. Mir allerdings ging es prächtig und ich hatte einen Bärenhunger. Alle nippten entkräftet an ihrem Tee und mein mittlerer Bruder bat mich ungewohnt sanftmütig, ob ich denn bitte meinen dick mit Fleischwurst belegten Toast nicht ausnahmsweise allein in der Küche essen könne.

Am Abend gab es weder Whisky noch Rotwein. Schnell war uns klar geworden, was die Ursache der Familienepidemie gewesen sein musste. Das glasklare, herrlich kalte Wasser der Schleierfälle hatte uns vergiftet. Mein Großvater holte das Messtischblatt, suchte die Schleierfälle und schrieb akkurat »Vorsicht! Kein Trinkwasser!« auf die Karte.

# Ach, diese Lücke, diese entsetzliche Lücke

Als ich mein Anfängerengagement in Kassel antreten sollte, hatte ich mehr als dreieinhalb Jahre bei meinen Großeltern gewohnt, und doch dauerte es nur fünf Minuten, meine Sachen zu packen. Mehr als dreieinhalb Jahre lang hatte ich mir von der Haushälterin meine Kleidung waschen und bügeln lassen, hatte ich tatsächlich gebügelte Unterhosen und sogar gebügelte Jeans getragen. Mehr als dreieinhalb Jahre lang hatte ich mich bekochen und begroßmuttern lassen und mehr als dreieinhalb Jahre lang hatte ich mich mehrmals pro Woche so ausgiebig mit ihnen betrunken, dass die Wände des rosa Zimmers wie Wolken eines zarten Sonnenuntergangs um mich herumgeschwebt waren. Doch als ich meine Sporttasche gepackt hatte, war es so, als hätte ich nur eine einzige Nacht in diesem Zimmer verbracht. Alle Kissen lagen an ihrem Platz, die Reihenfolge der Bücher im Regal war dieselbe und auch die aus Rosenquarz gefertigte Elefantenherde zeigte sich von meiner Abreise unbeeindruckt. An diesem Zimmer waren die gemeinsam verbrachten Jahre, ganz im Gegensatz zu mir, spurlos vorübergegangen, so als hätte die Farbe Rosa meine Anwesenheit absorbiert. Ich stand in der Tür, blickte staunend in diesen wunderschönen Raum hinein und dachte: In dieses Zimmer könnte man die Tage und Wochen von Jahrzehnten hineinschaufeln, ohne dass sie je sichtbar würden. Das rosa Zimmer verdampfte die Zeit ohne Rückstände. Es war ein zauberhaft dekoriertes Säurebad, in dem sich ein ganzes Leben in nichts auflösen konnte.

Ich hatte einen tränenreichen, ja hollywoodreifen Abschied erwartet und war mir sicher, meine Großmutter würde meine Abreise für einen ihrer grandiosen Auftritte nutzen. Aber beide Großeltern zeigten sich vollkommen gelassen, viel gelassener als ich. Wir saßen beim Frühstück, und wie nebenbei sagte sie: »Es ist Zeit für dich, Junge, in die Welt hinauszugehen.« Erst später, als ich schon im Zug saß, begriff ich, dass das ein Zitat aus unserem gemeinsamen Film »Ein Ring« gewesen war.

Es war schon immer eine Eigenschaft meiner Großeltern gewesen, das Große klein und das Kleine groß zu machen. Über die sich in ihrem riesigen Freundes- und Bekanntenkreis häufenden Todesfälle sprachen sie oft mit befremdlicher Nonchalance, obwohl die Anzahl derer, die starben, von Monat zu Monat wuchs. »Es ist wirklich enervierend, Hermann«, sagte meine Großmutter hinter ihrer Zeitung, »andauernd diese Beerdigungen. Am Samstag haben wir zwei hintereinander. Erst die Elisabeth und dann auch noch den Benjamin. Es ist eine Zumutung. Hoffentlich haben wir jetzt mal eine Woche Ruhe.« Mein Großvater trank von seinem Kaffee, las ebenfalls Zeitung und antwortete: »Dem Michael geht es miserabel, Oberschenkelhalsbruch und jetzt die Lungenentzündung, das sieht nicht gut aus. Ich tippe auf Donnerstag.« So plauderten sie dahin.

Meine Großmutter ließ mir von der Haushälterin einen Beutel mit Reiseproviant packen. »Willst du für die Zugfahrt eine Flasche Rotwein mitnehmen, Lieberling?« »Nein, danke, ich will gleich heute noch in Kassel drei Zimmer anschauen, da muss ich nüchtern sein.« »Mein Gott, du braver Lieberling, du bist ja ein fantastisch vernünftiger Bursche!« »Aber könnte ich vielleicht ein Päckchen ›Adumbran‹ bekommen?« »Mit dem größten Vergnügen! Ohne einen festen Schlaf ist man verloren.«

Zum Abschied schlug sie mir mit solcher Kraft auf den Rücken, dass ich laut »Aua« schrie, und dann spuckte sie mir, einem alten Theaterbrauch folgend, dreimal über die Schulter und rief: »Toi, Toi, Toi!« Eigentlich spuckt man nicht wirklich, deutet es nur durch ein Geräusch an. Doch meine Großmutter hielt nichts von Simulationen. Sie rotzte mir lamamäßig über die Schulter. Da sie kleiner war und nicht so genau zielte, schossen mir unzählige Spuckepartikel auf das T-Shirt. »Behüt dich Gott!«, sagte mein Großvater, und ich machte mich auf den Weg: gesegnet, bespuckt und geschlagen.

Später im Zug fand ich im Proviantbeutel, der eines der Schmucksäckchen war, in denen ihre Champagnerflaschen steckten, einen rosa Umschlag meiner Großmutter mit zweihundert Mark und einem Briefchen mit nur wenigen Zeilen und einem Zitat des von ihr verehrten und immer gerne rezitierten Paul Celan:

*Gute Fahrt, mein über alles geliebter Lieberling,*
*Hermann und ich werden die Stille genießen und Dich*
*schrecklich vermissen. Das waren gute und nahe Jahre.*
*Wir wollen Dir von Herzen danken für Dein »Dabeisein«.*
*Lebe wohl und glaube an Dich.*
*Deine Großmutter*

*Es ist Zeit, dass der Stein sich zu blühen bequemt,*
*dass der Unrast ein Herz schlägt.*
*Es ist Zeit, dass es Zeit wird.*
    *Paul Celan*

Die ersten Wochen, die ich als Schauspieler in Kassel verbrachte, gingen mit einer Ernüchterung einher, die ich in
diesem Maß nicht für möglich gehalten hatte. Ich kann ohne
Übertreibung sagen, dass ich keine zwei Monate brauchte,
um sowohl das Theater in Kassel als auch meinen Beruf ab-
grundtief zu hassen. Die Situation spitzte sich immer mehr
zu, denn eines Abends bekam ich einen Anruf von meinem
Vater. Er war wieder erkrankt, würde sich erneut operieren
lassen müssen und sagte mir am Telefon, dass er vor Schmerzen immer schlechter laufen könne. Ich wäre so gern zu ihm
geeilt, aber ich konnte nicht. Wenn ich meinen Vater besuchen wollte, musste ich einen sogenannten Urlaubsschein
ausfüllen. Das empfand ich jedes Mal als makaber. Ein Urlaubsschein, um zu meinem schwer kranken Vater zu eilen.

Ich quälte mich zu den Proben, zu den Vorstellungen,
fand alles, was ich um mich herum sah, grauenhaft, verachtete die Kollegen und war doch keineswegs in der Lage, es
besser zu machen. Meine Ansprüche wurden übermächtig,
meine eigenen Möglichkeiten schrumpften. Ich bekam nur
die allerkleinsten Rollen und geriet in einen Teufelskreis.
Je unbedeutender die Rolle wurde, desto größer wurde der
Druck, die wenigen Sätze zu nutzen, aus den Miniauftrit-
ten maximal künstlerisches Kapital zu schlagen. Wer hundert Sätze im Gewehr hat, der kann auch ruhig mal daneben-
schießen. Wer aber so wie ich nur drei Kugeln in der Kehle
hatte, musste gut zielen, jeder Schuss, jedes Wort musste ein
Volltreffer sein. Das machte mich nervös und ich verhaspelte
mich, versprach mich oder meinte, in meinen einzigen Auftritt ein ganzes Drama packen zu müssen. Aber aus Sätzen
wie »Mylord, die Kutsche steht bereit. Ich habe alle Schriftstücke versiegelt!« lässt sich schwerlich etwas machen. Ich
versuchte es dennoch und machte unermüdlich Angebote.
Ich überlegte mir, dass das Bühnenbild bloß ein Zimmer in-

nerhalb eines riesigen Schlosses sei, und rannte vor meinem Auftritt zehn Minuten wie ein Irrer die Treppen im Theater hoch und runter, um nach Atem japsend auf die Bühne zu stürzen und zu brüllen »Mylord, die Kutsche steht bereit. Ich habe alle Schriftstücke versiegelt«. Oder ich sprach die Stelle leicht angeschwult, fand es eine grandiose Idee, dass der Diener in seinen Herren verliebt sei und sie ein heimliches Paar wären. Ich zwinkerte ihm zu und hauchte »Mylord, die Kutsche steht bereit«, knickte in der Hüfte ein und machte eine gezierte, wegwerfende Handbewegung: »Ich habe alle Schriftstücke versiegelt.« Die Regisseurin rief durchs Mikrofon: »Was soll das denn jetzt schon wieder? Hör doch mal auf, immer alles zu verarschen. Mann ey, komm einfach rein und sag den Satz!«

Auf einer gut geölten Rutschbahn sauste ich in die Katastrophe. Ich hielt nach Rettung Ausschau, suchte verzweifelt nach einer aufblasbaren Insel in diesem Meer der Trostlosigkeit, nach einer Reißleine, die ich ziehen könnte. Ich ging zum Aikido, doch es war nur ein müder Abklatsch dessen, was ich in der Schauspielschule erlebt hatte. Ich begann zu lesen. Bücher hatten mich immer nervös gemacht, der zur Bewegungslosigkeit verdammende Vorgang des Lesens mich bedrängt und eingeengt, doch jetzt genoss ich die Ablenkung, genoss es, dass die reale Welt um mich herum verschwand.

Da kam ich auf die Idee, einen Roman für die Bühne zu adaptieren. Ich wollte unbedingt etwas machen, dessen zentrales Thema der Tod war, und begab mich auf die Suche nach den schönsten Leichen der Weltliteratur und erinnerte mich daran, dass mir mein Vater geraten hatte, den Werther zu lesen. Es wurde ein berauschendes Leseerlebnis. Obwohl ich nicht verliebt, keine Lotte in Sicht war: Da stand alles, was mich umtrieb. Immer war da von dieser Lücke die Rede, dieser Sehnsucht nach Welt, nach echten Gefühlen: »Ach, diese Lücke, diese entsetzliche Lücke, die ich hier in meinem Busen fühle!« Ich überzeugte die Theaterleitung von meinem Plan, den Werther auf die Bühne zu bringen, und erstellte eine eigene Fassung. Meine Großmutter war begeistert, erklärte sich sofort bereit, als Erzählerin zu fungieren, sprach mir eindringlich maniriert mehrere Passagen auf ein Tonband.

Meine Mutter sagte mir am Telefon: »Papa ist so krank, dass er nicht kommen kann. Er würde dich so gerne spielen sehen.« Von hinten hörte ich ihn rufen: »Grüße an den Staatsschauspieler!«

In einer winzigen Nebenspielstätte fand die Premiere statt. Zum ersten Mal hatte ich keine Angst beim Spielen, war der Graben zwischen meinen Ansprüchen an mich und dem, was ich vermochte, kein tödlicher Abgrund. Ich sagte mir: Dieser Werther, der sieht sich selbst genau wie du die ganze Zeit beim Leben zu. Um Werther spielen zu können, durfte ich uneins mit mir sein. Endlich hatte ich eine Figur gefunden, die ihr eigenes Lachen hört und lächerlich findet, eine Figur, die nichts lieber täte, als loszuheulen, es aber nicht kann, eine Figur, die ihre eigene Stimme hasst. Und dieser wunderschöne Selbstmord! Der war mir sonnenklar. Ich war besessen davon, dass ich das durchschaut hatte! Das war doch kein Selbstmord aus Liebeskummer! Wie konnte man nur so blind sein? Warum hatte das noch nie jemand vor mir durchschaut? Dieser Selbstmord war nichts anderes als der finale Versuch, mit sich eins zu werden, diese entsetzliche Lücke zu schließen. Der Schuss war die letzte verbleibende Möglichkeit, das zerfallene Ich zu einer unantastbaren, harmonischen Leiche zu verschmelzen. Im Knall der Pistole würden alle zersprengten Einzelteile sich magisch zusammenfügen. Nur im Tod, begriff ich, ist der Mensch eins mit sich.

Damals war ich mir sicher, eine sensationelle Entdeckung gemacht zu haben, und mit meiner Expedition in Werthers Lücke den Schauspielerberuf zu revolutionieren. Von nun an würde der Versuch mehr gelten als das Gelingen. Wer tatsächlich weint, wahrhaftig lacht, gut Luft bekommt und picobello artikuliert, ist ein Dilettant. Wer jedoch das Ringen mit den Dämonen der Entfremdung sichtbar macht, dem würde die Bühne der Zukunft gehören. Nicht ich, der Schauspieler, flüsterte »Schanghai«, um weinen zu können, sondern Werther selbst tat es. Nicht ich ertrug den Klang meines Lachens kaum, sondern Werther selbst probierte auf der Suche nach seinem ureigenen Lachen unterschiedliche Lacharten aus. Nicht ich fühlte mich unwohl in meinem riesigen Körper, Werther selbst hasste sich dafür, ein Meter neunzig groß zu sein, und dafür, dass Lotte Genickstarre bekam, wenn sie zu ihm aufsah. So wie ich neben mir stand, so stand auch Werther neben sich. Wir waren zu viert und jeder kümmerte sich um jeden. Ich ließ den »Du bist nicht in der Situation!«-Terror der Schauspielschule, die qualvollen ersten Monate in Kassel hinter mir und zog mit Sack und Pack in mein neues darstellerisches Zuhause ein: in Werthers Lücke.

Leider währte diese Euphorie nicht lange. Schon wenige Wochen später wurde mir schonungslos klar, dass ich prätentiös einen Allgemeinplatz gekapert hatte und wahrlich nicht der erste Lückenbewohner war. Die Lücke war eine Binsenweisheit. Viele große Gestalten waren in diese Lücke gestürzt und darin umgekommen. Und meine Lücke war nicht einmal eine besonders tiefe, eher eine nicht abzuschüttelnde norddeutsche Kleinstadtlücke.

Und dennoch änderte sich auf der Bühne alles für mich. Über zweihundertvierzig Mal habe ich mich als Werther erschossen. Und es wurde zur Gewohnheit, mich innerhalb einer einzigen Woche in unterschiedlichen Städten umzubringen. Montags in Kassel begann die Vorstellung bereits um sechs Uhr, sodass ich mich schon gegen acht Uhr und nicht wie gewohnt erst um kurz vor zehn erschoss. Die Vorstellung in Kassel fing deshalb so früh an, weil ich mich schon am nächsten Morgen um elf in einer Aula in Mainz erschießen musste. In Mainz musste ich mich dann noch am selben Abend, nun nicht mehr in der Schule, sondern in einem richtigen Theater, ein weiteres Mal selbst töten. Sich in Schulen zu erschießen war meistens viel schlimmer, als sich im Theater zu erschießen. Schulaulen sind oft nicht gut abzudunkeln und haben nur wenige Scheinwerfer. Dadurch bekam das Erschießen etwas Armseliges. Auch fühlten sich die Schüler in ihrer Aula so wohl, dass sie meinen Tod, meinen Todeskampf nicht zu würdigen wussten. Oft haben sie sogar, wenn der Schuss fiel, schallend gelacht und »Endlich!« gerufen. Wenn dies geschah, hätte ich mich oft kurz nach dem Theatererschießen am liebsten wirklich erschossen, so verletzt hat mich dieses Gelächter, und ich bin mir sicher, dass ich mir, hätte ich eine echte Pistole und nicht eine Theaterpistole gehabt, nach diesen für mich katastrophalen Erfahrungen vor allen Schüleraugen eine Kugel durch den Kopf gejagt hätte.

Im Theater hingegen saßen an den Abenden oft viele ältere Zuschauer, die den Werther gut kannten und die schon der bloße Gedanke an »ihren Werther« rührte. Da war es geradezu feierlich, sich zu erschießen. Endlich besuchte mich da auch der Engel, kam kurz vor meinem Selbstmord und ging feierlich durch den Raum. Immer und immer wieder saß ich im Anzug, meinem Wertheranzug, auf einem Stuhl und hielt mir die Pistole an die Schläfe. Das war ein verführerischer, ein besorgniserregender Moment: Die Kühle des Pistolenlaufes tat mir wohl. Er war wie ein kalter Zeigefinger, der auf mein Gehirn deutete. Ich sprach meinen Abschiedstext. »Alles ist so still um mich her und so ruhig meine Seele.« Eine zwölfmal wie in weiter Ferne schlagende Glocke wurde vom Ton eingespielt. »Ich schaudere nicht, den kalten, schrecklichen Kelch zu fassen, aus dem ich den Taumel des Todes trinken soll.« Oft hörte ich im Publikum leises Schluchzen. Es wurde langsam dunkler. Ich sprach weiter. Schließlich herrschte vollkommene Finsternis und nach einer kurzen Stille, dem berühmten »einundzwanzig, zweiundzwanzig«, ertönte ein wiederum vom Ton eingespielter, wie weit entfernter, leicht verhallender Pistolenknall, und ich war endlich wieder tot. Lange Pause. Dann sprach meine Großmutter vom Band. Ich lag vornüber auf dem Tisch und mit jedem ihrer Worte wurde die Lücke kleiner und kleiner. Ich hatte die Tonaufnahme damals in ihrem Garten gemacht und hin und wieder zwitscherte ein Rotkehlchen in ihren Text. Die Scheinwerfer knisterten: »Über dem rechten Auge hatte er sich durch den Kopf geschossen, das Gehirn war herausgetrieben. Aus dem Blut auf der Lehne des Sessels konnte man schließen, er habe sitzend vor dem Schreibtische die Tat vollbracht, dann ist er heruntergesunken, hat sich konvulsivisch um den Stuhl herumgewälzt.« Durch die Art, wie sie sprach, gelang ihr etwas Bewegendes. Sie bemühte sich um Sachlichkeit und doch schwang unter jedem Wort die Tragödie mit.

Jedes Mal, wenn ich mir in meinem Wertheranzug die Pistole an die Schläfe drückte, spürte ich etwas von der tatsächlichen Möglichkeit, es zu tun. Ich weinte nicht, ich lachte nicht. Da ich mich aber nicht selbst erschoss, sondern auf den Schussston warten musste, war ich letztlich in derselben Erwartung wie die Zuschauer. Wann würde mich der Mensch vom Ton erschießen? Wie lange würde es diesmal dauern? Dieses von mir verlangte »einundzwanzig, zweiundzwanzig« wurde sehr unterschiedlich gehandhabt. In Herne knallte mir der Schuss sogar in meinen letzten Satz hinein. Völlig überrascht musste ich im Hellen sterben, was ich ja gerade durch meine Idee mit der das Grauen bedeckenden, hereinbrechenden Dunkelheit verhindern wollte. Oder aber ich saß eine halbe Ewigkeit im Finsteren und wartete. Einmal, in Göttingen, war eine Tontechnikervertretung von meiner Vorstellung so ergriffen, dass überhaupt kein Schuss fiel und Werther überlebte. Keiner der Zuschauer hatte den Schuss vermisst, denn jedem war ja klar, dass ich mich erschießen würde. Mir gefiel das viel besser als die Schusseinspielung und für ein paar Vorstellungen verzichtete ich darauf. Doch dann fehlte sie mir zu sehr. Der Abend ging zwar weniger pathetisch zu Ende, aber irgendwie war ich nicht richtig tot. Ich brauchte den Schuss. Nur der Schuss schloss die Lücke. Ich brauchte diesen selbstmörderischen Existenzbeweis. Frisch erschossen in der Finsternis zu liegen. Das war herrlich.

Immer hatte ich für meine Werther-Vorstellungen alles dabei, was ich brauchte, mein ganzes Werthergepäck: Anzug, Tagebuch, verschiedene Scherenschnitte und die Pistole. So reiste ich monatelang in Sachen Selbstmord von Ort zu Ort.

Als eines Nachts gegen drei das Telefon klingelte, war mir sofort klar, was geschehen war. Der Tod meines Vaters kam nicht überraschend. Die Krankheit hatte einen erschütternden Verlauf genommen. Wenn es irgendwie ging, war ich mit dem Zug zu ihm gefahren. Oft nur für einen Tag oder sogar nur für wenige Stunden, da ich in Kassel viele Vorstellungen zu spielen hatte und mit Werther herumreiste. Auch wenn ich ihn nur ein paar Tage nicht gesehen hatte, erschrak ich über das Fortschreiten seiner Krankheit, seinen rapiden Verfall.

Meine Mutter kümmerte sich aufopferungsvoll um ihn. Als er schließlich starb, waren wir alle gleichermaßen verzweifelt wie erleichtert, und die Faust, in der ich so lange gelebt hatte, öffnete sich wieder. Ich wusste sofort, dass mich sein Verlust nie mehr loslassen, für immer eine große Rolle in meinen Gedanken spielen würde. Die Trauer um den Vater, die Trauer um den Bruder, die nun wieder vereint unterm Marmorkreuz lagen, machte mir den Aufenthalt in der Heimatstadt unerträglich. Ich wollte bei meiner Mutter sein, hielt es aber kaum aus, zumal sie unser Haus auf dem Gelände der Psychiatrie hatte verlassen müssen und in eine winzige Wohnung gezogen war.

Auch von meinen Großeltern kamen immer beunruhigendere Nachrichten ihren Zustand betreffend. Ich tauschte den Norden gegen den Süden und besuchte sie, sooft es ging. Sie waren das einzige Zuhause, das ich jetzt noch hatte.

# Immer weniger

Mein Großvater wurde, wie er selbst sagte, immer weniger. »Ich werde immer weniger. Jeden Tag ein bisschen weniger.« Er konnte nun fast nichts mehr sehen, nur noch zwanzig Prozent auf dem linken Auge. Und am Ende war sein linker Lungenflügel nur noch faustgroß. Diesen winzigen Lungenflügelrest mit Luft zu füllen kostete ihn viel Kraft. Er konnte nicht mehr lesen, nicht mehr schreiben. Die letzten Eintragungen in seinem Kalender, Gekrickel. So, dachte ich, schreiben nur Menschen, die das, was sie schreiben, nicht mehr sehen können. Trotz seiner unglaublichen Selbstdisziplin – die tägliche Gymnastik, das tägliche Aufstehen und Anziehen, das tägliche Sich-zum-Essen-Zwingen, das tägliche Inhalieren aus der Sauerstoffflasche –, er konnte nicht mehr. Oft verschluckte er sich und hustete so stark, dass man Sorge hatte, er würde ersticken. Bei jeder Gelegenheit schlief er ein. Meine Großmutter rief ihn dann laut an, »Hermann!«, mit hoher schneidender Stimme.

Bei einem meiner Besuche betrat ich das Esszimmer und machte eine niederschmetternde Entdeckung. Über den Stuhl meines Großvaters war eine der Plastikhüllen gestülpt, an die ich jahrelang nicht mehr gedacht hatte. Ohne diese Schutzmaßnahme auch nur mit einem Wort zu erwähnen, aßen wir zu Mittag. Ich konnte nicht anders, als ihn zu beobachten. Etwas an seiner jahrzehntelang selbstverständlichen Eleganz hatte sich verändert. Er war nie ein Mann gewesen, der besonders überschwänglich auf gutes oder schlechtes Essen reagiert hatte. Mein Vater hatte über gutes Essen regelrecht aus dem Häuschen geraten können, sich die Lippen geleckt und laut »Oh Gott, ist das lecker!« gerufen. Mein Großvater tupfte sich mit der Serviette den Mund und sagte zur Haushälterin: »Danke, das war ausgezeichnet! Sie können abräumen.« Wenn ihm etwas ganz und gar nicht schmeckte, sagte er nur die Hälfte seines Standardsatzes: »Sie können abräumen.« Doch jetzt saß dieser ehrwürdige Mann auf dem Plastiküberzug und führte zitternd den Suppenlöffel zum Mund, wischte sich andauernd mit der Serviette die Mundwinkel sauber, und doch blieb etwas vom Salat von ihm unbemerkt zwischen den Zähnen hängen, und als er meinte fertig zu sein, fragte er meine Großmutter: »Hab ich noch etwas auf dem Teller?« Meine Großmutter schwankte zwischen Nachsicht und Ungeduld. »Ja, Hermann, du hast deine Bohnen noch nicht aufgegessen.« »Wo sind sie?« »Mein Gott, Hermann, da liegen sie doch direkt vor dir.« »Wo?« »Mach dich bitte nicht über mich lustig. Da!« »Ich kann sie nicht sehen.« Energisch und präzise spießte sie die restlichen Bohnen mit seiner Gabel auf und drückte ihm diese in seine wie vergessen in die Luft gehaltene Hand. Sie sah zu mir herüber und schüttelte den Kopf. Es war ihr unerträglich, wie ihrer beider unaufhaltsam voranschreitendes Alter den Anspruch an ein mit Würde zu führendes Leben untergrub.

Eines Morgens fühlte sich mein Großvater nicht gut. Meine Großmutter erzählte mir am Telefon, dass er auf einem Hocker im Bad gesessen habe, eine Socke in der Hand, die andere halb über den Fuß gerollt, und zu ihr sagte: »Inge, ich kann heute nicht aufstehen. Ich leg mich wieder ins Bett. Ich kann einfach nicht mehr.« Und dabei habe er die Socke wieder vom Fuß gerollt und sie habe in seinen Augen gesehen, dass er genau wusste, was es bedeuten würde, an diesem Tag die Socke nicht ganz heraufzurollen, sondern zurück ins Bett zu gehen. Durch einen glücklichen Zufall hatte ich frei und konnte, noch Klebereste meiner Perücke hinter dem Ohr, sofort zu ihnen fahren. Er hatte keinerlei Schmerzen. Atmete immer schwerer. Es klang auch gar nicht mehr wie atmen. Eher wie seufzen. Ja, er seufzte ein und aus. Allen Familienmitgliedern, die sich in München versammelten und dieses Seufzen hörten, war klar, dass er sich nicht mehr erholen würde. Er wachte nur noch selten auf. Sah die um sein Bett Versammelten durch glasige Augen an. Erkannte niemanden mehr.

Während er noch leise Psalmen und lateinische Litaneien murmelte, waren seine Füße schon so kalt wie die eines Toten. Er war in einen Schwebezustand zwischen Leben und Tod geraten, der selbst die uralte Ärztin verwunderte. »Lebt er noch?«, fragte meine Großmutter immer wieder. »Ich weiß es nicht genau.« Nur ein bisschen Rotwein, mit dem Löffel eingeflößt, mochte er noch. Wurde er so gefüttert, verklärte sich sein Gesicht wie bei einem frisch gestillten Säugling. Als er aufgehört hatte zu atmen, schlug, weit in sein Inneres hinabgerutscht, sein Puls so leise weiter, als hätte man dieses ohnehin unberechenbare Herz, dieses zu wilden Rodeosprüngen jenseits der Zweihunderter-Frequenz neigende Herz, wie einen lästig tickenden Wecker unter die Matratze gestopft. Die Ärztin horchte mit dem Stethoskop, bat um Ruhe im Zimmer, horchte und horchte, nickte und beschloss: »Jetzt ist unser Hermann friedlich eingeschlafen.« Sie nahm einen Spiegel, hielt ihn vor seinen Mund – und schon überzog ein feiner Hauch das Spiegelglas und von meinem Platz aus sah ich den Unwillen in den Augen der Ärztin. »Nein, doch noch nicht, ein wenig Atem ist noch da. Es wird nicht mehr lange dauern.«

Doch da kannte sie meinen Großvater schlecht. Ich wusste, mit wie wenig Sauerstoff dieser zähe Mann auskam. Ich sah es vor mir, wie er sich auf Bergtouren mit seiner halben Lunge verlangsamt, aber mit mechanischer Unerbittlichkeit Schritt für Schritt gegen die Steigung den Berg hinaufgearbeitet hatte. Dieser Mann war ein Meister in Angelegenheiten dünner werdender Luft, und er atmete noch tagelang weiter, obwohl niemand mehr seinen Herzschlag finden konnte. Weder am dürren Handgelenk noch am faltigen Hals. Ich sah, wie die uralte Hand der Ärztin das uralte Handgelenk des Großvaters presste. Wie sie ihre Finger nicht etwa sanft auf die Pulsstelle legte, sondern zu versuchen schien, den Pulsschlag im Großvaterhandgelenk auszudrücken. »Das gibt's doch nicht. So etwas hab ich noch nie erlebt.«

Der Atemfleck auf dem Spiegel wurde kleiner und kleiner. Sein Durchmeser schrumpfte von Stunde zu Stunde und schließlich blieb ein nur noch zwei, drei Zentimeter großer zu- und abnehmender Atemmond übrig. Ein mickriger, beschlagener Fleck. Doch da fing er wieder zu murmeln an.

Wenn die Bettdecke zur Seite geschlagen wurde, war ich erschüttert von seiner Magerkeit. Spindeldürr lag er da, und als wir das Bett frisch bezogen und ich ihn anhob, damit meine Mutter das Laken unter ihm durchziehen konnte, hielt ich ihn plötzlich ganz in der Luft. Es war so, als ob man ein Gefäß, das man vollgefüllt wähnt, hochhebt, dieses aber so gut wie leer ist. Die Erwartung plant den Hebevorgang und in der Fehleinschätzung liegt etwas Überraschendes. So war es auch bei meinem Großvater. Ich hatte eine feste Vorstellung seines Gewichts, lag aber völlig falsch und wuchtete ihn grob von der Matratze. Meine Mutter sah mich fragend an: »Was machst du denn da?« »Ich dachte, er ist schwerer.«

»Sei doch bitte vorsichtig.« Was war dieser Mann leicht und luftig geworden! All die schwergewichtigen Gedanken, all die fundiert gehaltvollen Ansichten, die massiv konstruierten Gedankengebäude: federleicht verflogen. Dann sahen wir plötzlich das Herz wieder schlagen. Meine Mutter entdeckte den Puls an einer Stelle des abgemagerten Fußknöchels. Geradezu geschickt schien er sich im Großvaterkörper vor uns zu verbergen, und ich konnte nicht anders, als ihm bei diesem Versteckspiel eine gewisse Lust zu unterstellen. Ein erbsengroßer, pulsierender Wanderpuls unterwegs im Großvaterkörper. Wieder gaben wir ihm Rotwein mit dem Löffel, und obwohl er ihn nicht schluckte, war dieser nicht mehr im Mund und musste wohl ohne Schlucken hineingeronnen sein. Seine Füße wurden wieder wärmer, aber immer nur so warm oder kühl wie die Luft um ihn herum, seine dürren Beinchen hatten dieselbe Temperatur wie die Beine des Stuhls, auf dem ich saß. In die langen Stunden des Sitzens und Wartens mischte sich unter die Sorge eine Neugierde, der ich versuchte nicht nachzugeben, die aber dann doch Besitz von mir ergriff. Ich hob seinen Arm in die Höhe, drehte seinen Kopf. Er war vollkommen entspannt.

Er schwebte zwischen Leben und Tod wie eine hochempfindliche Waage, die mit kleinsten Gewichten des Dies- und Jenseits austariert worden war. Er hatte sein Gleichgewicht gefunden. Es bestand keinerlei Zweifel daran, dass er nicht mehr zu Kräften kommen würde, keinerlei Zweifel daran, dass er dem Tode geweiht war, aber von Tag zu Tag wurden unsere Zweifel größer, wie dieses Patt sich je wieder lösen sollte. Auf mich machte mein Großvater in diesen Tagen einen vollkommen zufriedenen, ja heiteren Eindruck. Er strahlte eine unglaubliche Gelassenheit aus. Eine Bereitschaft, die das Sterben auf angenehmste Art und Weise zu verherrlichen schien. Zum Ende seines Lebens wurde dieser strenge, disziplinierte, fleißige Mann mit einer ihm bis dahin wesensfremden Eigenschaft beschenkt. Einer Eigenschaft, die diametral zu allem stand, was er sein gesamtes Leben lang gelebt hatte. Auf der Schwelle des Todes schien er zu faulenzen. Er plante nichts mehr, machte keine Listen mehr, schrieb keine logischen Schlussfolgerungen mehr mit gespitzten Bleistiften an den Rand von hochkomplexen Schelling- oder Fichte-Texten. Er notierte nicht mehr die Kapriolen seines Herzens, er lag einfach nur da, atmete heimlich an allen Gewissheiten der Medizin vorbei und faulenzte. Er dehnte sich aus und verlängerte seinen Schwebezustand von Stunde zu Stunde.

Seine Ohren wurden größer und weicher und knickten am oberen Rand um. Als meine Großmutter das sah, wurde sie ungeduldig. Seine Zunge bewegte sich hin und wieder, und auch wenn wir nicht mehr hören konnten, was er sagte, war ich mir sicher, dass er sprach, dass diese tonlosen Zungenbewegungen im zahnlosen Mund die letzten Reste der hundertfach gesprochenen Psalmen waren. Wenn meine Großmutter sich an seine Seite setzte, ihm über den Kopf strich und sagte, »Ach, Fridolin, jetzt musst du dich aber langsam mal entscheiden«, lächelte er. Ein Lächeln, das nicht so sehr von den Lippen herkam, eher von den Augen, die Augen gingen auf, weit auf. Dann tränten sie, und wir tropften ihm Augentropfen hinein, um sie vor dem Austrocknen zu bewahren. Da sah dann der Großvater tränenüberströmt aus, als würde er bitterlich weinen. Das war ergreifend: das hagere uralte Gesicht mit den eingefallenen Wangen, die grauen Augen wie die eines Blinden und das eigenartige Licht im Zimmer, das sich mit der Stille durch das tagelange Daliegen des Großvaters zu etwas Neuem vermischt hatte. Ich wusste gar nicht mehr, ob das lichte Stille oder stilles Licht war. Etwas Sakrales erfüllte den Raum, etwas Feierliches und, was ich besonders genoss, etwas unantastbar Ernsthaftes. Alles war ernsthaft in diesem Zimmer, auch wenn wir lachten und uns an Großvaterbegebenheiten erinnerten. Wir warteten, doch er starb einfach nicht. Meine Großmutter konnte nicht mehr: »Kann man ihm denn nicht etwas geben, dass er endlich Ruhe hat?« Die Ärztin überlegte: »Er hat ja keine Schmerzen, wir sollten geduldig sein.«

Dem Großvater kam ganz allmählich die dritte Dimension abhanden. Der abgemagerte Kopf, der scharfkantiger wurde mit jedem Tag, erinnerte an einen Holzkasper mit wirrem Haar, an dem man die Spuren der Schnitzwerkzeuge gut erkennen konnte. Wie ein buntes Kasperlegewand, das leer und leblos auf dem Boden liegt, so ruhte nun der Körper des Großvaters im Bett, als hätte etwas Größeres die Hand aus ihm herausgezogen. Hin und wieder machte er seltsame Grimassen, absichtslos wie ein Baby, plötzlich sah es so aus, als hätte er furchtbare Angst, dann wieder, als würde er sich prächtig amüsieren. Meine Mutter rief aus dem Krankenzimmer in das Haus: »Er kommt zu sich.« Wir eilten an sein Bett. Er hielt sich seine Hand vor die Augen, drehte sie langsam hin und her. Diese Hand, mit der er jahrzehntelang täglich Tausende winzige Buchstaben in seine philosophischen Abhandlungen hineingekritzelt hatte, bestaunte er jetzt wie etwas Fremdes, das ihm Rätsel aufgab.

Ich konnte nicht länger bleiben, hatte Vorstellung und musste zurück nach Kassel. Zwei Tage später rief mich meine Mutter an. »So, nun hat er es geschafft. Heute Vormittag, oder am Morgen, oder in der Nacht, vielleicht auch schon gestern Abend ist dein Großvater gestorben.« »Seid ihr sicher?« »Ja, jetzt sind wir sicher.« »Aber woran habt ihr es denn gemerkt?« »Man sah es dann doch sehr genau. Er liegt noch da und ist ganz weiß und eiskalt.« Ich wollte schon sagen: Das will noch nichts heißen. Er war doch oft schon kalt und dann wieder warm geworden. Aber ich war auch erleichtert.

Nach fünf Wochen kunstvollen Balancierens zwischen Leben und Tod war er gestorben. Zu Hause und sehr friedlich. Er starb an Altersschwäche mit weit über neunzig Jahren. Man nennt das wohl einen natürlichen Tod, und doch war ich verzweifelt. Meine Großmutter schlief eine Nacht neben dem Toten im Ehebett. Sie war zugleich verwirrt und klar. Noch am Abend hatte sie alles geregelt, selbst telefoniert und organisiert. Am Morgen kam sie jedoch ganz aufgebracht in das Zimmer meiner Mutter und sagte: »Komm schnell, ich glaub, Hermann ist tot.« Schon drei Tage später war die Beerdigung mit anschließendem Requiem in der bis zum letzten Platz gefüllten Kirche am Romanplatz. Danach saßen Verwandte, Freunde und die Familie im Haus der Großeltern zusammen, und meine Mutter fragte plötzlich in die eher ratlose als trauernde Stille hinein: »Was waren eigentlich Hermanns letzte Worte?« Meine Großmutter überlegte. Aber meine Mutter hatte die Frage eher an sich selbst gerichtet, denn schon nach Kurzem sagte sie zu meiner Großmutter: »Er hat doch deine Hand gehalten und geflüstert: ›Alles ist gut, Inge!‹« Alle nickten zufrieden. Meine Großmutter dachte nach und rief plötzlich entrüstet: »So ein Humbug, er hat doch als Letztes leise ›Prosit!‹ geflüstert.« Ein erzkatholischer Philosoph, dessen letztes Wort ein hingehauchtes »Prosit« ist. Ich sprang auf und rannte aus dem Zimmer, so sehr lachen musste ich.

Nun war also auch der neue Hermann nicht mehr da. Und meine Großmutter nach mehr als sechzig gemeinsamen Jahren zum ersten Mal allein. Nach dem Tod ihres Mannes war sie, zu unser aller Erstaunen, weniger gebrechlich. Den

Rollator wollte sie nicht mehr benutzen und schob ihn eigenhändig in die Garage. So hatte ich sie seit Jahren nicht mehr laufen gesehen. Und mir kam es so vor, als wäre ihre Gebrechlichkeit eine solidarische gegenüber meinem Großvater gewesen.

Gleich am ersten Tag meiner Sommerpause machte ich mich auf den Weg zu ihr. Erst jetzt fiel mir auf, wie selten ich allein mit ihr Zeit verbracht hatte. Eigentlich nie. Immer war mein Großvater oder zumindest meine Mutter dabei gewesen. Sie hatte ihren angestammten Sitzplatz, in dem sie ihm all die Jahre gegenübergesessen hatte, verlassen und sich in den Sessel ihres fehlenden Hermann gesetzt. »Wenn ich in seinem Sessel sitze«, sagte sie, »vermisse ich ihn nicht so sehr, da ich nicht sehe, dass er nicht da ist.« Und dann beschrieb sie etwas sehr Merkwürdiges. Sie sagte: »Wenn ich in seinem Sessel sitze und auf meinen Sessel sehe, wundere ich mich, wo ich bin. Wenn ich diesen leeren Sessel sehe, in dem ich weiß Gott wie viele Abende meines Lebens gesessen habe, kommt es mir so vor, als wäre gar nicht Hermann, sondern ich gestorben.«

Sie war überrascht, wie unsere Zeit verflog, wie viel sie zu erzählen hatte. Unvermittelt rief sie: »Mooahhhh, was ich rede. Herrschaftszeiten, Schluss jetzt!«

Zwei Wochen blieb ich bei ihr. Ihre Ärztin nahm mich beiseite und sagte mir, dass meine Großmutter bitterlich geweint hätte, sie wolle und könne nicht mehr. Am liebsten würde sie Hermann so schnell wie möglich nachfolgen. Ich räumte den Medizinschrank leer.

Als ich zwei Wochen später nach dem Frühstück aufbrach, stand meine Großmutter in der Tür.

Sie hatte einen signalgelb leuchtenden Frotteehausanzug an. Ich ging, wie ich es immer tat, ein Stück die Straße hinunter, um ihren nachschauenden Blick im Rücken wissend, und drehte mich um, immer an derselben Stelle, dort, wo man abbog, dem Blickfeld entschwand. Sie winkte mir zu. Nein, sie winkte nicht. Winken hätte nicht zu ihr gepasst. Sie riss den einen Arm hoch, machte ihn ganz lang, senkte dabei leicht den Kopf. Große Abschiedsgeste. Es war das letzte Mal, dass ich sie so sah.

# Die Beine meiner Großmutter

Nur wenige Tage nach meiner Abreise stürzte meine Großmutter, kugelte sich den Arm aus, weigerte sich im Bett zu liegen, stürzte erneut und bekam einen Schlaganfall. Ich eilte nach München. Sie lag im Krankenhaus der Barmherzigen Brüder in einem Einzelzimmer, blühende Sträucher vor dem Fenster. Der behandelnde Arzt sagte mir, dass ihr Zustand stabil sei und sich noch Wochen hinziehen könne. Bis auf den Hirnschlag sei sie kerngesund. Überrascht hätten ihn ihre Leberwerte. Die Leberwerte, sagte er wörtlich zu mir, seien die eines jungen Mädchens.

Auf dem Gesicht der Großmutter schimmerten Schweißperlen. Seit dem Schlaganfall schwitzte sie stark. Der Arzt erklärte uns, dass dies hin und wieder vorkäme, da durch die Hirnblutung Funktionsstörungen auftreten könnten, der Körper falsche Informationen bekäme. Obwohl es kühl war im Krankenzimmer, glühte sie, musste mehrmals am Tag ihr durchgeschwitztes Nachthemd gewechselt werden. Hob man ihren Kopf an, war auf dem Kissen ein feuchter, wohlriechender Fleck. Die schwarzen Haare klebten auf der Stirn. Was uns Sorge bereitete, war ihre innere Unruhe. Ihr Körper lag schwitzend, doch reglos da, aber in ihrem Gesicht arbeitete es unermüdlich. Sie presste die Lippen aufeinander, biss die Zähne so fest zusammen, dass ein malmendes Knarzen zu hören war. Sie kniff die Augen zu und zog die Stirn in Falten. Der Arzt versicherte uns, dass sie keine Schmerzen habe, aber für mich sah das anders aus. Hin und wieder machte sie eine Grimasse und keuchte kurzatmig, zog hastig Luft ein und stieß sie schnaubend wieder aus. Wenn man ihre Hand hielt, beruhigte sie sich ein wenig. Die alte Ärztin kam. Meine Mutter hatte sie kommen lassen und bat sie um Hilfe: »Ich würde so gerne wissen, ob es ihr gut geht. Sie ist so schrecklich unruhig. Als würde sie etwas quälen.« Die Hausärztin setzte sich an ihr Bett, tupfte ihre Stirn. »Na, das wundert mich nicht. Unsere liebe Inge hat schon immer viel vor uns verborgen. Es könnten aber auch Entzugserscheinungen sein. Sie hat ja bis zuletzt viel getrunken, viel geraucht, viele Pillen geschluckt, das muss der Körper erst mal verkraften, dass es das alles nicht mehr gibt.« Meine Mutter und ich sahen uns fassungslos an. Die Ärztin küsste die Hand meiner Großmutter. »Ist sie nachts genauso unruhig wie tagsüber?« »Nein, nachts geht es viel, viel besser, da sieht es oft aus, als würde sie friedlich schlafen.« Die Ärztin, die meine Großmutter seit über fünfzig Jahren kannte, überlegte. »Inge war doch immer so furchtbar lichtempfindlich. Bei grellem Sonnenschein hat sie sofort Kopfweh bekommen. Ich würde ihr mal eine ihrer Sonnenbrillen aufsetzen.« Tatsächlich brachte dieser Vorschlag große Erleichterung und die Phasen, in denen ihr Gesicht mit bösen Geistern zu kämpfen schien, verringerten sich. Sie sah toll aus. Jedes Mal, wenn ich das Krankenzimmer betrat, war ich überwältigt von ihrem Anblick. Die Haare offen, aufgefächert auf dem Kopfkissen, die Lippen rot geschminkt, der Duft von »Shalimar« und dazu eine riesige Sonnenbrille mit breit goldenem Rand. Sie wirkte so, als wäre sie vollkommen bei Bewusstsein, und immer wieder aufs Neue musste ich mich von ihrer Bewusstlosigkeit überzeugen. Die häufig wechselnden Krankenpfleger sprachen mit ihr, als wäre sie hellwach, und da sie ein wenig den Mund verzog oder die Nase rümpfte, dachten sie, sie würde sie hören, wäre aber zu vornehm, um auch nur ein Sterbenswörtchen mit dem Personal zu wechseln.

Immer saß einer von uns bei ihr. Meine Mutter, mein Bruder, der aus Berlin gekommen war, ich, aber auch Nonnen aus dem nahe gelegenen Kloster Venio oder die letzten noch lebenden Freunde. Ich erinnere mich an einen greisenhaften Verehrer, der, gebückt vom Alter, zusammengesunken in einem Stuhl an ihrem Bett saß und einen Strauß mit hundert Rosen gebracht hatte. Ich stützte ihn auf dem Weg zum Ausgang und mit bebender Stimme sagte er: »Sie war der Stern meines Lebens.« Bis heute weiß niemand, wer er war.

Abends nahm ich ihr die Brille ab und zündete eine Kerze an. Ich sah sie mir an. Die Stunden vergingen. Die Kerzenflamme spiegelte sich in jedem ihrer Schweißtropfen, und ich hatte eine Wahrnehmungsverschiebung, bekam eine waschechte Halluzination. Ich weiß nicht, ob es an meiner Übermüdung lag, daran, dass ich trotz erhöhten Tablettenkonsums seit Tagen nicht mehr richtig schlafen konnte und die Mischung aus Stagnation und Drama an meinen Kräften zehrte, oder daran, dass ich mich durch die Reste des großelterlichen Alkoholsortiments trank. Plötzlich verwandelte sich die in den Schweißtropfen gespiegelte Kerzenflamme in etwas Lebendiges. Hunderte agile Lichtreflexe flitzten und zuckten in den Schweißperlen hin und her. Wie in die transparenten Kugeln eines Froschlaiches waren die Dochte in die Tropfen eingeschlossen und stießen gegen die Membranen, wuselten aufgeregt, ja, hektisch darin herum. Ich rieb mir die Augen, aber es half nichts. Ich bekam Angst, da sich das geliebte Großmuttergesicht unter diesen zappelnden und zum Schlüpfen bereiten winzigen Tropfenorganismen zu verformen begann. Einzelne Schweißtropfen wurden größer und größer, gerieten in Bewegung, platzen auf, flossen mit anderen zusammen und stürzten als Rinnsale über die Schläfen hinab. Ihr ganzes Gesicht geriet in Bewegung, direkt unter der gebräunten Großmutterhaut kroch etwas herum und wollte heraus.

Erst als ich mich aus der Starre herausriss und, fast grob, ihre Stirn und Wangen mit einem Handtuch abwischte, verschwand die unheimliche Invasion wieder.

Wenige Tage später hatte sie einen weiteren Schlaganfall und eine seltsame Starrheit legte sich über ihr Gesicht.

In den nächsten Tagen kamen immer mehr Verwandte und Freunde, um sich am Krankenbett von meiner Großmutter zu verabschieden. Dem einen drückte sie angeblich leicht die Hand, beim anderen atmete sie angeblich befreit aus. Fast jeder trotzte dem vollkommen bewegungslos daliegenden Körper eine ausschließlich ihm geltende Abschiedsregung ab, kam ergriffen aus dem Krankenzimmer und sagte: »Kaum wahrnehmbar, aber sie hat mir zugelächelt.«

Auch ich saß immer wieder lange auf ihrer Bettkante und verabschiedete mich von ihr. Ich schob ihr einen Arm unter den Rücken. Immer noch schweißgebadet. Ich versuchte das Fenster zu öffnen, aber man konnte es nur kippen. Ich tupfte ihre Stirn ab und schlug die Decke ein wenig zurück. Da lagen ihre Beine.

Und mir fiel etwas ein, an das ich jahrelang nicht mehr gedacht hatte. Als Kind hatte ich sie einmal im Garten auf einer Liege schlafen gesehen, hatte mich angeschlichen und meine Hand so in die Sonne gehalten, dass sie einen Schatten auf ihre Augen warf. Aber sie wachte nicht auf. Ich setzte mich neben die Liege in die Wiese. Da war ihr Bein. Behutsam schob ich den Rocksaum nach oben. Ich sah die Narbe. Vorsichtig strich ich mit dem Zeigefinger über das rötliche Gewebe. Fuhr mit der Fingerkuppe über die wulstige Haut. Da schrak meine Großmutter aus dem Schlaf hoch und schlug nach meiner Hand. Sie schrie: »Was fällt dir ein. Mach, dass du wegkommst!« Ich rannte davon, heulend, zu Tode erschrocken. Und hörte sie immer noch hinter mir, wie unter größten Schmerzen, stöhnen. Jetzt fiel es mir wieder ein. So viele Jahre später an ihrem Sterbebett. Ich hätte die Narbe gerne berührt, das verbotene Bein, schob meine Hand langsam Richtung Knie und noch etwas tiefer. Ich sah ihr ins Gesicht. Sie war immer noch so schön. Ehrfurcht gebietend schön. Ich zog meine Hand zurück. Ich traute mich nicht.

Wenige Tage später starb sie, nur vier Monate nach dem Tod ihres neuen Hermann.

Hin und wieder bleiben von Ereignissen unbestreitbarer Tragweite nur Belanglosigkeiten im Gedächtnis zurück. Zu meiner großen Verwunderung erinnere ich mich nicht im Geringsten an die Beerdigung meiner Großmutter, an eine einzige Sache allerdings übergenau. Die polyesterschillernde, über den wuchtigen Hintern gespannte Hose des Pfarrers machte auf mich einen nur bedingt christlichen Eindruck. Dieses dralle Gesäß, das auf dem Weg zum Grab hinter dem Sarg so mächtig wie das Hinterteil eines Kutschpferdes die Backen rieb, hat alle wesentlichen Details der Großmutterbeerdigung unwiderruflich ausradiert.

# Der Tresor

Vier kräftige bayerische Möbelpacker räumten das Haus meiner Großeltern leer. Sie hatten sich im Laufe ihres Berufslebens eine grobmotorische Lässigkeit angewöhnt, die gerade noch als Sorgsamkeit durchgehen konnte. Stuhl für Stuhl, Tisch für Tisch, Sessel für Sessel, Sofa für Sofa, Vitrine für Vitrine hoben und wuchteten sie gleichgültig von ihren Plätzen, auf denen diese über fünfzig Jahre lang gestanden hatten. Doch all diese Möbel hatten nicht nur hier gestanden, sie hatten hier gewohnt, zusammen mit meinen Großeltern in diesen Räumen einen Großteil ihres Möbellebens verbracht. Das Abtransportieren der Möbel, das Wegreißen und Wegzerren von ihren angestammten Orten, heraus aus den Abdrücken, die sie im Parkett oder im Teppich hinterlassen hatten, sah für mich, der ich zusammen mit meiner Mutter erstarrt in der Zimmermitte stand, sehr viel mehr nach einer Vertreibung als nach einem Möbeltransport aus. Hier wurde nichts weggetragen, hier wurden Dinge entwurzelt, aus dem Haus verjagt und in irgendeine düstere Halle umgesiedelt. Und obwohl innerhalb von nur drei Stunden alle Gegenstände, die Chaiselongue, die Delfter Teller, der wunderschöne Sekretär, die Kunkeln verschwunden waren, sah ich sie noch. Ich sah alles noch an seinem Platz stehen. Durch auf die Netzhaut gezauberte Phantombilder wehrten sich die

Zimmer gegen ihre Auslöschung. Und noch heute könnte ich alle Schubladen, Schränke, jedes noch so kleine Utensil innerhalb eines einzigen Tages wieder einräumen.

Meine Mutter war zwischen übereifrigem Pragmatismus und lähmender Verzweiflung hin- und hergerissen. Tagelang hatten wir Teller und Gläser in Zeitungspapier gewickelt, Bücher abgestaubt, Kleiderschränke aussortiert und Kisten gepackt. Wir entdeckten mehrere Süßigkeitenverstecke meiner Großmutter. Wie ein Gourmet-Eichhörnchen hatte sie an verschiedenen Stellen des Hauses Pralinen und Bonbons deponiert.

Meine Mutter alberte mit den Möbelpackern herum, genoss deren lautstarke Unbeschwertheit, stellte ihnen Wurstsemmeln und Bier hin. Doch dann rannte sie in den Garten, hob die Arme über den Kopf, um Luft zu bekommen, da einer der Möbelpacker mit dem Tisch den Türrahmen gerammt hatte. Nach und nach bekam der Tod der Großeltern durch die sich ausbreitende Leere eine schmerzliche Unwiderruflichkeit. Meine Mutter sagte etwas, das ich nie vergessen habe: »Wie sollen hier jemals fremde Menschen einziehen? Kannst du dir vorstellen, dass hier jemand anderes wohnen kann? Eigentlich müsste man dieses ganze Haus einfach abreißen. Oder einäschern. Das wäre es doch. Das Haus abbrennen und in einer Urne neben den beiden auf dem Friedhof beisetzen.« »Sag mal, Mama, was redest du denn da?« »Wir müssen jemanden mit Kindern finden.« Ich begriff nicht. »Wie meinst du das?« »Ich glaube, dieses Haus braucht Kinder! Die die Treppe hoch- und runterrennen, schreien und im Garten ihren Fußball in die blühende Magnolie schießen. Kann zwar sein, dass sich das Haus zu Tode erschrickt und zusammenfällt, aber egal, hier muss jetzt mal Leben rein. Kinder sind gut gegen Geister.«

Mehrere Wochen nach der Beerdigung meiner Großmutter fiel mir plötzlich etwas ein und ich rief meine Mutter an. »Sag mal, Mama, was war eigentlich im Tresor?« »Was denn für ein Tresor?« »Na, im Tresor?« »Ich weiß von keinem Tresor. Wovon sprichst du?« »Oben im Schlafzimmer, im Einbauschrank, da kann man die Rückwand zur Seite schieben. Da ist doch eine Tresortür.« »Bist du sicher?« »Also eigentlich ja. Ich hab den auch lange nicht mehr gesehen. Aber früher bin ich da oft hingeschlichen oder hab nach dem Schlüssel gesucht.« »Das klingt ja abenteuerlich.«

Wir trafen uns wenige Tage später in München, mussten uns beeilen, da die neuen Mieter schon bald einziehen würden. Ein junges Paar mit einem dreijährigen Sohn, die Frau mit dem zweiten Kind schwanger.

Mein Bruder hatte sich am Telefon sofort erinnert. »Na klar, oben im Schlafzimmer im Wandschrank. Hat Mama denn den Schlüssel gefunden?« »Sie glaubt schon. In Großvaters Schachtel mit den Manschettenknöpfen lag ein eigenartiger Schlüssel, hat sie gesagt, mit lauter Zacken in alle Richtungen.« »Na, das wird er sein.«

Als wir zu dritt das Haus der Großeltern betraten, überraschte es mich, wie sehr das Geometrische der Zimmer in den Vordergrund getreten war. Gründlich geputzt und frisch gestrichen lagen die Räume da. Meine Mutter hatte nach langem inneren Kampf einen Antiquitätenhändler in das Möbellager kommen lassen. »Es tut mir leid«, verteidigte sie ihren Entschluss vor mir, der ich gerne wie ein Archivar den gesamten Großelternhausstand erhalten hätte. »Wir brauchen Geld für die Renovierung, ein neues Dach muss gemacht werden. Die Bibliothek behalten wir natürlich.« Doch es stellte sich heraus, dass die meisten Gegenstände bei Weitem nicht so wertvoll waren wie vermutet. Für uns alle war das ein Schock. Das gerühmte und nur zu besonderen Anlässen herausgeholte Service wollte der Händler nicht einmal mitnehmen. »Ach, wissen Sie, vor zehn Jahren, da hätte ich das noch brauchen können, aber jetzt, es sterben so viele Leute hier in der Gegend, die alle zuhauf solches Geschirr hinterlassen. Ich weiß schon gar nicht mehr wohin damit. So was will kein Mensch mehr haben.« Selbst für die jahrelang in den höchsten Tönen besungenen und vor unserer Unzivilisiertheit durch Plastiküberzüge geschützten Stühle aus dem Nymphenburger Schloss wollte er maximal dreihundert Mark geben. Für alle zusammen! Entrüstet hatte meine Mutter gerufen: »Schauen Sie doch, da ist kein einziger Fleck drauf!« Weder die Kunkeln noch die Teppiche, weder das Silberbesteck noch die Chaiselongue oder der Inhalt der Vitrinen beeindruckten ihn. Einzig und allein ein eher unscheinbares Tischchen stellte sich als wertvoll heraus.

Wir gingen durch das Haus. Mein Bruder öffnete die Terrassentüren. Ich stellte mir vor, wie es wohl gewesen war, als meine Großeltern zum ersten Mal dieses Haus betreten hatten. Wie gerne würde ich die beiden genau jetzt, wundersam verjüngt, zur Tür hereinkommen und durch die Räume gehen sehen: »Hermann, das ist ja wahrlich ein herrlicher Ort. Schau nur, der Garten. Mooahhh! Können wir uns das denn leisten?« »Wenn wir gut haushalten, Inge, müsste es gehen.«
Wir stiegen die Treppe hoch. In den Wänden sah man die zugespachtelten und übermalten Löcher, in denen die Verankerungen des Treppenlifts eingelassen waren. Wir betraten das Schlafzimmer. Meine Mutter sagte: »Na, das wird jetzt ja richtig spannend. In welchem Schrank soll denn dieser Tresor sein?« Mein Bruder und ich zeigten gleichzeitig auf die äußere Schranktür. Meine Mutter zog sie auf. »Da kann man die Rückwand wegschieben.« Ich griff hinein, und auch wenn es viele Jahre her war, wusste ich genau, wie der Mechanis-

mus zu betätigen war. Unter leichtem Druck ließ sich die Wand bewegen und glitt zur Seite. Wir sahen die Tresortür. »Das kann nicht wahr sein.« Meine Mutter schüttelte sprachlos den Kopf, wiederholte ihren Satz noch einmal, sprach dabei jedes Wort einzeln. »Das – kann – nicht – wahr – sein.« Der Schlüssel passte und nach drei Drehungen sprang die Tür ein wenig auf. Meine Mutter sah meinen Bruder und mich an. »Na los, mach schon, Mama!« Wir genossen die Spannung. Sie zog die Tür auf, und obwohl es schummrig war im Wandschrank, reichte das Licht, um mehrere herausziehbare, mit rotem Samt bezogene Ablagen zu erkennen. »Ich hab mich schon gewundert, wo ihr ganzer Schmuck ist. Ich hab ja nur ein Kästchen hinter der Wäsche gefunden.« Sie zog die oberste Ablage aus dem Tresor heraus. Zwanzig, dreißig aufrecht in den Samt hineingesteckte Ringe. »Ach guck mal, da.« Meine Mutter zog einen goldenen Ring mit einer Perle heraus. »Den kenne ich. Das gibt's ja nicht. Mein Gott, diesen Ring, den hab ich ja zum letzten Mal als Kind gesehen. Seht ihr, da, von der Perle ist ein Eckchen abgesprungen. Das war der Ring, den sie anhatte, als das Auto sie und meinen Vater überrollte. Sie hat ihn nie wieder getragen.« Wir fanden Ketten und Broschen, Ohrringe und goldene Uhren, Armreifen. So viel Schmuck. »Der Großvater hat der Großmutter alle fünf Jahre ein Collier geschenkt. Alle da.« In einer Ablage fanden wir einen Umschlag mit zwei Fotos. Nur ihre Beine waren darauf zu sehen. Einmal vor dem Unfall und einmal danach. Einmal unversehrt und einmal von Narben entstellt.

Mein Bruder fragte: »Riecht ihr, was ich rieche?« Wir alle drei schnüffelten in den Tresor hinein. Es roch nach Großmutter, unzweifelhaft stieg von den Schätzen, die sich vor uns ausbreiteten, ihr unverkennbarer Geruch auf. Ich nahm mir einen schweren Armreifen und hielt ihn mir unter die Nase: duftendes Großmutter-Gold.

So waren denn von den sechs mir am nächsten stehenden Menschen innerhalb weniger Jahre vier verschwunden, durch Unfall, Krankheit und Alter.

Wenn ich heute an meine Großeltern zurückdenke, bin ich überrascht, wie unangestrengt und deutlich sie aus der Vergangenheit hervortreten.

Mein Bruder, der vor mehr als fünfundzwanzig Jahren verunglückte, wird trotz aller meiner Bemühungen allmählich unscharf. Die Erinnerungsränder fransen aus und mehr und mehr Ahnungen und Vermutungen mischen sich in meine Gedanken an ihn. Auch mein Vater hat eine Tendenz, sich von mir abzuwenden und in die Dunkelheit seiner Geheimnisse zu entschwinden. So kompliziert dieser Mann im Leben war, so kompliziert ist es auch, seiner zu gedenken. Ich versuche die Erinnerung an den übergewichtigen Vater wie einen Ertrinkenden aus dem Wasser zu zerren. Aber er ist mir einfach zu schwer. Ich bekomme diesen massigen Mann nie ganz heraus, nie ganz ans Land aufs Trockene, immer wieder muss ich nachgreifen, nachhaken, und hab ich einen seiner Arme, entgleitet mir schon wieder sein nasses Bein. Und so hat der Satz, den er einst zu mir sagte, auch nach seinem Tod noch Gültigkeit: »Es gibt Dinge, die du tust, die mich nichts angehen, und es gibt Dinge, die ich tue, die dich nichts angehen.«

Nur meine Großeltern haben nichts an Deutlichkeit verloren. Ihnen hat der Tod am wenigsten anhaben können. Liegt es daran, dass sie so alt geworden sind, sie so viel mehr Lebenszeit hatten als Vater und Bruder?

Kaum, dass ich an sie denke, sind sie auch schon da, sitzen in ihren Sesseln und stoßen mit mir an. Verlässlicher Besuch aus dem Totenreich. Es kommt mir so vor, als würde es sie freuen, wenn ich mich an sie erinnere. Mit offenen Armen empfangen sie mich, und der Unterschied zwischen einem echten Besuch bei ihnen, als sie noch am Leben waren, und einem Gedankenbesuch verfliegt. Wie auch immer sie das geschafft haben, die Vergänglichkeit verschont sie und die Zeit trägt sie, wann immer ich es will, bereitwillig auf Händen zu mir.

Ganz und gar lebendig.

SPIEGEL
Bestseller

Joachim Meyerhoff. Alle Toten fliegen hoch. Amerika.
Taschenbuch. Verfügbar auch als E-Book

Joachim Meyerhoff führt seinen Ich-Erzähler aus der norddeutschen Provinz in die Weiten des amerikanischen Wes-
tens – eine mitreißende Geschichte von Liebe, Fremde, Verlust und Selbstbehauptung.

»Mit unbefangenem, staunendem Blick, einer subtilen
Komik und in ironischer Distanz betrachtet Meyerhoff
den modernen Taugenichts, der er war.«
*Frankfurter Rundschau*

SPIEGEL
Bestseller

Joachim Meyerhoff. Wann wird es endlich wieder so, wie es
nie war. Roman. Taschenbuch. Verfügbar auch als E-Book

Ist das normal? Zwischen körperlich und geistig Behinderten
als jüngster Sohn des Direktors einer Kinder- und Jugend-
psychiatrie aufzuwachsen? Der junge Held in Joachim
Meyerhoffs Roman kennt es nicht anders – und mag es sogar
sehr.

»Ein mitreißender, bewegender, lebenskluger und romantischer Roman« *Christoph Schröder, Zeit online*

»Tragikomisch, voller Zuneigung und sehr berührend«
*Antje Deistler, WDR 2 Bücher*

Leseproben und mehr unter www.kiwi-verlag.de